渡辺優

ジャン＝ジョゼフ・スュラン

一七世紀フランス神秘主義の光芒

Jean-Joseph Surin

Un rayon crépusculaire de la mystique au XVIIe siècle en France

慶應義塾大学出版会

ジャン＝ジョゼフ・スュラン――一七世紀フランス神秘主義の光芒❖目次

凡例

・引用にあたっては、原則として、著者名、刊行年、頁、また、必要に応じて部・章・節などの情報を（ ）に入れて本文中に示した。

・欧語文献の引用にあたっては、既存の邦訳を参照した場合は、その刊行年と該当頁も示した。訳文については、必要に応じて表記その他を改めた箇所もある。

・欧語文献からの引用文中、原文におけるイタリックの強調部分は〈 〉で示す。

・引用文における〔 〕内の字句は引用者による補足を表す。

・聖書からの引用の邦訳は、原則として日本聖書協会の新共同訳によるが、原文における引用のされ方に従い、また、文脈に応じて訳を改めた場合もある。引用の際、章や節についてはアラビア数字で表記してある。

（例）「マタイ福音書」1, 1＝「マタイ福音書」一章一節

・フランス語原文において、とくに聖書（ウルガタ）からの引用がラテン語でなされている場合、原則として訳語はカタカナで表記してある。

・本書で参照するスュランの著作（詩作品を除く）については、以下の略号を用いる。各著作の詳細は補遺を参照されたい。

C.＝『書簡集（*Correspondance*）』

※L数字は五九四通ある手紙の番号。L数字がないものは、『書簡集』の校訂者セルトーによる校訂文・各種資料の掲載頁数を表す。

（例）C. L1, p. 1＝『書簡集』手紙番号一、一頁

CS.＝『霊のカテキスム（*Catéchisme spirituel*）』

（例）1CS. I, 1, p. 1＝『霊のカテキスム』第一巻、第一部第一章、一頁

D.＝『霊的対話集（*Dialogues spirituels*）』

（例）1D. I, 1, p. 1＝『霊的対話集』第一巻、第一部第一章、一頁
F.＝霊的生活の基礎（*Les Fondements de la vie spirituelle*）』
（例）F. I, 1, p. 1＝『霊的生活の基礎』第一部第一章、一頁
G.＝『霊の導き（*Guide spirituel*）』
（例）G. I, 1, p. 1＝『霊の導き』第一部第一章、一頁
Q.＝『神の愛についての問い（*Questions sur l'amour de Dieu*）』
（例）Q. I, 1, p. 1＝『神の愛についての問い』第一部第一章、一頁
S.＝『経験の学知（*Science expérimentale*）』
（例）S. I, 1, p. 1＝『経験の学知』第一部第一章、一頁
T.＝『神の愛の勝利（*Triomphe de l'amour divin*）』
（例）T. 1, p. 1＝『神の愛の勝利』第一章、一頁

・エピグラフの出典は以下のとおりである。
ドストエフスキー『カラマーゾフの兄弟　2』亀山郁夫訳、光文社古典新訳文庫、二〇〇六年
『旧新訳聖書　文語訳』日本聖書協会、二〇一四年
アルチュール・ランボオ『地獄の季節』小林秀雄訳、岩波文庫、一九七〇年
『ラ・ロシュフーコー箴言集』二宮フサ訳、岩波文庫、一九八九年
T・S・エリオット「リトル・ギディング」『四つの四重奏』岩崎宗治訳、岩波文庫、二〇一一年
ミルトン「失明について」『ミルトン英詩全訳集（上）』宮西光雄訳、金星堂、一九八三年

・扉のスュラン肖像画
Portrait de J.-J. Surin, par Étienne Gantrel（Sens, Bibliothèque municipale, ms. 162, verso de la page de garde）

ジャン＝ジョゼフ・スュラン——一七世紀フランス神秘主義の光芒

Jean-Joseph Surin——Un rayon crépusculaire de la mystique au XVIIe siècle en France

人々がおまえをからかい、あざけりながら「十字架から降りてみろ、そしたらおまえだと信じてやる」と叫んだときも、おまえは十字架から降りなかった。おまえが降りなかったのは、あらためて人間を奇跡の奴隷にしたくなかったからだし、奇跡による信仰ではなく、自由な信仰を望んでいたからだ。

——ドストエフスキー『カラマーゾフの兄弟』

はじめに

「神秘主義」と聞いて私たちは何をイメージするだろうか。妖術やオカルト、奇蹟体験や怪奇現象の類と区別のつかない人も多いかもしれない。怪しいもの、不気味なものとして遠ざけようとする反応がある一方、なにか「謎につつまれた《ミステリアス》」雰囲気に心惹かれるという人も少なくないだろう。

各種の辞事典類にある「神秘主義」の項目をみると、総じて「神的な存在と自己とが接触・融合することを目指して体系化された哲学・宗教思想」と定義されている。既存の定義に共通しているのは、何であれ人知を超えた存在と直接的に接触し、果ては融合するという「合一」の体験（unio mystica）こそ神秘主義の最終目的であるとする考え方である。それはまた、超越的な存在について言葉によって説く制度や教義ではなく、超越的存在そのものに直に与る——したがって言葉に先んじ、あるいは言葉を超えるとされる——「神秘体験」にこそ神秘主義の本質はある、という主張と表裏一体である。

代表的な神秘主義としてしばしば挙げられるのは、新プラトン主義やドイツ神秘思想、カバラ、スーフィズム、ヨーガ、神仙思想あたりであろう。密教や修験道が神秘主義に入れられることもある。「神秘家」としては、西洋思想の系統ではプロティノスやエックハルト、あるいはシュタイナーなどがよく登場する。ハイデガーのような「哲学者」が神秘家と言われることもある。非西洋地域では、老子、龍樹、シャンカラ、アル・ハッラージュ等々。他方、釈迦やイエス、ムハンマドといった諸宗教の開祖らが神秘家に数えられることもある。

要するに、神秘主義は、古今東西のすべての宗教伝統に遍く存在する要素として、それも当該宗教伝統にとっての何らかの「奥義」として理解されてきた。このような神秘主義理解は、あらゆる表層的な差異を超えて諸宗教に通底する本質を求めんとする「万教帰一」的な発想にも通じている。諸宗教を貫く普遍的宗教現象としての神秘主義という理解は、実のところ、西欧の知が世界を席巻した一九世紀以降に生まれたものである。そしてそれは、二一世紀の現在に至るまで、グローバル化の進展とともにさまざまな宗教伝統を呑み込み、さらには既存の宗教伝統の枠組みを越えて膨張し、拡散してきたと言えるかもしれない。

とりわけ一九六〇年代以降の欧米や日本では、神秘主義という概念の使用は「超越瞑想（TM）」や「臨死体験」等々、いわゆる「新霊性運動・文化」の興隆のなかで浮上してきた諸個人の内的体験への関心の強まりとも合流し、それが使用される裾野をさらに広げることになった。合理的・実証主義的科学精神が知の「正統」となった近代以降の世界では、科学によって説明できないものはおしなべて神秘主義に括り入れられる傾向がある。既存の宗教伝統の枠組みを大きく越え出た神秘主義は、いまや、近代の知にとって「異他なるもの《エトランジェ》」であるようなあらゆる領域に溶け出し、その輪郭をますます曖昧にしているようにもみえる。

このように、神秘主義という言葉の内実は複雑多様化している。しかし、この概念の「核心」にあるとみなされており、今日でも人びとの関心の焦点となっているのは、やはり「神秘体験」であろう。それは、この世界とは異なる別の次元、この私を超越した「他者」――現代ではもはやそれを「神」とは呼ばない人びとも増えているが――を、この私が直接的に体験するという特別な「現前の体験」である。現代でも、「宗教」は敬遠するが「神秘体験」には少なからず興味を向ける人が一定数存在する。近代合理主義、実証的科学主義の知が支配的な現代社会にあっても、オウム真理教事件が教えるように、非日常的な体験をきっかけに熱狂的な信仰の道に入るということは、なお十分ありうるのだ。

「我見る（video）」を語源とする「明証性（evidence）」が真理の基準となった近代以降、本来的に「目に見えない」事柄に関わる信仰においても、究極的には「私は見る」という言い方に集約される「現前の体験」が重要視されるようになった。少なくとも、一九世紀以降の神秘主義（mysticism）への関心の高まりと、それにともなう「神秘主義の伝統」の発見ないし創造の動きが、世俗化の進む近代社会のなかで「宗教的なるもの」に独自の本質を認め、これを擁護しようという密やかな動機に支えられていたことは確かだと思われる。「現前の体験」をその中心に据える神秘主義概念の成立は、信と知の関係性の変化を軸とする、近代以降の西欧における学知の構造変動と切り離して考えることはできない。

私が言いたいのは、現在用いられている「神秘主義」の概念が、実は近代以降の発明品であり、特定の（西欧近代の）歴史的コンテクストに深く規定されているということだ。神秘主義の概念と、私たちが今日この言葉でイメージする怪しげな事象との結びつきは、けっして必然的なものではない。ところが、近代以降の神秘主義論の多くは、自らの思考を規定する歴史性に必ずしも自覚的ではなかった。本書は、現在の神秘主義理解の来歴を探り、その歴史性を自覚化することによって、さらには、今日支配的な神秘主義理解以外にありえた別様の神秘主義理解の可能性を、一七世紀フランスに生きた神秘家ジャン＝ジョゼフ・スュランのテクストに探ることによって、新しい思考の可能性を開きたいと思う。神秘主義論は近現代宗教論の極めて重要な一翼を担ってきただけに、前者の根本的な問い直しはそのまま後者の刷新に結びつきうると期待するものだ。

以上の問題意識より出立して、本書は、近世西欧、とりわけ一七世紀フランスのちょうど百年間に勃興し、同時代に「ミスティク（la mystique）」と呼ばれた思想運動ないし実践を論じる。日本語に訳すといずれも「神秘主義」とするほかないのだが、本書の主題である近世の「ミスティク」は、一九世紀以降の宗教研究を席巻した「ミスティシズム（mysticism）」とは、ひとまず区別されなければならない。前者は、一七世紀フランスに起こった、それ自体で自律したひとつの新しい「学知（science）」である。本書で用いる「神秘主義」の概念は、したがって、分析概念ではなく、基本的に当事者概念であることに留意されたい。

とはいえ、「ミスティク」と「ミスティシズム」のあいだには歴史的連続性がある。近世神秘主義のさまざまな言説のなかには、一八世紀以降に明確化してくる近代的神秘主義理解の原型がはっきり認められる。実に、教義や伝統の権威に対して、諸個人の「経験（expérience）」を新たな知の源泉とした近世神秘主義は、しばしば

「経験の学知（science expérimentale）」と呼ばれたのだった。しかしながら、本書で探究する近世神秘主義における「経験」は、近代的神秘主義概念の中核を構成する「現前の体験」にけっして還元できるものではない。本書の最も重要な目論見のひとつは、近世神秘主義の隠れた主題である「純粋な信仰（foi pure）」ないし「赤裸な信仰（foi nue）」を掘り起こすことにあるが、実のところそれは、あらゆる「現前の体験」を去った境地に到来するとされる信仰の観念なのだ。このラディカルな信仰の観念こそ近世神秘主義という「経験の学知」の精髄であった――これが本書の仮説である。「信仰という経験」こそ、近世神秘主義の真の主題だったと言えるかもしれない。事実、このようにみるとき、「経験の学知」は、近代的神秘主義理解を特徴づける体験中心主義とは似て非なるものであることが分かってくる。本書を通じて、私たちは次のことを理解するようになるはずだ。すなわち、近世神秘主義においては、神の「不在」の経験――近代的神秘主義論においては「現前」の体験によって最終的に乗り越えられるべきとされる否定的事態――は、むしろ根源的に肯定的な意味を帯びたものとして、嘉《よみ》すべきものとしてありえたということである。

一七世紀フランスにおいて「経験の学知」を最も鋭敏な言葉で語った神秘家が、本書の主人公、ジャン＝ジョゼフ・スュラン（Jean-Joseph Surin, 1600–1665）である。このボルドーのイエズス会士が歩んだ霊的道程《みちのり》は、キリスト教霊性の黄金時代とされる一七世紀フランスにあっても――それゆえおそらく世界宗教史上においても――他に類をみないもの、真に劇的なものである。ひとことで言えば、それは「体験から信仰へ」と要約できるような軌跡を描いている。ルダンの悪魔憑き事件を発端に、一五年以上にも及んだ心身の危機的状況――魂の「暗夜」――を通じて、彼はその身に数々の「超常の・常軌を逸した」体験（expérience extraordinaire）を被った。それは、この世を生きる大多数の人びとには垣間見ることも許されない神の現前について、文字どおり「見て、聞いて、触れる」ことを可能にした、特権的な「現前の体験」であった。これまでスュランに言及した神秘主義論の圧倒的多数は、その名も『経験の学知』（一六六三年）と題された彼の自伝的テクストに連綿と綴られている種々の

「体験」に関心を向け、その鮮烈さ、異様さに彼の神秘主義の第一の特徴を認めてきた。しかしながら、一六五五年から五六年にかけて起こった劇的な恢復ののち、イエズス会士として出生地ボルドー近郊の農村地帯を中心とした宣教と司牧活動に奔走し、精力的な執筆活動に日々をすごすなか、彼はすべてのキリスト教信徒に「共通の」、そして一切の超常の体験を拭い去った「通常の」信仰（foi commune et ordinaire）の境涯にこそ、「神秘的合一」への道を見いだすに至ったのである。比類なき現前の体験に恵まれたスュランだが、その晩年、彼は、あたかも神が不在であるかのように暗い「信仰の状態」にこそ根源的な平安と歓びを認め、そこに憩うことになる。この間の消息を明らかにし、スュランにおける信仰の何たるかを解明することが本書を貫く課題である。

幻視や脱魂などの神秘体験ではなく、「不在の他者」とのもうひとつの交わりのかたちである「神秘的信仰（foi mystique）」をこそ主題化する本書は、本質的に個人的・直接的なものとされる体験、何か特別な「現前の体験」を神秘主義の――ひいては「宗教」そのものの――「本質」とみなしてきた従来の研究の趨勢を正面から問い直し、私たちの神秘主義理解、そして宗教理解の水準を一段押し上げようとする試みである。

以下、本書の構成をまとめておく。本論に先立ち、序章では、議論を進めるうえでの基本的な前提を確認し、本研究の着眼点と全体的な方向性を提示する。一七世紀フランス・カトリック系宗教思想については、パスカルのような大思想家を例外として、本邦ではまだまだ研究の蓄積に乏しい。ことに「神秘主義」はいまだ馴染みの薄いテーマである。このような事情に鑑み、丁寧な記述を心がける。

本書は三部六章構成である。第一章から最終章にかけて、「体験から信仰へ」と向かうスュランの霊的道程を幾度も往復しながら、複数の論点を有機的に連関させ、徐々に考察を深めてゆく重層的な構造をもっている。

第一部では、一七世紀フランス神秘主義という問題系の歴史的・社会的コンテクストを概観し、そのなかにスュランを位置づける。フランス一七世紀は、中世から近代への大転換期にあたるがゆえに、さまざまな文化的思想的諸力が錯綜する闘技場《アリーナ》の様相を呈している。この只中に彼のテクストを置くことで、テクストに内在するさまざまな矛盾や緊張、あるいはその止揚をあぶり出すことができるだろう。

第一章では、まず、一七世紀フランス神秘主義において「経験／体験(expérience)」が新しい知の権威の源泉とみなされるに至った歴史的背景を一瞥する。「経験の学知」としての「神秘主義」の登場は、同時代における学知の構造的大変動と地続きの出来事であった。アリストテレスとトマスを権威とする中世的経験概念に代わって学知の根拠となった近世の経験概念は、同時代に興隆した神秘主義をめぐる言説の主題となった。それはまた、本質的に個人的な「体験」を核とする近代神秘主義論の形成につながってゆく。だが他方、近世神秘主義の諸思潮に目を凝らせば、あらゆる超常の体験、現前の体験を去った「純粋・赤裸な信仰」あるいは「暗き信仰(foi obscure)」というテーマが浮上してくる。近代的神秘主義理解の範疇において典型的な「体験の学知」とみなされてきたスュランの神秘主義の精髄は、実に、一切の超常の体験を離れた信仰の境涯に見いだせるのだ。この問題の同時代性を明らかにしつつ、本章後半では、以下の議論全体を通じて探究されるべきスュランの信仰論の輪郭を素描する。

近世神秘主義の興隆は、宗教的学知の担い手の変化という歴史社会学的事象とも連関していた。近世神秘主義の「社会的地平」の拡がりを見通し、そこからしてスュランのテクストをはじめ、神秘主義文献のもつ多声性を示すことが第二章のねらいである。一七世紀には、神秘主義文献の翻訳と流通の拡大と相まって、高度に内面的な霊性が世俗社会に生きる一般信徒たちにも開かれたものとなる。と同時に、神学的学識を備えた知的エリートを、おのれの経験に基づいて言葉を紡ぐ無学な一般信徒が圧倒するという光景が、いたるところで繰り返された。スュランもまた、宣教・司牧活動に奔走するなか、数多くの無名の、だが圧倒的に豊かな神の宝に溢れる信仰を生きる者たちと出会い、それが彼自身の霊的成熟を促す重要な契機となった。このイエズス会士の言葉は、歴史の陰に隠れてしまった信仰者たちの言行と呼応している。彼は、「しがなき人びと」が証言する「共通・通常の信仰」に応答し、自らもまた信仰の証言者となり、人びとのあいだで、人びとに向けて信仰の内なる神秘を語り出していったのである。

第二部では、とくに一七世紀フランスに神秘主義をめぐって戦わされた諸々の論争に焦点を当てて考察を展開する。ひとつの主題や観念について提示されたさまざまな解釈を照らし合わせることで、スュランの神秘主義をより立体的に捉えることができるはずだ。

第三章では、反神秘主義的思潮に対するスュランの闘争ないし応答に注目する。第一の論点は「超常の体験」である。しばしば「超常の・常軌を逸した（extraordinaire）」という形容詞を冠して語られた神秘家の体験――幻視、脱魂、浮揚など――は、一七世紀を通じて激化していった神秘主義の真正性をめぐる論争のなかでも極めて重要な争点となった。しかし、本章で確かめたいのは、超常の体験をめぐる論争の果て、スュランが「共通・通常の信仰（foi ordinaire et commune）」をこそ自らの思想的主題とするに至ったということだ。ところで、「体験から信仰へ」と要約できる彼の神秘主義のこの転回に決定的な影響を与えたのは、「暗夜」の教説で知られる一六世紀スペインの神秘家、十字架のヨハネの特異な信仰論――「暗く、漠然として、包括的な、愛に満ちた観念」――であった。スュランに対する十字架のヨハネの影響を明らかにすることで、従来の研究では近世における神秘主義退潮の典型的な徴候と捉えられてきたスュランの信仰への「回帰」を、彼の神秘主義に独自の創造的転回として読み解きたいと思う。その際、目を凝らすべきは、神秘家の言葉が生まれてくるその根源に蠢く「願い・焦がれ（désir）」である。

第四章の陰の主役も十字架のヨハネである。本章の議論を導く二つのキーワードは、本書全体の焦点でもある「純粋・赤裸な信仰」の概念と、近世西欧思想史上に最も活発な論議を呼び起こした「純粋な愛（pur amour）」の概念である。互いに密接に結びつきながらも位相を異にするこの二つの概念に注目して、一七世紀フランスにおける十字架のヨハネ解釈の多様性を検討し、最終的にスュランの信仰論の特異性・根源性を明らかにする。十字架のヨハネの教説は、世紀末の「キエティスム」論争に至るまで数多くの神秘家に受容され、近世フランス神秘主義の盛衰を大きく左右する影響力をもった。そのなかでも、スュランこそは同時代のフランスにおける十字架のヨハネの最良の読み手だったと言えるだろう。本章後半では、フェヌロンとスュランの思想を比較する。ともに魂の「暗夜」とそれに伴う深い絶望を稀有なやり方で生きたこの両者が歩んだ霊的道程は、或るところまではたしかに重なっていながらも、決定的な点で袂を分かつ。両者の道行きを対比することで、フェヌロンによって体系化された「純粋な愛」の教説の陥穽を超えていったスュランの「信仰」の特異性・根源性を照らし出すことができるだろう。

第三部において、私たちはいよいよ、スュランの神秘主義の精髄たる「信仰（の状態）」の何たるかを明らかにするべく、『経験の学知』および『書簡集』を中心とする彼自身のテクストに分け入ってゆく。

第五章では、スュランの神秘主義における信仰の諸相を、時間、身体、言葉との関連において多角的に探究する。とくに重要な論点は、スュランの聖霊論である。より正確には、聖霊の到来に先立つ「イエスの出立」という始原の出来事であり、それが彼の神秘主義にとってもつ決定的重要性を明らかにすることからはじめたい。かつて地上に生きる人びとのあいだに現前した神が去っていってしまったということ、もはやここにはいないというまさにそのことが、神との新しい関係を許し、可能にする。これがスュランの神秘主義の根本テーゼである。そこにおいて、現前の体験からの「隔たり」は、もはや乗り越えられるべき（悪しき）事態ではないだろう。スュランという神秘家の言葉は、「現在が過去へと過ぎ去りゆくことによって、現在に未来が到来する」という時の流れへの、鋭敏な感覚に裏打ちされている。最終的に彼が至り着いた「信仰の状態」は、まさにそのような時の変転のなかにあって、脆く弱い身体的存在としてある人間を、その弱さのままに肯定する言葉を紡ぎ出す。それは「あたかも神が不在であるかのように暗い」地平であるが、愛に満ちた闇のなかで神との別様の交わりが可能になるのだ。

第六章では、スュランが到達した信仰の境地における「合一（union）」と「平安（paix）」を論じる。あらゆる差異の彼方に到来するというこの信仰の平安は、それ自体が神との「合一」の産物である。しかし、この「合一」は、けっして「融合（fusion）」ではない。それは、神に向けて上昇してゆく霊的階梯の最終到達点ではないのである。彼の神秘主義において、信仰の状態にある魂は「神を求めての永久の不安・揺らめき（inquiétude）」

のなかにある。あるいはまた、神から隔てられてあることに起因する信仰につきものの闇も、闇を限なく照らし出す現前の光のなかに消失してしまうわけではない。神秘を覆う「信仰の幕」はついに取り去られることなく、魂は「神の栄光の永遠の城外区」に留まり続ける。だがその闇は、現前の欠如態としての、現前によって乗り越えられるべき否定的な闇ではない。過ぎ去ってしまった他者、もはや現前しない他者、未だ到来せざる他者の到来を「待つこと（attendre）」そのものとして捉えられるスュランの信仰は、何処からかやって来るであろう他者――神であり、隣人たちでもある――に向けて、愛に満ちた闇のなかで、つねにおのれを開き、曝しておくという歓待の姿勢でもあるだろう。現前しない他者が、しかしいまなお生ける他者として臨在するこの境涯に、彼の説く「生ける信仰」の平安は見いだされるだろう。

結論では、近代的宗教経験論や神秘主義（mysticism）理解には収まらないスュランの神秘主義（la mystique）の根源的・逸脱的性格を、彼が歌った詩の一節を検討しながら確かめる。とともに、「神秘主義とは何か」という「本質への問い」に、現時点で与えうるひとつの答えを提示したいと思う。

なお、巻末（補遺）において、残存するスュランのテクストの全貌を一覧すべく、著作紹介をまとめた。本書で依拠している各種校訂版の詳細についても、こちらを参照されたい。

序章　一七世紀フランス神秘主義とジャン＝ジョゼフ・スュラン

1　一七世紀フランス——近代化と霊性の興隆

一七世紀フランスは、西欧世界が中世から近代へと移りゆく、一大転換期にあたる。政治・社会・思想など、あらゆる領域において近代化が端緒についた時代であった。そしてそれは同時に、かつてない霊性の興隆をみた時代でもあった。

宗教戦争で荒廃した国土の再建を図ったアンリ四世（在位一五八九—一六一〇年）の暗殺後、ルイ一三世（在位一六一〇—一六四三年）と宰相リシュリュー、彼の跡を継いだマザランの主導によって、一七世紀前半に強力な中央集権化が進められたフランス王国は、「最も偉大なるキリスト教徒の王」を自負したルイ一四世（在位一六四三—一七一五年）の時代に絶対王政を完成、ヨーロッパの覇権を握った。すべては至上の存在である国家の維持・強化に従属すべしという「国家理性《レゾン・デタ》」の旗印の下に推し進められた近代国家の形成は、しかし、必ずしもカトリック教会と対立するものではなく、むしろ同時代のカトリック改革の動きと同調し、そのエネルギーを自らの原動力とし、あるいはカトリック改革の運動を後押しするものでもあった。

実際、ブルボン王朝の栄華の時代は、そのまま「フランス霊性」の黄金時代に重なっている。すでに中世末期に始まり、一六世紀半ばにトレント公会議（一五四五—一五六三年）によって明確な輪郭を与えられ、宗教改革に対応ないし呼応して組織と教義の再編を進めたカトリック改革は、カトリック圏における近代化運動でもあった。一六世紀のスペインにいわゆる「黄金世紀（Siglo de Oro）」を出来《しゅったい》させたカトリック改革運動は、一七世紀に舞台をフランスに移し、そこで新たな霊性の興隆を呼び起こすこととなった。数多くの新興修道会[1]や「篤信家《デヴォ》」[2]たちの集団が出現し、教育や救貧などの社会問題に積極的に取り組みながら、人びとの内面的な霊性の深化を促し、数多くの霊性家、神秘家を輩出する社会的・文化的土壌を培った。[3]一七世紀フランスのカトリックは「ナントの王令」によって公認されたプロテスタントと、ルネサンスによって発見された異教的哲学に根ざす自由思想という二つの敵とつねに対峙し、さらにはフランス教会に特有のナショナリズム的傾向（ガリカニスム）とイエズス会に代表される教皇中心主義（ユルトラモンタニスム）とのあいだにしばしば衝突をみるなど、絶えざる緊張を抱えていた。それでも、現実にはカトリックが圧倒的な権威をふるい、人びとの信仰生活に浸透し、事実上の国教の位置を占めていた。[4]

宗教戦争の収拾やカトリック教会の体制立て直しの動きと並行して、「神秘主義（la mystique）」あるいは「諸聖人の学知（science des saints）」と呼ばれる思想潮流が一七世紀初めにフランスに流入して独自の発展を遂げ、[5]世紀半ばに全盛期を迎える。アンリ・ブレモンは、全一三巻からなる記念碑的著作『フランス宗教感情の文学史（*Histoire littéraire du sentiment religieux en France*）』（一九一六―一九三三年）[6]のうち、一五九〇年から一六二〇年にかけて登場したフランスの霊性家たちを扱った第二巻に「神秘主義の侵入（L'invasion mystique）」、第三巻から第六巻までに「神秘主義による征服（La conquête mystique）」というタイトルを冠した。これらの表現は、一七世紀フランスにおける神秘主義の伸長の様子を――いささか肯定的にすぎるきらいがあるとはいえ――よく捉えている。ドイツやフランドルなどいわゆる北方の神秘主義（エックハルト、タウラー、ゾイゼなど）と、スペインやイタリアなど地中海地方の神秘主義（アビラのテレサ、十字架のヨハネ、シエナ、ジェノヴァの両カタリナなど）が混じり合い、一七世紀フランスに「フランス派（École française）」ともいわれる独自の思想潮流を生んだ。[7]

この「フランス派」の源泉のひとつは、パリにあったアカリ夫人バルブ・アヴリヨ（Madame Acarie, Barbe Avrillot,

1566–1618）邸を拠点とする敬虔なサークル活動に求められる。このサークルには、アカリ夫人の従兄弟で、のちに枢機卿となる若きピエール・ド・ベリュル（Pierre de Bérulle, 1575–1629）、国璽尚書ミシェル・ド・マリヤック（Michel de Marillac, 1563–1632）、ラザリスト会を創立し、一八世紀には列聖されたヴァンサン・ド・ポール（Vincent de Paul, 1581–1660）など、フランス政界・宗教界の大物たちが出入りしていた。また、フランス人とスペイン人を両親に持ち、跣足カルメル会をフランスに移入する先鞭をつけ、アビラのテレサの著作集の完訳に取り組んだ敬虔な司祭ジャン・ド・カンタナドワーヌ・ド・ブレティニ（Jean de Quintanadoine de Brétigny, 1556–1634）や、スペイン神秘主義の文献を精力的に翻訳し、一六二一年にはパリにおいて十字架のヨハネの仏訳版を初めて出版した国務評定官ルネ・ゴーチエ（René Gaultier, 1560頃–1638）もいた。彼らは、ときに王国の政治権力の中枢部にまで影響力を及ぼしつつ、司牧、教育、宣教、出版、慈善活動などに尽力し、同時代における霊性の興隆の基盤を作った。内面的な霊性を禁欲的な修道生活に限定せず、一般信徒が日常生活のなかで実践すべきものと説き、同時代の霊性家のなかでも最大の崇敬を集めたジュネーヴ司教フランソワ・ド・サル（François de Sales, 1567–1622）もこのサークルと接点をもっていた。

「離脱派（École abstraite）」とも言われるこのサークルの内面的な霊性を最も先鋭に体現した人物に、カプチン会士ブノワ・ド・カンフィールド（Benoît de Canfield, 1562–1610）がいる。[8] 彼が深化させた、神の意志と合致した魂の根源的な受動性というテーマは、一七世紀のフランス霊性全般に深甚な影響を与え、フェヌロン（François de Salignac de la Mothe Fénelon, 1651–1715）やギュイヨン夫人（Madame Guyon, Jeanne-Marie Bouvier de La Motte, 1648–1717）の「純粋な愛」の教説にも引き継がれた。

こうして、世紀初頭にフランスに流入した神秘主義の波は、政治的立場や思想的傾向の相違を超えて、フランス宗教界の隅々にまで浸透した。ポール・ロワイヤル修道院を牙城とし、一七世紀から一八世紀にかけてフランスを揺るがし続けたジャンセニスムも、カトリック改革の一翼を担う運動だった。ブレーズ・パスカル（Blaise Pascal, 1623–1662）をはじめその同調者たちも——ピエール・ニコル（Pierre Nicole, 1625–1695）のような反神秘主義者も含め――神秘主義の潮流とけっして無関係ではなかった（MICHON 2007 ; ICARD 2010）。ジャンセニスムと最も鋭く対立したのはイエズス会であるが、その活動主義的、合理主義的傾向から神秘主義に対しては全般に抑圧的な態度をとったこの新しい修道会の内部でも、一七世紀前半、ルイ・ラルマン（Louis Lallemant, 1588–1635）の薫陶を受けたフランスの若きイエズス会士たち――スュランもその一人である――のあいだに神秘主義的潮流の出現をみた（CERTEAU [1982] 2002, chap. 8）。なお、キリスト教思想史、とくに修道会の霊性が論じられる場合にしばしば持ち出される「観想と活動」の区別は、少なくともこの時代のフランスに興隆した霊性を扱うには適当ではないことを付言しておく。[9] ウルスラ会修道女で、宣教への燃えるような願いに駆られてヌヴェル＝フランス（当時のフランス領カナダ）に渡った受肉のマリことマリ・ギュイヤール（Marie Guyard, Marie de l'Incarnation, 1599–1672）も同時代の傑出した宣教家にして観想家であった。スュランもまた然りである。

　このように、一七世紀フランスにおいて神秘主義は百花繚乱の様相を呈した。その背景として指摘できるのは、カトリック改革運動によっておそらく史上かつてない規模で社会の全面的なキリスト教化が進んだこと。そしてまた、思想と芸術創造における自由と奔放さを求めるバロック的精神が、カトリック宗教改革の機運と結びつきつつ、同時代に一大潮流を形成したことである。[10] 歪みや破綻を内包して定型表現にとらわれず、真理や秩序を尊重するよりも情念に直接訴えかける効果をこそ追求するバロックの詩的言語と豊かなイメージ性は、同時代の神秘主義的諸思潮とたしかに通底していた（CLÉMENT 1996）。

　一七世紀も後半になると、絶対王政の確立と並行して、調和と均整を重んじる古典主義的傾向がバロックに対して優勢となる。完成した絶対王政と古典主義的秩序は、しかし、徐々に硬直化し、形式主義に堕してゆく。他方、擬似国教と化したカトリックの思想統制への反発や異議申し立ての動きもしだいに顕在化してくる。聖職者や篤信家たちの偽善と腐敗を諷刺したモリエールの喜劇『タルチュフ』の発表（一六六四年）は象徴的な出来事である。啓蒙主義の胎動と反カトリック的「哲学者《フィロゾーフ》」の台頭は、単線的な世俗化の結果ではなく、フランスにおけるカトリック宗教改革の圧倒的な成功の反動であり、逆説的な帰結であった。[11]

カトリック信仰の社会規範化が進むなか、当該社会の周縁に追いやられていった「生きられた信仰」としての神秘主義は、一七世紀末、いわゆる「キエティスム」[12]の断罪をもって西欧思想史の表舞台から姿を消すことになる。ルイ・コニェは、世紀末におけるボスュエ（Jacques Bénigne Bossuet, 1627–1704）とギュイヨン夫人および彼女を支持したフェヌロンのあいだで戦われ、最終的に神秘主義の断罪に至った論争に関する著作を「神秘家たちの黄昏」と題した（COGNET［1958］1991）。神秘主義の侵入、征服から黄昏へ。「光明の世紀（Le siècle des Lumières）」と呼ばれる一八世紀の夜明けとともに、神秘主義は西欧史の暗がりへと去ってゆく。

ちょうど一世紀間にわたるこの時代を通じて、神秘主義という思想潮流がフランスに押し寄せ、引いていったのだった。一六〇〇年にボルドーに生まれ、六五年に同地に没したスュランは、一七世紀前半にフランスに押し寄せた神秘主義の潮、その満ち引きの狭間を駆け抜けた神秘家だった。

2　ジャン＝ジョゼフ・スュランの生涯

「その教説と人生とが、かくも分かち難く結びついている霊的指導者はほとんどいない」（DUPUY 1990, col. 1311）。たしかに、彼の思想をどのように理解するかという問いはそのまま、彼の生涯をどのように捉えるかという問いに直結している。けっして思弁的・体系的ではない彼の神秘主義の生命は、波乱に富んだ彼の人生に読み取れる魂の軌跡にこそ証言されていると言えるかもしれない。

ジャン＝ジョゼフ・スュランは、一六〇〇年二月九日、フランス南西部の中心都市ボルドーに生まれた[13]。本名はジャン・ド・スラン（Jean de Seurin）。イエズス会入会後、ジャン＝ジョゼフ・スュラン（Jean-Joseph Surin）と呼ばれるようになった。同名の父ジャン・ド・スランはボルドー高等法院の評定官であった[14]。母アンヌは、三七年に夫と死別した後、三八年一〇月一五日——アビラの聖テレサの祝日——にボルドーのカルメル会第一修道院に入り、六二年に逝去するまでそこで過ごした[15]。長兄であったスュランには、カトリーヌ（一六〇一年生まれ）、ピエール（一六〇二年）、ジャンヌ（一六〇四年）、アンヌ＝マリ（一六〇七年）という四人の兄弟姉妹がいた。このうち最初の二人は幼くして夭折したらしい。残る二人の妹のうち、ジャンヌは一六一九年、母に先駆けてボルドーのカルメル会第一修道院に入るも、三九年にこの世を去っている。アンヌ＝マリも、二六年に結婚したが、そのわずか数日後に早世している。

スュランはボルドーの人であった。当時ヨーロッパの交易の要衝であったこの街にはさまざまな国の人びとが行き交い、経済的にも文化的にも活況を呈していた。なかでもスペインからの人と物の流入は盛んであった。一六世紀スペイン・跣足カルメル会の神秘家、十字架のヨハネ（Juan de la Cruz, 1542–1591）の著作の最初の仏訳が、ボルドーの「聖職者たち」の手なるものだったらしいことは象徴的である（CERTEAU 2013, p. 169）。スュランの母と妹が入会した女子跣足カルメル会は、早くも一六一〇年に第一修道院、一六一八年には第二修道院をこの街に設立していた。スュラン自身、まだ少年の頃にボルドーの女子カルメル会修道院に通い、『自叙伝』をはじめとするアビラのテレサ（Teresa de Ávila, 1515–1582）の著作にも親しんでいた。

スュランがどのような子供時代を過ごしたのかということについては、彼の手紙が最も古いものでも一六二六年以降のものしか残っていないこともあって、詳しいことは分からない。だが、就学期前のこの頃が人生で「最も甘美なる時」であったとのちに述懐されているように[16]、その後の彼の神秘主義の展開を読み解くうえでも、ただでさえ多感なこの時期の経験は重要であろう。少年スュランにスペイン・カルメル会系の霊性の息吹を伝えたのは、ベリュルの要請に応えてフランスに移り、各地（一六〇五年ディジョン、一六〇九年ルアン、一六一〇年ボルドー、一六一六年トゥルーズ、一六一八年リモージュ）に女子跣足カルメル会修道院を建立したテレサの直弟子、イザベル・デ・ザンジュことイサベル・デ・ロス・アンヘレス（Isabel de los Ángeles, 1565–1644）であった[17]。スュランが彼女からテレサの聖遺物を受け取ったというエピソード（T. 10, p. 144 ; C. L48, p. 255）は、スペイン・カルメル会の霊性がスュランに刻みつけたものの深度を推し量らせよう。一三歳の時に彼が授かったという「超常の恩寵」の体験は、ボルドーのカルメル会修道院の礼拝堂で起こったのだった[18]。

ボルドーのラ・マドレーヌ学院で初等教育を終えたスュランは、一六一六年七月二日、イエズス会の修練院に入った。修道士として生きることを決意するにあたっては、父とのあいだにひと悶着あったようである。[19]父の反対の理由には、幼い頃から病弱であった息子が、果たして厳しい修道生活に耐えられるのかといった不安もあったと思われる。実際、スュランは修道士となって以降も慢性的な心身の不調に悩まされていたらしいことが初期の手紙から窺い知れる。[20]

その後故郷を離れた彼は、ペリグーで修辞学（一六一八年）、数年前まで（一六〇六―一四年）デカルトもそこで学んでいたラ・フレーシュのイエズス会学院《コレージュ》で哲学（一六一九―二三年）を修めた後、ボルドーに戻った二年間（一六二五―二七年）を挟み、パリのクレルモン学院で神学を学んだ（一六二三―二九年）。学業優秀だったスュランだが、彼にとって学生時代は、カルメル会修道院に足繁く通った少年時代の「甘美さ」に比べれば、むしろ無味乾燥な苦痛の経験でしかなかったようだ。彼が求めていたのは、修辞の美しさや論理の精妙さを追究する学問ではなく、まだ幼い頃から彼が親しみ、当時学生のあいだでも広く読まれていた、アビラのテレサに体現されるような霊性であった。

時あたかも、イエズス会内では、とりわけボルドーを中心とするアキテーヌ地方において、若い会士たちのあいだに神秘主義的傾向――しばしば侮蔑的なニュアンスを込めて「新奇な霊性（nouvelle spiritualité）」と呼ばれた――が共感を集める一方、これに対する上層部の警戒心が高まっていた（CERTEAU[1982]2002, chap. 8）。一七世紀フランス霊性のなかでも一大潮流を成したこのイエズス会内の神秘主義の源流に位置づけられるのは、一六二八年秋から三一年秋にかけてルアンの第三修練院の院長を務めたルイ・ラルマンである。[21]彼の指導のもとに第三修練期――イエズス会士として独り立ちするために必要な修行の仕上げとも言うべき最終段階――を過ごした者たちが、この「新しい霊性」の主要な担い手となった。[22]スュランもまた、一六二九年から三〇年にかけて、ラルマンの指導を受けたのだった。

観想や祈り、内面性に重きを置くラルマンの教えは、活動主義的、人文主義的傾向を強めていた当時のイエズス会の流れに対する、会内からの反動の一環でもあった（CERTEAU 1965b, 1973b）。だがそれは、当時の総長ムツィオ・ヴィテレスキ（Muzio Vitelleschi, 1563–1645）によって「常軌を逸した信心（dévotion extraordinaire）」として激しく非難された。こうした状況のなか、スュランにも嫌疑のまなざしが向けられた。絶えず心身を苛む苦痛に悩まされていたこの頃の彼は、同時代に興隆した神秘主義の根本テーマのひとつでもある「自己放棄（abandon, annihilation）」を、病的なまでに極端なかたちで求めていたようである。ボルドーからローマに向けて神秘主義の危険を告発し続けた狷介なイエズス会士レオナール・シャンペイル（Léonard Champeils, 1587–1669）は、一六三九年に総長に提出された報告書のなかで、スュランの説く自己放棄の異常さを次のように露骨に論難している。「魂は己を神に委ねるべきであるという。それはまさに次のごとき度外れな有様を呈している。すなわち、理性を欠いた子供のように、あるいはただ本能のままに動く小動物どものように、あるいは絶対に活動不能である臨終の人のように、あるいは他人の手で着飾られる娘のように」[23]。スュランの生涯は、絶え間ない反神秘主義との対立と緊張に貫かれていた。

スュラン、あるいは神秘主義に対する非難にはしばしば政治的な思惑が絡んでいた。言い換えれば、そうした非難は必ずしも思想的・神学的な意見・態度の相違に起因するとはかぎらないのである。しかし、心身の苦痛の根本的な原因を自らの魂に巣食う自己愛（amour propre）に見いだし、これを徹底的に克服することで安らぎを得んがため、ただでさえ虚弱な自己の肉体を痛めつける禁欲・苦行行為を過剰に重ねていったスュランの極端な潔癖さは、正統的立場に照らせば明らかにバランスを欠いて危険な——キエティスムにも通じる——傾向を察知させるものだったと考えられる。

自己の肉体をはじめ、この世のもの、およそ被造物というものは、神と私の魂との交わりを阻むものであり、それゆえ取り除かなければならない障害物である。こうした被造物蔑視の考え方も、青年期のスュランの言葉には顕著である。たとえば彼は、この世における他者との交わりをすべて断絶しようとして、一六三三年一〇月の手紙でこう書いている。「私の生を悔い改めるために、最も近しい人びとをも含めた一切の人びととのあらゆる交わりから身を引くこと、そして、私の記憶から、唯一必要なものを除いて、可能な限りの事どもを消し去ることが、非常に有益であると思うようになりました」(C. L36, p. 210)。当時の彼は、神との直接的な交わりを求めんとして、一切の被造物との関わりを絶った孤独への道をひた走っていたようである。「何らかの被造物との近しい関係、必要もなく他人を見やること、あらゆる余計な心配は、神とあなたのあいだに厚い壁を築いてしまうでしょう」(C. L20, p. 152)。ブドンによる伝記に描かれているように[24]、こうした文言からはたしかに、この世からの離脱としての「死」への鋭い傾斜が感じ取られる。だが他方、一六三〇年からイエズス会宣教師としての活動を開始したスュランは、ボルドー近郊の農村地帯(サント、マレンヌ)での信仰篤き数多くの信徒たちとの出会いを重ねるなかで、人びとに「共通・通常の信仰」の内にこそ隠された神秘を——未だ「窓の向こうを覗くようにして」窺うばかりではあったが——すでにして見いだし始めていた。あるいは、この時期のスュランにおいては、内向と外向、観想と活動という方向性の違う二つのベクトルがせめぎ合っていたと言えるかもしれない。

一六三四年一二月、スュランは祓魔師《エクソシスト》としてルダンに派遣される。そこで彼は自らの運命を大きく変える異様な事件に巻き込まれることになった。後世に彼の名を広く知らしめることにもなったこの「ルダンの悪魔憑き事件」は、一六三二年九月、フランス中西部の小都市ルダン(Loudun)のウルスラ会修道院において発生した。悪魔憑き現象は同院居住の修道女のほぼ全員(一七名)に及んだが、その震源となったのは修道院長ジャンヌ・デ・ザンジュ(〝諸天使のジャンヌ〟 Jeanne des Anges, 1605–1665)であった。フランス各地から祓魔師たちが集められ、大掛かりな祓魔式が執行された。当時、悪魔祓いの儀式は教会の権威を人びとに広く誇示する格好の機会でもあり、したがってそれは公衆の面前で繰り広げられる舞台装置とも言うべきものであり、あるいは好事家の関心を集めずにはおかないスペクタクルでもあった。ほどなく、彼女たちの身に悪魔を忍び込ませた魔術師の正体として、ルダンのサント・クロワ教区司祭ユルバン・グランディエ(Urbain Grandier, 1590頃–1634)の名前が、ジャンヌの口(を借りた悪魔)から聞き出される。グランディエは拷問にかけられた挙句、火炙りの刑に処せられてしまう（一六三四年八月）。これにより、二年にわたって続いた事件に終止符が打たれたかのように思われた。が、グランディエ処刑後も修道女たちの悪魔憑きは収まらず、むしろその「症状」は激化の一途をたどった。事件はしだいにフランス王国全土の好奇心を集めるようになる。こうしたなか、騒ぎの拡大を懸念した宰相リシュリューの要請を受けたイエズス会により、スュランは――振り返ってみれば、彼の繊細な神経と虚弱な身体が到底この苛酷な任に耐えうるものでなかったことは明らかだったと思われるが――ルダンに派遣されて来る[25]。

スュランが祓魔を行った相手は、事件の渦中にいた修道院長ジャンヌその人であった。スュランは彼女が「悪魔に憑かれている」という事実をいささかも疑うことはなく、全身全霊を捧げてジャンヌに取り憑いた悪魔の撃退に努めた。彼は、すでに一種の演劇的見世物と化していた公開の祓魔式や、そこで用いられていた物理的・呪術的方法を採用せず、修道院の一室で彼女と二人きり、二重鉄格子を隔てて、霊的な事柄について話し合うという方法を取った。一見すると現代の臨床療法にも似たこの方法は[26]、悪魔祓いの方法としては当時まったく斬新な試みであった。修道女に憑依した悪魔に打ち勝つのは、一般に祓魔式で用いられる聖水や十字架、聖体のパンなど擬似物理的・儀礼的効力による外からのはたらきかけではなく、最終的には修道女の魂の内奥においてはたらく神の愛である。このように考えたスュランは、ジャンヌとの濃密なやりとりを通じて、彼女の内に眠っている神の愛を目覚めさせようとし、そのために彼女の心の内に密かに巣食う我欲や傲慢を浄化しようとしたのである。

ところが、この献身的な愛の実践の果て、彼はジャンヌに代わりに自らが悪魔に憑かれたいと望み、その実現を神に希うまでになる。

彼は涙ながらに神に求めた。この修道女を、完徳の修道女として育てるべく与えてください、と。そして、彼はあまりにも熱心にこう求めたために、ある日聖母にこう願い出ずにはいられなくなった。この哀れな娘の悪を己の身に引き受け、彼女のあらゆる試煉と悲惨さを分かち合いたい、と。ついには、彼女の内に入り彼女の魂に身を捧げる自由を与えて下さるのであれば、悪霊に憑かれることを求めるまでに至ったのである。

それ以来、この神父〔スュラン〕の心の内には、この打ちひしがれた魂への父親のような愛が生まれ、これによって彼女のために受苦したいと思うようになった（奇妙なことだが！）。そして彼は、自らの大いなる幸いはイエス・キリストに倣うことにあるだろう、と心に抱いたのだった。イエス・キリストは、サタンの檻から魂たちを救い出すために、その魂たちの弱さを自らの身に引き受けた上で、死の苦しみを忍んだのである。（T.2, p.41）

この危険な願いは叶ってしまう。一四、また一匹とジャンヌの身体から悪魔が出て行き[27]、彼女の症状が沈静化するにつれて、今度はスュランが悪魔憑きの徴候を示すようになってゆくのである。一六三六年一〇月、この事態を懸念したイエズス会アキテーヌ管区長の命令により、スュランは一時ボルドーに帰還した（三七年六月まで）。だが、ルダンを離れても彼の心身の状態に改善のしるしはみられなかった。にもかかわらず、任務を完遂すべくふたたびルダンに派遣された彼は、ジャンヌに最後まで取り憑いていた悪魔の撃退に残された力を振り絞った。一六三七年一一月、残るはあと一匹というところまで来たところ、精魂尽き果てたスュランは、ついにボルドーに完全召還された。以後、一五年間以上の長きにわたって、彼の魂は深い闇のなかを彷徨うことになる。

心身の麻痺状態に陥り、イエズス会士として果たすべき司牧活動はおろか、執筆もほとんど不可能な状態となった彼は、修道院の救護室に「病人（infirmus）」として収容され、魂を襲う苦痛のうちに呻吟する日々を送った。四五歳のとき（一六四五年五月一七日）には、ボルドー近郊の町サン゠マケール（Saint-Macaire）の修道院の一室から、ガロンヌ川をほど近くに臨む窓を突き破っての投身自殺を図っている。幸い未遂に終わったが、腿の骨を折ったため歩行障害が残り、以後彼は足をひきずって歩くことを余儀なくされるようになった[28]。

一進一退を繰り返したスュランの「病」がようやく快癒の兆候を示したのは、一六四九年から五一年にかけてボルドー近郊の田園地帯サント（Saintes）に転地療養した折、五〇歳の頃である。彼はそこで、それまで窮屈で

サン＝マケールの修道院。ここに写っているいずれかの窓からスュランは飛び降りた。
撮影者 Henry Salomé

仕方なかった呼吸が恢復し、肺腑に未曾有の新鮮な空気が通じるという体験を得た。[29] この「寛ぎ・拡がり（dilatation）」の体験以降、彼の心身は徐々に活動力を取り戻してゆく。五四歳のときには、周囲の理解者の助けを借りて、口述での著述もはじめるようになる。その後、一六五六年六月九日の夜の出来事[30]に至るいくつかの決定的な段階を経てついに魂の長い闇路を脱したスュランは、一六六五年に故郷ボルドーに没するまで、とりわけボルドー周辺の農村地帯を中心に、イエズス会士として司牧・宣教活動に精力的に従事するとともに、数多くの神秘主義文献を著した。

誰よりも深い絶望と孤独を味わった彼は、いまや、この世に生きる他の多くの信仰者たちと交わるなか、人びとに神を知らしめることに至上の歓びを見いだすようになる。たとえばその歓びは、一六六二年六月二六日にシュリヴェット（Chelivettes）という宣教先の小村からジャンヌに宛てて書かれた次の手紙の一節に窺える。

> 私はここで村人たちに説教をし、彼らを見舞い、彼らの住まいで彼らを慰めるのです。そうしてつねに、彼らに善へと向かうことを勧める場所を見いだすのです。それはこの私にとって大いなる慰めであり、この務めにおいて生は非常に甘美で非常に望ましく、私は神を心の底から讃美するのです。この時私が知るのは次のことです。すなわち、神は単純さと素朴さにおいてご自身をお伝えになり、ご自身を心の内に感じさせるのだということ。そしてさらには、結局のところこの世において最も幸せな生とは、この世のさまざまな

思惑から完全に身を引き、神のことのみを考えて神のみを求め、自らの身を心から神にゆだねて、神の栄光をいや増し神に奉仕する魂の生である、ということです。親愛なる修道女よ、私たちの務めはそこにあるのです。私は残された余生をこの唯一の務めに専念して過ごしたいと思っています。この務めが果たすべきことは、私が私の言葉とはたらきを及ぼしうる魂たちによって、神が知られ、奉仕され、心から愛されるということです。(C. L469, p. 1395)

かつてルダンにおいて数々の超常の体験をともにしたジャンヌ——彼女はルダンの事件後も超常の体験へのこだわりを棄てなかった——に対して、スュランは「しがなき人びと」たちと同じ生の地平に回帰すべきことを説く。この平凡な、日常的な生の地平には、かつてルダンで獲得されたようなはっきりと知覚できる特別な体験——現前の体験——の賜物はない。しかしながら、彼はこの暗き生の地平に「多くの人間的弱さと、しかしまた豊かな信仰」(S. III, 6, p. 304) を見いだすのである。彼にとってこの信仰の内なる神秘の発見は、「顔と顔を合わせて神をみる」という至福直観にも勝る富の発見であった。

スュランの『書簡集』を校訂したセルトーは、晩年の精力的な宣教活動の開始時期にあたる一六六〇年一〇月から六二年六月までの手紙を収めた第六部に「孤独から共生へ (De la solitude à la vie commune)」、そして最晩年の手紙をまとめた第七部に「宣教師 (Missionnaire)」という表題をつけている。この二部で二六九通、全書簡の実に半数近くを数えることが示しているように、スュランの霊性が最も深く成熟したと思われるこの時期に、生涯を通じて最も濃密に人びととのやりとりが重ねられたのである。このイエズス会士の主たる宣教地であったボルドー近郊の農村地帯こそ、晩年の彼が「永遠の城外区 (faubourg de l'éternité)」(Q. III, 1, p. 138–139) と呼んだ場所であった。「信仰の幕 (voile de la foi)」によって燦然たる神の栄光から隔てられた場所、その意味で本来的に「暗い」この場所は、しかし、何か新しい言葉が湧き出す場所でもあり、神との別様の交わりが可能にされる場所でもあった。

一六六五年一月二九日、ジャンヌがこの世を去る。スュランにとって彼女は、「悪魔憑き」からの恢復以後も、誰よりも心を許すことのできる親密な手紙のやりとりの相手であった。自らの言葉を深く豊かに触発してくれる無二の宛先人を失って、老いた彼の身体はその衰えを早くしたようだ。四月二二日、スュランは故郷ボルドーに没した。

3　神秘主義とは何か――本書の問いとその射程

本書の主題は、スュランを中心とする一七世紀フランス「神秘主義」である。「神秘主義」とは何か。だが、この「本質への問い」を問う前に、まず「神秘主義」概念そのものの歴史性を自覚化しておかねばならない。近年の研究は、「神秘主義」概念の近代的構築性を指摘し、この概念を通文化的・通歴史的に適用することからくるさまざまな認識の歪みを批判している。本節では、まずこの概念の歴史性を概観した上で、本書の議論の照準を近世神秘主義（la mystique）に定めることの意義を明らかにする。より具体的には、近代以降の神秘主義論は概して「体験」を強調してきたこと、それが近世神秘主義の隠れた主題である「信仰」の問題を視野の外に追いやってきたことを明らかにする。本節の議論を通じて、本書が企てる「信仰の神秘主義」論が、従来の神秘主義理解を拡充ないし転換しうるものであることを示したいと思う。

1　神秘主義（mysticism）概念の近代性

神秘主義研究においてこの問題が前景化するのは二〇世紀後半以降のことである。次に引用する井筒俊彦『神秘哲学』（一九四九年）の言葉は、神秘主義という概念の歴史性を最も早くに、極めて的確に指摘したものと評価できるだろう。

神秘主義という言葉の内容は著しく複雑である。（中略）いまなお此の語に対する驚くべき誤解曲解は後を絶たず、或者は神秘主義を以て霊媒術あるいは魔法妖術のたぐいと混同し、或者はまた神秘主義とは人間が相対者たるの分際を忘れて不遜にも神人同一を僭称する驕傲であると考えている有様である。このような誤解を一般に生ぜしめるに至った抑々の原因の一部は、（中略）神秘主義なるものが元来一の歴史的概念であることを多くの論者が忘却しているところに存すると思われる。ミスティークは西欧に於ては純然たる歴史的概念である。（井筒［一九四九］二〇一三、二三三頁）

だとすれば、「神秘主義」について論じる前に、まず西欧におけるこの概念の成り立ちを――たとえ大摑みにであっても――吟味しなければならない。求められるのは系譜学的な視座である。

そもそもこの概念はどこから来たのか。ルイ・ブイエの古典的研究によれば、「神秘的（mystikós）」という形容詞は元来、古代ギリシアの密儀宗教において、当の儀式が未加入者に隠されていることを意味する言葉として用いられていた。つまりそれは、何か特別な教理や、特別な宗教体験を意味するわけではなかったのである。ところでこの「異教」の言葉は、初期キリスト教の神学的基盤を築いたギリシア教父たちに受容されたとき、新たな意味を帯びるようになった。とりわけ聖書釈義と典礼（聖体祭儀）の解釈を通じ、「神秘的」という形容詞は、キリスト教信仰の、言葉の字義的意味や目に見える儀式から区別される、隠された霊的意味・内実――ただキリストにおいてのみ人間に伝えられうるとされる――を形容する言葉として用いられるようになった。なお、「神秘的」という言葉を直接的・経験的に神を知るやり方を表すものとして用いる最初の用例は、古代キリスト教最大の神学者オリゲネスに確認できるが、それは聖書の隠された霊的意味にふれるという釈義のやり方――観想（theoria）――を意味していた。神の直接的経験が聖書釈義と不可分であったことは、『神秘神学』をはじめとする擬ディオニュシオス文書においても同様である。擬ディオニュシオスの「神秘的」思想もキリストの聖体をめぐる典礼と密接に結びついていた（BOUYER 1949）。

ブイエは、「つまるところ教父における「神秘的なるもの」は、たんに、あるいは第一義的に当の主体において捉えられるような心理的経験にはけっして還元できない」（*ibid*., p. 21–22）と結論する。この指摘は、「純然たる歴史的概念」としての「ミスティーク」を問題とする本書にとってとりわけ重要な指摘である。というのも、「ミスティーク」の近代的定義としての神秘主義は、まさに「第一義的に当の主体において捉えられるような心理的経験」に還元されるものに変容したからだ。マクミラン社の『宗教百科事典』にあるように、近代の神秘主義の定義は、概して「超越的なリアリティとの合一を通じて日常的経験を越えてゆく意識の状態」である（MOORE 2005, p. 6341）。二〇世紀初めにウィリアム・ジェイムズが著し、以後の宗教研究全般に絶大な影響を及ぼすことになった『宗教的経験の諸相』における神秘主義理解は、その最たる例である。「神秘主義」を扱った章の冒頭、ジェイムズはこう書いていた。「たしかに、個人的な宗教経験というものは意識の神秘的状態にその根と中心とをもっていると言える、と私は考える」（JAMES［1902］2002, p. 294＝一九七〇、下一八二頁）。

17世紀の空気を現在に伝える、ボルドーの旧イエズス会修練院のファサード（1656年建立）。13 rue du Noviciat, 33800 Bordeaux. 撮影者 Dominique Salin s.j.

古代における神秘的経験が、あくまでもキリスト教信仰の共同体と伝統のなかに組み込まれていたのに対し、近代におけるそれは、本質的に個人的なもの、個人の意識を場とするものになった。だとすれば、ひとまず次のことが指摘できる。すなわち、「神秘主義」を人類史に普遍的な現象として論じることは、特定のバイアスが掛かった概念に応じて現実を歪めてしまう可能性がある、ということだ。そもそも「神秘主義」が西洋に固有の歴史的文化的コンテクストのなかから立ち上がり、変容してきたものであるならば、当の概念の歴史性を無視して非西欧世界の事象に適用することはできない。また、西洋の歴史の内部においても、概念の近代性を無視して汎歴史的に用いることは避けなければならない。古代の教父たちにおける神秘的経験を、たとえばジェイムズの分析に照らして考察することは、端的に言ってアナクロニズムの誹りを免れないのである。

一九六〇年代以降の人文社会学におけるポスト・コロニアル思想の隆盛、また西洋の自己批判の動きとも連動して、神秘主義ないし神秘体験概念の近代性は、近年の研究においてはまずそこから始めるべき不可避の論点となっている（cf. SHARF 1998 ; SCHMIDT 2003 ; TRÉMOLIÈRES 2010. 鶴岡 二〇〇一、二〇一〇a、二〇一四、深澤 二〇〇六［とりわけ第五章］）。だが、神秘主義が西洋近代以降の或る固有の歴史的力学のなかで生成し、変容してきたことを初めて説得力ある方法で明らかにしたのは、ミシェル・ド・セルトーである。私見では、いまなおその水準を超える神秘主義研究[31]はない。一九七一年に公刊された『ユニヴェルサリス百科事典（*Encyclopædia Universalis*）』の« Mystique » の項目を執筆した彼は次のように書いている。

> 神秘主義（la mystique）をどう考えようとも、たとえそこに普遍的あるいは絶対的なリアリティの出現を認めようとも、特定の文化的歴史的状況との関連においてみないかぎり、神秘主義を論じることはできない。シャマニズムであれ、ヒンドゥー教であれ、マイスター・エックハルトであれ、西洋は神秘主義を描き出す固有の方法をもっている。西欧は固有の場所に立って神秘主義を語っている。それゆえ、インド人、アフリカ人、あるいはインドネシア人には、われわれ西洋人がこの名前で呼ぶものと同じ概念も実践もないことを忘れて、神秘主義についての普遍的言説というフィクションを認めるわけにはいかないのだ。（CERTEAU 2005, p. 324–325）

かくしてセルトーは、徹底的な歴史主義の立場から、現在の「神秘主義」概念は西洋的キリスト教的コンテクストと不可分であり、したがって概念の文化的歴史的被拘束性を認識することなしに有効な議論は成立しえないと断言する。とはいえ彼は、他の宗教伝統における神秘主義的思潮の存在を否定しているわけではない。彼が否定しているのは、個々の地域の歴史的文化的伝統のなかで培われてきた概念や実践を捨象して、神秘主義の「普遍的本質」をアプリオリに定位することである。

セルトーの神秘主義理解の要諦は、神秘主義を或る種の「ものの言いかた（modus loquendi）」ないし「もののやりかた（modus agendi）」として、言い換えれば、言語的実践として、何よりその実践の形式（スタイル）に着目しつつ捉えようとすることに認められる（CERTEAU [1982] 2002, p. 26–30）。神秘主義とは、既存の言語的実践の地平に内在しつつ、その地平に「断絶」を、つまりは何か根源的な「新しさ」をもたらす「やりかた」である。神秘主義とはつまるところ言語の技である。しかしこの技の創造性は、未知の概念や新語を発明することにではなく、自らも既存の言語活動を生きつつ、当の言語活動を絶えず逸脱してゆく、その都度の新しさに認められるのだ。

セルトーのこのような神秘主義理解は、一六世紀から一七世紀の西欧、とくにスペインとフランスのカトリック神秘家たちのテクスト解釈を通じて導き出されたものである。彼は、その神秘主義研究の最初期の論考において、そもそもそれまで形容詞でしかなかった « mystique » という言葉が、近世に初めて実名詞 « *la* mystique » となったこと。そして、この形容詞の実名詞化という事態は、新しい学知の領域の形成と対応していたことを明らかにした（CERTEAU 1964）。未完の大著『神秘のものがたり（*La Fable mystique*）』に結実する彼の神秘主義研究は、西欧近世に成立したこの「神秘主義（la mystique）」という学知の「新しさ」を見極めようとするものだったと言える。

本書で論じる「神秘主義」は、ひとまずはセルトーが追究したのと同じ近世西欧、とりわけ一七世紀フランスに固有の思想潮流としてのそれである。それは基本的に当事者概念である。本書で論じるのは、主として一七世紀フランスの神秘家たちが自らのテーマとして語り、あるいは生きた「神秘主義（la mystique）」であり、一九世紀から二〇世紀にかけて宗教研究の最重要概念のひとつとなった「神秘主義（mysticism）」とは区別される。[32]

しかし、「神秘主義」を西欧近世という時代に特有の思想運動とすることに対しては批判があるかもしれない。西洋思想史にかぎっても、プロティノスはどうなるのだ、擬ディオニュシオスは、エックハルトは含まれないのか、といった問いがただちに投げかけられるだろう。実際、『神秘のものがたり』への書評論文のなかで、アラン・ド・リベラとフレデリク・ネフは、セルトーの議論においてはスペインとフランスの神秘主義ばかりが強調される一方、擬ディオニュシオスおよび新プラトン主義の伝統へのまなざしが奇妙に抜け落ちていると指摘する。そのうえで、この選択と排除は「形而上学的・宗教的自民族中心主義」の反映である、と断じている（LIBERA et NEF 1983）。また、「神の現前」という概念によって神秘主義の本質を捉えようとし、古代からのキリスト教神秘主義の伝統を描こうとするバーナード・マッギンも、リベラやネフほど断定的ではないものの、セルトーの神秘主義理解の狭隘さを批判している（MCGINN 2004, p. 312–313）。これらの指摘は、だが、セルトーの意図を正しく理解した上での正当な批判とは言えない。そもそも、これら批判者たちが繰り返す「神秘主義の伝統」とは、セルトーに言わせれば、一九世紀以降に発明された「神秘主義」概念が過去に投影されることによって「創造された伝統」なのだから。それは、「近代の学知が自らの現在の有り様に応じて過去の厚みのなかに切り出し、自らに与える固有の伝統」（CERTEAU 2005, p. 327）なのだ。「神秘主義」概念の近代性を徹底的に認識している点において、セルトーの議論はリベラやネフ、あるいはマッギンよりもずっとラディカルであるように思われる。

しかしながら、本書の問いは、セルトーの仕事と同様、一七世紀フランス・カトリックという固有の文脈に自己閉塞するものではけっしてない。[33]「神秘主義」という概念が、現代においてもなお、なにかしら人を惹きつける力をもっており、あるいは、その研究を通じて「宗教の本質」に迫ることを許す根源的事象としてあり続けているとすれば、「神秘主義とは何か」という本質論的、宗教哲学的問いを手放すべきではないと考える。ただし、「神秘主義とは何か」という本質への問いは、神秘主義概念をめぐる系譜学的検討——そこではむしろ「「神秘主義とは何か」とは何か」というメタレベルの問いが問われるだろう——を潜り抜けて初めて有意義な問いとなるはずだ。

2　神秘主義と神秘体験――従来の神秘主義論の傾向

一九世紀以降現在までの神秘主義論において、つねに主役の座を占めてきたのは「神秘体験（mystical experience）」である。一九世紀末から二〇世紀初頭にかけての欧米における神秘主義論の流行のなかで著され、いずれも後世に少なからぬ影響を与えた代表的著作（INGE 1899 ; JONES 1909 ; UNDERHILL 1911）においても、何よりもまず重視されたのは神秘体験だった。ところで近年では、「神秘主義」概念の再検討の動きと並んで、「神秘体験」あるいはより広く「宗教的経験」の概念についてもその有効性を疑問に付すような反省的検討が積み重ねられている（KATZ 1978 ; PROUDFOOT 1986. 深澤 一九九四、一九九五、一九九六、二〇〇六［第五章］）。本節そして次節における考察もこれら先行研究に多くを負っている。だが、ここでの議論の主眼は、近代初頭に体験という主題が前景化するにともなって背後に退き、ついに近代人に隠されたものとなった主題――近世神秘主義の信仰論――を掘り起こし、新たな議論の端緒を開くことにある。

近代的神秘主義理解において神秘体験はいかなるものとして理解されてきただろうか。大きく三つの点を押さえておきたい。第一には、言語に先立つもの、概念に媒介されず、意識に直接与えられるものとして（先言語性、不可説性）。第二に、制度や伝統から区別される、個人の私秘的内面を生起の場とするものとして（個人性、内面性）。そして第三に、諸宗教の文化的伝統的相違を超えた共通の本質に淵源するものとして（普遍性、非歴史性）。互いに連関するこれらの特徴は、以下に挙げるルーファス・ジョーンズの言葉に集約的に表現されている。

神秘主義という言葉を、私は次のようなタイプの宗教のことを言うために用いよう。すなわち、神との関係を直接無媒介に覚知すること、また、神的なものの現前を直接的・内的に意識することを強調するような宗教。それは、宗教それ自体において最も鋭く、激しく、生き生きとした状態にある宗教である。

この神秘主義タイプの宗教はキリスト教に限定されない。それは、いくぶんなりとも、すべての種類の宗教のものである。というのも、神的なものの現前、より高次の存在の現前の直接的体験（first-hand experiences）なるものは、人間の人格と同様に古いものであるのだから。（JONES 1909, p. xv）

個人の意識に生起する「より高次の存在の現前の体験」を神秘主義の核心とする神秘主義理解は、二〇世紀の神秘主義研究に広く継承された。典型的には、種々の神秘体験の検討を通じて神秘主義の「普遍的な核（universal core）」を取りだそうとしたウォルター・T・スティスの論（STACE 1960）。あるいは、神秘主義の核心に神秘体験を置き、さらに「宗教」そのものを神秘主義＝神秘体験の上部構造と捉えたフリッツ・スタールの論（STAAL 1975）が挙げられる。本邦においても、岸本英夫の古典的研究[34]から「神秘主義」をテーマとする近年の論考[35]まで、さほど事情は変わらない。一九七三年出版の東京大学出版会『宗教学辞典』に収められた「神秘主義（mysticism）」の項目には、「神、最高実在、あるいは宇宙の究極根拠などとして考えられる絶対者をその絶対性のままに自己の内面で直接に体験しようとする立場、そしてその体験によって自己が真実の自己になるとする立場をいう」とある。そのうえで、「神秘主義の特質」として第一に絶対者と自己との「合一体験」が挙げられ、さらにこの合一体験の第一の特徴として「体験性」が強調される。「合一はあくまで自己における実地の体験、「実験」としてのみ与えられる。神を見る、神に触れると神秘家はいう。それは「神の現前の実験的味得」である」。以下、合一体験の特徴として、直接性、不可説性、内面性……と続く（上田 一九七三、四三六―四三七頁）。神秘体験は、言葉や概念によって分節される以前の、感情的、直感的、あるいは無意識的次元に定位される。また その結果、神秘主義論者をして、諸宗教の神学や教学、信仰体系のあいだにある差異を二次的なもの、表面的なものとして扱うことを可能にするのである。

以上のような神秘主義理解の様態は、その後の神秘主義研究に絶大な影響を及ぼしたウィリアム・ジェイムズ『宗教的経験の諸相』のなかにも明瞭に認められる。ジェイムズは、神秘的感情を普遍的なものとして人間の意識の根に認める一方、そうした根からの派生物である諸宗教の知的観念についてはそれぞれ「特殊な信念」であるとする。

事実、拡大とか合一とか解放とかいった神秘的な感情には、それら独特の知的内容というべきものはなにもないのである。哲学や神学がその骨組みのなかに神秘主義独特の感情的なムードを入れる余地をもってさえいれば、どれほど違った哲学や神学の供給する素材とでも、神秘主義は夫婦の縁組みを結ぶことができるのである。それゆえに、私たちは、例えば、世界についての絶対的観念論の信念とか、絶対的一元論的同一性の信念とか、絶対善の信念とかのような特殊な信念に対して、神秘主義がそのいずれにも特にはっきりと味方するものだと主張する権利をもってはいない。(JAMES［1902］2002, p. 329＝一九七〇、下二五三頁)

諸宗教伝統に応じて異なる「特殊な信念」の数々を、ジェイムズは「余剰信仰（over-beliefs)」と呼ぶ。それは、普遍的にして根源的な次元にあるという神秘的感情に対して特殊的にして表層的な次元にあり、文化や伝統の違いに応じて多様な現れ方をするものとされる。一九〇四年四月一七日、ジェイムズは友人の心理学者ジェイムズ・H・リューバに宛てた手紙のなかでこう書いている。「諸々の神秘的状態が、それぞれのあいだに認められるあらゆる相違点とともに、ひとつの共通の核をもっているとすれば、この核には、理性とともに宗教的信念を築き上げるべく働く要因が認められて然るべきでしょう」(Cited in PRATT 1911, p. 232–233)。

あらゆる観念や言葉に先行する次元が宗教的経験の核として措定され、それが「余剰信仰」としての諸宗教の根拠とされた。キリスト教について言えば、思弁的、観念論的な神学は、神との「合一」という究極の宗教的感情の経験の後から来たものであり、後者なしに前者はないという。

私が神学的方式を第二次的な産物であると言うのは、宗教的感情というものがかつて一度も存在したことのないような世界には、そもそも哲学的な神学など形成されえたものかどうか疑わしい、という意味である。

一方では、内心の不幸と救いの要求がなく、他方では、神秘的感情というものがなくして、宇宙についての冷静で知識的な観想が、はたして私たちのいま所有しているような宗教哲学を産むことができたものかどうか、私は疑問に思う。（中略）そういう神性との交わりの要求をすこしも感じないとしたら、教義神学かあるいは観念論的神学のような遠大な思弁を敢えてしようとする動機は、生まれなかったことであろう。このような思弁は余剰信仰（over-beliefs）の部類に、最初に感情の暗示した方角へ知性が建て増した出っ張りの部類に入れなければならないもののように、私には思われる。（JAMES［1902］2002, p. 334＝一九七〇、下二六一―二六二頁）

『宗教的経験の諸相』の公刊から三〇年後、『道徳と宗教の二源泉』（一九三二年）のなかでアンリ・ベルクソンは、神秘主義（mysticisme）の「体験」と宗教の「教説」をジェイムズと同様のやり方で対比した。[36] ベルクソンによれば、宗教の真の生命は神秘主義であり、それゆえ神秘家が果たすべき第一の役割は「宗教的信仰の強化者という役割」（BERGSON［1932］2008, p. 253＝一九五三、二九二頁）である。神秘家たちの特権的な体験を、ベルクソンは「キリスト教の神の存在及びその性質の問題にいわば実験的に着手する手段」（*ibid.*, p. 255＝二九四頁）として、要するに神の存在の証拠として、あるいは信仰の真理の証拠として捉えていた。また、これらの書物と並ぶ二〇世紀神秘主義研究の古典『聖なるもの』（初版一九一七年）の終わり近く、現代キリスト教における聖なるもの（すなわちキリスト）の体験をめぐるルドルフ・オットーの考察にも、「信仰を支える直接的・心情的な体験」という表現がみられる。[37]

一九世紀以降、神秘主義に惹きつけられた研究者、思想家たちには、程度の差こそあれ、或る基本認識が共有されていた。すなわち、文明社会において宗教の教義や信条はもはや多くの人びとの心理的・精神的要求に応えるものではなく、いまや多くの人びとは神への信仰を失ってしまっている、という認識である。『道徳と宗教の二源泉』で展開されるベルクソンの神秘主義論が、西洋キリスト教文明と信仰の危機をめぐる洞察に発するものであったことはよく知られている。ジェイムズの宗教経験論にも、彼自身の、そして同時代のアメリカの宗教思想家たちに広くみられた実存的問題が透けて見える[38]。他方、そうした神秘主義論者たちは、神的なものとの直接的・感覚的な交わりをもたらす「神秘体験」が、もはや権威を失ってしまった教条的、形而上学的信仰に代わり、人びとの新たな霊的拠り所となりうるという言説を繰り返すことになるだろう。

神秘体験は、近代西欧の硬直化したキリスト教信仰に対置されるのみならず、先にも述べたように、諸宗教の差異を超える普遍性、非歴史性を賦与されることで西欧キリスト教という文化的コンテクストを逸脱してゆく。二〇世紀も後半になると、新たな霊性の根拠となるべき神秘体験の「場所」は、むしろキリスト教会の「外」に求められるようになる。ジェフリー・パリンダーの『世界宗教のなかの神秘主義』を締めくくる最後の一文は、そのような傾向をよく表していよう。「今日、たしかに教会は空《から》になっているかもしれないが、教会でない建物の地下室は男女でいっぱいになっており、彼らは自分自身の本性についての神秘主義的理解に着手し、神的存在との交わりと合一に没入しているのである」(PARRINDER［1976］1995, p. 195＝二〇〇一、三三〇頁)。

神秘主義と神秘体験をめぐるこのような問題意識を或る意味で最も先鋭化させたと言えるのは、現代フランスの思想家アンドレ・コント＝スポンヴィルである。「神なき霊性への手引き」を副題に掲げる著書『無神論の精神』のなかで彼は、神への信仰を説き勧める既成の宗教は、現代に生きる人びとの心に訴えかける力を全面的に失ってしまっている、と断ずる。彼自身、少年期にはもっていたカトリックの信仰を失ってしまったと言うが、その理由の説明が興味深い。「私が神を信じない主要な理由のひとつは、私が神についてなんの体験ももっていないということだ。これはもっとも単純な論拠だが、もっとも強力な論拠のひとつでもある。だれも私に、もし神が実在したなら、その神はなおのこと眼に見え音で聞こえるはずだという考えを捨てさせることはできない」(COMTE-SPONVILLE 2006, p. 106＝二〇〇九、一三一頁)。幼い頃は、彼は熱心に教会に通い、神を信じ、切実に神を求めていた。しかし、と彼は言う。「私のばあいは、信仰にはけっして現前の代役は務まらなかった」(*ibid.*, p. 111＝一三八頁)。コント＝スポンヴィルにとっては、私が神の姿を見る、私が神の声を聞くといった現前の体験がないかぎり、信仰の闇と沈黙は、どこまでも神の不在によるものにすぎず、したがってどこまでも空虚な闇と沈黙にすぎなかったのである。

かくして信仰を棄てた彼だが、幼い頃から求めていた現前の体験——ただしそれはもはやキリスト教の神の現前としては理解されない——は、二五、六歳の時、友人たちと夜の散歩を楽しんでいた森のなかで突如彼の身を襲った「神秘体験」によって、これ以上ないかたちでもたらされたという（*ibid.*, p. 166–171＝二一一—二一五頁）。極めて仔細に語られるこの劇的な体験が、以後、彼の言う「神なき霊性《スピリチュアリテ》」への揺るがぬ確信の根拠となる。「私は、絶対的なものに永続的に住まいつづけられるようなタイプの人間ではない。だが、確かに一瞬だけだったが、私もそれに住まうようになったのだ。私がかろうじて理解したのは、救い（あるいは至福、永遠性と言いかえてもよいが、言葉に重要性はない。なにしろ、ここで肝心なのは語ることではないのだから）とはなんであるかということであった。というよりも私は、それを身をもって経験し、感じ、〈体験した〉（je l'avais éprouvé, senti, *expérimenté*）のであり、だからそれ以降あらためてそれを探しもとめる必要を感じることもなくなった」（*ibid.*, p. 170＝二一五頁）。

コント＝スポンヴィルによれば、言葉を超越し、個人に直接的に救いと永遠性をもたらすこの神秘体験こそ、宗派の別を問わず、神秘主義者たち——アル・ハッラージュやエックハルト、フェヌロンの名前を彼は挙げる——が教会組織から排除され、異端視される要因になったものだった。そして彼は、アンリ・ド・リュバックやライプニッツ、コジェーヴを参照しつつ、神秘主義と無神論に共通する精神として「神なき霊性」を見いだす。真の神秘主義者は多かれ少なかれ無神論者であるという。神秘主義者とは、自己自身にもたらされた現前の体験の確実性ゆえに、もはや「神を信じる」信仰の必要をなくした者のことだというのである。

ニーチェの次の言葉は、よく知られている。「私は神秘主義者だ。なにも信じていない」。この言葉は一見そう見えるほど矛盾しているわけではない。神秘主義者がそれと分かるのは、ある種の体験によって、つまり明証事、充足、単純さ、永遠性の体験によってだ。ここには信仰のはいる余地などない。(*ibid.*, p. 202＝二五九頁)

コント＝スポンヴィルのこの言葉は、一九世紀以降の神秘主義論における「神秘体験」の前景化の最果てに位置づけられるべきものであると思われる。彼の神秘主義論はさまざまな問題点を孕んでいるが、ここではただ次の一点のみを問いたい。すなわち、神秘主義の主題として個人の内面における直接的な「体験」——現前の体験——を重視してきた従来の傾向は、意識してかしないかにかかわらず、「信仰」あるいは「信じる」という問題を、もっぱら制度的・教条的な問題に限定し、神秘主義研究の視野の外に追いやってしまったのではないか、と。だが、以下にみるように、信仰の闇は、とりわけ近世の神秘家たちにとって、けっして空虚な沈黙ではなかったのである。

3　信仰と体験の二分法

一九世紀以降の神秘主義論に鮮明化してくる信仰と体験との対立だが、その発端を探るには西欧宗教思想史を近世にまで遡る必要がある。西欧において真理の知をめぐる大規模な地殻変動が生じ、カトリック教会の教条的信仰を基盤とするそれまでの伝統的権威に対して、個々人の「経験＝体験（expérience）」のリアリティが新たな知の拠り所として浮上してくるのは、一六世紀から一七世紀にかけてのことであった。このあたりの背景[39]については第一章で詳しく考察するが、ここではひとまずの見通しを与えておきたい。マーティン・ジェイの言葉を借りれば、中世までは「人間の五感のもつ明証性や、任意に条件を整えた実験の結果ではなく、教会の教義や古代人の権威が形而上学的信仰の根拠を提供し、また、大部分は自然哲学の基盤を提供していた」(JAY 2006, p. 18)。「経験ないし実験（experientia, experimentum）」が、たんなる「臆見（opinio）」と厳密に区別される「学知（scientia）」の基盤となるには、一七世紀のデカルト、そしてベイコンの登場を待たなければならなかった (*ibid.*, p. 28–39)。

マックス・ウェーバー以来、思想史研究においては、西欧近代の形成にプロテスタンティズムが果たした役割を強調するのが半ば通例となっているが、宗教経験論についても同様である。信仰の客観性と権威を自明のものとしていたカトリック教会の教条主義に抗して、諸個人の内面的経験に信仰生活の重点を移したことを宗教改革の達成とし、さらには西欧近代の起源のひとつに数えるという基本的論調がある。たとえばチャールズ・テイラーは、諸個人の内面的経験を強調したプロテスタントの精神が、一七世紀の科学革命を準備したと主張する。テイラーは、ベイコンにはじまる近代科学と、同時代イギリスのピューリタン神学の相同性を次のように指摘している。「両者とも、既存の死せる教義に対して、それぞれが生ける経験とみなしたもの——すなわち、個人的な回心および帰依の経験、あるいは自然のはたらきの直接的な観察に訴えたのである」（TAYLOR 1989, p. 230）。

「死せる教義」に「生ける経験」を対置する近代思想の流れを決定的にした一人が、マルティン・ルターであったことは疑いえない。この宗教改革者は、エックハルトの高弟タウラーや、匿名作者による『ドイツ神学』など、近世神秘主義の基本文献ともなったライン＝フランドル派の著作群から大きな影響を受けていた（金子 二〇〇〇）。さて、ルターによって革新された聖書解釈、その原理のひとつは、「聖書はつねに信仰において理解されなければならない」というものだった。この場合の「信仰」とは、すなわち個々人の心に感じられる信仰である。それは、「私たちは聖書に記されている言葉を心のうちで感じなければならない。御言葉を理解するためには経験が必要である。御言葉は生きられ、感じられなければならない」（GERRISH 1982, p. 57）という意味での、信仰の言葉の経験である。ところで、後述するように、ルターにおいて信仰の言葉（聖書）とその言葉の経験（私という個人の内面的経験）とは、根本的には不可分のものでありながら、一種独特の緊張関係のうちにあった。「聖書のみ（sola scriptura）」と「信仰のみ（sola fide）」という二つの原理は、つねに矛盾に陥る危険を孕みつつ両立していたのであり、それがルターの信仰に固有の特徴であったとも言える。

後述するように、ルターの信仰論における「経験（Erfahrung）」概念を近代的な「体験（Erlebnis）」概念と単純に同一視することはできない。しかし、一面でたしかに個人の内的感覚を強調する彼の経験概念は、後世へと受け継がれるなか、信仰の言葉に先立つ経験＝体験という考え方を育むことになった。言葉や思弁に先立つ、より根源的な経験＝体験という概念は、一七世紀後半のドイツにおけるルター派教会の信仰覚醒運動、敬虔主義（Pietismus）に顕在化する。教理を軽視して個人の経験＝体験を重視したこの思潮は、カントやシュライエルマッハーらに深い影響を与え、近代的宗教経験＝体験論の形成を促した。なかでも、教会制度を激しく批判した急進的敬虔主義者ゴットフリート・アルノルト（Gottfried Arnold, 1666–1714）の著作には、一九世紀末以降に鮮明化する宗教経験＝体験論の基本的構図がすでにしてみてとれる。彼の晩年の説教をまとめた『実験神学（*Theologia experimentalis*）』（一七一四年）において、「経験（Erfahrung）」概念は、一方ですべての言語的分節化を超えるものとされながら、他方で新たなキリスト教思想の明証性を実証するものとして措定されていた（深澤 一九九二）。

フランスで花開いた「神秘主義」は、一七世紀末、啓蒙主義の到来とともに思想史の表舞台から姿を消していった。しかし、神秘主義の生命がそこで途絶えたわけではない。全西欧的にみれば、それはその後、主として敬虔主義の運動によって啓蒙主義と対峙しつつ、脈々と保たれたと言えるかもしれない。たんに知的な同意とされた「信仰（Glaube）」に代えて、「再生（Wiedergeburt）」や「敬虔（Frömmigkeit）」を重視し、信仰のみによる義認から、聖化や神との合一に強調点を移した敬虔主義の経験＝体験主義的傾向は、一八世紀末に出たシュライエルマッハー（Friedrich Schleiermacher, 1768–1834）に流れ込み、近代的宗教経験＝体験論の原型を形成し、以後三世紀にわたって西欧宗教思想を規定することになる（JAY 2006, p. 91–92. 深澤 二〇〇六、二一五頁）。その主著『宗教について（*Über die Religion*）』（一七七九年）にみられるような経験＝体験の直接性の強調は、エルンスト・トレルチやオットー、ヨアヒム・ワッハなど、ドイツ語圏のプロテスタント宗教思想家を中心に、一九世紀以降の宗教論に多大な影響を与えたのだった（PROUDFOOT 1986, p. xii–xvi, 1 ; JAY 2006, p. 93. 深澤 二〇〇六、一七―一九頁、三八―四一頁）。

ドイツ語にはフランス語の「経験（expérience）」に相当する言葉として“Erfarung”と“Erlebnis”の二語がある。このうち後者は、フランス語では « expérience vécue »（生きられた経験）、日本語では一般に「体験」と訳される。ハンス＝ゲオルク・ガダマーによれば、この「体験（Erlebnis）」の概念は一九世紀ドイツにおける新造語であった。それも、世紀前半にはまだごくわずかな使用例が散見されるのみで、広く用いられるようになったのは一八七〇年代に入ってからのことだった。この語が登場した背景には、啓蒙の世紀に西欧で覇権を握った合理主義に対するロマン主義の反抗の動きがあった。ドイツでも、とりわけ大きな影響力をもったのはジャン＝ジャック・ルソーであった。その後、「体験」という言葉は「近代産業社会に対する異議申し立て」の響きを強くし、二〇世紀初めには「ほとんど宗教的な響きをもった合い言葉」にまで高められることになる（GADAMER [1960] 1986, t. 1, p. 68–69＝一九八六、八九―九〇頁）。この時期になると、宗教体験の概念はたんにキリスト教霊性史の文脈には限定されず、哲学や美学など複数の領域のモチーフを複雑に反響させるようになる（藤原 一九九〇）。だが、深澤英隆が指摘するように、敬虔主義をはじめ「宗教思想のなかにもともと存在した体験概念の等価物が、この近代的概念の有力な基盤ともなっていること」は否定できない（深澤 二〇〇六、二一四頁）。

体験と信仰の区別は、オットーやゲラルダス・ファン・デル・レーウ、フリードリヒ・ハイラーら、二〇世紀前半にドイツ語圏を中心に展開した宗教現象学にも継承され、新たなかたちで強調されることになった。他の現象に還元できない、宗教に独自の価値（sui generis）を明らかにしようとした彼らは、「神秘主義」そして「神秘体験」の考察を通じて、そこに諸宗教に通底する「宗教の本質」を見いだそうとした。他方、そのような試みのなか、福音主義的信仰と神秘主義との対立が、さまざまに変奏されつつ繰り返されることで固定化されていった。たとえばハイラーは、主著『祈り（*Das Gebet*）』（一九一八年）のなかで「預言者的／神秘主義的」という宗教類型を提示したが、彼にとって「宗教史を構成するきわめて重要な対立軸」（宮嶋 二〇一四、一三〇頁）であったこの二つの類型によってみるとき、キリスト教霊性史は預言者的‐福音主義的信仰と神秘主義‐神秘体験との絶えざる相克の歴史として捉えられることとなる。

ただしハイラーは、これら二つの類型は、つまるところはキリスト教信仰の両極をなすもの――二極の和解を成し遂げた最良の信仰者はアウグスティヌスとアッシジのフランチェスコであったという――と考えていた。言い換えれば、彼にとっては、個人の体験にその本質をもつがゆえに教会という信仰共同体から逸脱してゆく傾向があるとされる神秘主義も、キリスト教信仰に不可欠の要素であるには違いなかった。これに対して、二〇世紀前半のプロテスタント神学、とくにカール・バルトはじめ神秘主義に批判的な弁証法神学においては、神秘主義は福音主義的信仰から排除すべき敵となる。弁証法神学の立場からすれば、感情や直観に信仰の基礎を置くシュライエルマッハーの神学は否定されるべき神秘主義である。また、敬虔主義は権威への同意を意味する信仰に代えて個々人の体験の直接性を強調したが、弁証法神学は或る意味でこの関係を逆転し、人間の外から迫る神の言葉（福音）を聞くことを意味する信仰を、個人の内に生起する感情的体験に絶対的に優越するものとした。要するに、それは「言葉による信仰」と「言葉なしの体験」という二項対立図式を新たに先鋭化することとなった。ルター的福音主義の立場からシュライエルマッハーの神秘主義を批判したエミール・ブルンナーの『神秘主義と言葉（*Die Mystik und das Wort*）』（一九二四年）は、タイトルからしてそうした傾向をよく示している。

ハイラーやブルンナーに顕著に表れたこの二分法を受け、アンリ・ド・リュバックは『神秘と神秘家たち』と題された論文集の「序文」で次のようにまとめている。「預言者は神の言葉を受けとり伝える。彼は信仰によってその言葉に同意している。神秘家は内的な光を感知する。この光のおかげで彼は信じる必要がなくなる。次のいずれかを選ばなければならない。「福音書かそれとも観想か」――「神秘主義かそれとも神の言葉か」」（LUBAC 1965, p. 21）。信仰の言葉と神秘体験、言葉を介する信仰と言葉によらない神秘主義という対立図式は、二〇世紀を代表するカトリック神学者であったこの枢機卿にも共有されていた。

以上、近世以降の西欧キリスト教思想史、とくにルターに連なるドイツ・プロテスタンティズムの伝統において、「信仰」と「体験」（「経験（Erfahrung）」と区別される「体験（Erlebnis）」）の対立が徐々に鮮明化してくる様子を粗描した。もとより不十分な考察であることは否めないが、信仰と体験という区別もまた、西欧近代に固有の知の構造変動のなかで歴史的に作り上げられてきたものだったことが窺い知られよう。「教会離れ」が進む現代フランスで少なからぬ支持を集めているコント＝スポンヴィルの「無神論的霊性」は、近代以降に顕在化してきた信仰と体験の二分法の極端な先鋭化の結果ではないだろうか。

4　神秘主義の信仰論へ

先にも言及したように、ルターにおける信仰（Glaube）と経験（Erfahrung）のあいだには、興味深い矛盾と葛藤が認められる。「経験」は、一方では「感覚（Fühlen）」や「味わい（Schmecken）」などに結びつき、本質的に個人的・内面的な「体験」としての一面をもつ。聖書の言葉は、ただ知的に論証されるのではなく、各人が自らの心で感じ取り、味わうことが必要である。こうした経験の積極的意味が、後に敬虔主義やシュライエルマッハーによって強調され、信仰に先立ち、信仰を支える定礎となる。ルター自身、経験を信仰の正しさの判断基準と捉えていたところがたしかにあった。

しかし、彼の信仰論における「経験」の概念には、信仰を基礎付けるものとしての積極的性質に還元できない、或る深みがあった。今井晋の表現を借りれば、「ルターにおける「信仰の体験」（Glaubenserfahrung）の可能性は、不断に「体験の不可能性」（Nichterfahrbarkeit）との緊張に立つのである」（今井 一九八八、七頁。傍点原文）。そもそも、ルターにおいて信仰は「不可視にして隠されたもの（das Unsichtbare, Verborgene）」との関わりであり、「暗闇に住む」ものであり、それゆえ「感覚」や「知覚（Wahrnehmung）」と対置され、「感覚不可能性（insensibilitas）」とも言われる（前掲、七—八頁）。つまり、本来的に感知しえぬものとされる信仰と結びつくとき、経験は「体験不可能性」としてその消極的意味を露わにする。あるいは、そこに出現するのは——神学的には聖霊のわざによると解するほかない——逆説的な経験としての「信仰の経験」である。

信仰に対する経験の積極化と消極化。二つの異なるベクトルの、いわば逆説的一致によってもたらされる「信仰の経験」というテーマは、ルターにおいて深い緊張をともないつつ成立していたが、しかし近代以降、おそらくは信仰と経験の二分法、二項対立図式が一般化することによって解消されていった（あるいは、たんに忘れられていった）のではないか。裏を返せば、それは、中世から近代への大転換期である近世という危機の時代に固有のテーマだったと言えるのではないか。すでに深澤が指摘しているように、一方では、新しい学知の根拠としての経験の浮上とそれにともなう近代科学精神の興隆を背景に、経験が可能にする「生きられた信仰」というような、経験そして信仰をめぐる積極的な語りがキリスト教内にも生まれてくる。他方、そのような語りは、当の教会の伝統や制度の権威に支えられた教義としての信仰よりも、個人の内的体験を重視する神秘主義、さらにはルター自身厳しく批判したような熱狂主義的運動の興隆を招くことにもなった。ルターにおける信仰および経験の積極化と消極化という両義性、あるいは信仰と経験の緊張関係は、近世という過渡期の時代に固有の「葛藤と変動の深い反映」とみることができる（深澤 一九九二、一一四—一一五頁）。

実に、信仰と経験の相克は、ただルター一人においてのみ現れたのではなかった。同様の問題は、一六世紀から一七世紀にかけて、主としてスペインとフランスのカトリック圏に登場した神秘家たちにも広く認められる。[40]彼らは、個々自らの「経験」によって神とのより「直接的な」交わりを求め、スコラ的学知の枠組みを逸脱して新たな語りの技法を創造した。まさに「経験の学知」と呼ばれたように、近世神秘主義においても新たな信仰の言葉の根拠として積極的に用いられた経験の概念には、一八世紀以降の体験主義に結びついてゆくような側面がたしかにあった。しかしながら、他方で見逃してはならないのは、近世神秘主義には、信仰との関係において個々の感覚的・知覚的経験＝「体験」を消極化する側面があったということだ。本研究の焦点である「純粋な信仰」あるいは「赤裸な信仰」とは、まずはこの後者の側面に関わってくる問題である。近世神秘主義のこの隠れた主題は、のちに見るように、一六世紀スペインを代表する神秘家の一人、十字架のヨハネの信仰論の強い影響下にあった。[41]信仰とは本来、闇をこそ自らの住まうべき場所とするものであり、あらゆる感覚的体験は、たとえいかに特別な賜物であっても、信仰の力を削ぐ害悪として退けられるべきである。この「暗夜のなかの信仰」論は、一七世紀フランス神秘主義の重要な主題となる。そして、スュランこそは一七世紀フランスにおける十字架のヨハネの最良の解釈者だったのだ。

ところが、とりわけジェイムズ以降、総じて体験を主題としてきた従来の神秘主義研究においては、この「反体験主義」的傾向が正面から問われたことはなかったと思われる。[42]「赤裸な信仰」は、今日までまさに神秘主義の「隠れた主題」であり続けてきたのである。ただし、「経験の学知」たる近世神秘主義における信仰論は、たんなる「反体験主義」にも還元できない。繰り返しになるが、そのような体験の消極化は、信仰との関係における経験＝体験のかつてない積極化と表裏一体であった。近世神秘主義の信仰論は、「経験の可能性」と「経験の不可能性」のあいだで絶えざる緊張に貫かれ、揺れ動く「信仰の経験」論であるだろう。

もしこの「経験の学知」としての信仰論が、現前の体験を核とする近代的神秘主義（mysticism）概念の構築の過程で忘れられてしまったテーマであるとすれば、「神秘主義（la mystique）」生成と興隆の原風景に立ちかえり、この根源的信仰論の水脈を掘り起こす試みは、従来の神秘主義研究に新たな地平を切り拓く可能性を秘めていると言えるだろう。典型的に体験主義的な神秘主義理解の、格好の対象となってきたスュランの「経験の学知」を、本書では「信仰の経験の学知」として新しく解釈してみたいと思う。それはそのまま、これまでの神秘主義概念そのものを問いなおすことになるはずである。

4 スュランの読み方——神秘家の言葉を解釈するということ

いかにしてスュランを「読む」か。本書の方法論をめぐる問題は、つまるところこの問いに集約される。この問いは、より一般的には、いかにして神秘家の「言葉」を理解するかという問いでもある。ここでは、神秘家の言葉に固有の特質を、「経験」との関係を問うことを通じて考えてみたい。そのうえで、神秘家の言葉の特質は、とりわけ「信仰の暗夜」という経験において先鋭化することを明らかにしたい。さらに、語りえぬものを語ろうとする神秘家の言葉を、「信への呼びかけ」を発する「証言」として、あるいは、他者に解釈すべき何かを与え、他者からの解釈を求める「証言」として捉えてみたいと思う。それは同時に、神秘家の言葉を解釈する私たち自身の立場を自覚化することにもなるはずだ。

1　言葉と沈黙

前節でみたように、「神秘体験」を主題とする従来の神秘主義研究の多くは、何かしら言葉と体験を切り分けたうえ、言葉に先立つものとして体験を措定し、体験の心理学的・現象学的記述を試みるというアプローチを取ってきた。だが、以下に企図する神秘主義研究は、どこまでも神秘家の言葉を解釈すること、徹頭徹尾テクストを「読む」ことに軸足を置く。私たちが理解しようと試みるのは、あくまでも「スュランの言葉」であり、「言葉に先立つ体験」の再構成などではない。スュランという神秘家のテクストをいかにして読むかということが本書の方法論のアルファでありオメガである。

まずこの前提を確認したうえで、しかし、ただちに次のことを認めなければならない。それは、私たちに遺されたスュランのテクストが著者自身の手なる起源《オリジン》のテクスト＝「オリジナル」をどこまで正確に反映しているか、いかに精密な文献校訂の作業もついに確かなことを明らかにすることはできないだろうということだ。すでに生前から、スュランのテクストを公刊しようとした者たちによる編集作業を通じて、「オリジナル」の構造的・内容的な改変が繰り返されていた。彼の自筆テクストは、彼の死後、その大部分が散逸してしまった（巻末「補遺」を参照）。言うまでもないことだが、そもそも原本が失われてしまっている以上、どれほど綿密な考証を重ねた校訂版であっても、現在においても将来においても、「オリジナル」を再現することは叶わぬ夢であるほかない。

ところが、仮に、いま・ここにすべてのテクストについて「オリジナル」が揃っており、筆者自身の手によるテクストの同一性が完全に実証されているとしても、スュランのテクストをめぐる困難が取り払われるわけではない。なぜなら彼は、他の神秘家たちと同様、自らが語ろうとする何かが、最終的には「語ることができない（ineffable）」性質のものであるということを、幾度となく吐露しているのだから。かくして根本的な不可言性を自白しながら紡ぎだされる言葉の「不確かさ」は、たとえあらゆる文献学的な問題がクリアできようと、どこまでも不確かなままであり続けるだろう。

しかし、このような言語化不可能性への鋭敏な感覚に裏打ちされているということこそ、神秘家のテクストの本質的特徴のひとつであるとすれば、どうか。どんなに精緻な言葉も、この私が「経験」した何かをけっして十分にすくうことはできないとは、スュランをはじめ近世の神秘家たちに深く共有されていた認識であった。神と、神を語ろうとする言葉のあいだには、何か果てしない深淵が横たわっているという切実な認識。中世には、たとえばトマス・アクィナスにとって、神の存在に向けての論証が「五つの道（Quinque viae）」であったように、神を語る言葉は、それ自体が神の存在の認識へと近づく道であり、歩みであった（GREISCH 2005, p. 63）。言葉は、その言葉が目指すところとたしかにつながっていたのである。しかし、そのつながりを支えていた宗教的権威が失墜しつつあった近世という時代にあって、神秘家たちによって綴り出された言葉は、自らが言葉にしようとするものとの埋めがたき隔たりを、自らの内に抱え込むことになったのである。[43]

「語りえぬものを語ろうとする」とは、しばしば指摘される神秘主義のパラドクスである。たしかに、近世に神秘家と呼ばれた人びとにとって、神秘とは、知性や理性によって明晰判明に思考しえぬもの、一般的論理的に説明することはおよそ不可能なものだった。しかし、にもかかわらずそれは、個々それぞれのやり方でなされる信仰の言語的実践を通じて、なんらか「経験」することが可能なものだったのである。

近世の神秘家は、それがついに語りえぬものであることを知りながら、それでもなお語ろうとした者たちだった。「語りえぬものについては、沈黙しなければならない」というウィトゲンシュタインの命題はよく知られている。しかし、本書で扱う神秘家たち、少なくともスュランのテクストを読むとき、この命題はむしろ反対の事態を際立たせる。神秘家とは、一方で言葉の限界を自覚化しながら、他方で言葉の可能性に賭け続けた人びとであったとも言えるかもしれない。

もっとも、かくして語り続ける神秘家の言葉にも、いつか終わりは来る。しかし、神秘家の言葉の尽き果てるところ、ついに訪れる「沈黙」は、必ずしも言語活動の休止ではないし、あるいはその欠如を意味するものでもない。沈黙もまた神秘家の言葉たりうるのだ。たとえば、「書くことをやめる」とは、神秘家において最もラデイカルな「文体《スタイル》」の変更であるとする鶴岡賀雄は、膨大な言葉を紡ぎ続けてきたその生涯の最後、『神学大全』の完成前に突如執筆を放棄したトマス・アクィナスの「沈黙」の性格を次のように看破した。

トマスを「哲学者」ないし「神学者」としてだけではなく、宗教家、とくに「神秘家」として敢えて「読もう」とするなら、この最後の「沈黙」を、つまり未完のまま残された『神学大全』の最後のページ（正確には『神学大全』第三部第九〇問題第三項と、弟子たちの補作になるという同第四項との間）の、「内容」としての「意味」は何も無い、従って読みえない白い空白を、何らかのかたちで「読ま」なければなるまい。

（鶴岡　一九九二、一一一―一一二頁［註一一二］）

言葉の内に到来し、言葉に断絶をもたらす沈黙は、しかし、そこからもうひとつの新しい言葉を生み出すのかもしれない。オルテガの言うように、神秘家とは「最も驚嘆すべき言葉の遣い手、最も精緻な書き手」（ORTEGA Y GASSET 1983, p. 339）であるとして、この場合の言葉には沈黙も含まれるのだ。神秘家は「言葉の古典家」でありながら、まさしく「沈黙の専門家」でもある（*ibid.*, p. 340）。神秘家の沈黙は、必ずしもたんなる失語症《アファジー》の徴候というわけではない。だとすれば、私たち読み手は、目の前に織り成されてある神秘家のテクストに可能なかぎり深く分け入りながら、言葉の果てに到来する別の言葉、沈黙の言葉を読まなければならないだろう。[44]

2　神秘家の経験と言葉

神秘家の経験とは何か、それは言葉といかなる関係をもつのか。このような問いを問う前に、そもそも「経験」自体が極めて輪郭の曖昧な、多義的な概念であることに注意しなければならない。「今日なおこの語の概念的含意はまったく隠蔽されたままなのである」（GADAMER［1960］1986, t. I, p. 69＝一九八六、九〇頁）という指摘を、私たちもまた繰り返さなければならない。古代から現代まで、西欧思想史においてこの概念の内実はさまざまな変遷を辿ってきている（cf. GREISCH 2005 ; JAY 2006）。近世神秘主義において経験概念にいかなる新しい輪郭が与えられたかという問題については第一章で詳しく考察する。ここでは、神秘家の言葉をいかに解釈するべきかという問いを念頭に、経験と言葉の関係について、二つの原理的前提を確認しておこう。

第一に、経験の意味は事後的に構築されるということ。フロイトの精神分析が「事後性（Nachträglichkeit）」という概念でそれを捉えたように、経験の意味は、経験以後の時間の流れのなかで生成し、あるいは変化してゆく。のちにもみるように、スュランの神秘主義については、ルダンに発する長年の魂の闇路、その間に彼の心身に起こった数々の異様な現象――超常の体験――が繰り返し強調されてきた。それが彼の神秘主義を理解しようとする試みにとってけっして無視しえない要素であることは間違いない。鶴岡が言うように、スュランの悪魔体験は「一つの長い「イニシエーション」であり、スュランに大きな霊的「成長」をもたらすものであった筈である」（鶴岡 一九九一、一七五頁）。だが、この「イニシエーション」の真の意味を理解するためには、その「後」のスュランの歩みをこそ視野に入れる必要があるのだ。[45] 晩年の彼の宣教師としての活動を眺めるとき、彼の霊的「成長」の跡は、閉塞を打ち破って己を外へと――「孤独から共生へ」と――開いてゆくようなダイナミズムに認められる。かつての死や闇、苦難の「体験」の意味も、この歩みのなかで、とりわけ「書くこと」を通じて、新たに把握しなおされていったのではなかったか。実際、十字架のヨハネの言う「魂の暗夜」は、のちのスュランに決定的な影響を与えた教えであったが、スュラン自身が語っているように、苦難の最中には「彼の心に何も刻めなかった」のだった。[46] 死と絶望の深淵から帰還したスュランが、自らの魂を襲った地獄の経験について書きはじめたとき、その言葉そのものが、経験を経験として構成した。あるいは、そのようにして紡ぎだされる言葉の運動そのものが、ダイナミックな経験の運動であったと考えられるのではないのだろうか。語りえぬものをなお語ろうとして紡ぎだされ、織り成されてテクストとなる言葉そのものが、経験の延長上にあって経験を構成するのである。[47]

このように考えるとき、スュランの神秘主義は存在論《オントロジー》ではなく行程論《オドロジー》と呼ぶべきもの、つまり「道」として捉えるべきものであるというスタニスラス・ブルトンの洞察は、その鋭さをいっそう増してみえてくるように思われる（BRETON 1985, p. 14）。それは、スュランの神秘主義の非思弁的・非形而上学的な性格を正確に捉えているのみならず、スュランの「経験の学知」を読み解く際の基本的な視点について極めて重要なことを教えている。ブルトンによれば、近代人ならば「経験」を語るべきところ、たとえばエックハルトなど、中世人は「道（itinerarium）」を語ったという（BRETON 1988）。一七世紀のスュランにおける「経験の学知」も、ひとつの霊的道程として捉えられるべきものである。これまで、彼の神秘主義を論じる者は往々にして個々の体験の異様さに目を奪われてしまい、それがいわば「人生の長い道の休憩所にすぎない」[48]ことを忘れがちであった。だが、目を向けるべきはむしろ、六五年という時間の厚みをもつスュランの魂の道程を通じて、ひとつの瞬間にとどまることなく展開していった経験の運動であろう。そして、のちに述べるように、スュランにおけるこの経験の運動は、とりもなおさず信仰の言葉の運動としてあったとみることができる。

　第二に、神秘家の語る経験の固有性は、その内容よりもむしろ、経験と言語の関係そのものを根底から揺るがすような問いを提起せずにはいない、その形態にこそあると思われる。言い換えれば、「語りえぬもの」よりもむしろ「語りえぬということそれ自体（から派生する結果）」に注目すべきと考える。不可言性（ineffability）は、神秘主義の中核にある神秘体験の根本的特徴のひとつとされてきた性質である。しかし、先に述べたように、強調したいのはむしろ神秘家たちがそれでもなお語ろうとしたという事実なのだ。アンリ・ローは、一七世紀の二人の神秘家としてスュランおよびスピノザを取り上げつつ、語りえぬものを「なお語る」ことにこそ、神秘家の言語活動の根源的な「自由」はあるとする（LAUX 2005）。このように考えるとき、一転して「語りえぬもの」のポジティヴな側面が現れてくるように思われる。すなわち、「語りえぬもの」こそがそれを語ろうとする神秘家の言葉の自由を可能にするということである。

　けっしてついに語り尽くしてしまうことができないということ、言葉によってどんな定義を与えたとしてもその都度つねに「何か」が逃れ去ってしまうこと、それは神秘家の言葉の限界ではない。それは神秘家の言語活動に最終到達点をもたらすことなく、それをつねに開いたままにさせておくという意味で、神秘家の言語活動を果てしのないもの、それゆえ自由なものにする。ジャック・ラカンの印象的な表現を借りれば、[49] 神秘家の言葉は「書かれないもの」ではなく、「書かれることをやめないもの」さらには「書かれないことをやめないもの」（LACAN 1975, p. 55, 99, 132）にこそ関わっている。言葉にできない神秘という言葉の他者に、言葉によって無限に近づこうとする試みそれ自体が、この謎によって誘発され、可能にされる。逆に、言葉によるそのような試みを通じて、神秘はその都度新たな相貌をみせる。このように理解される神秘的経験に終着点はない。それはたえず新たな経験に開かれた経験であり、その意味で根源的に自由な経験であると言えるのではないだろうか。

3　信仰の経験、信仰の言葉

繰り返すが、近代的神秘主義理解は、本質的に個人的・内面的とされる経験＝体験の直接性を強調してきた。神的存在との「合一＝融合」の体験が神秘主義の本質とみなされ、同時にその体験の先言語性・不可言性が強調されてきた。そしてまた、そのような神秘主義理解が西欧キリスト教の自己理解に流れ込んだとき、言葉に先立つ体験と信仰の言葉との対立は、さまざまに変奏されつつ、自らの歴史に読み込まれてゆくことになったと思われる。

近代的神秘主義理解を貫く体験と信仰の二項対立的関係を考えるとき、スコラ神学における「至福直観（visio beatifica）」と、それに対置される「信仰」との関係を一瞥しておくことは有益だと思われる。二つの関係はそれぞれ異なるコンテクストをもっており、けっして単純に同一視できるものではない。しかしながら、言葉や概念など一切の中間物を排して神的存在と直接的に交わることを夢想してきた神秘体験論には、至福直観という究極的な「見神体験」を極致とするキリスト教神学の何らかの影響が認められると考えて、無理はないだろう。近代的神秘主義理解における信仰の位置づけ——神秘主義の本質とみなされる体験に対して、つねに二次的、表層的な位置に追いやられる——は、おそらくは至福直観に対する信仰のスコラ神学的位置づけの焼きなおしである。

至福直観は、キリスト教神学では一般に「個人に対して神が自身を直接的に伝えるという十全なる体験」（RAHNER 1984, p. 78）と定義される。こうした定義は、人が「顔と顔を合わせて（神を）見る」という聖書の記述に基づいている。最もよく参照されてきたのは「コリントの信徒への手紙一」にある次のパウロの言葉である。

> 幼子《おさなご》だったとき、わたしは幼子のように話し、幼子のように思い、幼子のように考えていた。成人した今、幼子のことを棄《す》てた。わたしたちは、今は、鏡におぼろに映ったものを見ている。だがそのときには、顔と顔とを合わせて見ることになる。わたしは、今は一部しか知らなくとも、そのときには、はっきり知られているようにはっきり知ることになる。（「コリントの信徒への手紙一」13, 11–12）

神をありのままに見る、知るという事態がいつかもたらされる。このパウロの言葉に基づき、「至福直観」という神学的概念が練り上げられてゆくことになる。

この究極的な直接的神体験の対極にあるのが、「鏡におぼろに映ったものを見ている」という事態である。神を直接に見知る至福直観の完全性に比べ、間接的で不完全なこの神知のあり方は、すなわち「信仰」の状態である。聖書には、同じパウロの言葉に、そもそも神は「近寄り難い光の中に住まわれる方、だれ一人見たことがなく、見ることのできない方」（「テモテへの手紙一」6, 16）とある一方、「目に見えるものによらず、信仰によって歩んでいる」（「コリントの信徒への手紙二」5, 7）、「信仰は聞くことにより」（「ローマの信徒への手紙」10, 17）などとある。スコラ神学において至福直観は、天上の、あるいは来世の出来事とされるのに対し、現世に生きる人間の信仰は「目に見えるものにはよらず」、「（イエスの言葉を）聞くことによる」と考えられた。また、この世における信仰は「おぼろ（in aenigmate）」であるというが、至福直観という究極的な「光の体験」との対比によってその本来的な「暗さ」が際立たせられることにもなる。

トマス・アクィナスは、至福直観こそ人間の究極目的であり、この栄光の状態において人間の「至上にして完全な幸福」は得られるとする一方、次のように述べている（『神学大全』$I^{a}II^{ae}$, q. 3, a. 8)。「人間は、自らが願い求めるべきものがのこっているかぎり、完全には幸福でない」(THOMAS AQUINAS 1980, p. 360)。この目で神を見る至福直観は、すべてを満ち足りさせるものであり、もはやそれ以上求めるべき何かを残さぬという意味で「完全」な幸福である。翻って「信仰」は、「願い求めるべきもの (aliquid desiderandum et quaerendum)」にいまだ到達していないがゆえに「完全には幸福ではない」状態ということになる。神を知ることにおける信仰の不完全性について、トマスはこうも言っている（『対異教徒大全』III, 40, 5)。「幸福は最終目的であるゆえ、すべての自然な願望はそれによって鎮められる。しかし、信仰の知は、願望を鎮めるばかりか、むしろそれを掻き立てる。なぜなら、どの人もおのれが信じている対象をその目で見たいと願うからだ」。ところで、そもそも信仰者とは、自分自身は見ていない事どもについて、他人が言うことに同意する者のことである (*ibid.*, p. 71)。要するに、トマスにおいて至福直観に対置される信仰は、「神を見る」という究極の願望をいまだ満たすことができていない状態であり、それゆえ「不完全」かつ「不幸」な状態として否定的に捉えられるのである。

　こうしてみると、スコラ神学において至福直観に対置される信仰の位置づけは、近代的神秘主義理解において体験に対置される信仰のそれとたしかに重なってくる。いずれの場合においても、前者の直接性と「明るさ」が強調されるに反比例して後者の間接性と「暗さ」が引き立たせられ、前者が肯定的意味をもつのに反比例して、後者は――前者によって根拠づけられるべきもの、あるいは乗り越えられるべきものとして――否定的意味を帯びてくる。

　ところが、である。近世神秘家たちのテクストを読んでいると、信仰を、まさにその「暗さ」ゆえに肯定する逆説的な語りにしばしば出会うのだ。一六世紀スペインに生きた「暗夜 (noche oscura)」の神秘家として名高く、一七世紀フランス神秘主義にも深甚な影響を与えた十字架のヨハネは、神を求める魂は、一切の感覚的体験を退けて、信仰の闇に留まるべきことを説いた。主著『カルメル山登攀《さんとうはん》』(II, 17, 6) のなかで彼は、先に引用した「コリントの信徒への手紙一」のパウロの言葉——「幼子だったとき、わたしは幼子のように話し、幼子のように思い、幼子のように考えていた。成人した今、幼子のことを棄てた」——を次のように解釈している。

> これは、「私が幼児であったときには、話すことも幼稚で、考えることも同じく幼稚であった。しかし、大人となっては、その幼稚さを捨ててしまった」ということである。（JEAN DE LA CROIX 2007, p. 184＝二〇一二、二二八頁）

ヨハネのこの解釈は、「顔と顔とを合わせて見る」という至福直観の体験に「鏡におぼろに映ったものを見ている」信仰の暗さを対置し、後者を相対的に劣ったものとみなす現前中心主義的解釈の対極にある。彼によれば、いかに明晰判明なものであっても、感覚的体験に根拠を置く認識は霊的に未熟な子供のそれである。見えぬものに見えないまま関わる信仰は霊的に成熟した大人のものである。信仰の暗さは、したがって霊的な成熟の証しなのだ。

神秘家たちが語る信仰の暗夜について考察を深めるため、イエズス会士エドゥアール・プッセによる「経験の運動」（POUSSET [1968] 1997）という論考を参照したい。プッセは、一九世紀末フランスに生きた跣足カルメル会修道女、幼子《おさなご》のイエスのテレーズ（リジウのテレーズ）を中心に、信仰の暗夜という経験が神秘家たちにとってもっていた意味を考察している。一六世紀のアビラのテレサに対して「小テレサ（petite Thérèse）」とも称されるテレーズは、今日のキリスト教界で最も人気を集める聖女の一人である。しかし、この聖女はいわゆる「確固不動の信仰」の持ち主では必ずしもなかった。若くして結核の病に倒れた彼女の最晩年は、『自叙伝』に赤裸々に綴られているところでは、魂を襲う不信仰の試煉のなかにあったのである[50]。ところで、この「信仰の暗夜」に最もよく体現されている彼女の霊性は、十字架のヨハネに極めて多くを負っていた（RENAULT 2004）。さらにまた、彼女がスュランの『霊の導き』を読んでいたことも見逃せない（*ibid*., p. 40–43）。

神秘家たちが語る信仰の暗夜は、現代のキリスト教徒の多くが陥っている不信仰の暗夜と紙一重であるが、だからこそ或る肯定的意味をもつ、とプッセは言う。

神秘家たちは信仰の暗夜について語っている。幼子のイエスの聖テレーズは、生涯の最期に、自らの意識が無信仰者の考えでいっぱいになっていることを告白していた[51]。彼女は「信ずることを欲する」がゆえに信じていたが、彼女の魂は闇のなかにあった。多くのキリスト教徒もまた暗夜に沈んでいる。こうした試煉が何を意味しているのか、彼らは必ずしも知らず、自らの生を混乱に陥れてしまう。ところが、この信仰の暗化は或る肯定的意味をもっている。すなわち、信仰の暗化は、神以外の支えから信仰を自由にし、ただ神のみを支えとするように強いるのである。神は、それは神であるのだから、つまりは唯一の基礎であるのだから、神に向かう歩みにおいて長らく信仰者たちを支えてきた支え、しかし最後には信仰者たちが神を神として認識することを妨げる支えを失うことを、信仰者たちに対して容赦はしないのである。神を見ること、それは神に自己を放棄することであるが、人が神に自己を放棄するのは、ただ神にあらざるものを失うことによってのみなのだ。(POUSSET[1968]1997, p. 38)

プッセの解釈は、現代カトリック神学者ならではの解釈である。だが、彼の神学的立場を共有するか否かにかかわらず、ここには神秘家の信仰論――暗夜の信仰論――を考える上で重要な三つの論点が提示されている。第一に、信仰の暗夜は「信ずることを欲する」という「信への願望」を際立たせるということだ。病に身体が蝕まれ、喀血を繰り返すなか、深い不信の念に取りつかれていたテレーズにとって、信仰は、ただ信じることへの「願望」そのものに発していた。それまでの信仰を土台から揺るがす暗夜の試練は、信仰というものを信仰への根源的願望にまで純化することになったというのである(cf. CERTEAU[1982]2002, p. 236n55)。第二に、信仰の暗夜は「神以外の支えから信仰を自由にする」。信仰に寄る辺を与え、安定化させるように見えるものは、たとえそれがどんなに素晴らしいもの、特権的なものであっても、神ではない以上は、神に向かう歩みを妨げる障害物でしかない。したがって、魂を闇に沈ませ、それまで信仰を支えてきたものの一切を不確かにする信仰の暗夜という試煉は、実のところ、魂がただ神のみへと向かう歩みを可能にする試煉であり、魂に根源的自由をもたらす試煉でもあるという。そして第三に、かくして信仰の暗夜のなかで見えざる神へと自由な歩みを進める魂は、「神に自己を放棄する」まさにそのことによって神を「見る」。この「見神」の経験は、従来の体験論がそう理解してきたような、瞬間的なもの、直接的なもの、あるいはなにかしら魂の歩みの到達点にもたらされるもの、ではない。それは、闇のなかで、神以外の何ものにも歩みを留めることなく、ただひたすら神に向かってゆく信仰の運動そのものであるような「経験」として捉えられるべきものだろう。

　リジウのテレーズの霊的道程において鮮明に語られた信仰の暗夜という試煉は、おそらくは信仰という経験の成り立ちを本質的に規定する要素であるように思われる。そもそも「経験（expérience, Erfahrung）」という言葉は、西欧諸語の語源において「危難（periculum, péril, Gefahr）」を意味するとともに、「横断」や「通過」を含意していた。[52] 経験とは本来、危険な旅路（Fahrt）を渡り抜けるまさにそのこと、危難を乗り越えるまさにそのことを通じて得られる何かであり、それゆえ時間をかけて漸次的に展開する運動であり、ガダマーが指摘したように「果てしなさ（Unabschließbarkeit）」をその本質とするのだ。[53] だとすれば、暗夜のなかで歩み続けることを説く神秘家の信仰論こそ、真に根源的な宗教経験論と言うにふさわしいのではないだろうか。

　このように捉える「信仰の経験」を、私たちはやはりどこまでも「信仰の言葉（言語活動）」として捉えたいと思う。「信仰の経験」とは、すでに述べたことをまとめれば、何時か特別な瞬間に生起する劇的現象としての体験ではなく、最終的な到達点としての体験でもなく、「ここ」にも「そこ」にも現前しない神に向かって歩み続ける歩みそのものである。ところで、「暗夜」という恒常的な試煉にある神秘家のこの歩み、漂泊とも言うべき旅路は、すなわち「言葉の経験」でもあるのだ。

この点について、ポール・リクールの言語論が示唆に富む。トマスにおける神の「把握不可能性（incompre-hensibilitas)」をめぐるカール・ラーナーの議論への応答のなかで、リクールは、この神的性質を徹底的に言語の問題として考えてみることを提案している。彼は、神の「把握不可能性」を何らかの実体的性質として措定したうえで考えるのではなく、あくまでも人間の言葉との関係において、語りえぬ神を語ろうとしてその都度に閃くような性質として捉えようとする。それは、言葉による言葉自身の限界との終わりなき戦い、「言葉を沈黙の敷居にまでもっていく戦い」そのもののなかに閃くような神の性質である（RICŒUR 1978, S128）。知られざる神についての「知」は、自己の限界であるところの沈黙の岸辺を歩くような、緊張せる言葉の運動に宿る。

> 言語という媒介は、一方では情動、感覚、感情などに自らの場所を譲ってしまう誘惑を抱えつつ、ヘーゲルが『精神現象学』の「序文」のなかで「深刻さ、痛み、忍耐、否定のはたらき[54]」と呼んでいるものを保持している。無知《イグノランチア》は、それが覚知《ドクタ》であり続けるならば、たんなる無知となる。(RICŒUR 1978, S128)

自らの限界・不可能性である沈黙と接しつつ、なお持続する言葉の運動。それは、自らを根底から否定しかねないものとの絶え間なき緊張に曝される言葉の「危難」であり「試煉」であり、それゆえ本来的な意味での「経験」である。私たちが読む神秘家は、そのような言葉の遣い手なのだ。

もう一度繰り返そう。神秘家とは、言葉を去って主観的・直接的感覚に訴える者でも、言葉を捨てて沈黙に閉塞する者でもない。神秘家とは、目指すものがついにけっして言葉に言い表せないこと、言い尽くせないことを深く深く了解しながら、それでもなお何事かを言おうとする者、語らずにはいられない者ではないだろうか。近世の神秘家たち、少なくともスュランの「信仰の神秘主義」ないし「信仰の経験の学知」は、身悶えするような言葉の戦い——それを戦いと呼ばずに何と呼ぶべきだろうか——として現象しているのである。

4　神秘の証言と信——スュランの歌を聞くということ

一九世紀末以降の神秘主義研究においては、神秘体験の「不可言性」に加えて「伝達不可能性（incommunica-bility）」がなかば自明の前提とされてきた。「自分で体験してみなければわからない」という言説は神秘主義論につきものである[55]。このような傾向を余すところなく伝えてくれるものとして、マックス・ウェーバーの言葉を引いておこう。「宗教的経験それ自体は、〈すべての〉経験と同じく、たしかに非合理的なものである。その最高段階である神秘的形態においては、宗教的経験はまさしく根源的《カテクソケーン》な経験であり、——ジェイムズが見事に説明したように——その絶対的な伝達不可能性によって他から区別される。それは或る〈特別な〉性格をもっており、われわれの手持ちの言葉や概念では適切に再現することのできない〈認識〉として現れる」[56]。だが、「その最高段階である神秘的形態」における宗教的経験、すなわち神秘体験の「絶対的な伝達不可能性」をかように自明視する考え方は、言葉や概念に先立つものとして体験を措定し、より根源的なものとみなす図式を共有してこそ成り立つと言える。体験の伝達不可能性の自明視もまた、経験＝体験中心主義的な傾向を強くもつ近代的神秘主義理解の力学と切り離しては考えられないということを確認しておこう。

しかし、神秘主義とはどこまでも言葉の問題であるとすれば、神秘家とは言葉の限界に挑み続ける者、沈黙の淵に臨みつつ「それでもなお語ろうとする」ことをやめない者であるとすれば、これまで神秘主義の本質的特徴として強調されてきた「伝達不可能性」についても別様の問い方が求められるのではないだろうか。ここで考えたいのは、「それでもなお語ろうとする」ことによって「何かが伝わる」という事態である。それはおそらく、神秘家の言葉の特徴を「伝達不可能性」と定義する神秘主義理解が長らく見落としてきた事態である。

この点、スュランが宣教師であったという事実は重要である。このことは、彼の言葉が自分以外の誰かに宛てた言葉だったことを見やすくする。だがそれにしても、本来語りえぬものであるはずの神秘を、それでもなお語ろうとする神秘家の言葉は、いったい何を、どのように「伝える」と言えるだろうか。まず、スュランの言葉は、自らが得たのと同じ神秘体験を人びとに伝えること、他の人びとにも自己と同様の体験を「体験させる」ことを目論むものではけっしてなかった。また、自らの体験の特別さ、その不可言性や伝達不可能性を強調し、唯一無二なることを自己の権威の源泉とする言葉でもなかった。結論を先に言えば、それは、他者の「信」に呼びかける言葉であり、自らの言葉の、「言葉」としてのそもそもの成否を他者の解釈に委ねる言葉であり、「証言」というべき言葉だった。

「哲学的体験と神秘的証言」と題された論考のなかで、哲学における経験と神秘主義における経験への接近方法の相違をめぐり、ジャン＝イヴ・ラコストが興味深い考察を展開している（LACOSTE 2005, p. 301–303）。まず、哲学的経験（人を哲学者にする経験、もしくは哲学者がする経験）であるが、それはつねに「私の経験」になりうる経験である。デカルトの「我思う」にせよ、フッサールの「純粋自我」にせよ、ハイデガーの「不安」にせよ、哲学的経験は原理上「どこでも、いつでも、すべての人によって」経験可能な経験である。誰もがそれを直接に私の経験として経験することが可能である。あるいは、可能であると考えられているからこそ、哲学は教育の対象となりうる。哲学的経験は普遍的であり、万人に反復可能である。これに対して、神秘的経験の特徴はその特異性、唯一無二性にある。神秘的経験は、自らもそれを得たというごく少数の人びとを除いては、けっして「私の経験」にはなりえない経験である。したがって、もし私たちが神秘的経験に接近しようという場合、まずはそのような経験を語っている者たちの「証言」を介さなければならない。このことはつまり、私たちにとって神秘的経験はつねに神秘的証言でもあるということを意味する。

以上の対比は、なんらか神秘的経験を論じようとするとき、神秘家の「経験そのもの」に接近することはそもそも不可能であり、私たちにのこされたテクストの解釈こそがすべてである、という先述の命題を確認するものだ。だが、ここに新たに提起された問題は、神秘的経験について語る神秘家の言葉が「証言」だということである。どういうことだろうか。証言という概念そのものについてラコストは踏み込んだ考察を行っていないが、さらなる考察の端緒は次の叙述のうちに求められる。「われわれは神秘家の証言を信じなければならない。われわれが彼の聴罪司祭や霊的指導者ではないとするなら、彼のテクストを信頼しなければならない。神秘的経験は、当のテクストのうちに堆積し、独自のレトリックや語彙を創出し、あるいは借用されてきたレトリックや語彙のうちに表現されて、実に、存在しうる最も難解なテクストのひとつとなる」（*ibid.*, p. 303. 傍点引用者）。ここに提示されているのは、神秘家のテクストはそれ自体が神秘的経験の生成の場であるという知見に加えて、神秘家のテクストは私たちに「信じること」を求めるという洞察である。私のものではない神秘的経験に接近しようとするなら、原理上、私は必ず他者の証言を介さなければならない。そしてそれは、とりもなおさず他者の言葉を信じるということにほかならない。

だが「神秘家の証言を信じる」というとき、私たちはいったい何を、どのように信じるのか。私たちが信じるのは、証言の明証性や神秘的経験の真正性ではない——それらは信よりもむしろ知の対象であろう。私たちが信じるのは、まず彼の言葉が証言であるということ、彼が証人であるというまさにそのことではないだろうか。スュランのテクストを通じて彼の神秘的経験に接近しようとする者は、彼の言葉の真偽を問う以前に、すでに彼の言葉を証言であると信じており、彼が証人であると信じている。このとき、私たちの信にとって問題となるのは、彼が何を証言しているかということよりも、彼が何かを証言しているということそれ自体である。この「信」は、何かしら具体的な対象に向かうのではなく、彼の「言葉」——何かを語りかける声——に耳を傾けるという「構え」そのものの謂である。だとすれば、スュランを神秘の証人と認める者は、彼を霊的指導者として信頼するカトリック信者の立ち位置からそう遠くないところにいると言えるだろう。魂を神秘の生へと導かんとするスュランのテクストを誠実に読もうとする者には、テクストに響く声への「信仰」が不可欠であると思われる。[57]

逆に言えば、神秘家の証言は、それを証言として信認する他者の介在を求めている。それは「信への呼びかけ」を発している。この点を見抜いたのが、たとえばリクールである。[58] リクールの証言論は、証人の「自己指示作用（autodésignation）」に証言の本質的な特徴を認めることを出発点とする。「証言の特性は、事実についての主張が証言する主体の自己指示作用と対になっており、このことと切り離して事実についての主張を考えることができない点にある。この対から証言の定型的な表現が取り出せる。「私はそこにいました」という表現である」。リクールの証人は、おのれの外におのれの証言が事実であることを証明するものをもたない者として考えられている。にもかかわらず、否、むしろそうであるからこそ、「私はそこにいました」という証人の自己指示作用は、おのれの外に向けて或る呼びかけを発せずにはいない。リクールによれば、それが「私を信じてください」という信の求めである。

証人の自己指示作用は、対話的な状況を創設するやりとりのなかに組み込まれている。証人が、彼がそこに居合わせたという場面の事実について証言するのは、誰かの前においてである。あるときは事件の張本人、あるときは被害者として。だが、証言するまさにそのときには、彼はすべての関係者に対して第三者の立場にある。この証言の対話的な構造から、ただちに信の次元が立ち上がってくる。証人は信じられることを求める。証人は「私はそこにいました」と言うだけにはとどまらず、「私を信じてください」と加えるのだ。証言の確証が完全となるのは、だから、その証言を受け取り、容認する者の応答によってのみである。したがって、証言はただ確証される（certifié）のみならず、信認される（accrédité）のである。（RICŒUR 2000, p. 204–205）

証言について「確証」と「信認」という二つの位相を区別したこと。リクールの証言論の展開可能性は何よりまずこの点に認められるように思われる。証言は他者の信を求めずにはいない。他者の信への呼びかけを発さずにはいない。ところでこの構造は、神秘的経験を証言する者としての神秘家の言葉にもそのまま見いだせよう。神秘家の言葉は「信（へ）の呼びかけ」を発している。自己以外の他者の応答、他者の信があってはじめて神秘家の証言は完全な証言となる。と同時に、神秘家の言葉の発する呼びかけに信によって応じ、証人の証人となるその他者には、信による神秘的経験への道が開かれるかもしれない。この、感覚的認識によっては明確に把握しえない、およそ定かならぬ信の回路の拓けを、スュランという証人は深く了解していたふしがある。

先ほど私たちは、スュランのテクストに響く「声」という表現を用いた。彼は、「私にはいつも同じひとつの歌しかない（je n'ai toujours qu'une même chanson）」という言葉を繰り返し発している[59]。彼にとって、人びとに神秘を語り伝えることは、神秘を「歌う」ことでもあった。歌とは何か。神秘を語る自らの言葉を歌と呼んだとき、スュランは次のように考えていたのではないか。神秘は、それを認識し理解しようとする人間の知解の試みから逃れ続ける。それは人間の知覚の彼方にあって、けっして現前しない。しかし、それを聞こうとする者には、現前するのとは別の仕方で関わってくるだろう、と。この場合、「聞こうとする」とは「信じようとする」ことである。「信仰は聞くことにより」（「ローマの信徒への手紙」10, 17）という聖書の言葉は、スュランの神秘主義を論じるうえで極めて重要な意味をもつ。一六六〇年八月一五日の手紙で彼はこう書いている。「信仰のはたらきの本質は、信じていること、耳にしたことを支えにすることにあり、体験を支えにすることではない」（C. L314, p. 982）。

スュランの神秘主義を解釈する者は、彼の歌声を聞こうとする者、信じようとする者でもあるとすれば、けっして「客観的観察者」を標榜することはできない。ふたたびリクールの証言論によれば、証言は「解釈すべき何ものかを〈与える〉」と同時に「解釈を〈呼び求める〉」（RICŒUR 1994, p. 130）。であるならば、スュランの証言から何ものかを受け取り、それに応えてなされる私たち解釈者の解釈自体が、スュランの証言をその内側から構成するのである。それはまた、スュランという証言者の証言を引き継ぎ、私たちもまた神秘の証言者として新たな言葉を紡ぎだすことでもあるかもしれない。

5　先行研究批判と本書の主題

ひとことで言えば、これまでのスュラン研究の関心は「体験」に偏重してきた。彼の神秘主義を理解しようとする試みにとって、体験が決定的に重要な論点であることはたしかである。だが他方、従来の研究では、スュランが神秘へのもうひとつの道として語った「信仰」は陰に追いやられてきた。しかし、以下に明らかにするように、実のところは信仰こそがスュランの神秘主義の真の主題なのである。

1　神秘へのもうひとつの道

本節ではスュラン『経験の学知』(一六六三年)の「序文」全文を読んでみたい。この小さなテクストをどう読むかということが、スュランの神秘主義そのものの理解を左右すると言っても過言ではない。神秘への道として「信仰(foi)」と、それに対置される「体験(expérience)」[60]の二つを挙げることからはじまるこのテクストは、従来、中世的教会制度に権威づけられた共通の信仰規範に代わり、近世に個々人の体験が新たな知の根拠として台頭したことを端的に示すものと理解されてきた(JAY 2006, p. 22 ; HOUDARD 2008, p. 212–213 ; GIMARET 2011, p. 192)。しかし、繰り返すが、ここに体験と並んで示されている「神秘へのもうひとつの道」たる信仰こそ、スュランの神秘主義の真の主題なのだ。

　四つのパラグラフからなる「序文」の内容は以下の五点に要約できる。まず、スュランは神秘を知るに至る道として、「信仰」と「体験」を区別しているということ。第二に、体験は「超常のもの・常軌を逸したもの(extraordinaire)」であり、少数の人びとにのみ許された神秘への道であるのに対して、信仰は「通常のもの(ordinaire)」、「共通のもの(commun)」であり、すべてのキリスト教徒に開かれた神秘への道とされていること。第三に、スュランの神秘主義は、最終的には少数の人びとに特権的な——「見て、聞いて、触れる」——神の現前の体験よりも、すべての信仰者に共通の、「闇のなかの」信仰を主題とするに至ること。第四に、この「信仰への回帰」の背景には、十字架のヨハネの「暗夜」の教説の影響が窺われること。そして第五に、この闇に包まれた共通の信仰の地平に、よき信仰者たらんとする他の人びとの待望に応えるかたちで「私」というもう一人の信仰者の——弱く脆い——主体性は成立するということ。言い換えれば、信仰の主体は呼びかけと応答の対話的関係のなかに生じるということである。

従来、スュランの神秘主義について、研究者のみならず広く一般の関心を集めてきたのは、『神の愛の勝利』および『経験の学知』に生々しく語られている激烈な、文字通り「常軌を逸した」体験の数々だった。一連の異様な体験こそが、肯定否定を問わず、彼の神秘主義に対する主要な関心の源泉であり続けてきた。実際、「序文」の前半部分をなす第一、第二パラグラフをみれば、スュランの神秘主義における体験の重要性は疑うべくもない。

来世の（神秘の）[61] 生に関わる事どもは二つの道によって知られうる。ひとつは信仰によって、もうひとつは体験によってである。信仰は、そのために神が定め給うた方法である。なぜなら、神に関わることと来世に関わることが私たちに知られるのは、ただ使徒たちから伝え聞かれたことや彼らの説教によってのみであるから。体験は、限られた人びとのものである。イエス・キリストの使徒たちはこの限られた人びとに数えられる。何しろ彼らは次のように述べているのだから。「命ノ言《コトバ》ニツイテ、私タチガ目デ見タモノ、聞イタモノ、私タチノ手ガ触レタモノヲアナタタチニ伝エマス」〔「ヨハネの手紙一」1.1〕と。さらに別の場所では、「私タチハ知ッテイルコトヲ語リ、見タコトヲ証シシテイル」〔「ヨハネ福音書」3.11〕と言われる。

神はすべての時代に何らかこうした体験に関与した人びとを与え給うた。この時代も例外ではない。というのも、悪魔たちの憑依によって、超自然的な、あるいは少なくとも人知を超えたものが私たちに対して明らかに示されるということを神学が認めており、神が、この時代に私たちの目に対して、フランスの地に有名な憑依を生じせしめたのであるから、私たちは次のように言うことができる。別の生に関すること、そして、通常でありふれた（ordinaires et communes）私たちの知性の光には隠されていることが、私たちの感覚にまで到来したのだ、と。私たちはまたこう言うこともできる。来世の有様について、私たちが見て、聞いて、手で触れたものを、私たちはこの書物を読まんと欲する人びとに知らせるものである。そのために、私たちは筆を執り、私たちの体験に現れた、超常の（extraordinaire）事どもを説明しようとするのである。（S. « Préface », p. 153）

「来世の生」ないし「神秘の生」の知に至る道として、スュランは体験と信仰を並置するのだが、まず前面に立つのは体験である。信仰と区別される体験の第一の特徴は、それが使徒たちをはじめとする「限られた人びと」のものだという点に認められる。このとき体験とは、「見る、聞く、触れる」ことによって、すなわち直接的な知覚によって神の現前を知るという事態を指している。そのような人びとはいつの時代も少数ながら存在した、とスュランは言う。「この時代」も例外ではなく、「私たちの目に」目撃されたルダンの悪魔憑き事件——実際それはフランス全土から好奇のまなざしを集めたのだが——において、来世の生、「別の生」は知られた。体験において知られるこの「別の生」の事どもは、「通常でありふれた私たちの知性の光には隠されている」何かであり、「超常の事ども」である。原始教会において使徒たちが、体験によって隠されたものについての知を獲得し、一般信徒たちに証言したのと同じように、スュランもまたルダンでの超常の体験を通じて獲得した知を人びとに向けて証言するというのである。

ここまでのところ、スュランはルダンでの超常の体験とその特権的性格を強調し、それをおのれの証言に権威を与える源泉としているかのようにもみえる。ところが、第三パラグラフで体験と信仰の関係は決定的な転回をみせる。スュランの言葉は超常の体験から通常の信仰へとその重点を移すのである。

それらのことすべては、しかしながら、信仰の役に立つためにある。なんとなれば、使徒聖ペトロはその手紙のなかで、信徒たちにタボル山上で見たことや父なる神の声に聞いたことを述べ、それが「荘厳ナ栄光ノ中カラ」〔「ペトロの手紙二」1,17〕到来したと言っているが、彼はそれでも信仰の方を好み、見聞きしたことを信仰に帰すのである。「シカシ私タチニハ、預言ノ言葉ハイッソウ確カナモノニナッテイマス。ドウカコノ預言ノ言葉ニ留意シテイテクダサイ」〔「ペトロの手紙二」1,19〕。私たちが見聞きしたと語るすべてのことは、ただ信仰という基盤の上にあなたたちを確立するために言われるのである。それは、あなたたちがよく留意している預言の言葉に対してあなたたちがもっている信仰である。私たちの闇を照らすたいまつの光に注意を向けるように。(*ibid.*, p. 153–154. 傍点引用者)

一転して信仰の重要性を説くスュランは、使徒ペトロが、自らの目と耳とで「見て、聞いた」タボル山上の出来事の鮮烈な「体験」を得ながらも、その体験に確証を求めるのではなく、なお「信仰」のみを「私たちの闇を照らすたいまつの光」として歩むよう信徒たちに勧めたことに注意を促す。ところで、このような解釈はスュラン独自のものではない。彼は十字架のヨハネによる解釈に多くを学んでいた。栄光の示現と闇のなかの信仰という鮮烈な対比を示すこの出来事は、十字架のヨハネの『カルメル山登攀』中に二度にわたって言及されている。十字架のヨハネは、神に近づくためには、ヴィジョンやイメージなど個別の認識に囚われてはならず、感覚的なものや知性的なものの一切を退けた闇のなかの信仰——「赤裸な信仰」——のみによって歩まなければならないと説くなか、ペトロの言葉を次のように解釈している。「その意味は、「キリストについての証しとして、われわれはタボル山の示現よりもさらに確かな保証である預言者の語った言葉をもっている。ちょうど暗闇の場を照らす灯のようにそこに目をそそぐがよい」ということである。これと合わせて考えるなら、われわれがここで説く教えを見いだすことであろう。というのは、暗黒を照らす灯のように、預言者たちの説いた信仰を見つめようというのは、われわれが暗黒のうちに留まり、すべての他の光に対し目を閉じよということであり、その暗闇の中において、同じく暗黒である信仰のみがより頼むべき光であるということだからである」(JEAN DE LA CROIX 2007, p. 181 [II, 16, 5] = 二〇一二、二二二頁)。「その言うところは、「われわれがあの山においてキリストの示現(ヴィジョン)を見たことは真実であるけれども、われわれに啓示された預言の言葉は、より確実堅固なもので、それに信頼すべきである」ということである」(*ibid.*, p. 235 [II, 27, 5] = 三二二頁)。ここに端的に示されているような十字架のヨハネの信仰観念が、のちにみるように、スュランの神秘主義の転回に決定的な影響を与えたと考えられるのだ。

赤裸な信仰というテーマの出現と並行して、第三パラグラフにはもうひとつ重大な変化がみられる。それは、体験と信仰の区別に基づく「私たち」と「あなたたち」の分断の解消である。テクストの冒頭からここまで、体験と信仰の区別は、少数の体験者とその他大勢の一般的な信仰者という区別に重ねられていた。第三パラグラフ中でも、ルダンの悪魔憑き事件の当事者である「私たち（語り手）」の体験と、それによって養われるべき「あなたたち（読者）」の信仰という区別がはっきり現れている。第一パラグラフからここに至るまで、体験の非日常性・特権性と信仰の日常性・共通性との区別は一貫しているようである。この区別はしかし、第三パラグラフの終わり、「私たちの」信仰の闇という言葉が記されるとき、突如として曖昧になる。あたかも信仰の闇――十字架のヨハネはこれを「包括的で漠然とした知解」とも呼ぶ――が個別的な差異を自らのうちに呑み込んで解消するが如くに。

体験と信仰の区別に基づく「私たち」と「あなたたち」の隔たりは、かくして「私たちの信仰の闇」への帰着によって乗り越えられる。実に、最後の第四パラグラフに至っては、「あなたたち」に対し特権的な体験を語る「私たち」に代わって、「カトリックの教え」の信仰者たる一般的・包括的な「私たち」が前面に出てくるのである。

> この時代に私たちがした冒険、神の摂理が私たちにさせた冒険において私たちが知ったそれらの事どもは、この論考のなかでまさに〔ペトロと〕同じ精神、同じ意図に基づいて用いられている。それは、カトリックの教えの信仰告白によって私たちのものとなった信仰を確固たるものにし、私たちをよりよいキリスト教徒とすることを目的としているのである。それは、私たちがこの本において語りかけるすべての人びとの関心事であり、私はそうした人びとのために永遠に奉仕したいと望んでいるのである（**à qui je voudrais faire un service pour l'éternité**）。（S. « Préface », p. 154. 傍点引用者）

序文冒頭で神秘の道を二つに分け、体験を論じ、次いで体験から信仰へと転回をみせたスュランの筆致は、ここにおいて信仰に帰着する。と同時に、体験と信仰の区別に発する「私たち」と「あなたたち」の分断も、よきキリスト教徒たらんとする「私たち」の信仰に呑み込まれるようにして消えてしまう。ここで用いられている「カトリック」という語は、その原義である「普遍的」の意を色濃く滲ませている。

もうひとつ、この最終パラグラフで注目すべきは、「私たちが語りかけるすべての人びと」というテクストの読者への言及と、「そうした人びとのために奉仕したいと望む」主体として「私たち」のなかから最終的に出現する「私」である。テクストの最後、条件法――仮定もしくは語気緩和の意味をもつ――で記された動詞「望みたい（voudrais）」の主語として、そしてあくまでも他の人びとに奉仕する者として、他の人びととの関係のなかに慎ましく姿を現す「私（je）」は、信仰者の主体性がどのようなものであるかを示唆している。

この問題については、すでにセルトーの透徹した分析がある（CERTEAU［1982］2002, p. 246–256）。セルトーによれば、この「私」の主体性は、祈りの主体性そのものである。祈りが可能となるためには、それが他者によって「待望」されていなければならない。この場合は「私たちが語りかけるすべての人びと」というテクストの読者からの待望が、なくてはならないものとして想定されている。この「私」は、あくまでも他者からの待望に応答するかぎりの主体なのである。「〈私〉が現れるのは他者に対する依存のなかである。おのれを言うことが可能なのはただ他所から到来する願望のなかにおいてのみだろう（中略）。〈私〉とは固有の性質ではない。私が言葉を発することができるかどうかは、言葉を話せない子供がそうであるように、〈私〉に先立つ言葉と、〈私〉によってあるものと仮定される待望とにかかっている」（*ibid.*, p. 256）。だがしかし、その祈りが他者によって待望されているかどうかということは、「私」にはついにけっして定かなものではありえないだろう。他者に待望されているということが祈りの根源的条件であるが、同時にその根源的な不確かさが祈りの主体性を本質的に脆くするのである。「祈る者は、おのれが神に待望されておらず、神に背を向けられていると思うこともあるだろう。おのれを堕地獄者と信じたスュランが一五年以上のあいだそう確信していたように。それと同じように、読者に向けられた序文は祈りの雰囲気をおびている。〈私たち〉の名において語っているときは大いに確信をもっているが、

〈私〉と言うまさにその瞬間、ためらいと動揺をみせるのだ。このとき、もはや疑いは悪として退けられはしない」(*ibid.*, p. 256)。序文の最後に現れる「私」は、不確かな他者の待望のなかで疑いを抱えたまま、しかしそれでもなお信じ続ける主体なのである。キリスト教信仰者における信仰の主体性を、セルトーはサミュエル・ベケットの戯曲のタイトルに引っ掛けて言う。「キリスト教信仰者においては、「待望されている」という確信が「ゴドー(ゴッド)を待ちながら」願い続けることの根拠となる」(*ibid.*, p. 255n15)。祈りの主体も信仰の主体も、他者に待望されているという根源的な信に支えられている。したがってその主体性は、「言葉を話せない子供がそうであるように」、つねにすでに自らに先立つ他者に拠っているというのである。[62]

スュランの神秘主義における「私」は、「私たちの信仰」の地平に、他者の待望に応える応答者としてその姿を現す。ここでいう「他者」とは、神であり、同時に他の信仰者たちである。このイエズス会士の神秘主義における私と神との関係は、この世の他者たちとの関係なしにはない。つねに或る「あいだ」に生じる呼びかけと応答のなかに、スュランが到達した信仰の境地は認められるだろう。

以上、スュランの神秘主義の真の主題が体験ではなく信仰にあることを明らかにした。しかし、そうだとすれば、彼における信仰の問題を正面から扱った研究が皆無に等しいのはどういうわけだろうか。研究者たちのまなざしを曇らせてきた要因として、おそらく次の二つの問題が指摘できる。第一の問題は、近世神秘主義をめぐる歴史記述のスタンスに関わっている。第二の問題は、神秘主義の一般的な理解に関わるものである。以下、順に考察していこう。

2　近世神秘主義をめぐる歴史記述の問題

『経験の学知』は、文字通り読む者の五感に訴えかけてくるような生々しい体験描写に満ちている。それら体験の数々は、しばしば「超常の(extraordinaire)」という形容詞を冠されて語られる。ところで、「神秘主義」と「超常の」ないし「超自然的(surnaturel)」という形容詞の結びつきは、セルトーやミノ・ベルガモが指摘しているように、一七世紀の宗教史に固有の歴史的現象であった（CERTEAU 1964, p. 273,［1982］2002, p. 137 ; BERGAMO 1992, p. 114–115）。こうした言葉の結びつきによって、その後、神秘主義が辿るべき運命もある程度決定されたと言えるだろう。というのも、「超常の」という形容詞は、一方では、神秘主義を例外的なもの、異常なものに局限してしまう結果を招くことになったからであり、他方では、常識の範疇を逸脱したものをおしなべて神秘主義とするような拡大解釈を許したからである。スュランの体験描写と「超常の＝常軌を逸した」という形容は、心身の無秩序な変容をめぐる詳細な記述が与える異様な印象と相まって、神秘主義をオカルティズム、怪奇現象、あるいは精神病理に還元してしまおうとする者に攻撃材料を提供し、結果的に神秘主義の信憑性を失墜させることにつながった、との指摘もある（DUPUY 1990, col. 1319）。実際、二〇世紀以降も、総じてセルトー以前には、スュランに対する公式の評価はつねに慎重な留保を伴うものであった。その最たる例はジョゼフ・ド・ギベールのスュラン評である。教皇庁立グレゴリアン大学で神秘神学を講じ、また、イエズス会の霊性の系譜を初めて本格的に論じた彼は、スュランについて「同時代のイエズス会士のなかでも最も秀でた著述家」と評価しながら、結局は次のような消極的判定を下す。「イエズス会の精神にそぐわないのは、そうした自己放棄や〔神の意志への〕従順が、神に奉仕するという思想にもまして、霊的な生の本来的な目的として獲得すべき合一という思想に重心を置いていることである。真のカトリック的伝統にそぐわないのは、感知された恩寵や超常のしるしへの内的な従順が、あまりにもそればかり過度に強調されているということである。（中略）そもそも、彼が患った病[63]だけを考えても、彼の所業に目をつぶるわけにはいかない」（GUIBERT 1953, p. 352–355）。近世から近代にかけて、いわゆる世俗化の進行や科学的合理主義的精神の台頭にともない、神秘主義ないし神秘体験が徐々に西欧の知の他者となり、その周縁に押しやられ、追放されてゆくプロセスについては、ミシェル・フーコーの系譜学的思考に大きな影響を受けたセルトーの一連の研究に詳しい（CERTEAU［1975］2002,［1982］2002, 1997, 2005）。ところで、その研究人生を通じてスュランを追い続けたセルトー自身にとっても、彼の関心を何よりも掻き立てたのは、あらゆる制度や規範をつねに逸脱してゆくスュランの「狂気（folie）[64]」であった（CERTEAU 1978, 1984）[65]。

西欧近代において根本的な異他性を帯びた思想潮流である神秘主義が排除されてゆくプロセスに注目する傾向がある一方、近世から近代にかけて神秘主義がその逸脱的傾向を失って、カトリック教会の正統信仰に統合されていく同化のプロセスを強調する向きもある。ジャック・ルブランやソフィ・ウダールが強調しているように、一七世紀フランスは、神秘主義の黄金時代であるよりもむしろ、反神秘主義的諸思潮に支配された時代であった(LE BRUN 1990 ; HOUDARD, 2008)。神秘主義に対する嫌疑の高まりに直面して、神秘家たちは検閲のまなざしを内面化した。彼らは、真の神秘主義と偽の神秘主義の区別という問題に極めて注意深くなければならなかった。その結果、諸々の神秘体験に、もっと正確に言えばそうした体験を記述する言語に認められた「超常の＝常軌を逸した」性格は脱色され、神秘主義の言語は一般の信仰者に実践可能な「世俗的信心(dévotion civile)」に合致するかたちで解体されていった。そして一八世紀、啓蒙の時代の到来とともに近世神秘主義は黄昏時を迎える。このような歴史的視座を継承して、アントワネット・ジマレは、一六世紀末から一七世紀の前半にかけて西欧社会に起こったプロセスを「超常なるものの飼い慣らし」と呼んでいる(GIMARET 2011, 1ère partie)。心身の異様な変容をともなう「超常の」体験とその表象は、近代化する社会の「通常の(ordinaire)」規範に統合されていったという。ジマレの議論に寄せるなら、スュランにおける信仰への転回は、超常なるものの飼い慣らしの過程の只中に位置づけられることになろう。

追放と同化。近世神秘主義の歴史記述は、結局のところこの二つの方向性に大別される。一方では、近世神秘主義は、近代化する西欧社会に台頭する反神秘主義思潮の圧力の下、合理的規範を逸脱した異物、「他なるもの」として正統的な知の外に追放されていったとみなされる。他方では、合理主義的な知性にとっての他者性を抹消されて、一般的な社会規範の内に同化されていったとみなされるのである。ところで、このような歴史的視座のなかに位置づけられた場合、スュランの神秘主義は、端的に言えば体験と信仰のあいだで引き裂かれることになる。一方では体験の異常さや逸脱への傾向が際立たせられながら、他方では信仰への転回によって通常の規範に帰着したと言われるのだから。

しかし、スュランのテクストを丹念に読むならば、従来の歴史記述には少なくとも二つの問題点が指摘できる。まず、スュランの言う「経験の学知」は、しばしば誤解されていることだが、幻視や脱魂などいわゆる「超常現象」と同義の「超常の体験」の学知にはけっして還元できない。『経験の学知』の序文について前節の考察が明らかにしたように、それは究極的には「信仰」の学知である。そして、彼の信仰への「回帰」は、けっしてたんなる規範への回帰ではなく、あるいは同時代の神秘主義の潰走を示す徴候でもなければ、一七世紀末にボスュエにおいて決定的となる知性主義の勝利を予言するものでもない。スュランの神秘主義をあくまで「超常の体験」中心に理解するのであれば、彼の言う「共通・通常の信仰」への回帰は、神秘主義の敗北と捉えられることになろう。しかし、信仰の境地にこそ彼の神秘主義の核心はあるのだとすれば、そこには何か肯定的な意味が探られなければならないのである。

3　現前と不在

先行研究一般にみられる第二の問題は、神秘主義という事象について私たちが普通抱いているイメージとその理解の仕方に求められる。実は、第一の歴史記述の問題の根底にも、神秘主義理解の問題が横たわっている。

再三述べているように、近代以降の神秘主義論は、神秘主義に対する批判も含め、大多数は「体験」をその中心に据えてきた。つまるところそれは、絶対的真理が何らかのかたちで目の前にありありと現れる「現前の体験」を特権的契機としてきたのである。こうした理解の枠組みに則ってみれば、「見て、聞いて、触れる」直接的体験が関心の的となる一方、何らか「隔たり」をともなうがゆえに「暗い」信仰の闇は、現前の光の欠如態としてもっぱら否定的に捉えられることになるだろう。スュランの「超常の体験」を強調する一方、「通常の信仰」については看過してきた従来の研究[66]を乗り越えるためには、まずはこうした近代的神秘主義理解の力学を自覚化する必要がある。

信仰の問題を視野に入れるとしても、悪魔憑き体験をスュランの神秘主義のハイライトとするなら、体験から

ベルニーニ『聖テレサのエクスタシー』（1647-52 年）ローマ、サンタ・マリア・デッラ・ヴィットーリア教会（Gian Lorenzo Bernini, *Estasi di santa Teresa d'Avila* 1647-1652, Roma, Chiesa di Santa Maria della Vittoria）。「神秘体験」ないし「エクスタシー体験」の事例として、おそらく最も言及されることが多い彫像。

信仰への移行は、光から闇への撤退として結局のところ否定的・消極的に解釈される。たとえばウダールは次のように主張している。スュランはかつて自分が祓《ふつ》魔《ま》を務めたジャンヌ――二人の手紙のやり取りは死ぬまで続いた――に対して絶えずルダンの記憶を喚起しているが、彼にとってルダンという「地獄の記憶」はけっして忘れるべきではない重要性をもっていた。なぜなら、ルダンでは、「信仰の常態」にあってはけっして見えないものを「見る」ことができ、信仰が「信じる」ことを強いる真実に「触れる」ことができたからだ、と。ウダールは、それゆえ、ルダン以後に書かれた手紙のなかでスュランが特権的な過去の体験の記憶を喚起するとき、そこには現前の体験への「未練」が読み取れるとし、翻って彼における信仰の暗さを次のように否定的に解釈する。曰く、ルダン以後一五年以上続いた絶望の闇を脱出したにもかかわらず、ルダンというかつての現前の時からの隔たりは、「逆説的にも、信仰の仄暗さの、いっそう好ましからざる闇に彼を陥れてしまうかのようだ」（HOUDARD 2008, p. 281–282）、と。セルトー以後のスュラン研究において、ウダールと並び、近年最も重要な研究を発表しているパトリック・グジョンは、スュランにおける信仰の根源性に言及しながら、しかし、信仰の闇への回帰については、やはり神の現前の体験を忘却する否定的な事態、悪しき事態として捉えている。[67]

しかし、たとえば次の引用をみればわかるように、スュランにおける信仰はけっして単にネガティヴなものではなかった。これは、スュランが一六六二年四月、復活祭のあいだ同僚のイエズス会士クロード・バスティド（Claude Bastide, 1603–1676）と司牧活動のため滞在していた農村地帯からジャンヌに宛てて書いた手紙の一部である。

しかし信仰というものは、私にはそう思われるのですが、その暗さにもかかわらず、諸感覚にとっては或る非常な激しさと力強さをもっていて、私たちの主が信仰にどれほどの自由と力を添えたかということに思いが及ばないほどなのです。そして私が思うのは、悪魔憑きに苛まれたことを契機に、私たちは別の生に関する事どもについて数多くの体験をしたけれども、しかしこの信仰の状態は、超常のものと言われるもののあらゆる印象を消し去り、人びとに共通の暮らし、生き方のなかに私たちを置くということ、そして、魂はそこから感知不可能なやり方で大きな力を汲み出し、神にまで上り、神と合一するということです。(C. L444, p. 1320)

これに続けてスュランは当地での司牧活動の様子に言及している。「この後、私たちはちょっとした仕事に戻るつもりです。それというのは、しがない人びとの告解を聞くこと、病める人びとを介護すること、私たちを頼ってくる多くの人びとをたすけることに、多くの時間をかけることです」(C. L444, p. 1321)。たしかに、「信仰の状態」は暗い。が、それは魂に大いなる活力と自由をもたらす、とスュランは言う。この状態にあっては、ルダンにおいて彼がジャンヌとともに得た特権的な現前の体験はもはや過去のもの、過ぎ去ってしまった出来事である。いまやスュランは宣教師として、「しがない人びと」、平凡な信仰者たち、病人や弱者たちと共通の生の地平を生きる。彼の魂は、しかし、この暗き信仰の生の地平にこそ神との「合一」の道を見いだしたのである。

スュランにとってルダンにおける体験こそが神秘の生との純然たる接触であり、信仰のありふれた状態はそうした体験からの遠ざかりを意味し、神の顕現の不在を意味する——この「暗い信仰」否定論の大きな根拠となっているのは、一六六二年九月にジャンヌに宛てて書かれた手紙である。『経験の学知』の執筆とほぼ時を同じくして書かれたと思われるこの手紙のなかで、スュランはたしかに明言している。すなわち、信仰は体験から遠ざかる傾向をもっており、実際にその隔たりは徐々に大きくなっている。体験の忘却は無気力にも通じる暗さに陥る危険があるから、それを避けるためには想起する努力が必要である、と。ところが、この手紙を丹念に読めば、信仰の境地に認められた否定的側面だけでなく、かえって体験にもまさる肯定的な側面が示唆されていることがわかる。

以下にこの手紙のほぼ全文を引用する。注目すべきは、スュランの言葉の運び方にみられる「揺れ」、エクリチュールの「屈折」である。あらかじめ言っておけば、このテクストにはネガとポジの二面がある。信仰の闇を現前の体験の想起によって照らす必要を説く箇所、つまり信仰の闇が否定的に語られている部分（傍線部〔A〕）と、信仰の闇が肯定的に語られている部分（傍線部〔B〕）とが、時に文章の論理的なつながりを危うくするほどに錯綜している様に注意したい。

あなたに手紙を書くよい機会です。いまボルドーを離れていますので。その理由は前にも言いましたね。町の外にいるとき、私は主の栄光に浴していると信じることに自由でいられるのです。あなたに書く事どもはまったく私の心通りであると思われます。

少し前にあなたからの手紙を受け取り（中略）返事をしました。〔A〕私の惨めなることにもかかわらず、私たちの主は、小教区から小教区へとキリスト教徒である人びとに説教しに行くための大いなる力をお与えになりましたので、私はそうした人びとに私の冒険の一部を伝えるのですが、このことは人びとにとってたいへん有益なのです。私の冒険とは、信仰が私たちをして信じせしめる事どもに関する、さまざまな体験にほかなりません。悪魔祓いにおける悪魔どものやりとりが私たちを導き、確信をもたせた、あの体験がそうであるような。人びとは普段、感覚できる事物のなかに埋没してしまっていますから、そうした認識は人びとの目を覚まし、至高の善へと人びとの関心を向けてくれるのです。このような生活を送るなかで、田舎を行きながら、私は大いなる喜びを覚えますし、神が私たちに近づき、あたかも触れうるものになるように思われるのです。聖パウロもそのように言っています〔「使徒言行録」17,27〕。私は病人たちを見舞い、彼らに聖ヨセフの紙[68]を与え、彼らはそれを信心深くうけとります。私がいるここの生活は、町々の生活とは非常に異なっていて、私たちを何らかより親密なやり方で結びつけているのです。これが、自然の甘美さが恩寵の甘美さを増すということなのかどうか、私にはわかりません。そうしたことをすべて細かく検討することもしようとは思いません。しかし、心の赴くままに行きながら、私はすべてを神に向けたいと思いますし（je voudrais tout convertir en Dieu）、それが本当に可能であると信じています。

あなたに話したあの傷は、相変わらず大きくなっています。信仰の状態が傷を広げているように思われます。信仰の状態を、私はいつも、超常の体験から私たちを遠ざけるものと理解していますが、この状態は私のなかでそのようにして大きくなっているのです。私は時々、私が見知ったその種の並外れた事どもを想起する（représenter）必要があります。私たちがしっかりと神の近くにとどまるためにもつべき確固たる信に、私自身が立ち返るために。なぜなら、私は本当に次のように信じているからです。すなわち、〔B〕この信仰の状態が、魂をその自由な状態に置くのにふさわしく、魂を愛の真の優しさへと向けるのに適していても、そして時には、この愛の優しさが、このように超常のものからの隔たりが大きくなるほどに大きくなるものだとしても、〔A〕それでもこの〔信仰の〕状態が私たちをそこに陥れる闇を避けるためには、私が見たことに関わる事物をふたたび想起する必要があります。そうでなければ、無気力が精神に蔓延り、このありふれた状態にあることによっておのずから私たちがそこへと向かってゆくかの自由から、忘却へと陥ってしまうでしょう。

お願いです、私たちの主に祈ってください。主の愛を求めて主に助けを求めることができる容易さを、主が私に与えてくださるよう願う理由が私にはありますが、だからといって私が、〔A〕別の世の事どもの観念からあまりにも大きく隔たることに起因する、かの偽りの自由に陥ることがありませんように。私は、人びとに説教し、人びとにこの世の生活の通常の状態を超える事どもを想起させるときにも、いつもそのことを思い返すのです。

〔A〕私が恐れているのは、神が通常の摂理によって私たちをそこにおいている信仰の状態を口実として、私たちを神へと立ち帰らせる事物を忘却し、そのあまりにも激しい体験がかつて私を倦ませ傷を負わせた事物を忘却し、忘却にまどろんでしまうことです。〔B〕はっきり言っておきますが、体験から遠ざかることから、私たちの主はいっそう激しく、かつ愛に満ちた印象という善・益（bien）を引き出してくださいました。それをもたらすのは、先にあなたにお話しした、心身に染み入り、そしていっそう魂にふれるあの傷なのです。この傷ほど、私の自然的な力をかくも消尽させるものを私は知りません。時には、その傷を耐え忍ぶ方策も力もなくなってしまうことがあるほどです。（C. L481, p. 1418–1420. 傍点引用者）

このテクストは、あえて言えば、騙し絵のような性格を帯びている。ネガとポジのどちらに焦点を合わせるかによって見え方が変わり、スュランにおける信仰の解釈も大きく異なってくるのである。ウダールやグジョンは、この手紙の主題はルダンでの特権的な体験を忘却してしまわないための記憶の想起（再現前化）を勧めることにあると考え、したがって、信仰の闇をもっぱら否定的な（乗りこえるべき、悪しき）事態として解釈してきた[69]。だが、より注意深くスュランの言葉の運びを追うとき、暗がりからこの手紙の隠れた主題が浮かび上がってくる。すなわち、超常の体験からの隔たりそのものである「信仰の状態」であり、その状態にある者が負っているという「傷」である。

この傷をめぐるスュランの言葉は、彼にとって、現前の体験からの隔たり――現前を中心とする神秘主義理解では否定的な事態でしかない――が何か肯定的な事態であったことを証している。なぜなら、それは「いっそう激しく、かつ愛に満ちた印象」をもたらし、「心身に染み入り、そしていっそう魂に触れるような」傷だというのだから。繰り返される肯定の比較級が、この隠れた主題こそこの手紙の真の主題であることを教えている。

スュランが到達した「信仰の状態」の境地においては、神の現前からの隔たり、すなわち神がもはや不在であることは乗り越えられるべき悪しき事態ではなく、むしろ「不在なる神」との新たな関係を可能にする、より好ましき事態として理解することができる。[70]そしてそれは、究極的には現前と不在の区別がもはや意味をなさなくなるような地平に通じている。先の手紙の第二段落終わり、「私はすべてを神に向けたい」というスュランの願い、この「すべて」は、おそらくそのような地平の拓けを語る言葉である。[71]

現前と不在の区別を超えた信仰の境地は、何か実体的な所与としてではなく、どこまでも語られる言葉のなかに、語られるその都度に拓かれるものとして動態的に捉えなければならないだろう。このことを確認したうえで、スュランのテクストの文体的特徴として注目したいのが、時に正反対の二つの主張のあいだを行きつ戻りつしながら繰り返されるエクリチュールの屈折である。逆接の接続詞を頻用して展開してゆく彼の言葉[72]、肯定と否定のあいだを揺れ動く彼の言葉は、語りだされる言葉それ自体の内に神秘を瞬かせる信仰の言葉の運動であり、それ自体が神秘的経験の証しであると言えるかもしれない。

スュランの信仰論の結晶とも言えるテクスト、『神の愛についての問い』における「聖霊の証し」を解釈しつつ、セルトーは次のように述べている。「スュランが試煉と絶望の時、夜の闇が昼の光の存在を疑わせしめる時にあって考えたのとは逆に、この〔聖霊の証しという〕経験《エクスペリエンス》は、それがいかに超自然的なものであろうとも、超常の現象ではない。それは「神秘的《ミスティク》」である。つまり、日常のなかに隠されている。それが表現されるのはただ信仰の言語を通じてのみである。なぜならそれは信仰の言語の内にあるからだ」（G. « Introduction », p. 37）。とどのつまり、本書によって私たちが「語ろう」とするのは、この「信仰の言語の内なる神秘的経験」である。それは、従来の近世神秘主義研究が採ってきた歴史記述の枠組みから逃れてきた問題、そして従来の神秘主義理解の盲点となっている問題であり、今日までセルトーによって暗示されるにとどまっているのである。

4　セルトーの向こうへ

本書は、そもそもの問いの立て方、方法論から依拠する資料（スュランのテクストの校訂版）に至るまで、セルトーによるスュラン研究および神秘主義研究に極めて多くを負っている。それだけ彼の研究のインパクトは大きいのだ。しかし、彼が遺したものをただ徒らに繰り返すのではなく、新たな展開を模索しなければならないことは言うまでもない。「現前と不在」とは、そのための糸口となる論点である。以下、まさにこの論点に「セルトー以後」の神秘主義研究の可能性を見通そうとした論考（鶴岡 二〇〇二）を下敷きに、本書で試みるスュラン解釈の方向性をまとめておきたい。

主著『神秘のものがたり』が未完に終わったこともあり、セルトーの神秘主義論の全貌はなお明らかでないところがある。だが、彼の一連の神秘主義論から、本書において私たちがすくい上げるべき最も重要な知見は、次のように整理できる。すなわち、関わるべき他者——死者であれ、あるいは神であれ——が「不在」であること、つまり「もはやそこにいない」ということは、現前の欠如態ではなく、したがって現前の体験によって乗り越えるべき（悪しき）事態ではないということだ。不在の他者はむしろ、目の前から姿を消し、去ってゆくまさにそのことによって、新たな関わり方を「許す＝可能にする（permettre）」のである。[73] これは、神秘主義論にとどまらず、キリスト教論や歴史記述論、現代宗教論をも貫く、セルトーの根本的な思考の原理と言うべきものであった（cf. MOINGT 1988. 鶴岡 二〇〇九、二〇一四）。

本書の議論との関わりを意識しつつ、さらなる考察の布石としてとくに確認しておきたいのは、不在の他者との別様の交わりを可能にする出来事の、本質的な時間性、歴史性である。

> 出来事は、それが時間の中で過ぎ去ることで、別の現在の成立を、「創設する切断」を可能にする。（これは実に「時間性」そのものの構造であろう。）であれば、この不在者から「許されて」、それと関わりつつ新たな現在を打ち立てる者は、その不在者から、その新たな宿りの姿を形作るべく発出される者（émission）、派遣者（mission）でもあろう。（ここには当然、イエズス会的「ミッション」への暗示が読み取れる。）こうして、不在の過去との関わりは、新たな現在の樹立としての未来への志向をも、本質的に有している。

（鶴岡 二〇〇二、二二一―二三頁。傍点原文）

現在（le présent＝現前するもの）は、過去（le passé＝過ぎ去ったもの）へと去りゆくことで、未来（l'avenir＝未だ来ざるもの）に来るべき場所を与える＝譲る。スュランにおける信仰について、正面から考察するのは本書第三部においてであるが、そこでは、彼の信仰論がまさにこうした時の流れのなかに息づいていたことを明らかにしたいと思う。実に、スュランという神秘家が歩んだ霊的道程にみられる劇的な転回、すなわち、神の現前の体験から不在の神の信仰へという転回は、神の現前からの「遠のき」であり、それゆえ「あたかも神が不在であるかのように暗い」信仰の状態への回帰でありながら、それによって「不在の神」との新たな交わりが可能にされる出来事としてあった。さらに、この新たな交わり、不在の神のいわば別様の現前は、イエスの出立によって可能にされた、聖霊という別の神の到来としてあったのである。

ところで鶴岡は、セルトーの神秘主義研究を継承し展開していった先に見えてくるであろう「時」の性質について、「遥かな予感」を語っている。それは、現前と不在の区別がもはやほとんど意味を持たなくなる地平における、他者（たち）との交わりへの予感である。

> 彼の徹底的歴史主義を、現在の知的境位として引き受けるならば、関わりの対象が――過去の他者であれ、絶対他者たる神であれ――不在であることは、その現前の単なる欠如態（としての悪しき事態）としては考えられなくなるだろう。あるいは、当の対象との関わりのありようを捉える際に、その対象の現前と不在という仕方の区分は、少なくともその価値を、あるいは意味を、根本的に変えることとなるだろう。両者の区別がほとんど意味をもたなくなるほどに。ある意味で「歴史の（展開の）終わり」であるポスト・モダンといった時代が近代の後に考えられるとしたら、それは我々が、不在が現前の欠如態ではないような理解の下に、「歴史」（の「時間」）と「言語」の地平にある「他者（たち）」と関わるようになる時ではなかろうか。

（鶴岡前掲、二六頁。傍点原文）

セルトーの未完の神秘主義研究が抱かせる「遥かな予感」、それによっておぼろげながらも大胆に描き出された新たな「時」の地平は、しかし、スュランの神秘主義においてすでに何らか実現していたということを、私たちは本書の終わりに知ることになるはずだ。

註（序章）

1　ベリュルのオラトリオ会、オリエのサン＝スュルピス会、ウードのウーディスト会などは聖職者や信徒の教育活動に力を入れ、アカリ夫人の指導下にフランスに導入されたウルスラ会は女子教育に専念した。また、近世に創立された新興修道会のなかでも際立った動きをみせたイエズス会は、主にブルジョワや官僚子弟を受け容れた中等教育機関としての学院（コレージュ）を各地に設立し、一七世紀にはフランス最大の教育団体に成長している。他方、フランソワ・ド・サルの思想の影響下に社会的弱者の救貧活動に積極的に対応した修道会として、聖母訪問修道会、愛徳姉妹会、ラザリスト会などが挙げられる。

2　トレント公会議の精神に則って、一般信徒以上に熱心に信心業に専心した在俗信徒たち。一六三〇年から六〇年代にかけて勢いをもつ。特徴として、一、サークルへの所属（聖体会、マリア信心会、友人会など）、二、一般信徒との行動様式の差異化、三、社会の全面変革の志向、の三点が認められる。Cf. CHÂTLLIER 1987.

3　近世宗教思想史の碩学オルシバルは、カトリック改革には二つの顔があったことに留意するよう促している。一方では、プロテスタント宗教改革に対抗して「戦う教会」を標榜する論争的な顔。他方では、一般信徒たちの信仰の内面性を深化させることによって霊的な改革に向かう顔である。ORCIBAL 1997, p. 114–116.

4　この時代のフランスの展望として、柴田三千雄・樺山紘一・福井憲彦編一九九六、一一三―二四三頁を参照。また、とくに文学史の観点からのものとして、田村毅・塩川徹也編一九九五、六一―一一一頁を参照。ほか、近世フランスを扱った歴史事典として、*Dictionnaire du Grand Siècle* および *France Baroque, France Classique*（*1589–1715*）, tome 2 を頻繁に参照した。

5　一六〇二年にローマで出版されたバルトロメオ・リッチ（Bartolomeo Ricci, 1490–1569）の『瞑想指南（*Instruttione di meditare*）』のタイトルが、一六〇九年に出版されたフランス語版では『神と親しく交わる卓越した方法を含む諸聖人の学知（*Science des saints contenant une très excellente méthode pour familièrement converser avec Dieu*）』に改められたことは、ひとつの象徴的な事例である。

6　本書では二〇〇六年出版の新版（BREMOND, 2006）を参照した。新版の諸巻には、現在の第一線の神秘主義研究者たちによる解説も付されている。以下、本書からの引用は、旧版の頁［新版の頁］で記す。

7　一七世紀フランス霊性あるいは神秘主義の諸潮流を概観するためには、アンリ・ブレモンの古典的著作がいまなお最良の文献である。*Ibid.* また、邦語でも読める近世カトリック神秘思想（一六世紀スペイン神秘主義を含む）の通覧書として、COGNET ［1966］2011＝一九九八も便利。ほかに、KOLAKOWSKI 1969, BEAUDE 1990, KRUMENACKER 1998, LAUX et SALIN（éd.）2002, TRONC 2012. なお、本邦におけるこの分野の先駆的な紹介者として岳野慶作の名を挙げておく。岳野はカトリック神学者の立場から、フランソワ・ド・サル、ヴァンサン・ド・ポールといった一七世紀フランス霊性の大立物の生涯と思想を日本に紹介した。世紀末のキエティスム論争についても詳細な論述がある。岳野一九七二を参照。

8　「離脱派」を特徴づけるのは、人間の意志を完全に神の意志に合致させる意志主義、あらゆる思考や想念を拭い去った祈りの境地である観想、一切の自己愛を放棄した神への純粋な愛、そして神の意志に合致することで自己を無化する魂の根本的な受動性である。各国語に翻訳されて全西欧に普及した彼の主著『完徳の規則（*Règle de perfection*）』（一六〇八―一六一〇年）においてカンフィールドは次のように言っている。「神の意志の実践」は「ただ自らの気に入るという理由だけで神が望み、命じ、勧め、あるいは霊感を与えていると知られる一切を実行すること、この一点にある」。さらに、神の意志の実践は、「魂を完全に神へと合一させるが、このとき人間の意志は神の意志に変化して、もはや神の意志しかあらわれないまでになる。あたかも二つの意志が、恩寵と愛と現前による驚嘆すべき合一によって、ひとつの意志となるかのように」（CANFIELD 1696, « Préface », n. p.）。「神の本質的意志は神自身である」（*ibid.*, p. 187）と明言されているように、神は何よりも意志であるから、魂と神の合一は両者の意志の合一である。したがって、ひたすら神の意志との合一を求める魂は、あらゆる思考や想念から「離脱的（abstrait）」でなければならないという。Cf. CANFIELD 1982.

9　たとえば、スュランの第三修練期の霊的指導者であったルイ・ラルマンによる『霊の教え』（IV, 4, 4）を参照。「活動と観想を結合すべき使徒的修道会に召されたわれわれとしては、観想的生活と活動的生活の最高の次元を熱望しても傲慢に堕すことはない。

なぜならば、自らの状態の完成を熱望し、自らの使命の範囲内で神の計画の完遂を熱望することは傲慢ではないからである」（LALLEMANT 2011, p. 193）。Cf. COGNET [1966] 2011, p. 435＝一九九八、五七五頁。

10 イエズス会とバロック芸術の関連については、TAPIÉ（dir.）2003を参照。

11 ロジェ・シャルチエによれば、フランス革命を頂点とする一八世紀の世俗化（非キリスト教化）の原因は、トレント公会議以降のカトリック宗教改革運動そのものに内在していた。国家と教会の主導の下にカトリック宗教改革が推し進められた結果、一般信徒の生きられた信仰や宗教経験と、高度の神学的教養を身につけた聖職者の教義や公式の制度とのあいだに乗り越え難い隔たりが生じてしまったことに、フランス社会の非キリスト教化の要因は求められるという（CHARTIER 1991, p. 116–137＝一九九九、一四一—一六八頁）。

12 キエティスムはラテン語で「静けさ」や「安らぎ」を意味する « quies » に由来し、通例「静寂主義」と訳される。「キエティスト」と呼ばれた者たちに共通の特徴は、受動的な祈りと神への自己放棄を重んじ、神への「純粋な愛」の教えを説き、ついには自己の救済への無関心を唱えるまでに至る点に認められる。またその結果、秘蹟の実践や禁欲業を神のはたらきに対する障害と見なし、このことがカトリック教会から異端視されることにつながった。近世のキエティスムの代表者とみなされるのは、スペイン人司祭ミゲル・デ・モリノス（Miguel de Molinos, 1628–1696）とフェヌロンである。前者は一六八七年、後者は一六九九年に断罪された。

13 スュランの伝記としては、死後約二〇年後に公刊されたアンリ＝マリ・ブドンによるもの（BOUDON 1683）がある。ただし、ブドンの記述には不正確で曖昧な点が多い。この著作を基に一九世紀にブイックスが執筆した伝記（BOUIX 1876）も同様である。本書で整理するスュランの伝記的事実は、基本的にセルトーの論述に基づいている。CERTEAU 1960, C. « Introduction: Surin et son temps », p. 30–66. なお、日本語で読めるものとして村田一九九〇があるが、これもセルトーに依拠している。

14 スュランの家族については、C. « Appendice I », p. 1685–1720を参照。

15 スュランの母がカルメル会修道女となるに至った事情は『経験の学知』のなかでも詳しく説明されている。S. III, 8, p. 312–318.

16 「まだ八歳にすぎなかった」という子供時代に彼が味わった「精神の甘美さ」について、一六六一年三月半ばの手紙にはこうある。

［この精神の甘美な状態において］私は何も恐れてはいませんでした。八歳のとき、こういうことがありました。両親が

別荘に行ってしまい、何人かの召使たちとともに私だけが父の家に残されたのですが、家にペストが発生したため、両親はすぐに戻ってきて、私を二週間別の場所に避難させたのです。この二週間は私が想像できるかぎり最も甘美な時でした。ボルドー近郊の、非常に美しい場所にあった別邸に、一年のうち最もよい季節に連れて行かれて、私にあらゆる楽しみを与えることにひたすら心を配ってくれた侍女と私だけがそこに残されたのです。毎日代わる代わる親戚が会いに来ては、さまざまな贈り物をくれました。日がな一日を遊びと散策に費やして、誰にはばかることもありませんでした。この二週間ののち、私は学問をさせられることになり、私の辛い時代が始まったのです。（C. L356, p. 1084）

17　この「甘美さ」については、同年一一月八日の手紙（C. L428, p. 1281）のほか、『経験の学知』にも言及がある（S. IV, 12, p. 413）。

18　彼女については、TRALAGE 1876 を参照。

19　「休日には幾度か修道女イザベル・デ・ザンジュに会いに行った。彼女はスペイン人で修道院長であり、その修道院の創設者であった。彼女たちの礼拝堂で、そこには私しかいなかったのだが、告解室のひとつに座るべく足が向いた。というのも、私はほとんどまったく敬虔さと賢明さに欠ける子供ではあったが、私たちの主はそれでも大いなる恩寵を与えてくださったからだ。主は私に目覚しい恩寵を授けてくださった。というのも、主について覚えたかの深い感覚、主の善性に強く結びついたかの深い感覚に加えて、その日の午後、主はご自身の主要な属性を私に顕現し、それらの属性を私に味わわせたのである」（S. III, 6, p. 303）。ブドンによる伝記には次のような父とのやりとりが記されている。表現の細部はともかく、これに似たやりとりがあったことは十分考えられる。

この若者は（中略）修道士となることを父によって妨げられていたのだが、もし父が、自分が望むものを与えてくれようとするなら、喜んで父に従うと言った。有力者であった父は非常に喜び、望むものは何でも与えてやろうと答えたのだった。若者は返答した。「お父さん、それでは天国を私に与え、私を地獄から遠ざけてください」。父は言った。「だが息子よ、それは人間の力では叶わぬことだ」。子は叫んだ。「ああお父さん、ですから、それができる方、そこに至る最も確実な方途を修道士という身分に与えた方の下へと赴くことをお許しください」。（BOUDON 1683, p. 17–18）

20　「私は八回の半身浴をしました。しかし、それで楽になるどころか、苦痛、無気力、全般的な衰弱が増大するばかりで、発熱はほぼ毎日続き、つねに消化不良、食欲はひどく衰えています。そのため、普段の食事にもまったく食欲がわかないという有様です」（C. L13, p. 130）。

21 ラルマンについては、JIMÉNEZ 1964に詳しい。

22 第三修練期にルイ・ラルマンの教えを受けたスュランと同世代の著名なイエズス会士には、ヌヴェル＝フランス（カナダ）宣教中に殉教した聖人として有名なイザアク・ジョグ（Isaac Jogues, 1607–1646）やジャン・ド・ブレブフ（Jean de Brébeuf, 1593–1649）、あるいは同宣教区の最初の長上であるポール・ル・ジュンヌ（Paul Le Jeune, 1591–1664）のほか、スュランと同様に顕著な神秘主義的傾向を示したジャン・リゴルがいた。

23 シャンペイルの報告書はスュランの教えを二〇の点について弾劾している（C. p. 452–453）。

24 ブドンは第三修練期に入ったスュランの姿を次のように描写している。「この聖なる孤独において、彼は再びイエス・キリストとともに墓へと身をうずめ、もはや死しか生きようとはせず、あらゆる被造物に永遠の別れを告げた」（BOUDON 1683, p. 29）。

25 スュラン到着までに起こった事件の全容については、ミシェル・ド・セルトーによる極めて精緻な分析を参照（CERTEAU [1970] 2005＝二〇〇八）。ちなみに、近世に頻発した悪魔憑き事件のなかでも一際異彩を放つこの事件は、現代に数多くの翻案を生んだ。なかでも次の二つの小説が有名である。Jarosław Iwaszkiewicz, *Matka Joanna od Aniołów*, Czytelnik, 1949（ヤロスラフ・イヴァシュキェヴィッチ『尼僧ヨアンナ』関口時正訳、岩波文庫、一九九七年）. Aldous Huxley, *The Devils of Loudun*, Chatto & Windus, 1952（オルダス・ハクスリー『ルーダンの悪魔』中山容・丸山美知代訳、人文書院、一九八九年）. 前者はポーランド人のイエジー・カヴァレロヴィッチによって一九六〇年に映画化され（*Matka Joanna od Aniołów* 邦題『尼僧ヨアンナ』）、後者はイギリス人のケン・ラッセルによって一九七一年に映画化された（*The Devils* 邦題『肉体の悪魔』）。そのほか、クシシュトフ・ペンデレツキによるオペラ『ルダンの悪魔』（一九六九年）などがある。

26 たとえば『神の愛の勝利』に描写されている次のような場面は、たしかに臨床医と患者のやりとりを彷彿とさせよう。「彼ら〔ジャンヌとスュラン〕がある日始めたことは、祓魔式に代わり、修道院長が（中略）長椅子に横たわり、神父〔スュラン〕が彼女の近くに跪いて、心からの神への回心や、悔悛の精神や、すべてを神に捧げようと欲する精神について語るということであった」（T. 5, p. 75）。

27 ジャンヌの肉体には、彼女によれば、アズモデ（Asmodée）、レヴィアタン（Léviathan）、ベヘモト（Béhémoth）、イザカロン（Isacaron）、バラアム（Balaam）、グレジル（Grésil）、アマン（Aman）という七匹の悪魔が憑いていた。それぞれの悪魔の特徴については彼女の『自叙伝』に詳しい（JEANNE DES ANGES 1990, p. 77–81）。

28 サントル・セーヴル＝パリ・イエズス会神学部（Centre Sèvres - Facultés jésuites de Paris）に保存されているスュランの遺骨には、折れた大腿骨がずれたかたちで接合している様子がはっきり見て取れる。

29 「人びとが施してくれたよい手当によって私は以前より力を取り戻し、また、当地の心安らぐ環境のために私の精神は少しばかり寛ぎはじめた。私の胸の呼吸も以前より深くなりはじめた。それは数年ものあいだ私が苦しんだ病（mal）であるが、呼吸をするのがあまりに窮屈だったため、私はもう一〇年以上一度も横隔膜での呼吸ができず、肺での呼吸しかできない有様だったのだ」（S. II, 11, p. 247）。

30 この出来事については、本書第四章二六六―二六七頁を参照。

31 一九八五年の新版では若干の加筆修正が施されている。

32 基本的な問題だが、« la mystique » を日本語でどう訳すかは、かなり悩ましい問題である。セルトー『神秘のものがたり』の英訳者マイケル・B・スミスは、« la mystique » に "the mystics" という造語を当てている（CERTEAU 1992, p. ix-x）。スミスに倣えば「神秘学」とでも訳すべきかもしれないが、この語は本邦ではすでに「オカルティズム」の翻訳語として認知されており、避けるべきであろう。現時点では、"mysticism" との歴史的・文脈的相違に留意を促したうえで、「神秘主義」という訳語を採用するのが（ベストではないにしても）ベターな選択であると考える。

33 近世神秘主義研究から出発したセルトーは、言語学、歴史学、人類学、精神分析学等さまざまな人文社会諸学を横断して自らの研究領域を拡充しつつ、最終的に「信の人類学（人間学）」を構想するに至った（cf. ROYANNAIS 2003. 鶴岡 二〇一四）。狭義の神学を遥かに逸脱して、むしろ現代社会の日常生活における「信の実践」を問おうとしたセルトーの試みは、やはり根源的な「信仰」論へと向かったスュランの歩みと切り離しては考えられないはずだ。

34 たしかに岸本は、「体験を強調するのあまり、それを宗教神秘主義全体と同一視することは、曲れるを矯めて直に過ぎるものと云わねばならない」と述べ、神秘主義における体験と思惟の複合性を指摘している。だが結局のところ彼の神秘主義理解は、「宗教神秘主義は、どこまでも、日常普通の経験に現われてくる種類の感情とは、性質を異にした、特異な、直観的な、体験の上に立脚したものである」（岸本［一九五八］二〇〇四、三八―三九頁）との見方を堅持しているという意味で、体験中心主義的である。

35 たとえば、『人間の文化と神秘主義』と題された論集の巻頭論文「神秘主義とは何か」には次のような記述がある。「神秘主義には古今東西さまざまな様態があるが、その核となるエクスタシー体験そのものを見れば、ほぼ共通なのである」（頼住 二〇〇五、一八頁）。

36　「たんなる教説でしかないような教説からは、熱烈な感激、天啓、山をも動かす信念、は容易に出て来ないだろう。しかし、こうした白熱状態を仮定すれば、沸騰している物質がひとつの教説という鋳型に難なく流れ込み、あるいは凝固してその教説にさえなるだろう。それ故、われわれは、神秘主義が燃焼して人類の魂のなかに残したものを巧みに冷却してつくられた結晶が宗教だ、と考える。すべての人が、宗教を介して、特異な天分に恵まれた若干の人びとが充分に所有したものを幾分か獲得しうる」（BERGSON［1932］2008, p. 252＝一九五三、二九一頁）。

37　「キリストにおいて聖なるものを体験することが可能で、それがわれわれにとっておのれの信仰の支えになりうるとすれば、あきらかにそのための第一にしてかつ自明な前提とは、キリストがなした最初の直接的なはたらきそのものが、われわれにいまもなお直接に理解できる種類のものであり、その価値にふさわしく体験できる種類のものであるということ、またそのはたらきから、かれこそ「聖なるもの」だという印象がじかに芽生えてくるということである」（OTTO［1917］1936, p. 190＝二〇一〇、三一七頁）。

38　先に言及したリューバ宛ての手紙のなかに、次のような言葉がのこされている。

　私の個人的な立場はわかりやすいものです。私自身は、神との交流の生き生きした感覚というものを持ち合わせていません。そのような感覚を持っている人びとを、私はうらやましく思います。というのも、そのような感覚が与えられれば、それは私を大いに助けてくれるだろうことを私は知っているからです。神的なものは、私の現在の生活にとって、非人格的かつ抽象的な概念に限られてしまっています。神的なものは、理想的観念として私に関係し、私を規定してはいますが、もし私に神の感覚というものがあった場合にそれが私に及ぼすだろう影響に比べれば、その度合いはほんの微々たるものにとどまっています。それはたしかに、多分に程度の問題です。ですが、ごくわずかの度合いであっても、人間の精神的エネルギーの全中心を移動させうるのです。（中略）独断的な無神論あるいは自然主義という立場は頑迷です。どんな神秘主義の胚種も私たちの内には見当たらない――今日私たちがいるのはおそらくそういう世界であると思います。しかし、神秘主義の胚種（あるいはその花や果実）はどこか別の場所を指し示しているのです。（Cited in PRATT 1911, p. 233–234）

39　「経験」と「体験」という日本語は、いずれもフランス語の « expérience » に対応する概念であるが、両者をどう使い分けるかは、それ自体が本書の主題に関わる問題である。あえて二つの概念を区別するならば、前者は、たとえば「人生経験」という言葉によく表れているように、一定の時を経てそれ自体が深まっていくようなプロセスであり、つねに事後的に（私、あるいは私以外の誰かによって）それとして捉えられるという意味ではより客観的と言えるかもしれない。それに対して後者は、「私は見た」というような事態を典型として、人と時と場所を特定可能な出来事であり、より刹那的、主観的と言えるだろうか。ただし、こうした意味の区別の生成も含めて、まずはやはり概念の歴史性に注意しなければならない。のちにみるように、西欧において「体験」という言葉が造り出されたのは一九世紀のことである。明治以降、西欧思想の受け入れに汲々とした日本の人文学においては、事はさらに複雑になる。ロバート・シャーフによれば、「経験」という言葉は、最初英語の“experience”の訳語として、「体験」はドイツ語の“erleben”および“Erlebnis”の訳語として用いられたという（SHARF 1998, p. 102）。近代以前のテクストを読む際に、このような概念の歴史性＝近代性を捨象して精確な問いを提示することはできないだろう。本書では、できるだけ文脈に応じて使い分けるが、とくに近世神秘主義文献については、「経験」を基本訳とする。しかし、それはしばしば近代以降に前景化してくる主観的「体験」を含意してもいる。

40　近代以降の西欧では、概して、カトリック圏においては、神との合一あるいは神の直接的ヴィジョンを可能にする神秘主義がキリスト教の本質的要素とみなされてきたのに対し、プロテスタント圏では、神と人間のあるべき断絶を無化してしまうことから神秘主義を非キリスト教的なものとみなし、福音の信仰と明確に区別する傾向が認められる。だが、とりわけ近世宗教思想研究においては、カトリック／プロテスタントの区別を自明視してきた宗教史的視座そのものの近代的構築性を疑う必要があるのではないだろうか。私見では、ルターの宗教的心性は――その聖体論に顕著であるように――十分に「カトリック的」である。

41　一七世紀フランス神秘主義における十字架のヨハネの影響については、なお満足すべき研究はないが、以下の諸論考が参考になる。BARUZI 1931, p. 439–444（sur Fénelon et Mme Guyon), p. 707–712 ; BRUNO DE JÉSUS-MARIE 1947 ; OLPHIE-GALLIARD 1948 ; CERTEAU 1970b, 1973a（chap. 2), 2013（chap. 4) ; BORD 1993 ; CONAVAGGIO 2012.

42　たとえば、マクミラン社『宗教百科事典』（第二版）の項目「神秘主義（mysticism）」にみられる記述が示唆的である。この項目の執筆者ピーター・ムーアは、二〇世紀以降の神秘主義研究が心理学的・現象学的な分析に偏っていたことを指摘したうえ、とりわけキリスト教神学に顕著だという反体験主義的批判の意義をはっきり認め、次のように述べる。「反体験主義はまた、最もすぐれて神秘主義的な伝統のなかで与えられた戒め、すなわち、神秘家は心理的状態や感情による体験を求めたり、執着したりするべきではないという戒めともよく一致する」。ところが、彼はすぐさま次のように続け、この重要な指摘の意味を自ら軽くしてしまう。「たとえそうだとしても、世界の宗教伝統において意識の神秘的状態の掘り下げと解釈に大いなる重要性が認められてきたことを否定することはできない。それが諸宗教伝統の信条や規範の護教的・解釈的な枠組みのなかに収まるものであったとしても」(MOORE 2005, p. 6357)。

43　「中世の存在論においては、言語を扱うということはすべて、それ自体において現実《レエル》の経験であり操作であったのに対し、いまや言語を扱うということは、自らの内に自らに向き合って「現れてくる」ものをもつこととなる。つまり、言語を扱うことは、言語が目指し、描き、それに対峙するところの現実から、分離されるのだ」(CERTEAU [1982] 2002, p. 170)。近代、そして現代神学における言語と現実の分離を、セルトーは「言うこと(dire)」と「すること(faire)」のあいだに生じた区別として捉えてもいる。Cf. CERTEAU 1970a.

44　この点について、イグナティウス・デ・ロヨラの『霊動日記』にモーリス・ジウリアーニが寄せた短い序文のなかに非常に印象的な一節がある。なお、『霊動日記』はイグナティウスが一五四四年二月から一年間、いわゆる「生路選定」のため、自らの霊の動きを日々記したテクストである。「これは日記ではない。生路選定を終わらせる困難、ひとつの語、ひとつの文を終わらせる困難。文を開いたままにしておくこと。それが「終わった」後も、何かがひき続くのだ。語りえぬものの探求。求めるのは言葉ではなく、この語りえぬものなのだ。(中略)言葉の無限《アンフィニ》=終わりが無いこと、それが神の現前である」(GIULIANI 2007, p. 7)。

45　この点、村田真弓の次の指摘は極めて的確である。「苦痛一色に塗りこめられた時期が、実は信仰の闇などと名付けられる試煉の時であったとスュラン自身納得できるようになるのは、苦痛を乗り越えた向こう側から、改めて苦痛の意味を問い直した時であっただろう。そしてその時はじめて、スュラン自身が体験したこうした一連のできごとが、一つの「体験」として把握し直されたに違いない」(村田 一九九〇、五二七頁)。

46　『経験の学知』のなかでスュランは、自分が堕地獄者であるという確信が最も深かった頃(一六四五年の自殺未遂の頃)を振り返ってこう書いている。「彼〔スュラン〕は神秘主義の著述家たちが書いたもののなかに内的な痛みについて多くのものを読んだが、自分に起こっていることがそこに書かれていることと同じであるとはけっして思えなかった。数多くの霊的な人びとが、それら著述家たち、わけてもブロシウスと十字架のヨハネと同じことを彼に言ったのであるが。彼にそう言っても、彼の心に何も刻めなかったのである。なぜなら彼は、おのれが主からまったく見棄てられていると信じていたからであり、おのれを支えるいかなる希望もなかったからである。彼は、感覚についていえば、絶望の深淵にすっかり沈み込んでしまっていた。彼の魂のうちに、この絶望の確信へと至らせるどれほどのことが起こっていたかを理解するのは不可能である」(S. II, 4, p. 202–203)。

47　極端に言えば、テクストが書かれる以前に経験は存在しないということになる。この徹底的なテクスト中心主義の観点から、ロラン・バルトはロヨラの『霊操』における経験を言葉による「分節化」の産物として鮮やかに捉えてみせた。

『霊操』を読む誰もがすぐに気づくのは、ほとんど強迫観念のように繰り返されている、丹念で絶え間のない切断によってテクストが構成されているということだ。もっと正確にいえば、『霊操』とはこの切断そのものであり、この切断に先立つものは何もないのだ。すべてはただちに、注釈、週ごとの瞑想、さまざまな段階、修練、秘儀等に分割され、再分割され、分類されている。(中略)イグナティウスが一定の方法に従って求める神の顕現《テオファニー》は、実際には記号の顕現《セミオファニー》である。彼が手に入れようとしているのは、神の認識や現前であるというより神のしるし《シーニュ》である。言語活動は神顕現の最終的な地平である。

(BARTHE 1971, p. 56–57)

ところで、このバルトによる『霊操』の分析と、先に引用したジウリアーニによる注解(註44)は、「神の現前」をテクストに書き付けられる言語活動の地平において捉えようとする点では共通している。だが、留意すべきはむしろ、両者のあいだに認められる根本的な相違である。この相違は、おそらくテクストの「外部」を想定することの是非に由来している。テクストの外部を認めず、ゆえに言語活動を神の現前の「最終的な地平」とするバルトに対して、ジウリアーニは、『霊操』というテクストに記された言葉を、言葉によってはついに把持しえないであろう「語りえぬもの」との関わりにおいて読もうとする。むろん、本書の読みは後者の方向性に添うものである。

48　神谷美恵子の引用によるマルティン・ブーバーの言葉(神谷二〇〇四、二六五頁)。神谷は、オルダス・ハクスリーに典型的に現れているような神秘体験の現象的・心理的性格の強調を批判し、ブーバーを参照しつつ「人間は矛盾と葛藤のなかに身をおき、苦しみながら光を求めて生きて行くべき存在なのであろう」と述べている。

49　実のところ、こうしたラカンの言語観は——彼のセミネールに全時期に渡って出席していたセルトーを介して——「言葉の出来事」としての神秘主義の影響を受けたものだった。佐々木二〇〇七を参照。

50　本章註59を参照。

51 一八九七年六月に執筆された『自叙伝（原稿C）』（リジウのカルメル会修道院長ゴンザガのマリ宛て）には「私の霊魂を暗くしている闇」について次のような記述がある。

暗闇は罪人たちの声をかりて、私をあざけりながら次のように言っているような気がします。「おまえは光を、この上なく甘美な香りに満ちた祖国を夢見ている。おまえはすべての美しいものの造り主を永遠に所有できると夢見ている。いつかはおまえを取り囲むこの霧の中から出られると思っている。さあ進んでごらん、進んでごらんよ、喜んで死ぬがいい。しかし死は、おまえの希望しているものを与えてはくれまい。それどころか、もっともっと深い闇、虚無の闇がそこにあるだけだろうよ」と。（THÉRÈSE DE l'ENFANT JÉSUS 2006, p. 247＝一九九九、三一三―三一四頁）

52 「ギリシア語の « empereia »、ラテン語の « experiri »、ドイツ語の « Erfahrung »、フランス語の « expérience »、英語の « experience » など、そこで問題となるのはいつも、インド＝ゲルマン語族の語根 « per- » が帯びている、調和を許さない多義性である。この語根は、敵あるいは危難（periculum）を含意するとともに、横断《トラヴェルセ》や通過《パッサージュ》を含意するが、この場合の通過とは正真正銘の突破《ペルセ》（エックハルトによる神秘体験の記述において決定的な役割を果たすことになる用語）に相当する。これらすべての言葉が結びつく具体的経験が何であれ、それら経験が巡りまわる中心には同じひとつの意味の層がある。それは、横断という観念である。言い換えれば、高いリスクをともなう「経験」、定義からして危険な「経験」という観念である。ドイツ語では、同一の語根が、道行き《イチネレール》や横断を含意する « Erfahrung » という言葉と « Gefahr » という言葉を近づけているが、後者は「危険」や「危難」を意味するのである」（GREISCH 2005, p. 60）。Cf. JAY 2006, p. 9–12.

53 最晩年のインタヴューのなかで、ガダマーは経験の概念について次のように簡潔明瞭に述べている。

経験があるとは、人が今現在において何かを一度きりのやり方で知り、その知に固着することを意味しません。むしろ、人が新しい経験に開かれることを意味するのです。経験ある人は非独断的です。経験には、新しい経験に向けて開かれたものにするよう、人を自由にする効果があります。（中略）自分自身の経験において、私たちは何も閉じてしまいはしない。私たちは自分自身の経験から絶えず新しいことを学び続けるのです。（中略）これは、“die Unabschließbarkeit aller Erfahrung”（すべて経験なるものの果てしなさ）と私が呼ぶものです。（GADAMER 2001, p. 52–53）Cf. JAY 2006, p. 402, 408.

54 “der Ernst, der Schmertz, die Geduld und Arbeit des Negativen”（HEGEL 1952, p. 20）.

55 象徴的な例として、ベルクソンおよびオットーの言葉を引用しておこう。

実際、宗教の教えはすべての教えと同様に知性に呼びかける、そして、知的次元のものは、なんであれ、万人の近づき得るものとなりうる。ひとは、宗教に帰依していてもいなくても、宗教の秘儀を神秘的なものとして表象するだけでよいので、知的にはいつでも宗教と同化するようになるだろう。それに反して、神秘主義はその何物かを体験しなかった者には、なにも、絶対になにも、語らない。（BERGSON［1932］2008, p. 251＝一九五三、二九〇頁）

われわれはここで、ある強い情動体験、しかもできる限り純粋に宗教的な情動体験の要因を記憶によみがえらせてみる必要がある。

それができない者、あるいはそのような機会をまったくもたない者は、本書をこれ以上読まないようお勧めしたい。というのは、思春期のときめく気持ちや消化不良の不快感、あるいは社会意識に由来する感情等々はともかく、特殊固有の宗教的感情を思い起こすことができない者には、宗教研究は困難だからである。（OTTO 1936, p. 8＝二〇一〇、二三頁）Cf. PROUDFOOT 1985, p. 79.

56　ウェーバーが一九〇九年に著した書評中の一節（cited in HENNIS 1998, p. 90）。ヴィルヘルム・ヘンニスによれば、一九〇七年にドイツ語訳された『宗教的経験の諸相』をはじめ、ジェイムズの仕事はウェーバーにも少なからず影響を与えていた。

57　ここでの私たちの議論は、パスカル『パンセ』のテクストの同一性をめぐる問題を、ジャック・デリダの翻訳論を下敷きとして論じた塩川徹也の議論に触発されている（塩川 一九九三、七―四五頁）。

58　リクールを含め現代フランス哲学における証言論と、それが提起する「信」の問題については、杉村二〇〇八a、二〇〇八bがたいへん参考になる。

59　『書簡集』には同様の表現が六度出てくる。C. L132, p. 404 ; C. L150, p. 540 ; C. L295, p. 935 ; C. L324, p. 1005 ; C. L473, p. 1402 ; C. L566, p. 1626.

60　これまでの議論に照らして、ここでは、「経験」ではなく「体験」と訳すのが適当である。「序文」においてそれは、「超常の体験」もしくは「現前の体験」として、信仰と明確に区別して理解されている。

61　手書き原本では、「神秘の（mystique）」という言葉に取り消し線が引かれたうえで、同一の筆跡で「来世の（futur）」と書き改められている。CERTEAU［1982］2002, p. 246n5.

62　実にスュランは『経験の学知』第三部において、愛に満たされた魂が愛する者に向かって発する言葉《パロール》、「人びとが聞き取ることも理解することもできない言葉」を、幼子が母に向かって発する言葉に喩えている（S. III, 6, p. 306)。

63 ここでギベールが言うスュランの「病」が、精神病理学のカテゴリーとしてのそれであることに注意したい。スュランに対する同様の評価は、*Études Carmélitaines* 1938 に収められた諸論考にも確認できる。

64 もっとも、フーコーの系譜学的研究が教えるように、一七世紀における「狂気」は、近代にそれが帯びてゆく「非理性」とは異なる意味をもっていた。FOUCAULT 1972.

65 なお、自らもイエズス会士でありながら教会や神学の枠組みを遥かに越え出て行ったセルトーは、知の横断者たるおのれの人生をスュランの霊的道程に投影しており、ゆえにスュランの神秘主義における「逸脱」を強調しすぎるきらいがある、との批判もある（LAUX 2004, p. 330, 2005, p. 87)。

66 好個の例として、レゼック・コラコウスキによるスュラン理解を挙げておこう。『経験の学知』にみられる悪魔体験の記述の性格を、信仰の真理を直接的体験によって根拠づけようとするものであるとして、コラコウスキは次のように書いている。「スュランによれば、神学はいまや、悪魔どもの存在を肯定する揺るぎなき〈体験的〉根拠を獲得したのだ。根拠とはつまり、祓魔師たちが悪魔祓いをして、悪魔どもが去って行く際、憑依していた修道女たちの身体に残したしるしであり、また、悪魔どもが人間の心に浮かぶ秘密の考えを知っていて、修道女たちの口を通じてそれを話したということであり、さらには、憑依された修道女たちの身体に悪魔どもが及ぼしたさまざまな超自然的効果、悪魔の襲来のあいだに観察された、人間の力を超えたさまざまな効果である」（KOLAKOWSKI 1969, p. 458–459)。他方でコラコウスキは、超常のはたらきではなく、感知できるものの彼方にある信仰をこそ頼むべきとして「信仰の優越」を説くスュランの立場については、たしかに彼がそう言明していることを認めながらも、「かような言明は、われわれが知っているようなスュランの教え、直接的体験を神へと至る最も確かな方法として推奨する彼の教えとは、うまく符合しない」（*ibid.*, p. 475）とするのみで片付けてしまう。教会の正統教義と神秘主義の根源的対立を強調する観点からみて、信仰の優越についてのスュランの言明は、対立の表面化を避けるための「補足的な留保」にすぎないとされてしまうのである。

67 スュランにおける信仰を「たえざる緊張、行きつ戻りつする無限の運動」と捉えながらも、次のように述べるグジョンの議論は、結局のところウダールの信仰観に接近すると言わざるをえない。「闇の恐怖から戻ったスュランは、平安が大きくなるにつれて彼自身のものともなった光、手紙のやりとりの相手たちの信仰の弱々しい光が、闇と同じく脅威であることを発見した。（中略）

書くこと、説教することは、スュランにとって悪魔祓いの特別なかたち、目覚めを促す声、忘却に対する戦いとしてあった。信仰の一般条件であるところの神の顕現の不在、それゆえに陥ってしまう忘却に抗する戦いである」（GOUJON 2008, p. 282–283）。

68　ジャンヌを「奇蹟的に」快癒させた聖香油を塗布して、ルダンで配布されたもの。本書第六章三五七頁を参照。

69　本章註67を参照。

70　同様の視座に立つ研究として、プロテスタント神学者ヴァルトロ・ヴェルラゲの先駆的業績を参照。VERLAGUET 2005, 2006. ヴェルラゲは、一三世紀ドイツの女性神秘家マクデブルクのメヒティルトについて、彼女の神秘思想の特徴を神の「不在」ないし神との「隔たり」にみている。

71　最晩年（一六六四―六五年）のスュランのテクストに頻出する「充溢（plénitude）」や「平安（paix）」という言葉もまた、スュランの魂が到達した一切の肯定の境地を言うものである。

72　すでに鶴岡が、スュランのテクストにおける逆接の接続詞の頻出を彼固有の文体の特徴として指摘している。「ある事態を回想し、叙述していこうとすると、一方の感情を語るだけではピリオドを打てず、つねに同時に二つの相反する印象を――逆接の接続詞で結んで――記さずにはいられないかのようである」（鶴岡一九九一、一六三頁）。

73　とりわけ、セルトーが一九七〇年代に著したキリスト教論関連の諸論文を参照。CERTEAU［1987］2003.

第Ⅰ部

近世神秘主義の地平

われ童子《わらべ》の時は語ることも童子のごとく、思ふことも童子の如く、論ずる事も童子の如《ごと》くなりしが、人と成りては童子のことを棄《す》てたり。今われらは鏡をもて見るごとく見るところ朧《おぼろ》なり。然《さ》れど、かの時には顔を対《あは》せて相見ん。今わが知るところ全からず、然れど、かの時には我が知られたる如く全く知るべし。

――「コリントの信徒への手紙一」（一三章一一―一二節）

第1章　「経験の学知」 « la science expérimentale »

それまでもっぱら形容詞としてしか存在しなかった「神秘的（mystique）」という言葉が「神秘主義（*la mystique*）」と実名詞化し、この名で表される或る固有の思想潮流ないし実践の形式が西欧の知の領域に初めてその姿を明瞭に現したのは、近世、とりわけ一七世紀フランスにおいてであった（CERTEAU 1964, [1982] 2002, chap. 3）。この時代、中世キリスト教世界における宗教的知の同質性を保証していた神学のヒエラルキーが崩れてゆくのと軌を一にして、神秘主義は新しい「学知」として決定的な自律性を獲得した。その徴候は、すでに一三世紀、スコラ神学（theologia scholastica）と神秘神学（theologia mystica）とのあいだに生じていた亀裂に窺える。徐々に深まっていったこの亀裂は、一四世紀の「新しき信心《デヴォティオ・モデルナ》」の登場とともに決定的となり、ついに神学と神秘主義の「離婚」に至る（VANDENBROUCKE 1950）。以下に検討するジャン・ジェルソン（Jean Gerson, 1363–1429）の『神秘神学』（一四〇二―一四〇八年）は、まさにこの流れを継承しつつ、神学の体系そのものから自立した学知としての神秘主義の登場を準備したテクストである。しかし、事の本質はキリスト教神学の領域における変化には収まらず、近世西欧における学知全般の構造的大変動に関わっていた。本章でまず明らかにしたいのは、近世における神秘主義の登場は、「経験」を軸とする同時代の学知の構造変化と同じ地平上の出来事だったということである。

一七世紀フランスにおいて神秘主義はしばしば「経験の学知（science expérimentale）」と呼ばれた。アリストテレス＝トマスを不動の権威に戴く中世以来の学知の伝統と、近世に再編された学知との断絶をもたらした根底的な要因は、「経験」概念がそれまでにないリアリティを獲得したことに認められる。最晩年の著作『神の愛についての問い』のなかでスュランが、アビラのテレサを引き合いに出しつつ、霊的生活の根本を統べるのはアリストテレスが教えた三段論法ではなく、神秘家の熱烈な愛であり、あるいはそのような愛がもたらす光であると説いたとき (Q. II, 5, p. 103)、彼の神秘主義はたしかに、中世から近代へと移り変わりゆく同時代の思想潮流の大きなうねりのなかにあったのだった。

近世神秘家たちにとっての経験の重要性を端的に証言するものとして、スュランの霊的師父でもあるイグナティウス・デ・ロヨラ (Ignacio de Loyola, 1491–1556) の自伝的テクスト『巡礼者の物語』(一五五三―一五五五年口述) にみられる次の言葉に勝るものはないだろう。これは、イグナティウスが、彼の人生の決定的な転機となったマンレサでの「幻視」の経験を語るなかにのこした言葉である。

彼が見たこれらのことは、そのとき彼に確信を与えたが、その後いつも信仰の確信を彼に与え続けた。それで、「もしも信仰のそれらの事柄を教える聖書が存在しなかったとしても、自分が今まで見たことだけの理由で (solamente por lo que ha visto)、それらの事柄のために死ぬことも辞さない決心である」と独りでたびたび考えるほど、その確信は強いものであった。(LOYOLA 1952, p. 49＝二〇〇〇、七五頁)

プロテスタントや「アルンブラドス (照明派)」[1] など、概してカトリック教会の制度的側面について異議を唱え、個人の内面的な神との交わりを強調する勢力が台頭し、それに対して教会側が警戒を強めるなか、のちにイエズス会を設立することになるこの「巡礼者」は、主著『霊躁』にもはっきりと看取されるその個人的内面的霊性への傾きのために、しばしば異端の嫌疑をかけられたのだった。必ずしも教会が教える信仰に満足できなかった神秘家たちの語りは、「私は見た」という言い回しに独特の重みを与える。それは、神秘主義という近世の新たな学知の主体として登場した神秘家たちがしばしば用いた論争的レトリックでもあった。

だが、伝統的信仰と個人的経験の分離を明からさまに語るこのような神秘家の言葉が、教会聖職者やスコラ神学者たちの目には、キリスト教信仰の根幹を揺るがしかねない脅威として映ったであろうことは想像に難くない。事実、近世神秘主義は誕生当初から、自らがそこから自立＝逸脱してきたキリスト教神学の伝統との抜き差しならぬ緊張関係のなかに置かれていた。より広くは霊性とドグマの緊張関係と言えるだろう。霊性家（spirituel）とスコラ学者（scolastique）の対立は、いわゆる「キエティスム」が公に断罪される世紀末に至るまで、一七世紀を通じてますます激化していった。とりわけトレント公会議（一五四五―一五六三年）以降、プロテスタント勢力の伸長に対してカトリック教会が反動的傾向を強め、信仰の規範性・客観性を再確認するなか、霊性家たちは神の個人的・直接的経験の唱道者として登場してくる。彼らは、何らか「私の経験」の特異性を強調し、それについて語る無数の文献を生み出す一方、規範的信仰の統制を強め、合理性への要請に適応しようとするスコラ神学との対立をますます深めていった（cf. THEOBALD 1995）。こうした状況を背景に、一七世紀フランスにおいて神秘家やその擁護者とスコラ学者や反神秘主義者とのあいだに先鋭化した対立は、「私は見た（j'ai vu）」というフレーズに集約される直接的個人的経験を争点として顕在化させたのである。

一七世紀の終わり、神秘主義に引導を渡したボスュエは、彼の論敵にして神秘主義を擁護しようとしたフェヌロンが持ち出してくる神秘家たちの経験を、たんなる「幻想」として退けた。「モーの鷲」と呼ばれたこの雄弁家の経験批判は、一六九七年に出たフェヌロンの『内的な道についての諸聖人の箴言解説』（以下、『箴言解説』）に一年遅れて刊行された、フェヌロン反駁の書に集約されている。そのなかに「著者〔フェヌロン〕の最後の頼みの綱、経験という幻想。信仰の掟によって経験を判断しなければならないこと」について論じられた箇所がある。ボスュエ曰く、フェヌロンは神秘主義について説明すべきことを説明していない。たとえ理解できない事柄があっても、聖人（神秘家）[2]たち自身が「それを経験した」と言っているのだからと、自己の議論をやみくもに正当化する。しかし、ボスュエに言わせれば、そこでフェヌロンが「最後の頼みの綱」として持ち出してくる「神秘家たちの経験」は、結局のところたんなる「幻想」にすぎない。

信仰の諸原理にそぐわないさまざまな行為や、感情や、犠牲や、服従を聖人たちに帰しておいて、にっちもさっちもいかなくなると、きちんと理解されていないと言い張り、最後には経験に頼ればうまく切り抜けられると信じている。この経験は偽物であり、信仰の掟に反している。(BOSSUET 1698, p. xxvii)

ボスュエは、経験と信仰を分離させる神秘家とその擁護者たちを批判し、規範としての信仰から逸脱する個々の経験を「偽物」と切り捨てる。それは、神学から自立した神秘主義を、ふたたび神学のコントロール下に置こうとする企てだったと言える。教会内の反神秘主義勢力が力を増すにつれ、神秘家たちのさまざまな「経験」の異様さないし異常さが際立たされることにもなった。同時に、神秘主義という新たな学知の成り立ちを支えもした経験の真正性にも疑いの目が向けられた。この傾向を象徴的に示していると思われるのが、一六九四年に出版されたアカデミー・フランセーズ編集のフランス語辞典である。« expérience » の項目を開くと、いくつかの例文の最後にすべり込んでいる次の一文が目を引く。« Les expériences sont trompeuses » ――「経験は人を欺く」(cf. LE BRUN 2004, p. 56)。個々に独自のものである経験こそ近世神秘主義の核であったとすれば、それが真正な宗教的学知の根拠としてのステータスを剝奪され、教条的信仰に回収されるとともに、神秘主義は黄昏を迎えたと言えるかもしれない。

しかし、序章でも論じたように、近世神秘主義における経験と信仰は、もっと複雑な、あるいはもっと創造的な緊張関係の内にあった。近世神秘主義には「純粋・赤裸な信仰」という隠れた主題があった。異様な体験の記述が衆目を集めてきたスュランの神秘主義の真髄もまた、このラディカルな信仰論にあった。彼は、自らの霊的道程を通じて得た知見を、その名も『経験の学知』というテクストに纏めた。だがそれは、あえて言えば「信仰の経験の学知」と呼ぶべきものだったのである。

以下ではまず、中世末期から近世にかけて、どのような学知の変動のなかから神秘主義が出現してきたのか、神学の状況のみならず、可能なかぎり視野を広く概観する。次いで、近世神秘主義における経験と信仰の関係にみられる緊張と葛藤を明らかにし、本書の焦点であるスュランへと考察の歩みを進めよう。

1　中世末期における神秘主義の自立化――ジェルソン『神秘神学』をめぐって

はじめに検討したいのは、一四〇八年に完成したとされる、パリ大学総長ジャン・ジェルソンのテクスト『神秘神学（*De mystica theologia*）』である。

マルク・ヴィアルによれば、ジェルソンが伝統的な神学体系にもたらした決定的変化は、神秘神学について、少数の者たちにのみ許された「経験の学知」の位相と、大多数の経験なき人びとにも可能な「推論による学知」の位相とを区別したことに認められる（VIAL 2006, 2008）。ジェルソンは、それまでにはなかった確実性を経験的認識に認め、神学の方法論として自立化させたのである。以下では、彼の『神秘神学』が後世に与えた影響を念頭に置きながら、そこで経験と信仰の関係がどのように提示されているかを検討する。『神秘神学』は全四四考察からなるが、ここで集中的に検討すべきは第二考察から第六考察までの論理の展開である。

第二考察においてジェルソンは、「経験ある者（expertum）でなければ誰も、何らかの方法で内的味わいについて判断できないことを説きあかす」として次のように述べている。

だが、かの経験（experientia）は、内的に得られるものであり、それを経験したことがない者については、内的認識あるいは直接的認識まで（ad cognitionem intimam vel immediatam）導かれることは不可能である。ちょうど、一度も愛したことがない者については、彼にとって愛とはどんなものであるか、完全にして内的な認識によって言える者は誰もいないように。同じように、喜びや悲しみや、その他魂の内に生じる情念がどんなものであるか、何らかそのような情動に打たれたことのない者には言えない。これと同じことは、色彩との関わりで盲者について、和音との関わりで聾者について言われるのが常である。(GERSON 2008, p. 52–54＝一九九二、四一六—四一七頁)

愛したことのない者には愛が、盲者には色が、聾者には音がわからないように、「経験」なき者には当の経験の何たるかはわからないという。これらの喩えは、今日の宗教経験論や神秘主義論でもなおよく目にされる類のものである。ジェルソンの「経験」重視に、近代神秘主義論において顕著となる体験主義的傾向の萌芽を認めることもできるかもしれない。

ジェルソンにとって《experientia》が具体的にどのようなものとしてイメージされていたかということは、第二考察の後半部分によく表れている。ここで彼は、「神についてのより内的な経験的認識 (cognitiones experimentales de Deo interius)」について、聖人たちがそれら認識に与えている名辞を列挙するとともに、彼らがしばしば言及する聖書の言葉を取りあげ、次のような説明を加える。

それら認識は、観想、脱魂、奪魂、融解、変容、合一、歓喜、歓呼とも呼ばれるし、さらには次のようにも言われる。すなわち、霊を超えてあること、つまりは神的な闇のうちに連れ去られること、あるいは、神を味わうこと、花婿たる神を抱擁すること、花婿たる神に口づけすること(「雅歌」1,2)、神の御言葉を神から生み、神から現すこと、神の屋根裏部屋に導き入れられること、「甘美なる奔流に酔わされること」(「詩編」36,9)、「彼の香油の香りがするほうに走り寄ること」(「雅歌」1,3)、「彼の声を聞くこと」(「雅歌」8,13)、「寝室へと」入ってゆくこと(「雅歌」3,4)、「安らぎのうち神そのもののうちに」眠り安らうこと(「詩編」4,9)である。(*ibid.*, p. 54＝四一七頁)

観想(contemplatio)から歓呼(jubilum)まで、ジェルソンが列挙する名辞は、後世には神秘神学の指標とも言うべき概念となる。それらは諸「神秘家」に共通する体験として取り出され、あるいは分類されて、理論化・体系化が図られることにもなる。近世にこの傾向を決定づけたのは、イエズス会士マクシミリアン・サンダエウス（Maximilian Sandæus, 1578–1656）による『神秘神学の扉を開く鍵（*Pro theologia mystica clavis*）』（一六四〇年）である。この神秘神学用語辞典には、これらの名辞が漏らさず項目として立てられ、それぞれ多数の典拠を参照しつつ詳細に検討されている（SANDÆUS［1640］1963）。ジェルソンの『神秘神学』も繰り返し参照される。

先の名辞の列挙に続けて、ジェルソンは諸聖人によって参照されてきた聖書の言葉を引用し、それら「経験的認識」に、より具体的な内実を与えようとする。すべて旧約の「詩編」および「雅歌」からのものであるが、これら聖書の言葉は、花嫁たる個人の魂が花婿たるイエス・キリストとの「結婚＝合一」へと至ることをめざす「婚姻神秘主義」の基幹を形成するものでもある。いずれにせよ、これらの言葉も近世の神秘家たちによって繰り返し参照されることになる。最後に挙げられている、「神の平安」をめぐる「詩編」の言葉は、最晩年のスュランにとっても極めて重要な意味を開示する言葉であった。一六六四年一一月および一二月の手紙のなかで、彼は魂がめざすべき「合一」の境地を説き明かすため、二度にわたりこの言葉に言及している（C. L561, p. 1614 ; L573, p. 1640）。

中世末期、ジェルソンは、神秘神学における「経験的認識」の内面性と直接性にそれまでにない明確な輪郭を与えることによって、のちの神秘主義の登場に先鞭を付けたと言えるかもしれない。むろん、彼以前にも神秘神学における経験の重要性は認められていた。たとえば、擬ディオニュシオスの影響を受けたトマス・アクィナスによって、神秘神学は「神の経験的認識（cognitio Dei experimentalis）」であると言われた。ただし、トマスをはじめ中世の神学体系における「経験」は、確実性という知の基準に照らしてみるとき、「信仰」という客観的認識に対して明らかに劣るものとみなされていた（COLETTE 1989, p. 43–45）。

しかしながら、ジェルソンはやはりまだ中世の人であった。いかに経験による認識が重要視されても、それが信仰による客観的認識を凌駕することはついになかったのである。「経験によって導かれ、満たされるのでなければ、誰も霊の内奥にまで到達することはできないこと」が論じられる第四考察では、神秘神学の諸原理を認識するには二つの道があることが示される。長くなるが、重要な箇所なので全文を引用する。

神秘神学の原理は内的経験によって（per experientiam interiorem）受け取られるものであり、この原理について無知である者は誰も、神秘神学に完全に到達することはないけれども、だからといって神秘神学の教理を伝えること、授かることをあきらめるべきではない。

他の自然学にみられる事例に照らしてみれば、この命題の第一の部分は自明のものとなる。たしかに、火は熱く水は冷たいということ、月蝕は太陽と月を結ぶ直線上に地球が位置することによって起こること、その他同様の事どもを知らなければ、そのような事物の有り様から導かれる結論は、せいぜい事物の諸原理から得られるのと同等の確実性か、それ以下の確実性しか引き出すことはない。われわれの場合において考えると、諸原理の認識というものは、もしそれが得られるとすれば（si habetur）、ただ信と信憑によってのみ（per solam fidem et credulitatem）得られる。われわれはこの信と信憑によって、諸原理を経験し、諸原理を語る者たちに同意するのである。

しかし、この命題の第二の部分について、われわれは次のことを付け加えておかなければならない。すなわち、多くの者たち、それも自分自身の経験によって自然学諸学の原理を授かった多くの者たちが、当の自然学の探求に従事し新たな学識を加えんとする、そういう自然学はわずかしか存在しないか、まったく存在しない。実際のところ彼らは、すでに承認された他の人びとの主張に基づいて多くのことを前提としているのである、と。同様のことを、プトレマイオスが天文学において、ヒポクラテスとガレノスが医学において、また別の人びとがこれらの、あるいは別の諸学において熱心に実践してきたし、日々実践していることは知られているところである。ピタゴラス、プラトン、アリストテレス、そしてわれらが愛智者パウロにはこのことがわかっていた。このうち第一の者は、自分の弟子たちに対して、五年間は沈黙を守り、彼の言った言葉を信じるよう命じていた。第二の者は、学知の大要は信憑によって把握されなければならないと言った。第三の者は、学ぼうとする者は信じなければならないと言う。第四の者も、別の事柄に関してではあるが、ほとんど同じ言葉で表現した。すなわち、「神に近づこうとする者は信じなければならない」〔「ヘブライの信徒への手紙」11, 6〕と。[3]（GERSON 2008, p. 56–58 = 一九九二、四一八—四一九頁。傍点引用者）

神秘神学の諸原理の認識について、一方では、それは特別な賜物に恵まれた者たちのみに可能な「内的経験によって」獲得可能であると言われる。他方、「われわれの場合」、すなわち特別な経験に恵まれないその他大勢の場合には、経験した者たちの言葉に承認を与える「信と信憑によってのみ」そうした認識は獲得されうる。つまり、たとえ自分自身には特別な経験がなくとも、そのような経験を持った者たちの言うことを信じることによって（のみ）同様の認識に至ることができると言うのだ。特別な個人の内的経験に卓越性が認められる一方、議論の余地のない普遍的な根拠としての信の可能性もはっきり肯定されているのである。[4]

後述するように、ジェルソンが区別するこの二つの認識の道は、実は同列ではない。経験によって獲得される直接的認識と、信による間接的認識のあいだには優劣関係がある。後者について、「もしそれが得られるとすれば（si habetur）」という慎重な留保が差し挟まれていることも見逃せない。ジェルソンは、信による認識の道を確保しながらも、それが経験による認識の道に比べて不確かであることをよく承知していたと考えられる。

しかしながら、それでもジェルソンにおいてはまだ、二つの認識のあいだに対立や葛藤は顕在化していない。ここで注目すべきは、神秘神学における学知の成り立ちが、中世の自然学あるいは自然哲学のそれと同一視されているということだ。「多くの者たち、それも自分自身の経験によって自然学諸学の原理を授かった多くの者たちが、当の自然学の探求に従事し新たな学識を加えんとする、そういう自然学はわずかしか存在しないか、まったく存在しない。実際のところ彼らは、すでに承認された他の人びととの主張に基づいて多くのことを前提としているのである」。このような認識の背景にある「学知」が、私たち現代人が考えるそれと異質なものであることは明らかだ。後節で明らかにするように、自然学もしくは自然哲学という中世の学知は、社会的承認を受けて普遍的な学知として認められた集合的経験の総体であった。学知の根本的な前提であったこの経験は、本質的に共同的、客観的な権威であって、「自分自身の経験」によって新しい知を加えるなどということは、ほとんど不可能だった。それゆえ、一般の人びとが何らかの知を獲得するためには、結局のところ権威の言葉——始原の経験者たちの言葉——に対する「信と同意」しかなかった。「神に近づこうとする者は信じなければならない」という聖書の言葉は、ジェルソンにとっては自然哲学における真理探求の方途と同じことを説くものであった。

たしかにジェルソンは、神秘神学における個人的経験的認識にかつてない重みを与えることで、神学からの神秘主義の自立化を準備した。だが他方、彼は中世的スコラ的学知の根拠たる経験概念をいまだ完全には脱してはいなかったのである。神秘主義が神学の領域外に出て、新しく「経験の学知」として独自の領域を形成するのは近世に入ってからのことである。後述するように、近世に新しい経験概念が構成されるとき、中世的スコラ的学知の基盤は根底から覆され、より多くの人びとに開かれた新しい知の可能性が開けてくるのだ。

一七世紀末に出たフュルチエール『普遍辞典』の「経験(EXPERIENCE)」の項目にある次の記述は、中世の自然学と近世の自然学の断絶を明確に示していて興味深い。「当世の自然学は、古代人の自然学よりも次の点で優れている。それは、後者が諸原理にもとづいて推論を展開することにはじまるのに対し、前者の推論はただ〈経験〉のみによることに認められる。デカルトは、あらゆる学者たちの思弁よりも、職人たちの〈経験〉を重視していると言った」。「人びとの教育にとって、人びとが日々している〈経験〉を、過去の時代の事例に加えることよりも有益なことはない」(FURETIÈRE 1690, t. 1)。一七世紀は、ジェルソンの言葉を借りればまさに「多くの者たち、それも自分自身の経験によって自然学諸学の原理を授かった多くの者たちが、当の自然学の探求に従事し新たな学識を加えんとする」時代であり、ジェルソンの時代には「わずかしか存在しないか、まったく存在しない」と言われた知のあり方が実現した時代だったのである。

2　近世における経験／体験概念の新たな構成

近世の神秘家たちは、西欧における知的パラダイムの大転換期を生きていた。スュランの『霊的導き』（一六六一年）のなかに非常に象徴的な一節がある。彼はまず、「大学の学問に精通しているスコラ学博士が、神秘主義の博士の言葉を理解できないなどということがありうるのか」と皮肉たっぷりな問いを立て、その上で次のように答えてみせるのだ。

然り、ただスコラ学の博士であるというだけなら、そういうことは確かにある。なぜなら、彼は学問のみならず霊的な事柄についての味わいと経験を得る必要があるからだ。そうでなければ、彼は霊的な事柄について、航海術や幾何学について一冊の本で理解する以上のことを理解することはないだろう。かの神秘主義の学知は、他の学知にはまったく知られていない、固有で特別な事柄を対象とするのだから。したがって、ある人が操船技術や医術や幾何学に通暁していなければそれに関する事柄がまったく理解できないのと同様、スコラ学の博士も、スコラ学神学者であっても神秘主義に関わる事どもを理解することはまったく叶わない道理である。（G. IV, 3, p. 178）

「神秘主義の学知」を理解するためには何らか「味わいと経験」が必要であることが説かれるなか、幾何学や医学と並んで、航海術や操船技術が挙げられていることに注目したい。大航海時代の到来とともに飛躍的に発展した経験の学である航海術と、同時代に登場した神秘主義との結びつきは、けっしてたんなる偶然ではなく、スュラン一人に限定された話でもない。それは西欧近世における学知の構造的変動の明確な徴候だったのである。『神秘神学』第七考察においてジェルソンは、たとえ経験が無くとも神秘神学を理論的に考察することは十分可能であるとして、医術を例にこう述べていた。「たとえば医術は、経験のみにおいて見いだされ、引きだされている多くのものを内包している。それにもかかわらず、そうした経験のない者が、経験ある人たちよりも優れた理論家であることを妨げるものは何もない」（GERSON 2008, p. 62＝一九九二、四二一頁）。これに対してスュランは、神秘主義の理解可能性について同じ医術への喩えを用いつつも、「それに通暁している者でなければまったく理解できない」と、正反対の結論を導き出すのである。ジェルソンとスュランのあいだに窺えるこの相違は、神秘家たちの経験が、一七世紀に新たな学知の根拠として、神学的推論と明確に区別されるべきステータスを獲得したことを教えている。[5]

このような変化の背景には、経験概念をめぐる西欧の学問論的＝認識論的《エピステモロジック》転回が認められる。以下にそれを概観しよう。

1　大航海時代と神秘主義

『霊の導き』でスュランが企図する神秘主義擁護論には、彼自身によって整理された複数の論点が提示されているが、その第一の論点は « expérience » の概念である。スュランはまず、スコラ神学者による神秘主義批判の要点を、神秘家たちの経験は厳密な意味での「学知」の根拠にならない、という批判に認める。その上で、当の批判の論理を次のような「三段論法」[6]に整理してみせる。一、神秘家たちは自らの経験を根拠にする。二、ところが、彼らの経験は個々に異なるものである。三、したがって、それは「学知」ではありえない。さて、注意すべきは、この論理を反駁するためにスュランが持ち出してくる次の例である。

> ポルトガル人たちは灼熱帯にもいくつもの国民が住んでいることを経験によって確かめた（expérimenté）。そんなことはあるはずがない、とアリストテレスは言っていたのだが。（G. VI, 5, p. 248）

このように述べることでスュランは、経験の一般性・普遍性を原理とするスコラ的学知に対して、逆に神秘家たちの経験の個別性を強調し、個別的な経験が新しい学知の根拠たることを示そうとしたのだった。ところで、実のところこの論法は、一六世紀の「地理上の発見」以降、西欧に流通した「新世界」旅行記でしばしば用いられたものだった。たとえば、一六世紀前半に三度にわたって北米探検をおこなったジャック・カルチエ（Jacques Cartier, 1491–1557）の「第二回航海の記録」を覗いてみよう。[7] テクスト冒頭に置かれたフランソワ一世への献辞のなかで、カルチエは、北極圏と南極圏、そして灼熱圏という三つの圏は人間が住めない地域であるというアリストテレス（『形而上学』第一部第四章）以来の哲学者の「見解《オピニオン》」を否定して、次のように言う。「かかる考えを、これら先哲たちはもろもろの自然の理より引き出されたのであって、その自然の理に論拠を見、それで足るとするのみであって、もし自己の言の正否を経験的に確かめようとしたなら出会ったであろう危険に身を曝し、冒険に身を投じることもしなかったとわれわれは信じております」。著者はさらに、「当今の名もなき水夫ども」が「哲学者〔アリストテレス〕の見解の正しからざることを、真の経験をもって（par vraye experience）知らしめた」と誇る（CARTIER 1863, p. 2–4＝一九八二、五二―五四頁。傍点引用者）。こうした言い回しは、伝統的な権威の失墜とともに、経験＝体験を武器とする新たな学知の主体の登場をよく物語っていよう。

　セルトーは、近世の神秘家たちを同時代に西欧の外へと出て未知の領域を切り拓いた「探検者」になぞらえている。神秘家たちの経験＝体験は、ちょうど一六世紀から一七世紀にかけて「新世界」に繰り出していった個々の探検者のそれがアリストテレス的世界観を揺るがせたように、神に関する未知の事柄についての新しい証言の真正性を担保するものとして、教会や神学の伝統的権威に対する挑戦となった。セルトーによれば、探検者としての神秘家は、神学者に対して次のように主張したのである。「あなたたちの言うことは本当かもしれないが、しかし、この場所については、私はこのように経験したのだ。私はそこにいたからこそそれを知っているのであり、それを証言することができるのだ」（CERTEAU 2013, p. 175. 傍点引用者）。西欧世界がかつてない規模で外世界の他者たちとの邂逅を果たしたこの時代は、未知なるものの知の可能性が多くの人びとの肌感覚で感じ取られた時代であった。神秘家と呼ばれた人びともまた「神秘」という「未知の世界」《terra incognita》の探検者にして証言者であったと言えるかもしれない。

ところで、「新世界」旅行記は、デカルトや懐疑主義者たちが一七世紀の哲学に根本的な認識論的転回を導入するに先んじて、個々の「私の経験＝体験」を権威の源泉とする言説が生成する場となった。アンソニー・パグデンが指摘するように、旅行記の信憑性の主源泉は、以前にはアリストテレスやプトレマイオスなど権威ある古代哲学者の言葉の引用であったのが、一六世紀には「他の誰も見たことがないものを見た「私」」に移っていったのである（PAGDEN 1993, p. 55）。

近世の旅行記に窺える認識論的転回をめぐっては、アンドレア・フリッシュが「証言」論の観点からさらに示唆に富む考察を展開している（FRISCH 2004）。彼女の系譜学的な研究は、近世初期までの西欧の旅行記にみられる異世界についての証言が、必ずしも個人の直接的知覚にその根拠を置いてはいなかったことを明らかにしている。[8] 中世の旅行記において当の旅行者の証言の真正性を左右したのは、個人の経験の直接性やそれによってもたらされる知識の正確さであるよりも、むしろ共通の文化的宗教的背景に支えられた社会的信憑性であった。[9] 時代が下るにつれて証言の評価基準は後者から前者に移ってゆくのだが、この過程と並行して認められるのが、西欧社会の司法制度に関わる認識論的変化、すなわち証言の質的変化であった。近世における封建制度の解体や宗教改革によって人びとに共通の社会的価値基盤が揺らいだ結果、一人称の直接的知覚体験に基づく「目撃証言（epistemic eyewitness）」が、倫理的社会的関係性のなかではじめて生起しうる「倫理的証言（ethical testimony）」に対して優位に立つことになった。後者においては、一人称の知覚や情報としての認識よりも、「あなた」という二人称の「呼びかけ」に応答することでそれを証言として聞く私の信認、あるいは信じるという行為がはるかに重要であったという。[10]

フリッシュの系譜学的研究は、一人称の直接的・感覚的体験を源泉とするのとは別の、認識よりも「信じる」身ぶりそのものに重きをおく信憑性の構造が、少なくとも近世まで西欧の学知の根底に存在したことを教える。

それは、本質的に個人的な「現前の体験」を中心に据える従来の神秘主義理解の再考を目指す私たちの考察にも、多くの示唆を与えてくれる。[11]

2　科学革命と神秘主義

一七世紀はいわゆる「科学革命」の時代と言われる。科学史上の大変動もまた、経験概念の構成を接点として、近世神秘主義をめぐる問題と通底している。近年の研究が教えるところでは、一七世紀の科学史において「真に新しく」、「真に重要」な出来事のひとつは「アリストテレス的秩序《コスモス》の崩壊」であった（SHAPIN 1996, p. 11＝一九九八、二二頁）。そしてその根底的な要因は、新しい経験概念の構成であったという。ピーター・ディアによれば、少なくとも一七世紀前半まで勢力を保っていたスコラ的自然哲学に基づく経験概念は、近代人のそれとは異質のものだった（DEAR 1995）。それは「共通の経験についての普遍的言明」であり、世界に生起することについての知の確実性と普遍的信用を保証するものだった。アリストテレスによれば、経験とは、繰り返し感覚によって確かめられる事柄について集積された共同的記憶から生じてくるものだった。たとえば、「昼の後には夜が来る」や「重いものは下に落ちる」といった言明がそうである。こうして形成された普遍的言明が、幾何学の公理のように、スコラ学的三段論法に則った証明の前提となったのである。「アリストテレスにとって、経験の本質は経験が共同体に埋め込まれていることによっていた。世界は共通の眼を通じて構築されていたのである」（*ibid.*, p. 23）。中世の経験概念は、個々の具体的な出来事の私的な目撃を意味するものではなかったのだ。[12] 知の生産はあくまでも社会的営みであり、社会的認証なしには真正な「学知」とはなりえなかったのである。スコラ学のシステムに、神秘家たちの個人的体験を学的経験として受け容れる余地がなかったゆえんである。翻って見れば、中世末期、ジェルソンが神秘神学における経験的認識に極めて重要な意味を付与しておきながら、アリストテレス的経験概念を基礎とする自然哲学における学知のあり方を範とするがゆえに、一般の人びとに対しては真正な経験的認識の可能性を事実上閉じてしまっていたことも合点が行く。

フランシス・ベイコン『新機関 *Nuvum Organum*』（1620）の表紙。ヘラクレスの柱のあいだを通り、ジブラルタル海峡を抜けて大西洋へと繰り出す帆船の下に、「多クノ者行キ渡リテ知識増スベシ（multi pertransibunt augebitur scientia）」と刻まれている。

このような経験概念は一七世紀の学知においてもなお力を保っていた[13]。しかし、一七世紀後半、とりわけイングランドにおいて、従来のスコラ的経験概念とは異質な経験概念が生まれてくる。すなわち、近代的な「実験（experiment）」の概念が登場してくるのである。フランシス・ベイコンや彼の影響下にあった初期の王立学会（一六六〇年設立）の学者たちが実践した自然科学は、自然界に生起する一般的経験にとどまらず、特定の時間と場所に人工的に創出した環境のなかで行う実験を真理探究の手段にした（DEAR 1985）。その結果、自然科学における経験は、人びとの日常的経験とは乖離したものとなる（JAY 2006, p. 37）。経験概念のこのような変容は、その信憑性を保証する権威の源泉の移行とパラレルな関係にあった。スコラ学的な経験とは異なり、実験としての経験の信憑性は、実験結果についての観察者個人の報告とは切り離せないものだったからである。「真空論序説」（一六四七年）のなかでパスカルは「物理学においては、推論よりも実験（expériences）の方が遥かに説得力をもつ」と書いている（PASCAL 1954, p. 532）。地理学においてと同様、自然科学においても、学知の権威の源泉は古代の哲学者たちの言葉から個々の探求者の観察に基づく経験＝実験へと移っていったのである。

普遍化された「共有知識」としてのアリストテレス的経験概念に依拠していた自然哲学の関心事は、すでに知られている現象を説明することであって、何か新しい発見をもたらすことではなかった。ところが、一七世紀科学革命以降、学知の目標は説明から発見へと変化する。そもそも発見とは、近世以降に飛躍的な発展を遂げた地理学由来の用語だった。大航海時代の到来と新世界発見は、ベイコンをはじめとする新しい自然学を構想した者たちに未知なるものの探索と発見のイメージを提供したのである。[14]

以上の議論は、前節冒頭に引用した、反アリストテレス的「経験」概念に基づくスュランの神秘主義擁護の論法――「ポルトガル人たちは灼熱帯にもいくつもの国民が住んでいることを経験によって確かめた。そんなことはあるはずがない、とアリストテレスは言っていたのだが」――が、まさに近世西欧に起こった学知の構造的変動の産物であったことを裏付ける。一七世紀の神秘家たち、なかんずくスュランにおける経験《エクスペリエンス》＝体験概念と、同時代に新しく構成されたベイコン的実験《エクスペリメント》概念とが相同的であるとは、すでにニコラス・D・ペイジやウダールによって指摘されているところである（PAIGE 2001, p. 197–198 ; HOUDARD 2008, p. 212–215）。スュランにおける「経験の学知」は、たしかに一面では、彼自身まさに悪魔憑き体験の物理的《フィジカル》具体的な性格を執拗に強調しているように、ルダンという「実験場」においてスュランという観察主体が獲得した「実験知（experimentum）」であり、或る集団に共有された知識に基づく「経験知（experientia）」とは区別される。[15] そして、それら文字通り「常識を逸脱する（extra-ordinaire）」体験＝実験のスタイルは、中世的な経験の、一般性に担保された権威を引用するスタイルから、「私」という一人称の観察者を主人公とする叙述へと変化し、特定の時と場所における「私の経験＝体験」に信憑性の源泉を見いだすことになる。かくして、いみじくもウダールが指摘するように、視覚を審級とする一人称の体験的認識が、従来の集合的経験に代わって新たな知の根拠となる。「〈私は見た、そして私は信じる〉。このレトリックが、実験者であり物語の語り手でもある者自身の体験に支えられた言説の中核にある」（HOUDARD 2008, p. 214）。体験的認識は神学から自立した学知の基盤となったばかりでなく、各個人の「信」の言葉を根拠づける権威ともなるのである。

3　近世神秘主義のパラドクス

近世に登場した神秘主義にとって一人称の経験＝「私の体験」が根本的なテーマであったのは確かである。シュライエルマッハーなど近代以降の宗教経験論に顕著となる、体験による基礎づけ主義も、この時代に芽生えたと考えられる。ところが、一七世紀フランス神秘主義には、こうした経験＝体験の積極的価値づけを根底から揺るがす「隠された主題」が潜んでいた。すなわち、いかなる特別な体験にも基礎づけられない信仰――「純粋・赤裸な信仰」である。

1　神秘神学から神秘主義へ――「現前の体験」の優越？

先にみたように、ジェルソンは、「経験的認識」によって神秘神学の諸原理の認識に至る道と、「すでに語られ経験されたものに同意する際の根拠とする信と信憑性」による道の二つを区別した。前者は、神から特別な恩寵を授かった少数の人びとにのみ許された道であり、後者は、その他大多数の一般信徒のための道である。このような区別を設けつつも、ジェルソンは、結局のところは中世までの自然哲学の学知の構造に則って、一般の人びとも「信と同意」によって経験者と同様の認識に至ることができる、と述べていた。

ところが、先にも少し言及したように、実のところこの二つの道のあいだには明確な優劣関係があった。ジェルソンによれば、一般の人びとは、直接に経験した者たちの言うことを「信じる」ことによってのみ求める認識に到達しうる。ただし、それは間接的な認識であり、それゆえ不完全な認識ならざるをえない。なぜなら「内的なはたらきは、とりわけ情動においては、それが感知されるのと同程度に明晰に表現されることもなければ、書物によって同程度に伝達されることもない」（GERSON 2008, p. 62＝一九九二、四二一頁）のだから。つまり、経験者が直接獲得した元の内的認識は、伝達されることによって、当初のものからいくぶんか損なわれてしまうというのだ。

「内的な情動は言葉によっては十分に表現できないことを説き明かす」とされた『神秘神学』の第六考察においてジェルソンは、元来の原理が伝達を重ねることによって原形を失っていく様子を、事物を複数の鏡に映すことに喩えている。

このことを感覚的に確かめる具体例は、互いに向い合せに並べられた複数の鏡のなかにある。第一の鏡のなかに映る像は、その鏡が映している物自体よりも暗く、第二の鏡のなかに映る像は第一の鏡に映った像よりもさらに暗いというように、第三、第四の鏡と続くごとに暗さを増し、ついには相互の反映が終わって像が消えてしまうに至るのである。(*ibid*., p. 62＝四二二頁)

この喩えは次のパウロの言葉に由来する。「わたしたちは、今は、鏡におぼろに映ったものを見ている。だがそのときには、顔と顔とを合わせて見ることになる。わたしは、今は一部しか知らなくとも、そのときには、はっきり知られているようにはっきり知ることになる」(「コリントの信徒への手紙一」13, 12)。伝聞に基づく信仰の暗さが、至福直観に極まる現前の体験の明るさとの対照を通じて浮き彫りにされる。ただし、先にも述べたように、なお中世的な経験概念を共有していたジェルソンにおいてはまだ、経験による認識と信仰によるそれとのあいだの緊張関係は顕在化していない。両者の緊張関係が高まるのは、経験＝体験が新たな知の審級として台頭する近世のことである。

近世の神秘神学に多大な影響を与えたサンダエウスの神秘神学用語辞典『神秘神学の扉を開く鍵』に、経験＝体験による神の認識と信仰によるそれとの明確な区別が見つかる。「経験(Experientia)」の項目には以下のような説明がある。

信仰によって神を不明瞭に認識している魂、あたかも不在であるごとくに神を認識している魂、あるいはただ聞かれたことによって神を認識している魂が、あたかも神の明瞭な知覚としてある経験的認識を自分自身で得るためには、また、魂の経験的認識がそのあり方のゆえに〈幻視〉や〈直観〉と呼ばれるためには、神の善を〈味わうという行為〉が介在しなければならない。(SANDÆUS[1640]1963, p. 204)

経験＝体験が神の直接的で明瞭な認識を可能にするのに対して、信仰による認識は、それがもっぱら他者からの伝聞による以上、間接的で不明瞭であり、より神から隔たること遠い認識だという。信仰による神の認識は神が不在であるかのように暗い。体験が可能にする対象の認識の鮮明さが強調されればされるほど、信じることにつきまとう認識の闇は深まり、信仰による知の曖昧さ、不確実さが際立たせられるのである。結局のところ、認識の直接性と明証性を真理の基準とすれば、信仰に対する体験――現前の体験――の優越が説かれることになるだろう。

信仰との対比において重要なことは、この「経験的認識」が「自分自身で得る」べきものだということである。他者からの伝聞に基づくがゆえに「暗い」信仰に、「私の経験＝体験」が光を差す。トマスをはじめ、中世の神学では、教会の権威に支えられた信仰の客観性が「経験的認識」の主観性に優越していた。が、一七世紀に両者の優劣関係は逆転し、一人称の直接的知覚的経験＝私の体験が知の主役に踊り出たのだった。この点について、フュルチエール『普遍辞典』の「説得する(CONVAINCRE)」の項目が示唆的である。そこには、「自分の目で見る」という「体験」ないし「証拠」が真理を知るための有効手段となった当時の空気をよく伝える記述がある。「明白な根拠、証明となる根拠によって、誰かを納得させること」という語の定義に続き、次のような例文が載っている。「彼は体験によって(par l'expérience)、自分の目で証し立てることによって(par le témoignage de ses yeux)、かの真理が正しいと〈納得した〉」(FURETIÈRE 1690, t. 1)。ここにはまさに「私は見た、そして私は信じる」という近世の新しいレトリックが顔を覗かせている。

サンダエウスは、経験的認識をそれならしめる根源的な体験に「神の善を味わうという行為」を挙げている。のちにみるように、スュランが、自らの身を襲った数多くの「超常の体験」のなかでも最も鮮烈なものとして挙げているのが、「神の実体を直接に味わう」という体験である。「見て、聞いて、触れる」という現前の体験の極致であり、通常の尺度をまったく逸脱しているという意味でまさに「超常の・常軌を逸脱した」体験と呼ぶべきこの「味わうという行為」を語るとき、スュランは、人びとが通常持っている信仰が、そうした超常の体験がもたらす明瞭な認識に比べて圧倒的に暗く、曖昧であるということを深く了解していた。現前の体験に焦点を合わせるとき、その光が放つ鮮烈な輝きに反比例するように、信仰の本来的な暗さはその闇を深めると言えるかもしれない。

2　純粋・赤裸な信仰

他方、サンダエウスの同じ辞典にある「赤裸な信仰（FIDES nuda）」の項目では、体験を根拠とすべき信仰とも、共通の権威に支えられた規範的信仰とも異質なもうひとつの信仰、神秘家たちの信仰が扱われている（SANDÆUS [1640] 1963, p. 215–216）。サンダエウスは、一四世紀のドミニコ会士ヨハネス・タウラー（Johannes Tauler, 1300 頃–1361）の著作とされた『綱要（*Institutio*）』を参照している。第八章中の一節を一六世紀の仏訳版から引用する。

信仰は、純粋、単純、赤裸であればあるほど、いっそう高貴で、立派で、賞賛に値する。このような信仰は、神がそれをもつ人に対して、神ご自身の本質において、種々様々な感嘆すべきやり方で顕現するに値する。赤裸な信仰、純粋な信仰は、この現世という流浪の地に定められたものであるが、知ることと見ることは来世に取っておかれる。したがって、すべてわれわれの救いと行いの源は信仰にある。ある人が他の誰かに自分の両親は誰であるかと問うとする。この人とこの人が両親だと答え、彼はそれを信じる。同じように、誰それは亡くなっていると人から聞けば、彼はそれを信じるのである。人に言われたことについて彼自身は何も知らないにもかかわらず。これと同じように、汝は教会の秘蹟を信じなければならぬ。素晴らしきかな、赤裸な信仰よ。赤裸である（と私は言う）が、それは行いを欠くということではなく、何も知ろうとしないこと、感覚的な慰めの経験を欲しないことである。（TAULER 1587, p. 92）

赤裸な信仰とはつまり、ただ伝聞のみによる、一切の体験的根拠を欠いているという意味で純粋な信仰である。このような信仰観念の起源はキリスト教霊性史の源流にまで遡る。人が自分の親を知るのはただ伝聞を信じることを通じてのみというこの興味深い喩えは、おそらくはアウグスティヌスの『信の効用』（XII, 26）に由来する（AUGUSTIN 1951, p. 272–273）。[16] また、このラテン教父とほぼ同時代を生きたギリシア教父ニュッサのグレゴリオスの『エウノミウス反駁』にも、純粋な信仰という観念の原型が見いだせる。[17]

この信仰の観念の古代からの系譜を明らかにしようとするならば、ギリシア・ラテン教父を中心に、膨大な文献を博捜する必要があるだろう。ここでは、近世神秘主義への影響を念頭に置きながら、来るべきこの観念史の、ほんの概略を示すに留めたい。ただ、中世盛期におけるこの観念の思想的水脈が、同時代のキリスト教霊性を代表するシトー会士クレルヴォーのベルナール（Bernard de Clairvaux, 1090–1153）に受け継がれていることは確かだろう。スュランも含め、一七世紀フランスの神秘家たちにしばしば参照された『雅歌講話』（第二八説教）のなかで、ベルナールは、信仰においては「見ること」よりも「聞くこと」が優越すると述べている。「信仰は聞くことにより」（「ローマの信徒への手紙」10, 17）をはじめ、イサクによるヤコブの祝福など、聖書にみられるさまざまな逸話を挿みつつ信仰の優越が説かれる。十字架上で死んだイエスが復活し、空の墓の前で泣いていたマグダラのマリアに現前したという逸話（「ヨハネ福音書」20, 11–18）について、ベルナールは次のような解釈を与えている。

ただ聞くことだけが真理に到達できる。聞くことは御子を察知するからである。肉の論理に従っていたマグダラのマリアが、復活した御子の肉体に触れることを禁じられたことには正当な理由がある。彼女は自分の目を頼りにしていた。つまり、神の御子が告げたことよりも、肉体的感覚のしるしを頼りにしていたのである。彼女はおのれがその死を目撃した人が復活したことを信じなかった。その人が約束していたにもかかわらずである。そして彼女の目は、それが目にするもので満たされるまで安らぎを得ることがなかった。なぜなら、彼女には信仰の慰めもなければ、神の約束への信頼もなかったからである。だが、天も地も、われわれの肉の目が知覚しうるものはすべて、神が言ったことのほんのわずかのものが無くなるよりも先に滅びてしまうだろう。それなのに、主の御子に従うことを望まなかったこの女性は、その目で御子の姿を見たときに泣くことを止めたのである。彼女は経験を信仰に優先させていた。しかし、経験はむなしいものなのだ。
(BERNARD DE CLAIRVAUX 1953, p. 344)

ベルナールと同じく、十字架のヨハネもまた、感覚や知覚を超えた信仰の重要性を説くに、マグダラのマリアのエピソードを参照している。『カルメル山登攀』のなかで、このエピソードは三度にわたって言及されている(II, 11, 7 ; II, 11, 12 ; III, 31, 8)。最後の一箇所を引用しよう。

神は、ただ信ずるために必要であるとき以外には、こうした不思議を決して行いたもうことはない。それでキリストは、そのご復活をその目で見るようなことがあるなら、弟子たちの信仰の価値がなくなるため、それらを彼らに示す前に、見ずして信ずるよう、さまざまのことをなしてくださったのである。マグダラのマリアには初めに空《から》になった墓をお示しになり、そのあとで天使がキリストの復活を告げた。なぜなら聖パウロの言うように、「信仰は聞くより生ずる」〔「ローマの信徒への手紙」10, 17〕もので、見る前に聞くことによって信ずるものであるからである。(JEAN DE LA CROIX 2007, p. 326–327＝二〇一二、四七六頁。傍点引用者)

「見る前に信じる」ということ。それは、「私は見た、そして私は信じる」というレトリックに象徴されるような信、すなわち一人称の知覚的体験に根拠づけられ、あるいは権威づけられる信とは別様の信であろう。信じる対象が私の知覚による把持を逃れている(イエスの墓は空であった)にもかかわらず、それでもなお信じるということ。このように捉えられる「純粋な信仰」あるいは「赤裸な信仰」は、「見る」に集約されるような現前の体験を根拠とする信とは異なる位相にある信であり、私の認識の直接性や明瞭性とは別の真理の基準を要請するだろう。

一七世紀フランス神秘主義の信仰論は、おそらく、キリスト教の霊性史に伏流するこのラディカルな信の観念の系譜の果てに位置づけられる。近代以降、今日まで正面から論じられることなく来た神秘主義の信仰論は、しかし、一七世紀フランスの神秘家たちのテクストに繰り返し現れる、神秘主義の隠れた主題だった。例として、スュランの同時代人で彼とも接点があり、いずれもフランス霊性の興隆に大きく寄与した二人の人物を取り上げよう。

一人は、ノルマンディーの俗人神秘家として名高いガストン・ド・レンティ(Gaston de Renty, 1611–1649)である。俗人でありながら、とくにカルメル会修道女たちの霊的指導者でもあった彼は、とりわけ彼女らに宛てた手紙が多く収められた『書簡集』のなかで、感覚的な体験を頼みとすることなくひたすら「赤裸な信仰」を求めるべきことを繰り返し説いている。一六四四年七月二二日にボーヌのカルメル会女子修道院長エリザベト・ド・ラ・トリニテ(三位一体のエリザベト)に書き送った手紙には、一切の被造物の放棄を意味する神秘的死と、そこから始まるイエス・キリストとの合一における生についてこう書かれている。「それは信仰の活力によってなされるというのが神のご意思であり、信仰が単純かつ赤裸であるほど、その活力は私たちを神のもとへと引き寄せるのです。それゆえ、私たちが信じるものに従い、見るものを手放しましょう。感じるものを放棄し、希望するものへと向かいましょう」(RENTY 1978, L123, p. 382)。彼の伝記作者ジャン゠バプティスト・サン゠ジュール(Jean-Baptiste Saint-Jure, 1588–1657)によって、のちに「完全なキリスト教徒の理想の姿」と評されたレンティが最終的に到達した「合一」の境地は、何も見ることなく信じるという赤裸な信仰の境地にほかならなかった。十字架のヨハネの影響下にあると思われる彼の霊性は、スュランのそれとも深いところで響き合っている。「信仰の闇は魂にとって、魂が手にしうるあらゆる知性の光よりも確かなものです」(*ibid.*, L200, p. 520)。

もう一人は、ウルスラ会修道女受肉のマリである。「新世界」での宣教のためヌヴェル＝フランス（フランス領カナダ）に渡った彼女が、その晩年一六七〇年九月一七日にケベックで綴った手紙に次のような一節が見つかる。「この状態においてはいかなる幻視も想像力のはたらきもありません。あなたもご存知の、かつて私に起こった事〔まだトゥールにいた頃、宣教への激しい願望に駆られていた彼女は、幻視などさまざまな神秘体験を受けた〕は、ただカナダに渡りたいがためのものでした。それ以外のことはすべて信仰の純粋さのうちに（純粋で赤裸な信仰のうちに）あるのですが、そこにおいて人はなお、或る感嘆すべきやり方で神を経験するのです」(MARIE DE L'INCARNATION 1876, t. 2, L209, p. 463)[18]。本書がスュランの神秘主義において問いたいのは、彼女の言うこの神経験の「或る感嘆すべきやり方」にほかならない。

古代よりキリスト教霊性史に脈々と息づいてきたこの主題は、近世における経験＝体験概念の新たな構成と、超常の体験の文字通り「目に見える」増殖を背景に、一七世紀にかつてない緊張感をもって顕在化することになった、と言えるかもしれない。サンダエウスの神秘神学用語辞典の二つの項目のあいだにみられた、体験の「明るさ」と信仰の「暗さ」の関係をめぐるねじれも、転換期特有の、異質な思想潮流が並存する時代背景をよく反映しているように思われる。ふりかえってみれば、ベルナールやタウラー、あるいは十字架のヨハネにおける信仰は、トマス・アクィナスにおけるそれと同じくなお形而上学的・観念論的信仰であり、多かれ少なかれ聖書や教会の権威を自明の前提としていたのではなかったか。ところが、中世的キリスト教世界の一元的価値体系が崩れゆく時代に登場した神秘家たちの信仰は、もはや拠るべき伝統的権威の足場のない、暗き「深淵」——スュランにとって信仰は「果てしない深淵の如きもの」(G. III, 1, p. 142) だった——に臨んでいた。他方、この信仰は、個々人の直接的経験＝体験という新たな知の審級が浮上してくるまさにその地平にありながら、しかし、ルター以後のプロテスタンティズム、とりわけ敬虔主義の信仰論にしばしば看取されるような、個々人の体験による基礎づけ主義とも相容れないのである。ここに、近世神秘主義に固有のパラドクスがある。

このパラドクスは一七世紀にさまざまな思想的緊張を生むことになる。[19] それは、次節でみるように、スュランの神秘主義にも先鋭なかたちで現れている。個々の特権的体験の強調と、根本からそれを否定するような信仰論というねじれは、しかし、「神秘家たちの時代」の終幕とともに一七世紀末には解消されるだろう。ボスュエがフェヌロンとの論争に勝利し、神秘主義の断罪に成功する世紀末、神秘家たちの超常の体験は規範的信仰にそぐわないものとして追放されてゆく。他方、神秘家たちの信仰論も、理解不可能なものとして切り捨てられてしまう。ボスュエは、キエティスムをめぐる論争が激しさを増すなか、一六九四年一〇月に著した書簡のなかで、「純粋な信仰」について神秘家たちが「十分に明瞭な概念を与えていない」ことを非難している。さらには、「自分たち自身ですら、いまだまったく定義を下してもいない」、神秘家たちの信仰」は、「キリスト教徒の信仰」と対立するものだと断じている（BOSSUET 1912, p. 424, 429）。かくして神秘主義の信仰論は、西欧近代の夜明け、神秘家たちとともに歴史の表舞台から去って行ったのだった。

4　スュランへ

スュランこそは近世神秘主義のパラドクスを最も先鋭に体現した神秘家であった。体験と信仰のねじれがかくも興味深いかたちで見いだせるのは、彼のテクストをおいて他にないだろう。

たしかに彼は、一方では、超常の体験が信仰の確立に有益であると説いている。この世に生きる人間の信仰は本来的に弱いものであるから、信仰者といえども容易に現世の関心事に囚われて、来世に約束された真理を忘れ、無知の闇に呑まれてしまう。これに対して超常の体験は、忘却されがちな信仰の真理を証明する証拠として役に立つのである。[20] このとき、体験と信仰との関係はまさしく「私は見た、そして私は信じる」という定式によって表現されているとおりのものである。体験が信仰の支えとなるというのだ。

だが他方、彼は結局のところ、一切の体験的根拠を欠いた信仰の重要性を説く。以下にみるように、数々の神秘体験の記述に満ちた『経験の学知』の白眉は、実のところ、そうした超常の体験とは無縁の「信仰の状態」の称揚に認められるのである。

1　超常の体験

『神の愛の勝利』あるいは『経験の学知』に記述された「超常の体験」については、枚挙にいとまがない。神、天使あるいは悪魔のありありとした現前を「見る、聞く、触れる」という、他者の圧倒的な現前を直接感知するスュランの神秘体験の特徴を示すため、ここではとくにキリストの聖体をめぐる彼の体験にしぼって検討することにする。

「神父が聖体から授かったさまざまな恩寵について」と題された『経験の学知』第三部第一章のなかで、スュランは「神を舌で味わう」という鮮烈な体験を詳述する。「私は神を味わい、神を感じた。私の舌は神を味わい、私の胃袋は神であるところの或る実体をおさめたのである」（S. III, 5, p. 298）。聖体祭儀によってパンが現実にキリストの肉となるという化体説は、トレント公会議でもとくに力点を置いて確認されたカトリックの奥義である。聖体にまつわる濃密な肉体的イメージは、西欧思想史上にさまざまなインスピレーションの源泉であり続けてきた。近世には、化体説の教義がプロテスタントとの論争のなかで最大の争点となったが、ここでも聖体にまつわる血と肉のイメージが時に極端に誇張された（RUBIN 1991 ; GREENBLATT 1993）。そうしたイメージは、一六世紀の宗教戦争の凄惨な暴力描写や、大航海時代の西欧においてそのリアリティをいや増した「食人種」譚とも結びついて、さらに増幅されることにもなった（LESTRINGANT 2011）。文字どおり具体的で生々しい聖体のイメージは、同時代に活躍した神秘家たちの体験にとってもしばしば決定的に重要なファクターとなった。とりわけスュランにとってはそうであった。実際、キリスト教霊性史においても、聖体における神の現前を彼以上に細やかに記述した者は稀であるという（cf. LONGPRÉ 1961, col. 1609–1610 ; GENSAC 1962）。たとえば以下の記述が、聖体をめぐる彼の「神秘体験」の鮮烈さ、異様さを瞭然たらしめている。

私が言う、そしてこれから言うであろうすべてのことについて、私は次のことを誤りなく言うことができると思う。たとえこのことがスコラ学者たちや哲学者たちとはまず相容れぬものであろうとも。それは、私の舌は神を感じ、神を味わった、ということだ。マスカットやアンズやメロンを味わうごとくに、私の舌は或る存在を味わったのである。それは間違いなくほかならぬ神であり、けっして形容できない性質のものであったが、神の実体であることはわかった。（S. III, 5, p. 298）

おのれが言わんとすることが、スコラ的学知からすればいかに「常軌を逸した」ものであり、度し難いものであるかを、スュランは十分に自覚していたように思われる。だが、それでも彼は「肉の味わい」について語らずにはいられなかったのである。次の引用に窺えるように、留保や慎重な言い回しを重ねながらも、彼は、「肉の味わい」、「自然の味わい」という自らの表現を、キリスト教霊性の伝統においておそらくはずっと承認を得やすかったであろう無難な表現――「霊的な味わい」――に譲ってしまうことはなかった。

しかし、にもかかわらず私は、或る霊的な感覚によって、いかに私が神を味わい感じたかを言うことができるのと同様に、聖体の肉的な感覚によって、「神を味わい、神を感じ、原初の存在であり全存在の源であるところの或る存在を感じた」と、偽りなく言うことができると思う。ただし私は、肉体がそれを肉体として感じると言っているのではない、私が言いたいのはこういうことだ。肉の味わいによって、私は全存在の幸福であり私の神であるところの或る存在についての観念を知るに至った、ということである。（S. III, 5, p. 299）

神の「実体」を捉える「肉の味わい」の体験は、「全存在の源」や「全存在の幸福」という普遍的な「観念」としての神の認識へと通じていた。スュランは、「私はそれを抽象によって感得するのである」と述べている（S. III, 5, p. 299)。一般に「抽象（abstraction)」とは、目前の個別的具体性から出発しつつ、そこから離脱し、個々の事物に共通する性質を観念として把握する作用を意味する。言うまでもなく、スコラ学は個物の具体性より抽象を重視した。だからこそ彼は、「ただし私は、肉体がそれを肉体として感じると言っているのではない」というためらいの、もしくは留保の言葉を書き付けているのだろう。ところがこの直後、同じパラグラフの最後でスュランはもう一度断言する。

> しかし、私にはこう言えるように思われる。「私は神のものであるところの肉を味わったのであり、私が味わったのは神以外のものではありえない」と。（S. III, 5, p. 299)。

スュランが描写する体験は、つねに濃密な肉体性＝物質的具体性を帯びている。彼が体験によって獲得した神の「観念」は、スコラ学的な抽象観念とは似ても似つかぬものである。神はおのれの肉体による触知の直接的対象であり、「見て、聞いて、触れる」現前の体験を通じて把握されるのである。

鶴岡賀雄が指摘しているように、スュランの神秘体験における生々しい「肉体性」は、「他者性」のリアルな認識に結びついている。他者の実在性を最もよく知らせるのは肉体レベルの「接触」だからである。彼の体験の肉体性＝物質性は、自己の魂の外なる「他者」、つまり超越的他者の実在性との文字通りの「接触」を可能にし、神の現前をありありと感知することを可能にしたのである[21]。

鶴岡はまた、スュランの神秘体験の目立った特徴のひとつを、純粋に霊的なものと肉（体）的なものの直接的な「混淆性」に認める。「スュランの特徴的神秘体験とは、悪魔なり神なり天使なりの純粋に霊的な存在が、現実の目に見える物理的《フィジカル》＝身体的な領域、とりわけ彼の肉体という領域に否応なく侵入してくる、なだれこんでくる、そして両者の通常の＝正常の区別が侵犯、破壊されてしまうほどになる、といった激越なものであった」（鶴岡 一九九一、一六七頁）。スュランの神秘体験においては、彼の肉体そのものが、本来交わり合わぬもの同士の鮮烈な交流の場となったのである。

スュランの神秘体験の特徴であるこの混淆性とその激烈さは、彼がしばしば「来世の事ども」と「この世の事ども」の絶対的な隔たりを強調しているだけに、いっそう際立つ。両者のあいだにはいかなる意味でも「共通の尺度」がないため、通常の信仰の状態にあっては来世の事どもは絶対的な外部にとどまり続ける。しかし、だからこそ超常の体験が要請されることになると言えるかもしれない。

信仰の対象に権威を与える諸々の証拠を説得力あるものにすることを、私がどれだけ重要なことととして考えているかということはいくら言っても十分ではないし、教会によって私たちに明かされ、キリスト教の信仰を構成している数多くの事どもの真理を証明できるということが非常に重大であることも言い尽くせるものではない。ところで、この書物で私が語ることはすべて、神、イエス・キリスト、そしてその教会について私たちがもっている信仰を確固たるものにすることのみを目的としている。私は時間をかけて先に述べた事どもを書いてきたつもりである。そうした事どもは、神や天使や悪魔が存在するという、かの真理の明白な帰結なのだ。これらの事どもを書く事は無駄でないばかりか、非常に重要な意義がある。なぜなら、ふつう人間は信仰において極端に弱く、最良の人びとですら、しばしば信仰に疑念を生じさせるような試煉を受けるからである。というのも、この世の通常の状態は、現世の事どもに傾きがちであるし、感覚によって知られる損得勘定に私たちを沈めてしまうので、私たち人間においてあらゆる災厄の奈落の底は永遠の真理の忘却にほかならないことを知っている私たちの敵〔悪魔〕は、現世の事どもに囚われた私たちの目に目隠しをかぶせながら、私たちを堕落させること、私たちが神に向けるべき信を私たちから奪ってしまうことなど、たやすくやってのけてしまう。来世の事どもは、目に見えぬがために、私たちとはあまりに尺度を異にしているので、そうした事どもが私たちの精神のうちに入ってくることはほとんどないし、罪によって弛緩し衰弱した私たちの自然本性は、被造物に向かって堕落するままとなり、つねに鮮明に私たちに教え込まれるべきものについて忘却と無知の状態にとどまってしまっている。(S. I, 2, p. 177–178)

来世の事どもは目に見えないものであり、自然本性のみによる人間の通常の認識の及ぶところではない。ところが、人びとの信仰は通常「極めて弱い」ため、人びとは容易に来世の存在や永遠の真理を忘れ、もっぱら現世の事どもに心を奪われ、悪魔に翻弄されてしまう。だからこそ、不可視の事物を可視化する超常の体験が、「忘却と無知にとどまってしまっている」人びとに対して、信仰の真理を鮮明に「証明」する有力な「証拠」となるのである。おのれの特権的な体験を語り、真理を証明し、人びとの信仰の対象に権威を与えることで、人びとの弱き信仰に確たる根拠を与えること、つまり人びとに信仰に対する「確証」を与えることが、ここでのスュランのねらいである。かくしてスュランが体験の超常性を強調する背景には、現世と来世の隔たりと、現世を生きる人間の信仰の本質的な弱さとに対する先鋭な認識があったと言える。

現世と来世のあいだにはいかなる共通の尺度もない。それぞれの事物はそれ以上ないほど異なっているのだから。時折、或る人に起こる来世の事柄の体験が、私たちを現世の利益から解放することもある。そうした来世のよりよい事物は私たちの感覚を非常に圧倒するため、私の場合がそうだったように、感覚がそこに吸い出されたままとなり、他人からみれば「奴は狂人だ」と判断されるような状態に当人を置いてしまう。それはあまりにも私たちの人間的能力を越えているため、自然という肘金の外に私たちを置くのである。したがって、神が愛の道を通じてなし給う事どもは、たとえば幻視や啓示といったものがそうであるが、魂をそのような超自然の境涯に置くのである。したがって、まったく自然的である俗世の人びとの判断によれば、主や、主の大いなる恩寵の恵みを与えられたこれら並外れた人びと（hommes extraordinaires）は、気が狂っているとみなされてしまう。以上の理由から、聖パウロが言ったように〔「ローマの信徒への手紙」8,18〕、来世の事どもは現世の事どもといかなる共通の尺度もないのである。（S. II, 9, p. 235）

現世と来世、自然と超自然のあいだには絶対的な隔たりがある。そして、この世界に生きる人間は、自然的な力のみではけっしてその外に出ることはできないし、忘却と無知に陥ってしまう自然的傾向を自力で脱することもできない。だが、神の特別な賜物である幻視や啓示といった超常の体験によって、「超自然の境涯」――この世に生きる人間にとっての超越的他者性――がこの世に生きる者に開かれることがある。たとえそれによって、「まったく自然的である俗世の人びと」によってこの世では「狂人」とみなされようとも、現世と来世を隔てる深淵を飛び越すような体験が許された「並外れた人びと」が存在する。スュランもそのような特権を得た人びとの一人であり、その意味では通常の信仰者たちから区別される一人であった。

2　スュランの信仰

ところが、スュランの神秘主義の真骨頂は、最終的にこれら激越な現前の体験を超えてゆくことに認められる。スュランという神秘家が辿った霊的道程は、あらゆる超常の体験から隔たったところ、平凡な信仰者たちの生の地平に到来する「共通・通常の信仰」、「赤裸な信仰」の境涯――彼はそれを「信仰の状態」と呼ぶ――への回帰の道として捉えられる。

ここでは、スュランの信仰とはいかなるものか、体験との関わりにおいて大まかに概観しつつ、論点を明確化し、次章以降の考察の布石としたい。論点は大きく三つある。第一に、スュランの信仰論に見いだせる十字架のヨハネの影響。第二に、スュランの信仰が一般信徒たちの生の地平に位置づくことについて。第三に、スュランにおける信仰が、最終的には体験／信仰という二項対立を超克してゆくことである。

まず、スュランにとって信仰とは何であったか。その最も簡明な定義は『霊の導き』にみられる。


信仰とは何か。

私たちが希望する事どもの根本であり、けっして現れない事どもへの信を強固にするものである。それは聖パウロが定義している通りのものである〔「ヘブライの信徒への手紙」11,1〕。まことに私たちの希望は、神が私たちに啓示するものごとに基づいているのであり、私たちの精神は、信仰によって、私たちの感覚にはけっして現れないものごとをしっかり保てる状態に置かれるのである。(G. III, 1, p. 141)

信仰とは、不可視のもの、感覚不可能なものへの関わりを確かにするものである。続けて三つの信仰の実践が述べられるが、とくに第一の実践に関する叙述ではこのことが強調されている。すなわち、聖書に「目に見えない方を見ているようにして、耐え忍んでいた」(「ヘブライの信徒への手紙」11,27)とあるように、「何も見えなくとも」あるいは「少なくとも感覚を十分満たさずとも」、人間は「あたかもそれが見えているかのように」不可視のものに心を向けることができる、というのである(G. III, 1, p. 141)。

より重要なのは第二の実践として述べられる信仰である。それは、神の現前を感知する体験と明瞭に対比される信仰、「果てしない深淵の如きもの」としての信仰であり、すべて感覚的なものを脱した「赤裸な信仰」である。


信仰の第二の実践とは何か。

それは体験と対立するものとしてのこの信仰のさまざまな業からなる。人は、霊性家たちに対して、霊性家たちがそれによって神についての何らかの味わいや体験を得る、神のさまざまな恩寵やはたらきを受ける場合に、次のように忠告するのである。人が神について信じることは、神について感じることに優るのであるから、そのような味わいや体験をけっして拠りどころとしてはならない。魂が感じるものではなく、魂が信じるものに関わる信仰をひたすら拠りどころとするべきである、と。また、信仰はどこまでも果てしない深淵の如きもの、真理そのものであり、神に達しておのれのうちに神がいるごとくなるものである。であればこそ、信仰において欺瞞はありえないが、体験されることにおいてはしばしば欺瞞が見いだされるのである。このことは神についてのさまざまな体験を拒絶するべきだということではない。そうした体験は魂にとって非常に有益であるのだから。しかし、ただ信仰のみを支えとすべきであり、感覚しうるあらゆるものごとから自由になり、それらものごとを抜けて神へと向かい、ただひたすら神を探し求めるべきである。ところで、信仰が赤裸であればあるほど、そして魂の意図とまなざしが単純で正しいものとなればなるほど、この同じ信仰は完徳に近づくのである。（G. III, 1, p. 142）

このように体験と鮮明に対置される信仰の観念には、十字架のヨハネの濃厚な影が落ちている。神について霊性家たちがする味わいや体験――ただちに想起されるのはスュラン自身の体験である――に対して与えられるべきこの「忠告」は、『カルメル山登攀』をはじめとするテクストにおいてヨハネが説いた教えにほかならない。すなわち、あらゆる感覚的知覚的な体験を離れて、ただ「赤裸な信仰」のみにより、闇のなかで神を求めるべきであるという教説である。[22] スュランがいつ、どのようにして十字架のヨハネの教えに接したかは定かではないが、一六四一年に出版され、以後広く読まれたシプリアン・ド・ラ・ナティヴィテによるフランス語版（JEAN DE LA CROIX 1641）が出るより以前からこのスペインの神秘家を知っていた可能性は高い。採用されている翻訳語の相違に着目したセルトーの推察によれば、スュランはおそらくルネ・ゴーチエによって翻訳された一六二一年のテクスト（JEAN DE LA CROIX 1621）に接していた（CERTEAU 2013, p. 168–172, 194–195）。いずれにせよ、スュランの信仰論を理解する上で十字架のヨハネとの関係は決定的な意味をもつだろう。

第二に、スュランにおいて、超常の体験と通常の信仰の区別は、それぞれの担い手の区分、すなわち社会的・集団的カテゴリーの差異に結びついている。本章第一節でみたように、『神秘神学』においてジェルソンは、特別な経験に恵まれた始原の経験者たちと、その経験者たちの言葉を信じるしかないその他大勢の人びととを区別した。この区別はスュランにも引き継がれている。現前の体験は限られた一部の者たち、すなわち同時代に「聖人（saint）」とも呼ばれた「神秘家」のものであるに対して、信仰は大多数の「しがなき」キリスト教徒たちのものだという。

体験／信仰、神秘家／一般信徒という二つの対立項の重なりは、彼のテクストのいたるところに現れるが、ここでは一例のみ挙げよう。「信仰の完全なる使用について」と題された『霊的生活の基礎』の第三部第一二章において、スュランは『キリストに倣いて』中の一文「あなたの心を、見えるものへの愛着から引き離し、見えないものに移すように努めなさい」（I, I, 5）を解釈しつつ、神に奉仕する人びとには二通りいると論じている。すなわち、超常の恩寵という特権に浴する人びとと、キリスト教徒に共通に与えられる通常の恩寵しかない人びとである。前者は神秘家のことであり、後者は大多数の一般信徒を指している。神秘家について、スュランはこう言う。「これら魂たちには、天からの熱と来訪を通じて、まるで信仰の対象が顕現するかのようであり、おのれのうちに幾度もイエス・キリスト、あるいは聖母、あるいは聖なる天使たちが現前するのを知る。要するに、天上の事どもを体験するのであるが、それは信仰の内容への通暁を大いに容易にするのである」（F. III, 12, p. 303–304）。他方、一般信徒については、神秘家に比べて信仰の対象に通じることはより大きな困難をともなうことを認めつつも、「ただ神への大いなる信頼によってのみ、おのれを高めようと望むこと」を説くのである（F. III, 12, p. 304）。

ところで、ここにはもうひとつ別の区別が認められる。それは、二つの「信」の位相の違いである。神秘家の体験は特権的な「現前」をもたらし、それによって普段は目に見えない「信仰の対象」を顕現させ、「信仰の内容」を確証させる。対して、必ずしもそうした現前の体験に恵まれないその他の一般信徒たちは、「神への信頼」のみによって生きねばならない。言い換えれば、彼らは、ついに顕現しない信仰の対象を、顕現しないままに求め続けなければならないということである。ここには二つの異なる「信」の位相がはっきり現れている。すなわち、一方は、客観的対象としての信であり、現前の体験によって根拠付けられるべき信である。他方は、いわば行為としての信であり、体験によって基礎付けられるのではなく、そのあり方自体が問われるべき信である。スュランの神秘主義において最終的に問われるべき信仰は後者の信の位相にある。そしてそれは、特別な体験のない平凡な一般信徒たちの、通常・共通の生の地平に位置づくのだ。[23]

しかし、スュランの信仰は、体験と対置されながら、最終的には体験と信仰の二項対立を超えてゆく。これが第三の論点である。死の一年前に著された『神の愛についての問い』において、スュランはもっぱら「信仰の次元」を問題とするに至る。神から与えられる「超自然の財（bien）」について、信仰の次元の外にある超常の財と信仰の次元にある通常の財を区別した上で、この書の主題は前者――幻視や脱魂など超常の神秘体験――ではなく、通常の信仰の実践によって獲得される後者にあると宣言している。

一方の財は、完全に超常のものであり、幻視、内言、脱魂、法悦、そして信仰の次元のまったく外にある事どもである。他方は、信仰の次元にあるものであり、知恵の光と感性に存する。私がここで論じようとするのは、第一の超常の力がもたらす実りではなく、第二の実り、すなわち、主が私たちに獲得させる実り、私たち自身の熱心な行いの果て、主の勧告を実践していった果てに私たちに与えられる実りである。このことについて私は言いたい。これらの事どもや実りは、通常の恩寵への協働の結果として授かるものであり、預言者たちによって約束され、使徒たちによって説き明かされているものであるが、次のような性質をもつ。すなわち、かくも高い信仰、かくも強い希望、かくも生き生きとした愛に基礎づけられているため、そうした〔信仰の次元にある〕事どもや実りを有する人間は、神がそれへの特権を認め給うた者たちに与える並外れた賜物〔を有する人間〕と比べても、超自然的存在を確信することにおいて劣ることなく、理性や人間的感覚を超えた段階に上り、やはり来世の経験へと至るのだ。（Q. III, 1, p. 138）

信仰の通常の次元はその外部である超常の体験と完全に区別されているが、しかし、人びとは信仰によって超常の体験によるのと同じく超自然的存在を確信し、「来世の経験」へと至ることが可能であるという。先にみたように、『経験の学知』では、来世と現世のあいだの絶対的な隔たりは「並外れた人びと」の体験によってこそ破られるとされ、また、そのような超常の体験の優越が、自力では自然の軛を逃れられない一般の人びとの信仰の暗さ、弱さと対比されることで浮かび上がらせられてもいた。ところが、信仰を主題とする最晩年のテクスト『神の愛についての問い』においては、超常の体験はまったく影を潜めている。スュランの神秘主義は、むしろそうした超常の体験とは隔たりのある信仰の状態、特別な体験なき人びとと共通の地平において真の「経験の学知」を証すほうへ向かってゆくのである。

註（第1章）

1　一六世紀初頭のスペインに現れた霊性の運動。フランスでは「照明派《イリュミネ》（illuminés）」とも呼ばれたこの運動は、「新しき信心（devotio moderna）」およびエラスムス主義の潮流と合流し、個人の敬虔、個人が直接聖書を読むこと、そして、それによってはじめて真の信仰生活と聖書の理解が可能になるという内面の「照明」の必要性を強調した。このため秘蹟や聖職位階制から遠ざかることにもなった。アンダルシアにおいて「コンベルソ」の人びとのあいだに反響をよんだが、一五三〇年代から異端審問所の追及を受け、その中心地はフェリペ二世（在位一五五六―一五九八年）の治世下で徹底的に撲滅された。他方、スペイン領フランドルに接したピカルディー地方を経由してパリにも及び、一七世紀のキエティスムの前兆となった。

2　この時代、「聖人（saints）」はしばしば「神秘家（mystiques）」と同義の言葉として用いられた。

3　なお、「ヘブライの信徒への手紙」はパウロの真正の手紙ではない。

4　ジェルソンのいう「経験ある人びと」とは具体的に次のような者たちを指していた。「知性と情動の両方の教えを具え持つことで称讃された者たちであって、アウグスティヌス、フーゴー、ボナヴェントゥラ、パリのギヨーム、聖トマスおよびその他のごく少数の者たちであった」（GERSON 2008, p. 68 = 一九九二、四二四頁）。

5　『霊的対話集』でスュランは、たとえ十分な学識を備えていても神学者たちは「神秘家たちの学知」について正当な判断を下すことはできない、との主張を弁明するため、ジェルソンを持ち出す。

（問い）それはどういうことか。神学者は神的な事柄に関わるすべてのことを理解することができないというのか。（答え）学識者でありながら信心深い神学者であったジェルソンは、法学やその他の学問における学知において学識があるからといって神秘神学のあらゆる秘密を理解することができるたしかな能力があるわけではない、と答えている。神秘家の学知はその他の学知のようにたんに悟性を満たすことによっては獲得されない。そこにおいては心を十分にはたらかせることが必要であるが、遜《へりくだ》った、純粋な、恩寵に従順な魂でなければやり遂げることはできない。そうでなければ、知識を得れば得るほど、超自然の事どもへと至る開けは閉じてしまう。知性の光に頼み過ぎれば超自然の事どもへの門は閉じ、それらの事どもは遠ざかってしまう。超自然の事どもを論じた書物を読むことは〔神学者たちを〕大いに苛立たせるだろう。書かれている意味をまったくあべこべに解釈してしまい、ついには真理と聖性に満ちたものに異端を見いだす始末なのだ。その原因は、信仰に関わることについて無知であるためではけっしてない。思い込みのせいで、しばしば書かれていないことをそれらの書物のうちに見つけてしまうのである。色硝子を通して物体を見る者たちがそれらの物体にはけっしてなかった種々の色を見ていると思い込むのと同じである。（3DS, III, 5, p. 158）

6 スュランはスコラ学者の三段論法の無味乾燥さをしばしば批判する。本書第三章註2を参照。

7 一五三五年から翌三六年にかけて行われたこの第二回目の航海を記録した書物は、早くも一五四五年にパリで出版された。第一回および第二回の航海の記録が一五五六年にイタリア語訳されて以降、いくつも版を重ねた。カルチエの名前こそ出てこないが、彼の航海の物語をスュランも読んでいた可能性は十分考えられる。

8 たとえば、ラス・カサス（Bartolomé de las Casas, 1484–1566）の『インディアス史（*Historia de las Indias*）』（一五二七年執筆開始）には、コロンブスが「新大陸」の最初の発見者であることについて、「彼の息子ドン・ディエゴ提督が六〇人の伝聞証人と二五人の目撃証人とともにこのことを証明した」とか、「彼はこのことを一六人の伝聞証人と、それを信じる四一人と、それを知る二〇人と、彼がそれらの島々を最初に発見した者であることを信じる一三人とともに証明した。それで彼らはこのことを信じているのである」と記されている。FRISCH 2004, p. 22–23.

9 たとえば、一四世紀に著され、中世を通じて西欧で最も広く読まれた旅行記『ジョン・マンデヴィル卿の旅行記（*Travels*）』は、語り手であるマンデヴィルと聞き手である読者が、同じキリスト教信仰という価値を共有しているという暗黙の前提の上に書かれている。マンデヴィルの一人称の経験とみえるものも、個人的旅行者としてのそれ——近代以降の「体験」——ではなく、あくまでも模範的キリスト教徒としてのそれとして書かれている。マンデヴィル卿の「経験」は、同じキリスト教徒に向けて、同じキリスト教の倫理的価値を確認する「一般的言明」なのだった。*Ibid.*, p. 49–53.

10

フリッシュは、中世において証言は本質的に対話的に遂行される行為だったことを繰り返し強調している。

> 中世の法にみられる最も根本的な区別のひとつは、証人と証拠書類の区別である。文書となった証拠を証言の一形態にすることに対して当初起こった抵抗は、証人の供述がつねにそのなかで行われた、明確に対話的《ダイアロジック》な枠組みと深く関係している。すべての証言がこの枠組みのなかにあると言えるかもしれない。理論上の聞き手ないし実際上の聞き手が不在のときに証言することはできない。いつも他人〈に向けて〉証言するということが必要なのだ。（中略）民俗法の文脈では、〈何もないところでただ〉証言するというようなことはありえなかった。そうではなく、つねに誰か〈に向けて〉証言したのである。聴衆のいない神明裁判を想像することはまったく不可能だし、一人だけの決闘などなおさら想像できない。証言というものを、ことわざに言う森のなかで倒れる木とするなら、前近代および初期近代の法の理論と実践では、誰かがそれを聞いていなければ何の音もしないということになる。(*ibid.*, p. 30)。

証言の主体はひとり声を発する者のみならず、その聴き手こそが証言の主体の本質的な構成要素だったというのである。

11

「対話への回帰」と題されたエピローグのなかで、フリッシュは、中世の証言概念と現代哲学者エマニュエル・レヴィナスの証言論に共通点を認め、こう述べている。

> 民俗法のなかの証人が証人となるのは、ただ他者の呼びかけを通じて（何か特別な経験をもった結果としてではない）であり、目的はただその他者のために自らの命を危険にさらすこと（誓いを支持すること、あるいは決闘を行うこと）なのだ。証人として役割を果たすためには——それゆえ倫理的共同体の成員となるためには——、民俗法のなかの証人は、自らの存在を他者たちに負っているということを理解しなければならない。(*ibid.*, p. 184)

かくしてフリッシュは、他者との対話状況のなかでこそ立ち上がってくる二人称の主体——暫定的で不安定な、弱い主体——を提起するのである。この主体は、「何か特別な体験を持った結果として」ではなく、他者から発される——必ずしも知覚可能な声ではない——「呼びかけ」を聞き取ることによってはじめて生起してくる、応答する主体である。自己に先立つ他者に自己の存立を負っている応答者としての「私」の主体性は、私の思考以外のすべてを疑うことから出立して明晰・判明を真理の基準とする認識の主体（コギト）とはまったく異質なものである。目撃という一人称の知覚的体験によって信憑性を担保する（近代的）証言とは別の証言の可能性を明らかにするフリッシュの系譜学的証言論は、本書の考察にとっても非常に示唆に富む。彼女が提起する倫理的証言の主体性は、スュランの『経験の学知』の序文の最後に姿を現したあの「私」の主体性を彷彿とさせる。それは、よりよきキリスト者たらんとするすべての信仰者への応答者としての「私」であった（本書序章六七―六八頁を参照）。

12　中世の自然哲学における「経験＝実験」の一例として、ロジャー・ベイコンにも影響を与えたことで知られる中世イングランドの自然哲学者にして神学者ロバート・グロステスト（Robert Grosseteste, 1175頃–1253）における“experimentum”の用法を参照。

　グロステストは他の著者からひっきりなしに事例を引用してくるが、そうした事例はしばしば不正確、そして／あるいは検証不可能なものだった。しかし、これらの論拠は、物理的実験（きちんと条件を整えて行う実験ではない）と同様の確実性があるものとして扱われていた。グロステストは物理的実験にも他人の報告書にも同じ信頼を与えているのだ。（中略）グロステストのこのような態度が彼一人のものでなかったのは確かだ。事実、それは典型的に中世の傾向であり、権威と信仰の時代の特徴だった。（EASTWOOD 1968, p. 321）

13　一六世紀半ばから一七世紀にかけて西欧カトリック圏に数多く設立され、ほぼ全西欧世界の高等教育を一手に引き受けたイエズス会の学院《コレージュ》でも、アリストテレス的学知の伝統が勢力を保っていた。Cf. DEAR 1995, chap. 2.

14　「一六六〇年代に、新たに創設されたロンドン王立協会のロバート・フックは顕微鏡について語り、きわめて微小な領域における新しい発見領野だとした。新世界発見の大航海によってもたらされたヨーロッパ人の視点の拡張およびそれに伴う世界規模の貿易の増大は、そうした比喩をたちどころに身近で手にしやすいものとした。一七世紀の初めごろ、フランシス・ベイコンは発見についてまさに同じイメージを愛用し、彼の綱領ともいえる野望を表現するのにダニエル書からの預言、つまり「多くの者が過ぎ行き、知識は増すであろう」（ダニエル書 12, 4）を選ぶことさえしたのである。実際、世界は、スコラ哲学において夢想されたよりももっと多くの事物を含み始めてしまっていたのである」（DEAR 2001, p. 6＝二〇一二、一三頁）。

15　「経験知（experientia）」が共有された知識や自然観察に関わるのに対し、「実験知（experimentum）」は実験室のように或る操作された特殊な環境における自然のふるまいに関わる。たとえば、「われわれは皆、りんごが羽毛より早く落下するのを知っている」という言明は前者、「りんごと羽毛が真空状態において落下するとどうなるか」が後者に相当する。Cf. LICOPPE 1996, p. 21–24.

16　アウグスティヌスは、自分の両親が本当に両親であることを人間はどのように知るのかという問いを提起することによって、社会的共同性の維持に不可欠な信の必要性を論証している。

17　ニュッサのグレゴリオスは「創世記」に語られているアブラハムの生涯に「信仰のみ」の境地を認めている。

> おのれの外、おのれが生まれた土地の外、つまり人間的で卑しいおのれの精神の外へと出たアブラハムは、神についての考えにおいて神の本質に関するあらゆる限定された表象を超えて、おのれの精神からあらゆる概念を取り除き、混じりけない信仰を獲得したのだが、神についての確実で明白な認識のしるしを、あらゆる限定的なしるしを超えて神を信じることにおいた。だから彼は、かの幻視に続いておのれの身を襲ったエクスタシーの後、人間につきものの弱さにまで再びくだりながら、こう叫んだのである。私は灰塵にすぎない、と。つまり、彼はおのれが見たものを言うことができず、口をつぐんだのである。このことからアブラハムの物語がわれわれに教えるのは、神に近づくには信仰による瞑想しかないということである。信仰による瞑想が、神を求める精神を、理解不可能な本性とひとつにするのである。(Grégoire de Nysse, *Contre Eunomius*, PG, 45, 941ab., cité dans DANIÉLOU 1954, col. 1877)

ニュッサのグレゴリオスによれば、神に命じられて故郷を離れ、放浪生活を続けたアブラハムは、幻視やエクスタシーといった体験にもかかわらず、いかなる限定的な表象や概念や認識にとらわれることなくただひたすら神を信じ、「混じりけない信仰」によって神に近づいたのだった。

18　一六三九年にカナダに渡ったマリを、スュランは直接には知らなかった。しかし、このイエズス会士とウルスラ会修道女のあいだには間接的ながら数多くの結びつきがある。第三修練期にルイ・ラルマンの教えを受けたスュランと同世代の著名なイエズス会士には、カナダでの宣教中に殉教した聖人として有名なイザアク・ジョグとジャン・ド・ブレブフ、またヌヴェル＝フランス宣教区の最初の長上であるポール・ル・ジュンヌがいた。彼らカナダのイエズス会士はマリとも緊密な関係にあった。Cf. ROUSTANG (ed.), [1961] 2006. また、一六三三年から三四年にかけて彼女の息子クロード・マルタンを教え、三九年から五七年までカナダに滞在したイエズス会士ジョゼフ＝アントワーヌ・ポンセ・ド・ラ・リヴィエール（Joseph-Antoine Poncet de la Rivière, 1610–1675）をスュランはよく知っていた。一六六一年一〇月二六日のジャンヌ宛ての手紙のなかで、スュランは、長期にわたってイロコイ族に囚われ、凄まじい肉体的苦痛を受けたポンセの経験に言及している（C. L420, p. 1253）。スュランは『神の愛についての問い』のなかで受肉のマリの言葉を参照しているが（Q. II, 8, p. 119）、ポンセを通じて何らか彼女の書いたものを読む機会があったかもしれない。

体験と信仰のねじれからくる緊張関係は、たとえばジャン＝ピエール・カミュ『神秘神学』（一六四〇年）の第五章に顕著なかたちで現れている。「神秘的な幻視と啓示」について、つねに真偽を判定する必要性を主張し、その基準を提示しつつ、カミュは、スウェーデンのビルギッタ（Brigitte de Suède, 1303–1373）、ヘルフタのゲルトルート（Gertrude d'Helfta, 1256–1302）、シエナのカタリナ（Catherine de Sienne, 1347–1380）、フォリーニョのアンジェラ（Angèle de Foligno, 1248–1309）、そしてアビラのテレサといった聖女たちの幻視と啓示の真正性を順次検討してゆく。だが、神秘神学から神秘体験のスペクタクル性を脱色しようとした彼にとって、当時熱烈な崇敬を集めていたテレサの神秘体験ですら疑義を免れるものではなかった。「本当のことを言えば、或る聖人ないし聖女が列聖されるときに、その人物の人生、書物、幻視、奇蹟、エクスタシーも同時に神聖化されるのかどうか、私にはわからないのである」（CAMUS 2003, p. 171–172）。こう述べた上で、カミュは、自らの読者に対して十字架のヨハネの文献を参照するよう促すのである。それは、カミュがこの「カルメル会改革における聖テレサの協力者」をして「この敬虔な人物以上に幻視や天啓の偉大な懲罰者《フレオ》たる神秘的著述家はいない」と考えていたからだった（*ibid.*, p. 174）。

カミュは、聖テレサの神秘体験の権威に正面から異議を申し立てることを慎重な言い回しによって回避しているが、そのことがかえって彼の十字架のヨハネの教説への傾倒を浮き彫りにしている。

> 十字架のヨハネは真のものと偽のもの、善きものと悪しきものを区別する方法をたしかに与えてくれるが、重要なことは、それらすべてを排除することをこそ彼は望んでいるということである。この著者において私をいっそう驚かせるのは、彼がカルメル会改革に賛同し、聖テレサに求められて改革の柱となったということを知ることである。聖テレサは彼女の幻視や天啓をきっと彼に伝えたであろうし（それはありそうなことだ）、そうした幻視や天啓は善きもの、真のもの、聖なるものであるのだから、彼も承認したはずだと考えられよう（そのような承認は見当たらないけれども）。
>
> しかしながら、極めて高度な観想と、神秘神学の深い学識によるすべての彼の著作は、ただひとつの点をねらい定めているようにみえる。それは、あらゆる欲動を完全に克服することによって、あらゆる感覚をそうした感覚が向かう望ましい対象から引き剝がすことであり、想像力によるものであれ知性によるものであれ、幻想、形色、想像物、観念、形相を精神から剝ぎ取って、善きものであれ悪しきものであれ、幻視や天啓がもたらす印象を取り除いて精神を空にし（vider）（これは十字架のヨハネの言葉である）、そうして暗闇のなかの、雲に包まれてある、そして聖ディオニュシオスの言葉を用いれば、

暗黒のなかの（*caligieuse*）神の観想に到達するのである。これは十字架のヨハネが魂の暗夜と呼ぶものである。（*ibid*., p. 175）

テレサとヨハネの異なる立場をなんとか調停しようというカミュの努力も垣間見えるが、しかし、最終的にはそれも放棄され、一転して両者の鮮明な対立が次のように描き出される。

　このことは時に聖書にある次の言葉を想起させる。「もし一方が建てたものを他方が壊すのであれば、多大な労苦を募らせるばかりである」［『シラ書』34, 28］。同じ改革の遂行者であるこの二人［テレサとヨハネ］は、いずれも神秘神学の卓越した書き手であるが、神に仕えるという同じ目的に向かうのに、たがいに異なるばかりか、ほとんど相反する二つの道を辿ったのである。というのも、聖テレサは、その活動、祈り、修道院創設を進めるにあたりさまざまな幻視や天啓に依拠したからであり、それらは彼女の著作のどの頁にもみられる。

　彼女の協力者である十字架のヨハネはといえば、幻視と天啓のあらゆる観念を人間精神から消し去るべく努め、そうして神との合一に向かって赤裸な信仰（これは彼の言葉である）のうちを歩ませようとしたのである。（*ibid*., p. 175–176）

要するに、このフランソワ・ド・サルの弟子は、神秘神学を彼の言うところの「世俗的信心（dévotion civile）」に適合させるという目的を実現するため、十字架のヨハネの赤裸な信仰の概念に神秘体験批判の理論的根拠を求めたのである。これは、本書第三章で考察する「超常の恩寵」をめぐる論争において、バスティド神父がスュランに対して取ったのと同じやり方である。こうしてみると、十字架のヨハネの信仰論は、少なくとも一面では、一七世紀半ばには明確になる神秘主義解体の流れを後押ししたといえるかもしれない。テレサとヨハネの緊張を孕んだ関係については、鶴岡二〇〇一、一七頁（註九）に言及がある。

20　『経験の学知』第一部を構成する三つの章は、いずれも「悪魔どもが真に存在する証拠」の提示にあてられている。この場合の「証拠」とは、スュランの表現によれば、「目に見える結果」（S. I, 3, p. 186）である。

21　「この、悪魔感知の「肉体性」ということはまた、その真の意味での「他者性」の認識でもあったと思われる。悪魔——魂に内在する「悪の原理」、「根本悪」、「（原）罪」等ではない——とは本来、魂の外なる実在である。悪魔といえども、（神と同じく）「他者」である。そして我々が、他者の他者としての実在性を最もよく知るのは、他者と何らか肉体的レベルで接触する時であろう。かくて、ルーダンの体験においてスュランは、超越的他者なる悪魔の実在をリアルに感得する「能力」に目覚めたのだと言えるかもしれない」（鶴岡 一九九一、一七七頁。傍点原文）。

22　超常の恩寵およびそれによってもたらされる特権的体験への十字架のヨハネの態度は、単に否定的なばかりではない。実際、以下の引用（『カルメル山登攀』II, 22, 19）に表れているように、あくまでも実践的な彼の教えは、そのような体験を得たという人びとの言葉を頭ごなしに否定してしまうことで肝心の霊的指導に支障が出ることがないよう注意を促してもいる。このことが――本書第三章でみる――スュランとバスティドの論争を生むことにもなった。しかし、そのような揺れを孕みながらも、ヨハネの教説は最終的には体験への執着を去って純粋な信仰に向かうべきことを説く。

　しかし、以上のことについて注意しておかなくてはならないことがある。それは、そうしたこと〔超常の恩寵の体験〕は捨てて顧みるべきでないということ、また、聴罪司祭であるものは、そうした事柄に話を及ぼさないようにと強調してきたのではあるが、霊的指導者は、そうしたことに関してあまり不快な態度を示したり、そうした人びとを避けたりさげすんだりすることは芳しからぬことで、そのために人びとは、勇気が挫けて打ちあけようとしなくなって、それを言う扉が閉められてしまうことになると、さまざまの好ましからぬことが生ずることになるということである。というのも、こうしたものは、神がこのような人びとを導かれる手段であり形なのであるから、これに対して、快からず思ったり驚いたり、つまずいたりすることはないのである。むしろ十分に優しさと落ち着きとをもって対処し、彼らを励まして、それを言う糸口を与えるべきである。必要とあればそのことを命ずべきでさえある。というのも、時にそうしたことを言うことに難しさを感ずるときには、すべての方法をつくさなくてはならないからである。

　そのような人びとをよく教えて、そうしたすべてのことから目をそらせ、前進させるためには、いかにそうしたものから、欲望と霊をはぎとらなくてはならないかについての教えを与え、神のみ前においては、天から受け取る何かの示現や交わりなどよりも、愛によるひとつの決意や行いのほうがはるかに価値のあるものであることを悟らせて、彼らを信仰の方に導かなくてはならないのである。事実、示現とか啓示というものは、それがあったからといって救いにどうというわけのものではないのであるし、また、このような体験をもたない多くの人びとのほうが、実際そうしたことをしばしば経験した人びとよりも、はるかに多くの進歩をとげているからである。（JEAN DE LA CROIX 2007, p. 217 = 二九〇―二九一頁。傍点引用者）

23　信仰概念には、総じて「信仰対象の承認」と「信頼としての信仰」の二つの位相がある。前者は“fides quae creditur”と言われる信仰の客観的側面を、後者は“fides qua creditur”と言われる信仰の主体的側面を言い表す（金子二〇〇〇、三三頁）。このように区別するとき、スュランの神秘主義において焦点となる信仰は後者に関わってくる。興味深いのは、スュランにおいては、特別な体験に恵まれたいわゆる「神秘家」の信が、まさにその体験――「信仰の対象」を顕現させ、「信仰の内容」を確証させる体験――ゆえに、客観的対象としての信の問題へと寄せられるということ、そしてそれに対して、客観的な信仰を根拠づけるような体験がないがために主体的側面において問われる信は、むしろ平凡な一般信徒たちのものとみなされうるということだ。

第2章　名もなき証言者たちとの呼応

西欧近世に体験の学知とスコラ的学知のあいだに生じた亀裂は、たんなる思想的傾向の相違にはとどまらず、二つの異なる学知の担い手のあいだにみられた社会的緊張関係に連関していた。一七世紀フランスには、有名無名の「無学な神秘家」が数多く登場した。彼らは、その豊かな「経験の学知」のために、高度に抽象的なスコラ神学的素養を備えたエリートたちをしばしば驚かせた。こうした事態は、教会聖職者・神学者と俗人信徒とのあいだに中世以来存在した緊張関係に連なるものであるが、印刷術の発達にともない俗語による神秘主義文献が広範に流通したこともあって、この時代のフランスは、神学者や聖職者の専門的な思弁をおのれの「経験＝体験」によって凌駕するような一般信徒たち、在野の神秘家たちのかつてない活躍をみたのである。

神秘家、霊性家と呼ばれる数々の傑出した人物が輩出したフランス一七世紀は、まさに「諸聖人＝神秘家たちの時代（siècle des saints）」と呼ばれるにふさわしい時代であった。だが本章では、この時代に顕著な霊性の興隆が、思想史上に著名な「達人宗教家」たちに還元しきれない拡がりをもっているということをまずは強調したいと思う。

たしかに、近世フランスにおいてテレサや十字架のヨハネらは決定的な霊性の源泉であった。しかし、少なくとも一七世紀フランスに関するかぎり、偉大な神秘家たちが辿った神秘主義の道は、事実においても理念においても、けっして一部の「英雄」たちに限定されたものではなかった。[1] この時代の神秘主義は、名も無き「民衆」

たちのものでもあった。もっとも、「民衆」の神秘主義を論じることや、近世神秘主義の社会史を企てることがここでのねらいではない。本章の目的は、一七世紀フランス神秘主義の広大な裾野をいささかなりと視野に入れることによって、私たちにのこされた神秘家たちのテクストをより精緻かつ大胆に読み解く可能性を拓くことにある。実際、スュランのテクストは、そこに名もなき人びとの痕跡を探るような読みを企図することによって、呼びかけと応答が響きあう多声的な舞台の相貌を呈してくるのだ。

1　一七世紀フランスにおける俗人神秘家の台頭

近世神秘主義に顕著な現象として俗人神秘家の台頭を挙げることができる。一七世紀フランスにおける無学な、だがその霊的学知の奥深さによってエリート神学者たちを凌駕した人びとの活躍は、アンリ・ブレモンの関心を大いに喚起したのち、セルトーにより「照明を受けた無学者」というテーマで明確に問題化された。[2] 西欧の政治的社会的な構造変動も視野に入れたセルトーの分析によれば、それは、キリスト教の歴史とともに古くからあり、中世末期には「照明を受けた俗人信徒」と「神学者たる聖職者」とを対立させていたテーマの焼き直しである(CERTEAU [1975] 2002, p. 159–160＝一九九六、一五〇―一五一頁)。中世哲学史家リューディ・インバッハによれば、中世西欧における聖職者と俗人信徒の社会的対立は、学知の方法、そして学知の内容とも密接不可分な関係にあった。中世の「哲学」はけっして均質な学知ではなかった。俗人信徒のための、あるいは俗人信徒による学知としての哲学が存在したという(IMBACH 1996)。

俗人信徒と哲学との関係を問うことによって浮上してくる新しい論点のひとつが、翻訳によるテクストの普及と思想の展開である。たとえば、エックハルトに師事したドミニコ会士ハインリヒ・ゾイゼ(Heinrich Seuse, 1295–1366)は、はじめ修道女向けにドイツ語で書いた『永遠の知恵の書(*Büchlein der ewigen Weisheit*)』を、のちに修道会改革の目的のため『知恵の時計(*Horologium sapientiae*)』としてラテン語に翻訳したが、このテクストの写本はドミニコ会よりもベネディクト会やカルトゥジオ会で多く作成された。さらに、彼の死後一三八九年に出たフランス語訳は、中世を通じてあらゆる社会階層に属する人びとに読まれた。インバッハの言うとおり、「翻訳することは広範に普及させることに同じ」なのだ（*ibid.*, p. 68–75）。

インバッハの議論はまた、一口に「哲学」と言われる学知が、その「受け手」に応じて――少なくとも中世においては――多様であったことを示している。俗人信徒たちにとって、哲学とは考えられるものであると同時に生きられるものでもあった。ドミニク・ド・クルセルは、インバッハと同様、中近世の西欧思想研究にとって決定的に重要な要素として、職業哲学者ではない俗人たち――ライムンドゥス・ルルス、アントワープのハーデヴィヒ、そしてダンテら――の霊性の興隆と、哲学・神秘主義文献の俗語への翻訳・流通を挙げ、この時代に出た神秘主義的諸思潮のもつ異種混淆的性格を指摘している。彼ら俗人たちは、哲学と神学、知性と信仰、人文主義的傾向と神秘主義的傾向のあいだで揺れ動く「はざま」にいた。「彼らの言葉は、単に霊的であるのみならず、政治的、ユマニスム的でもあるような幅をもっている」と述べるクルセルは、中近世の神秘家たちの思想にみられる、具体的な生と結びついたその実践的性格を強調する（COURCELLES 2003）。

インバッハやクルセルが中世から近世の西欧思想史研究に提起した新たな視点は、一七世紀神秘主義研究にも、その広がりとダイナミズムを捉えるための多くの示唆を与えてくれる。それは第一に、俗人信徒の神秘主義という問いを前景化する。のちにみるように、一七世紀フランスでは、俗語に翻訳された神秘主義文献が一般に流通し、俗人信徒による霊性文献の読書、写本、編集、出版、あるいは執筆活動が活発に行われた。とすれば、そこにはまさしく、俗人信徒のための、あるいは俗人信徒による神秘主義のテクストに固有の論理を探ってみる余地があるだろう。一七世紀におけるカトリック霊性のかつてない興隆は、諸個人の内面的体験を強調する思想的次元において捉えられることが多い。しかし、この時代の霊性の興隆は、多分に社会的、実践的次元に関わる問題でもあった。豊かな内面的深化を遂げた霊性の諸潮流は、一部の神学者や聖職者のみならず、とりわけ文献の流通を通じて広く一般信徒層に流れ込み、拡散していったのである。

第二に、俗人信徒の神秘主義という視点は、神秘家のテクストにどう接近すべきかという問いをあらためて提起することになるはずだ。繰り返しになるが、従来の研究では、神秘主義は個人の「内面」に起こった心理学的現象に還元されがちで、テクスト批判の際にもそれが紡ぎ出された当時の社会的実践的条件は捨象される傾向にあったように思われる。だが、一七世紀の神秘家たちは、俗人信徒と共通の地平の上でさまざまな霊的交流――具体的には、霊的指導、司牧と宣教、書簡のやり取り、あるいは偶然の邂逅など――を生き、またそれを通じて内面的な霊性を深化させていったと考えられるのである。であれば、そのような交流の地平にテクストを置き、そこに有名無名の他者たちの声の響きを聞き取ろうとするなんらかの試みが要請されるのではないか。

1　「愛の学校」（「情動の学校」）

前章で考察したように、中世末期の神学者ジャン・ジェルソンは、神秘神学の原理を認識する方途として、体験による学知と推論による学知の二つを区別した。ジェルソンの神秘神学はなおアリストテレス＝トマス的な学知の枠組みに立脚していたものの、たしかにそこには伝統的な神学体系から自立した「経験の学知」としての近世神秘主義の萌芽を認めることができる。ここで注目したいのは、それぞれの学知の担い手たちの社会的区分である。

ジェルソンは、特別な恩寵に恵まれた経験者と、その他大多数の経験なき者とを区別した。自然哲学におけるアリストテレスやガレノス、あるいはキリスト教信仰におけるパウロのような始原の経験者たちと、ただそれに対する信によってのみ真理に近づくことができる一般の人びととを区別するとき、明らかに彼は、前者の後者に対する認識上の優越を前提していた。しかしジェルソンの『神秘神学』には、学知の担い手をめぐり、これとは異なる別様の区別が存在するのである。「神学をめぐる他の相違点に加えて、思弁神学を学び加える者たちの学校と神秘神学の学校の相違点を明らかにし、また、それぞれの学校が学識ある者たちおよび学のない信者たちとどのような関係を結んでいるのかを明らかにする」と題された第三〇考察を取りあげよう。ここでジェルソンは、思弁神学（theologia speculativa）ないしスコラ神学（theologia scolastica）が哲学的思考にならって推論を立てること、書物による神学（theologia litteratoria）とも呼ばれることを指摘したうえで、これに神秘神学を対置する。

だが神秘神学は、そのような文献による認識に見いだせるのではないのだから、知性の学校と呼ばれるそのような学校を必ずしも必要としない。神秘神学は、情動の学校を通じて（per scolam affectus）、また魂の熱烈な修練によって獲得されるのである。魂を浄化へと導く道徳的力、魂を照明へと導く神学的徳の力、また魂を完徳へと導く至福の力の熱烈な修練であるが、これらはヒエラルキアをなす三つのはたらきにそれぞれ対応している。すなわち浄化、照明、完徳である。そして、知性の学校が、学知の学校もしくは認識の学校（scola scientie vel cognitionis）と言われるべきであるように、この学校は、宗教の学校もしくは愛の学校（scola religionis vel amoris）と呼ばれうる。（GERSON 2008, p. 154＝一九九二、四六〇頁）

知性の学校に対する情動の学校、認識の学校に対する愛の学校。スコラ神学と神秘神学のこのような明瞭な対比は、近世神秘主義にも受け継がれてゆく。だが、さらに注目すべきは、二つの異なる性格をもつ神学を明確に区別した結果、その担い手となる人びとについても明確な線引きがなされるということである。学知の区別はただ認識上の問題にはとどまらず、社会的集団の区別にも関わってくるのである。

ところで、獣たちにおいてすらそうなのだが、認識が少ないところほど情動がまさるということはしばしば起こるのだから、これと比べてみれば、この神秘神学の教えは、大いなる学知、とりわけ獲得された学知による事柄ではないということになる。というのも、神とはすべてにおいて望ましいもの、愛すべきものであることは信仰から認められるのであるから、情動的部分が浄化され、照明を受け、整えられ、よく修練を積んでいるならば、たとえ数多の書物を考究したことがないからといって、それがすべてにおいて望ましく愛すべき神に向かって完全に運び去られ、奪い去られるというのは道理である。

以上からわれわれは結論として次のような相違を導く。すなわち、神秘神学は、至高にして、いと完全なる認識でありながら、にもかかわらず、信徒であれば誰でも、たとえか弱き女もしくは無学者であっても、手に入れることができるのである。（*ibid*., p. 154–157＝四六〇―四六一頁。傍点引用者）

知性に対する情動の、知識に対する愛の、スコラ神学に対する神秘神学の優越がはっきり示される。神秘神学においては、書物によって獲得される該博な知識は無用の長物である。神秘神学の学校とはなによりも「愛の学校」である。そして、そうだとすれば、この学校は、学識豊かであろうとする神学者にかぎらず、すべて信仰篤き者に開かれている。したがって「か弱き女もしくは無学者」であっても「至高にして、いと完全なる認識」を手に入れることができるというのだ。

ところがジェルソンは、続く第三一考察、さらにもう一歩踏み込んで、無学な者たちこそ神秘神学の真の担い手であると主張するに至る。

神秘神学についての説教は、聖職者ないし学識者といった多くの人びと、また学者や哲学者や神学者と呼ばれる多くの人びとには隠されているべきものであるが、数多くの無学者や、素朴だが信仰篤き者たちには伝えられうる。（*ibid*., p. 158–159＝四六二頁）

かくして、スコラ神学に対する神秘神学の優越のみならず、その神秘神学における、聖職者・神学者に対する無学な信徒の優越が説かれるのである。一七世紀フランスの神秘主義は、この「無知の知」という神秘神学のモチーフを繰り返し、高度な学識を備えた神学者・聖職者・哲学者と無学で素朴な一般信徒たちとのあいだにジェルソンが理論的に顕在化させた亀裂をさらに深めていくことになる。いくつか顕著な例を取り上げよう。

まず、一七世紀フランス霊性の興隆に最も大きな影響力を発揮したフランソワ・ド・サルである。ジュネーヴ司教として、プロテスタント勢力下にあった同地域におけるカトリック教会の立てなおしに尽力し、自らも教区を巡回して人びとにわかりやすい言葉で説教した。後でも言及するが、彼の主著『信心生活入門（*L'Introduction à la vie dévote*）』（一六〇八年）は、在俗の信徒であっても敬虔な霊的生活を送ることができることを説いて、非常な人気を博した。ジャンヌ・ド・シャンタル（Jeanne de Chantal, 1572–1641）とともに聖母訪問修道会を設立し、社会的弱者の救済に組織的に取り組んだことでも知られる彼は、民衆のあいだにも多大な崇敬を集めた聖人である（ルダンの悪魔憑き事件に最終的な幕を引いたのが、悪魔の指示に従って行われたジャンヌ一行のアヌシーのフランソワ・ド・サルの墓への巡礼であったこと、また彼女の左手に刻まれた聖痕がイエス、マリア、ヨセフに加えて彼の名前であったことは象徴的である）。

フランソワ・ド・サルは、フランス霊性が興隆しつつある一七世紀初めにあって、中世的スコラ学、あるいはライン＝フランドルの神秘主義とは決定的に異なる霊性のモデルを作ったとも言われる（BERGAMO 1994, chap. 1）。事実、『信心生活入門』と並ぶ彼のもうひとつの主著『神愛論（*Traité de l'amour de Dieu*）』（一六一六年）には、体験とスコラ的学知とのあいだに先鋭な亀裂が走っているのが認められる。「どちらがより神を愛しただろうか。人間のうち最も鋭敏なる者と呼ばれることもあった神学者オッカムか、無学な女と呼ばれることもあったジェノヴァの聖女カタリナか。前者は学知によって、後者は経験によって、神をよりよく知った。後者の経験は天使のような愛のうちに彼女を導いていったのに対し、前者は、彼の学知をもってしても、いとも卓越せるかの完徳からは非常に遠いところにとどまったのである」（FRANÇOIS DE SALES 1969, p. 620）。

第二の例として、フランソワ・ド・サルと並ぶフランス霊性の立役者、ピエール・ド・ベリュルを取り挙げよう。彼は、従兄弟にあたるアカリ夫人の協力のもと、スペインから女子跣足カルメル会を導入したことでも知られる。また、オラトリオ会をフランスに設立するなど、枢機卿として同国におけるカトリック改革を主導した。

同時に、国王ルイ一三世の側近でもあり、絶対王政が確立されていく時代に政治権力の中枢にいた人物でもある。要するにベリュルは、聖俗両面において一七世紀初頭のフランスを代表するエリート中のエリートであった。しかし、ベリュルにとって真の学知は「諸聖人の学知（science des saints）」、すなわち「神秘家たちの学知」であった。それは哲学や神学とは別様の学知であり、むしろ無学で素朴な神秘家たちのものとされた。

ベリュルにおける「神秘家たちの学知」の根本的な重要性を示すテクストとして、一六二五年に書かれた『イエスのオラトリオ会の長上たちが指導に役立てるべき諸点についての覚書（*Mémorial de quelques points servant à la direction des supérieurs en la Congrégation de l'Oratoire de Jésus*）』がある。彼が一六一一年にパリに設立したオラトリオ会は、数多くの神学校を拠点として司祭の養成に力を注いだ修道会であった。この新興修道会の特徴は実践主義教育にあり、古典主義時代フランスの教育・文化の発展に大きく貢献したともいわれる。しかし、その創設者の理想はこの会を「イエスの学校」とすることにあった。この学校で教えられるべき学知は、「記憶ではなく霊の、学問ではなく祈りの、論述ではなく実践の、論争ではなく謙遜の、思弁ではなく愛の」学知であり、「魂たちの救いのために献身し、自己を放棄し、自己を忘れ、もてる力を出し尽くしたイエスの愛の学知」である（BÉRULLE 1996, p. 382–383）。ジェルソンが『神秘神学』において展開した議論とまったく同様に、ベリュルにおいても、思弁を旨とするスコラ神学と神秘家たちの愛の学知とのあいだには融和不可能な対立が認められる。そしてそれは、それぞれの学知の担い手のあいだの先鋭な区別につながるだろう。「イエスは、しがなき者たち、単純素朴な者たちだけをご自身の学校に入れることを認め、内的な道において彼らを統べるのであり、けっしてその他の信徒たちを学校に入れようとはなさらず、ただ、しがなき者たち、単純素朴な者たちに対してのみ、その霊、恩寵、言葉を向けられるのだ」（*ibid.*, p. 382）。

死の二年前に著されたベリュル最晩年の論考『聖なるマグダラのマリア称揚（*Élévation sur Sainte Madeleine*）』（一六二七年）は、マグダラのマリアの無知を彼女の聖性に密接に結びつけて語ったテクストである。マグダラのマリアは、カトリックへの改宗を促すこの時代の流れのなかで数多くの詩、散文、説教の主題として取り上げられた。

ベリュルのこのテクストはその代表的な作品であったと言える（西川 一九九八）。そしてそれはまた、一七世紀前半において「神秘家たちの学知」を最も力強く語ったテクストのひとつでもあった。

「神秘家たちの学知」は第一〇章で詳しく説明される。ベリュルはまず、同時代の哲学者および神学者の知的な思い上がりに容赦ない批判を浴びせる。哲学者——ここでは自由思想家《リベルタン》と同義である——は、「経験したことがないことを認めることができず、理解できないことを受け入れることもできず、魂の内部における神のはたらきが自分の知識や経験に限定されるはずだとでも言いたげである」。また神学者は、「あらゆる神への道の裁定者であろうとし、あつかましいことには、イェルサレムの至聖所よりも奥深くに隠され、隔てられて保持されたこの聖域に入り込もうとする」。「神秘家たちの学知」はこれらの批判をネガとして次のように語られる。

それは神の秘密であり、神の愛の振る舞いであり、何か異なる賜物であり、何か別の学知であり、神秘家たちの学知である。最も学識ある者たちが最も偉大な神秘家であるわけではないし、この分野において最も知的な者たちがそうであるわけでもない。最もしがない者たち、最も情愛の深い者たち、そして神がそうした見識を与え給う者たちこそ、最も偉大な神秘家である。この見識はわれわれの功徳ではなく神の望みを基盤とする。なぜなら、神は「望ミノママニ（prout vult）」神の賜物を与えるからだ。これは、この奥義の偉大な師、聖パウロの言葉である〔「コリントの信徒への手紙一」12, 11〕。しかし、学識のある者たちや知的な者たちは彼の学校には属しておらず、そうした考えもなければ、そうした謙虚さもない。（BÉRULLE 1996, p. 460）

スコラ神学や哲学の学知と神秘主義の学知の対立は、たんなる理論上の学知の対立にはとどまらず、「知性の学校」と「愛の学校」のあいだ、つまり学者たち・聖職者たちと一般信徒たちとのあいだに、現実の社会的緊張関係を引き起こすことになる。

従来権威とされてきた学知に「神秘家の学知」を先鋭なやり方で対置したもう一人の神秘家として、ギュイヨン夫人を挙げよう。一七世紀フランス霊性史上に特異な位置を占めるこの女性は、カンブレ大司教フェヌロンとの邂逅を経て、当時の宮廷とフランス・カトリック界の重鎮たちを巻き込んで展開したキエティスム論争を戦い、世紀末の神秘主義思潮断罪の契機を作った人物である。彼女もまた、神学的な学知と神秘主義の学知をラディカルに区分した一人であった。一六八二年に著された彼女の主著『奔流（*Les Torrents spirituels*）』には次のような記述がある。

> ああ神秘の学よ、神の学よ、おまえはこれほど偉大で欠くべからざるものなのに、人はおまえを軽んじ、おまえに制限を加え、おまえを束縛し、おまえを無用に押さえつける。祈りについての学校が建てられることは、この先もないだろう。かつて、人は、祈りをひとつの学問に仕立て上げようとしてすべてを台無しにしてしまった。なぜなら、それが、測り知ることのできない神に、規則と節度の枠をはめようとするものであったからだ。
>
> 祈れない魂、祈りに専念できない魂はなく、またそうすることが必然でないような魂も存在しない。最も粗雑で、最も愚かしい人でも祈ることはできる。私はそれを経験で知っている。（MADAME GUYON 1992, p. 78–79＝一九九〇、一四九―一五〇頁）

祈りこそ「測り知ることのできない神」との自由な交わりであり、そこに学問的な推論を持ち込むことは神を狭い枠に押し込めてしまうことである。こう説くギュイヨンにとっては、むしろ「最も粗雑で、最も愚かしい人」こそ祈りにふさわしい人だった。実際、彼女の言葉は誰よりもそのような人びとに向けられていた。「ああ貧しき人びとよ、粗野で愚かな人びとよ、理知も学問もない子供たち、何も覚えることができない素朴な人びとよ、黙想に来なさい、そうすればあなた方は学識ある者となるだろう[3]」（MADAME GUYON 1720a, p. 42）。『自叙伝（*La Vie par elle-même*）』中にみられるこの言葉には、のちに見るように、彼女の人生に実際に起こった「しがなき者たち」との出会いが反響していると考えられるのだ。

スュランもまた、一七世紀フランス神秘主義を貫くこの系譜に属していた。彼は、哲学や神学とは何か異なる学知としての「神秘家の学知」を語ろうとする態度を一貫して持ち続けていた。たとえば、「神秘神学の解明」と題された『霊的対話集』中の一章（第三巻第三部第五章）では以下のような問答が展開されている。スュランは、まさしくジェルソンを参照することによって、学識を備えた神学者も神秘家の学知については正当な判断を下すことはできないという主張を弁明し、あるいは神秘主義に敵対的な神学者を反駁するのである。

問い　それはどういうことか。神学者は神的な事柄に関わるすべてのことを理解することができないというのか。

答え　学識者であり信心深い神学者であったジェルソンは、法学やその他の学問における学知において学識があるからといって神秘神学のあらゆる秘密を理解することができるたしかな能力があるわけではない、と答える。神秘家の学知はその他の学知のようにたんに悟性を満たすことによっては獲得されない。そこにおいてはもっぱら心をはたらかせることが必要であるが、遜《へりくだ》った、純粋な、恩寵に従順な魂でなければうまくやることはできない。それが叶わない場合、知識を得れば得るほど、超自然の事どもへと至る開けはますます閉じてしまうことになる。知性の光に頼み過ぎれば超自然の事どもへの門は閉じ、それらの事どもは遠ざかってしまう。超自然の事どもを論じた書物を読むことは〔神学者たちを〕大いに苛立たせるだろう。書かれている意味をまったくあべこべに解釈してしまい、ついには真理と聖性に満ちたものに異端を見いだす始末なのだ。その原因は信仰に関わることについて無知であるためではけっしてない。思い込みのせいで、しばしば書かれていないことをそれらの書物のうちに見つけてしまうのである。色硝子を通して物体を見る者たちが、それらの物体自体にはまったくなかった種々の色を見ているように思い込むのと同じである。（3D, III, 5, p. 158）

神秘家の学知にとって、スコラ的学知は無用であるばかりか、ときには有害ですらある。重要なのは知性よりも「心のはたらき」なのだ。同様のことは『神の愛についての問い』でも明言されている。

さて、神秘家たちに固有のこの学知とはどのようなものだろうか。それは、おのれの知性を熱意でしのぐことであり、愛は、神に関わる事柄においては、私たちの悟性とそれに基づく推論を超えていると理解することである。神的な充溢はその果てに到来する。それこそが希求すべき真の完徳なのだ。大方の人びとは、おのれの推論を満足させようと、神秘主義の学知に関わる事柄でも、哲学や神学といった他の学知と同様のやり方をとる。だがそれとは別の道がある。それは聖イグナティウスが〈情動ノ学校（*scholam affectus*）〉と呼ぶ学校に行くことである[4]。霊性の学知においては、別の方法を取らなければならないし、悟性の遜《へりくだ》りと燃え上がる情熱によって、神の光明の内に入らなければならない。以上が、神のみを望む実践に熟達した人びとに求められていることである。（Q. II, 5, p. 104）

かくして神秘家に固有の学知を提示するスュランが、「神のみを望む実践に熟達した人びと」をその学知にふさわしい担い手とするとき、そこにはやはり、このイエズス会士がおのれ自身の魂の遍歴を通じて知った、数多くの豊かな出会い――以下にみる「しがなき者たち」との邂逅――が反映していると思われる[5]。

2　神秘主義文献の翻訳と流通

一七世紀フランスに花開くカトリック霊性の「源流」は、フランスの「外」に求められる。一六世紀までフランス語で書かれた霊性関係の書物はほとんど存在しなかった。だからこそ、一七世紀初頭に数多くの霊性文献がフランス語に翻訳されたことは、フランス霊性の刷新に決定的な影響を与えたのである（SALIN 2002 ; COGNET

[1966]2011, p. 238–243＝一九九八、三一〇—三一六頁）。具体的には、キリスト教神秘神学の文字通りの源流である「ディオニュシオス文書」[6]、ライン＝フランドルの神秘家たち[7]、そしてアビラのテレサや十字架のヨハネらのスペイン神秘主義をはじめとする、夥しい数の文献群の流入と翻訳がフランス霊性の展開に大きな役割を果たした[8]。

なかでもフランス霊性の形成と展開に多大な影響を及ぼしたスペイン神秘主義の流入については、「篤信家」と呼ばれる熱心な信徒たちの活動によるところが大きかった[9]。信徒間の緊密なネットワークを形成し、カトリックの信仰を基盤に政治的問題にも積極的に関わっていった彼らは、一六世紀末の宗教戦争の時代に結成されたリーグ（カトリック同盟）と同様、心理的にもスペインに近かった。たとえば、「リーグの走狗」の異名を取ったピエール・アカリの妻、アカリ夫人ことバルブ・アヴリヨは、すでに述べたように、当時のフランス霊性を主導した一群の人びとを周囲に引き寄せ、アカリ邸は一七世紀初めのフランスの首都で上流社会の霊的交流の核となった。ベリュルとともに跣足カルメル会をフランスに導入し、夫の死後は自身もカルメル会に入会して「受肉のマリ（Marie de l'Incarnation）」との修道名を受けた彼女は、当時まだフランスでは未公刊だった十字架のヨハネのテクストを筆写していたという（COGNET[1966]2011, p. 242＝一九九八、三一四—三一五頁）。

霊性文献の流通は、知識階級にとどまらず、広く民衆層にまで及んだ。この点について極めて興味深い証言が、ベレの司教ジャン＝ピエール・カミュ（Jean-Pierre Camus, 1584–1652）の『世俗的信心への道程（*L'Acheminement à la dévotion civile*）』（一六二四年）に残されている。

スコラ神学や実証神学、あるいは神学論争について書く博士たちにより、日々、神の栄光と教会への奉仕のために生み出される驚くべき量の書物を目にしない者はいないだろう。だが、このあまりの多さに文句を言う者はいない。学識があり勤勉な精神はそれほど飽くことを知らないのだ。ところが、神秘神学あるいは信心についての本があまりに多いことについては誰もが文句を言う。神の事柄にかかわる学知のなかでも、他の領域と比較して中身の洗練度が低く、保存が難しく紛失しやすい小型本しか作られていないので

はあるが。（CAMUS 1624, « Préface » [n. p.]）

俗語で書かれたこれら「小型本」は、教養階層の知的探求への熱意ではなく、生活に即した信心の実践に有益な書物を求める民衆の霊的要求に応えるものであったという。このテクストのなかでカミュは、ギリシア・ラテン教父の原典を豊富に揃えている一方、民衆向けの「小型本」の品揃えに欠き、それゆえ学識ではなく実践を重視する民衆の要望に応えられない架空の書籍商を登場させて、こう言わせている。「そういった内容を扱った小型本は、子供や女たち、最も貧しい連中を相手にする行商人の籠に入っている」（*ibid.*, « Préface » [n. p.]）。この書籍商の言葉には明らかに軽蔑的な調子が窺える。だが、カミュ自身は、少なからぬ抵抗感を覚えながらも、「神秘神学」がいわば平俗化して、知識階級と区別される民衆層に広く浸透していったことを、現実的な事態として冷静に分析していた。そしてそれを、広く一般信徒を包含する新しい霊性としての「神秘神学」、「世俗の信心」を創出する契機として肯定的に捉えようとしたのである。

カミュによれば、この新しい霊性の創出に決定的な寄与をしたのが、彼の師であり友でもあったフランソワ・ド・サルの『信心生活入門』であった。事実、「あらゆる国民が自国の言葉で読むことを欲した」（*ibid.*, « Préface » [n. p.]）というこのテクストは、一六〇八年にリヨンで出版されて以降、ヨーロッパ各国語に翻訳され数多くの版を重ねた。世俗に生活する者の信仰の手引書として、この一年前に刊行されたイエズス会士ピエール・コトン（Pierre Coton, 1564–1626）の『敬虔なる魂の内的な務め（*L'Intérieure occupation d'une âme dévote*）』とともに一七世紀を通じて普及したが、宮廷人向けの性格が強いコトンの著作に対して、サルのテクストはまさしく一般信徒の普通の生活を対象とし、世俗の只中での霊性を主題化するものであった。序文の一節がこの書の性格を雄弁に物語る。「これまで信心を論じてきた者たちは、皆ほとんど、俗世間の関係からすっかり身を退いた人びとの教育を考えるか、あるいは少なくとも、そのように完全に世間から身を退くに導くような種類の信心を教えてきた。私の意図するところは、町で、家庭で、宮廷で生活している人びと、またその社会的境遇のために外面的には普通の生活を送らざるをえない人びとを教えることにある」(FRANÇOIS DE SALES 1969, p. 23–24)。

繰り返しになるが、一七世紀フランス霊性史の際立った特徴のひとつは、俗人として生きながら極めて深い霊性を示し、人びとの尊崇を集めた人物を数多く輩出した点に認められる。その最も顕著な例として、いずれもノルマンディー出身であり、スュランの同時代人で、彼にも少なからず影響を与えた二人の俗人神秘家を取り上げよう。一人は、代表的な篤信家集団のひとつ聖体会の中心的存在であり、カルメル会修道女たちとも親しかったガストン・ド・レンティである。彼の霊的指導者であり、またルダンの事件後にジャンヌの霊的指導をも受け持ったジャン゠バプティスト・サン゠ジュールは、この俗人が体現した福音的「貧しさ」と「自己無化」の聖性に感銘を受け、名著『レンティ男爵の生涯(*La Vie de Monsieur de Renty*)』(一六五一年)を著した。パスカルも手にし、一八世紀にはジョン・ウェスレーにも大きな影響を与えたこの本において強調されているのは、レンティという極めて行動力に優れた俗人神秘家における、神の恒常的な現前である。いずれかの時点でレンティの伝記を読んだと思しきスュランも、とりわけこの点に心を動かされたのであろう。或る手紙のなかで、「腰に刀をさげ、狩りに出ながら、人びとを訪問しながら、また職務上の他の仕事を担いながら」祈ることができたというレンティの霊性を称えている(C. L455, p. 1358)。

もう一人は、レンティの友でもあり、マリ・ギュイヤールに先導されたウルスラ会の北米宣教の支援者でもあったジャン・ド・ベルニエール・ド・ルヴィニ(Jean de Bernières de Louvigny, 1602–1659)である。彼が一六五九年に著し、被造物から徹底的に自由になるための自己放棄や、純粋・赤裸な信仰における受動的な祈りを説く『キリスト者の内面(*L'Intérieur chrétien*)』(のちに『内的キリスト者(*Chrétien intérieur*)』と改められる)は、スュランにも深い共感を呼び起こした。この本を読んだスュランは、一六六一年一一月三〇日にボルドー高等法院院長の敬虔な妻ポンタック夫人に宛てた手紙のなかで、もしこの本の存在をもう少し早く知っていたら『霊のカテキスム』を書く必要はなかっただろう、と書いているほどである。[10]『キリスト者の内面』は、キエティスムへの反感の高まるなか、一六八九年七月二六日に禁書目録に入れられるまで、一七世紀後半を通じて版を重ねた。[11]

以上みてきたように、霊性文献が神学者や聖職者のみならず、広く俗人信徒層にまで流通したことが一七世紀フランスの大きな特徴であった。このことは、読者論や文学の社会史の観点からも実り多き可能性が認められているテーマである（RIBARD 2002）。しかし、この時代の霊性の水脈とその拡がりは、書かれたテクストの流通のみによっては捉え切れない。私たちは、自らは書かなかった、あるいは書けなかった神秘家たちについても何らかのかたちで考えてみたいと思う。もしそれが可能だとすれば、それは、彼らとの邂逅を書き留めることのできた人びとの言葉を読むことを通じてでしかないだろう。

3　さまざまな邂逅

高度な神学的教養を備えたエリートが、貧しく無学でありながら、驚くような「経験の知」を備えた者たち――その多くは女性だった――に強く魅かれ、時に霊的な師としてその教えを仰ぐ。一七世紀フランスの霊性の歴史を通じて繰り返されるこの興味深い邂逅は、史料的な問題もあって、今日まで必ずしも十分な光が当てられていない。だが、近世の霊性のダイナミズムを理解しようとするなら、それはけっして無視することはできない現象である。

いずれも女性を主役とする若干の例を挙げよう。まず、貧しくほとんど文盲でありながら、驚くべき影響力をもったマリ・テイソニエ（通称マリ・ド・ヴァランス Marie de Valence, 1575頃–1648）。彼女に惹きつけられた者たちのなかには、国王の聴罪司祭であったコトンや、サン＝スュルピス神学校を創設したジャン＝ジャック・オリエ（Jean-Jacques Olier, 1608–1657）ら、当代一流の神学者たちがいた[12]。同様に、一七世紀のフランス霊性をリードした一人で、イエス・マリア会を創立するなど民衆宣教にも尽力したジャン・ウード（Jean Eudes, 1601–1680）が、「クータンスの聖女」とも呼ばれたマリ・デ・ヴァレ（Marie des Vallées, 1590–1656）の「神秘体験」に深い関心を寄せたという事実は一考の余地がある[13]。また、やはり無学で貧しい農家の生まれながら、深い霊性と愛徳の実践によって人びとの崇敬を集め、「善良なるアルメル」と呼ばれたブルターニュのアルメル・ニコラ（Armelle Nicolas, 1606–1671）

と、一七世紀前半のフランス・イエズス会内の神秘主義的思潮をリードしたルイ・ラルマンの薫陶を受け、ブルターニュ宣教に努めながら彼女の霊的指導にあたったジャン・リゴル（Jean Rigoleu, 1595–1658）、ヴァンサン・ユビ（Vincent Huby, 1608–1693）らイエズス会士との交流も興味深い。しばしば「悪魔憑き」とみなされ、警戒されもした彼女たちの霊性は、必ずしも教会が定める規範的信心の枠組みには収まらない、当時の民衆的信仰とも響き合うものがあった。実際、彼女たちの他にも歴史の陰に隠れた数多くの神秘家たちがいたのである。

ベリュルの後を継いでオラトリオ会総長となったシャルル・ド・コンドラン（Charles de Condren, 1588–1641）の伝記作家は、コンドランが行く先々で「神秘家たち」と出会ったことを証言している。「私はこのよき神父が知り合った非凡な人びと（âmes extraordinaires）についての本を書くこともできる。（中略）旅の道中、神はつねに、彼が通る場所にいる神秘家たちを彼のもとへと赴かせたのだった」（AMELOTE 1643, p. 265–266）。コンドランの指導を受けたレンティもこうした「非凡な人びと」の一人に数えられようが、それ以外にも名の知れない数々の神秘家たちがいたのである。

世紀末にキエティスム論争の主役となるギュイヨン夫人は、その『自叙伝』のなかで、あるとき道に迷った先で出会った一人の「貧者」との、驚くべきやりとりを語っている。

ある日、私はノートルダム聖堂まで歩いていくことに決め、私に付いていた従者に、一番短い道を案内するように言った。私は道に迷ったが、それは神の思し召しであった。橋の上にいると、ずいぶん粗末な身なりをした男が私に近づいてきた。私はそれが物乞いであると思い、施しをしようとした。男は感謝の言葉を述べたが、施しを求めているわけではないと言った。そして私に近づきながら、まず神の無限の偉大さを語り出したのだが、それについて彼はいくつもの讃嘆すべきことを語った。次に彼が語ったのは三位一体についてであるが、その語り方はあまりに偉大で気高く、それまで私が話に聞いてきたすべては、彼が私に語っ

たことに比べれば儚い影のように思えたほどである。(MADAME GUYON 1720a, p. 131–132)

かつて「荷役労働者」として働いていたというこの男の言葉に耳を傾けるなかで、ギュイヨンは彼が「真の知恵の照明を受けた者」であると感じたという。ギュイヨンについては、彼女とフェヌロンとの邂逅が一七世紀の霊的交流のうち最も重要なひとつに数えられる。しかし、フェヌロンとのやりとりに頻出する「知恵ある素朴さ」というテーマが、上にみたような福音主義的「素朴さ」を現に体現した人びととの出会いと無関係でなかったとすれば(cf. CERTEAU[1982]2002, p. 329n184)、私秘的にみえる二人のやりとりのあいだにも同時代の霊性の広漠たる拡がりが覗いているのだ。だとすればやはり、いかに実証的なアプローチが難しくとも、この捉え難くも豊かな霊性の拡がりと、テクストに紡ぎだされた言葉との関係を考えてみなければならない。

2　スュランと名もなき神秘家たち

歴史の忘却の闇のなかに瞬くような無名の神秘家たちの密やかな現前を証し立てる者として、スュランの右に出る神秘家はいない。そうした彼の証言のなかでも最も有名なのは、一六三〇年五月八日に書かれた一通の手紙である。そこには、イエズス会士としての霊的養成の最終段階にあたる第三修練期の最中、おそらくは健康上の理由から、ルアンからボルドーに一時的に戻る道中、彼が乗合馬車のなかで居合わせた一人の青年との出会いの顚末が綴られている。スュランは、この無学で素朴な若者との三日間にわたるやりとりを通じて、それまでのあらゆる学問の積み重ねが遥かに及ばないような叡知にふれたという。

乗合馬車のなかで、彼は私のすぐそばに座っていたのですが、年のころ一八から一九の青年を見つけました。それは単純素朴で、極めて粗野な言葉遣いをし、まったく無学の、ある司祭に仕えて生活してきた青年でした。ところが彼は、あらゆる種類の恩寵に浴しており、また、あまりにも高遠であるためにそれに匹敵するものを私はけっして目にしたことがないほどの内的な賜物に満たされていました。彼は、霊的な生において誰からも一度も指導を受けたことがなく、ただ神に導かれるのみであったのですが、にもかかわらず、霊的な生について彼が私に語るところはたいへんな崇高さと堅実さをそなえておりましたので、私が霊的な生についてこれまで読んだり理解したりしてきたことすべては、彼が私に語ったことに比べれば、物の数にも入らぬほどです。（C. L18, p. 140）

その驚嘆すべき霊性のゆえに、スュランはしばらくのあいだ、この無学な若者を「天使」ではないかと真剣に疑ったほどだった。[14] この「天使」との驚くべき霊的邂逅を報告するべくイエズス会の仲間たちに宛てられた手紙は、のちにはそれ自体ひとつの神秘的テクストとしてフランス各地で数々の写本が作成され、あるいは印刷されて、さまざまな「異本」を生じながら広範に流通した（CERTEAU［1982］2002, chap. 7）。

ルアンでの第三修練期を終えた後、イエズス会士としての活動を開始したスュランは、司牧と宣教への従事を通じて、さまざまな邂逅を重ねてゆく。一六三一年の夏から翌年夏の終わりまでをボルドー近郊の田園地帯サントで過ごしたスュランは、サントの北西四〇キロに位置する、大西洋にほど近い町マレンヌ（Marennes）に派遣され、一六三四年冬に祓魔師《エクソシスト》としてルダンに派遣されるまで、そこで精力的に活動した。この「ルダン前夜」のおよそ二年間に彼が経験した在野の神秘家たちとの出会いは、鋭敏な感性の持ち主であったこの青年の霊性の形成に、後々まで残る深い影響を及ぼしたと思われる。

マレンヌに着いてまもなく、スュランはボルドーの母に宛てた手紙のなかで次のように書いている。「このマレンヌという地において私は、その身に神の恩寵が実にはっきりと現れている魂たちと出会ったため、私はあたかもどこか異郷の地から来た人間であるかのような心地がします。彼はかつて自国で数々の驚くべきものを目にしたのに、かつて見たものをもはや大したものだと思えなくなってしまっているのです」（C. L39, p. 218）。この

「新世界」でスュランが出会った「魂たち」のなかでも、とりわけ忘れがたい印象を彼にのこしたのは、いずれも俗人である二人の女性神秘家だった。

一人は、マレンヌの商人デュヴェルジエの夫人、マリ・バロンである。この女性は一六三二年一〇月三日に死去している。したがって、同年の夏に当地に入ったスュランとは、彼がのちに手紙に書いているように、「知り合ってすぐに亡くなってしまった」(C. L45, p. 234)。だが、以下にみるように、そのわずかな期間にこの篤信の女性が青年イエズス会士に与えたものは極めて大きかったのである。[15]

彼女の死後、一六三二年一二月二〇日にスュランが書いた手紙は、残存する彼の手紙のなかでも最も長いもののひとつであり、彼女の生涯を知らしめる伝記になっている。[16] この内容豊かなテクストについてとくに注目したいのは、「内的な生」と「外的な生」、あるいは霊的な生と世俗の生の関係に関する記述である。以下に引用するのは、一六三二年の聖霊降臨祭(五月三〇日)の夜に、彼女を呑み込んだという神的な光についての記述である。

> 彼女を照らし出したこの光は、巨大で、広大で、差し貫くように鋭いばかりでなく、絶え間なく続く光でもありました。どんなふうにふるまおうと、どんなことをしようと、彼女はけっして神の荘厳なることを見失うことはありませんでした。彼女は、おのれを包み込む神を、なにか大いなるもののように感じていました。その大いなるものの内に彼女は呑み込まれ、そしてそれは魂の内にさまざまな光線と甘美なるものを絶え間なく放っていました。おのれの経験が彼女に知らしめたのは、この内的な光に注意すればするほど、外的な事どもに囲まれながら行動することがますます容易になるということでした。他の人びととの社交、交際、面会も、それがどれほど長く続こうとも、神へと専心することから彼女の注意をそらせることはけっしてありませんでしたし、そのような注意をいささかも妨げることはありませんでした。彼女の魂はつねに、このけっして見えなくなることのない光を見つめていました。仮にほんのわずかな瞬間でも神の現前を失うことがあったなら、おのれの魂は転覆してしまうように思われると、彼女は私に言いました。この言葉は何

人かの自然哲学者たちが言っていることを思い起こさせました。すなわち、もし太陽が、たとえほんのわずかでもなくなってしまったなら、この世には数々の巨大な変化が起こるだろうということです。神の現前のうちにおのれを保とうとするために、彼女にはどんな努力も必要ではありませんでした。彼女にとってそれは、目を開けたままにしておくことほどにたやすいことだったのです。（C. L27, p. 175. 傍点引用者）

このテクストを読む者は、なによりもまずマリ・バロンが体験した神的な光それ自体の超常性に目を奪われるだろう。しかし、その光の特徴について、「巨大で、広大で、差し貫くように鋭いばかりでなく、絶え間なく続く光でもありました」という描写に注意しなければならない。スュランは、神的な光の実体そのものよりも、むしろこの光のはたらき方の様態に注意を促しているのではないか。

重要なのは、それが刹那的な体験にもたらされる一瞬の光ではなく、消えることなく持続する光であり、「けっして見えなくなることのない光」だったということだ。このような照明を受けた魂においては、内的な生と外的な生との対立はもはや無意味なものとなるだろう。言い換えれば、世俗における職務や人間関係など外的な事柄と内的な光のあいだには、もはやいかなる否定的な関係もなくなるのである。だからこそスュランは、「この内的な光に注意すればするほど、外的な事どもに囲まれながら行動することがますます容易になる」とする一方、「他の人びととの社交、交際、面会も、それがどれほど長く続こうとも、神へと専心することから彼女の注意をそらせることはけっしてありませんでしたし、そのような注意をいささかも妨げることはありませんでした」と書くのである。彼にとってマリ・バロンは世俗の生活の只中における霊性の体現者であった。

世俗社会での生活が、自己を含めた被造物からの離脱を旨とする霊的生活と両立可能であるということ。スュランはこの点を繰り返し強調する。

神の愛は、彼女をほとんど彼女自身の外に置き、彼女をあらゆる被造物への思惟と執着から遠ざけていたのでした。というのも彼女は、外的にはおのれに課せられた仕事の一切を懸命にこなしていたにもかかわらず、精神はいとも大いなる〔被造物からの〕離脱のうちにあったのですから。（C. L27, p. 178. 傍点引用者）

マリ・バロンの「エクスタシー」、すなわち自己を含む被造物からの離脱は、しかし、この世の生からの離脱ではなかった。それは世俗社会で生活してゆく上で避けて通れない諸事雑務を否定しないエクスタシーだったというのである。

たしかにスュランは、一方では、彼女が数多くの特別な超常の恩寵を授かったということを強調している。[17] だが他方では、「彼女の魂が有していた富」が周囲の人びとにはそれとわからない不可視の賜物であったと述べている。この在俗の女性神秘家の生は、文字通り「隠れたる（mystique）」生だった。彼女は「ありふれた」生の地平に隠れていたのである。

彼女の立ち居振る舞いはありふれたもの（communes）でしたし、彼女はおのれが何者であるかを隠す術をよく心得ていたので、彼女と最も親しく交際していた者たちですら、彼女の魂が有していた富をほとんど見抜くことができなかったのです。（C. L27, p. 182）

マレンヌで彼が出会ったもう一人の女性神秘家は、その名をマドレーヌ・ボワネといった。ボワネとのやりとりがスュランにいかに大きな感銘を与えたかということは、先のマリ・バロンの場合と同様、彼女が世を去って（一六五〇年一〇月二九日）からほどなくして、スュランが彼女の伝記を用意していたという事実に明らかである。[18]

貧しいプロテスタントの両親（父はサントで鍋釜職人をしていた）のもとに生まれ育ったボワネは、身体の外形的な問題ゆえに人びとから蔑まれていた。他方、無垢で優れた精神の持ち主であり、神の照明を受けた祈りの人であり、とくに聖母マリアへの熱烈な崇敬と愛を抱いていたという。二〇歳のときにカトリックの信仰告白をおこなった彼女は、マレンヌに滞在した際にスュランと出会った。そこで「彼女はスュランに心を開いてみせ、彼は彼女の心にそれまでずっと隠されていたかの恩寵の得難い宝の数々を発見したのである」（C. p. 191）。のちにスュランは、彼が出入りしていたソジョン男爵の家に、娘たちの教育係としてボワネを推挙した。ところで、デュヴェルジエ夫人すなわちマリ・バロンが病に倒れ、そして息を引き取った場所は、このソジョン男爵の家だった。マリ・バロンの今際にはボワネも立ち会っていたのである。このとき、二人の女性神秘家のあいだで霊性の継承が行われたという。[19] その後ボワネは、母を亡くしたデュヴェルジエ家の娘二人の教育を担うことになった。成長した彼女たちは二人ともカルメル会修道女となり、サントの修道院に入った。晩年はボルドーにて、ギュイエンヌ地方上座裁判所の評定官であったデュソーの夫人に仕え、やはり娘たちの教育係を任されている（この娘たちのうち二人がカルメル会に入会）。スュランはこのデュソー家の人びとも熱心に指導したが（C. L483, p. 1422–1425）、とくに夫人とのあいだには多くの手紙のやりとりが交わされた。このように、ボワネはスュランにとって――或る意味ではジャンヌ以上に――重要な霊的弟子であり、あるいは師であった。

さて、ボワネが神から授かった超常の恩寵は、彼女にそれを「遺贈」したマリ・バロンのそれと同じく、持続性と普遍性を特徴としていた。

> 彼女は一時も神の現前を失わなかった。いつでも、どんなところでも、彼女の注意はつねにおのれの内面に向けられていたが、おのれの社会的立場に応じて求められる外的な義務のひとつとして疎かにすることはなかった。（C. p. 192）

「いつでも、どんなところでも」神の現前を失わないことで、世俗的なものと霊的なもの、そして活動と観想の区別を大胆に乗り越えていくこのような態度を称揚するスュランの言葉には、彼の霊的師父イグナティウス・デ・ロヨラと初期のイエズス会士たちが求めた霊的生の理想が反映している。『霊の導き』では、「混淆せる生

(la vie mêlée)」、すなわち世俗の只中での霊的な生の最良の体現者としてフランシスコ・ザビエルが挙げられている（G. II, 4, p. 113–117）[20]。あるいはまた、一六五九年一二月六日、或るカルメル会修道女に霊的指導を与えるため書かれた手紙のなかで、スュランは、ザビエルとアビラのテレサのあいだに霊性の根本的な一致を見いだすとともに、孤独な観想の実践を通じてでも「さまざまな海や嵐、暗礁や遭難、インドや日本を見る」こと、つまりザビエルが宣教によって辿った道に続くことはできると述べている（C. L271, p. 876）。活動修道会としてのイエズス会と観想修道会としてのカルメル会の霊性は、キリスト教における霊性の二類型を代表するものとして、しばしば対置される。しかし、スュランにとっては、観想と活動の区別は自明のものではまったくなかった[21]。彼にとってはいずれも、すべてを神に委ねるという根本的な点において同じひとつの霊的実践だったのである。

しかし、世俗的なものと霊的なものとが「混淆せる生」のなかでも変わらず神の現前を保ち続けるという生き方は、スュランの神秘主義において、ザビエルのような偉大な聖人や宗教的天才の専売特許であるべきものではけっしてなかった。そもそもそのような生き方は、ザビエルに見いだされる前に、すでにしがなき俗人神秘家たちに見いだされていたのだった。

ここで確かめておきたいのは、スュランをして世俗と霊性、活動と観想の区別を超越することを可能にしたのは何だったのかということだ。結論から言えば、それを可能にしたのは、外から見れば何の変哲もないような信仰による生、その内に溢れる豊潤な恵みの発見であった。スュランがマレンヌという「異境」で果たした魂たちとの出会いと、彼らとのやりとりが、そのような発見を可能にしたのである。

一六三四年一〇月七日の手紙のなかで、スュランはマドレーヌ・ボワネとの「平易かつ平凡なやりとり」を次のように述懐している。

〔彼女は〕ほんのわずかの人びとにしか知られていないような人ですが、おのれの魂の内に起こったことを私に報告し、また私の魂をも世話してくれる人なのです。そうした彼女とのやりとりを通じてたやすくわかったことは、神がその導きにおいていかに卓越しているかということ、そして神の望みにかなうためにどのように歩めばよいかということです。かくして、およそ高尚な対話からはかけ離れた場所、異端に与する粗野な民衆のあいだにあって、私たちの主が私に与え給うたのは、有益かつ聖なるものでありながら、また平易かつ平凡なやりとりでした。それはより洗練された宮廷人とのやりとりよりもはるかに心地よく、より鋭敏な哲学者たちとのそれよりも崇高なものだったのです。（C. L45, p. 234）

ところで、この手紙の宛先人は、クレルモンの学院で出会って以来彼の最も親しい友であり、彼と同じく繊細な神経と神秘主義的傾向をもっていた同じイエズス会の神学者、アシル・ドニ・ダティシ神父（Achille Doni d'Attichy, 1597–1646）であった。かつてともに学究に励み、文字通り「より洗練され、より鋭敏な」学知の研鑽に勤しんだ友に対して、いまや「およそ高尚な対話からはかけ離れた場所、異端に与する粗野な民衆のあいだ」に彷徨う者から送り届けられたこの手紙には、新世界の冒険者から旧世界に送付された報告書とでも言うべき趣がある。それは、かつておのれが旧世界で目にした驚異も霞むような、真に驚くべき邂逅を果たした冒険者自身の内に起こった変化を示唆してもいる。「あなたはもう優美で華麗な手紙を認めようなどという気にはなるまいと私は思っています。私はといえば、あなたには正直に打ち明けようと思いますが、私の知的嗜好はしばらく前に大いに変わってしまったのです。私の人生もそのように変われればいいのにと願っています。神的な事どもに向かう情動に駆られた単純さ（simplicité affectueuse）以外に、私が価値を置くことのできるもの、歓びを感じることのできるものは何もありません」（C. L45, p. 233）。スュランは、かつておのれを捉えてもいた衒学趣味を、世俗的虚栄にすぎないとして棄て去る一方、マリ・バロンやマドレーヌ・ボワネ、あるいはその他大勢の名もなき神秘家たちが[22]体現していた「素朴さ（naïveté）」、「実直さ（sincérité）」にこそ神に近づくべき方途を見いだした。そして彼自身、宣教師として「使徒的単純さ（simplicité apostolique）」を生きようと願うようになるのである。

その身に神の恩寵を体現している魂たちとの出会いを通じてスュランの魂を真に打ったのは、目に見える特別な超常の恩寵ではなく、平凡でありふれた世俗の生のなかに隠された神秘であった。すなわち、信仰篤き者たちに共通・通常の信仰の神秘である。マレンヌでのさまざまな邂逅が彼に垣間見せた魂の理想の境地をめぐる次の言葉は、晩年の彼が「信仰の状態」について語りだす言葉そのものである。

　この状態にある魂は、強く堅固になり、神に根をもち、おのれが信じ希望するものによって生きる。目に見えぬものを基とし、宙づりの状態にあって、おのれに有用であるような神の対象も、おのれを満足させるような神の対象も一切なく、信仰の深淵に沈み、神が住まう闇に迷い、いかなる事柄の体験も求めず、すべての力を未来にまかせている。それでいて愛がその魂を占め、満たし、あらゆる懸念から自由にするのである。(C. L45, p. 235)

スュランはすでにルダン以前から、彼が「信仰の深淵（abîme de la foi）」と呼ぶ魂の状態に特別な意味を認めていた。当時はまだ自分以外の他の信仰者たちのうちにのみ――「窓の向こうを覗くようにして」――窺うばかりであった神の隠された宝[23]を、このイエズス会士はルダン以降の時の流れを経て、ついに自らのものとするに至る。かくして晩年のスュランが人びとと共通の信仰の地平に「回帰」してゆくそのとき、信仰の地平は、かつてはそこで異邦人であるかのような違和感を味わったこの宣教神秘家にとって、もはやただ発見されるべき他者の世界ではなく、自ら生きるべき日常の生の地平そのものとなるであろう。

3　信仰の地平

スュランの「信仰の神秘主義」を理解しようとする私たちの試みにとって、彼が多くの俗人信徒たちと交わり、彼らの霊的指導に多くの時間を費やしたという事実は重要な意味をもつ。ルダン以後、晩年にかけての彼の神秘主義の深化――「信仰の状態」に行き着くまでの道程――がどのように起こったかを考えるためには、司牧と宣教活動を通じた人びととの交わりを視野に入れてテクストを読み解くことが要請されるのである。

1　二通の手紙のあいだ

幼い頃から繊細な霊的感受性の持ち主であったらしいスュランは、すでにルダンに派遣される以前から、慢性的な心身の不調に悩まされていた。青年期の彼の書簡には、のちに「悪魔憑き」の病の淵においてはからずも実現したような、絶対的孤独へと向かう兆候が読み取れる。一六三三年一〇月三日、すなわちルダンに派遣される一年と少し前、ダティシ神父に宛てて書かれた手紙に次のような記述がある。

> 私の生を悔い改めるため、最も近しい人びとをも含めた一切の人びととのあらゆる交わりから身を引くこと、そして、私の記憶から、唯一必要なものを除いて、可能な限りの事どもを消し去ることが、非常に有益であると思うようになりました。そのため私は、以前はしごく当然と思われていた活動に力が入らなくなりました。(C. L36, p. 210)

一切の被造物への執着を絶つことを欲したスュランは、あらゆる人間的な交わりを絶とうとした。先に私たちは、彼がマレンヌで出会ったボワネという女性に深い感銘を受け、その後自ら彼女の伝記を執筆しようとしたことを指摘した。彼がこの「しがなき女性」の霊性にそれほどまでに打たれたのは、そこに「あらゆる事物の大いなる絶対放棄(abnégation)」の理想的なあり方を認めたからでもあった。スュランは言う。純粋な神の恩寵がそれと認められるのは、「物乞いの境遇」にあるボワネがいるような「荒れ野」においてであり、純粋な魂は「この荒れ野においてまったくの野蛮人となる」。スュランが神を見いだすのは「あらゆる被造物への反発」においてであり、「私たちがともに生活しているすべての人びとに、彼らのものとは反対の習慣、感情、処世観によって衝撃を与え、彼らによって排除され、狂人や奇人として扱われる」という境地においてである。ただ神のみを求める魂にとっては、この世とは脱するべき「流浪の地」にほかならない（C. L45, p. 235）。彼は、『経験の学知』において超常の体験の特権性を主張するときにも、特別な体験に恵まれた「並外れた人びと」は「まったく自然的である俗世の人びと」の目にはたんなる「狂人」に映るだろう、と述べていた（S. II, 9, p. 235）。

この世の事柄、すなわち被造物に心を囚われることなく、ただ神のみを求めるべきという教えは、生涯を通じてスュランの思想の中心にあり続けた。スュランが一六六一年一一月三〇日の手紙のなかで、ベルニエールの著作――もっともスュランは著者が誰であるか知らなかったが――『キリスト者の内面』（『内的キリスト者』）を激賞したのも、ひとつにはこの書が、神との合一を妨げる被造物の徹底的な否定と放棄の必要を説いていたからだった。

しかし、『キリスト者の内面』を勧める同じ手紙で、被造物への余計な関心を排除するよう求めながら、スュランはポンタック夫人にこう説いてもいる。

> そのためには、奥様、神がその御意志によってあなたに結びつけている人びと、その人びとに対してあなたが当然果たすべきものと神に望まれている義務から自由になる必要はけっしてありません。また、神の命により、あなたが交わることを義務付けられた人びととの付き合いや交流を拒絶することも、けっして必要ではありません。（C. L432, p. 1291）

被造物世界から魂を解放すべきことは変わらず説かれ続けるが、しかし、二八年の歳月を隔てて著された二通の手紙のあいだには、小さくない語調の違いが認められるようだ。当時ポンタック夫人は、熱心な信仰実践に身を投じるあまり、以前は熱心に求めていた社交界での関係を絶つようになっていた。そんな彼女に対してスュランは、彼女の霊的指導者として、霊的生活と世俗の生活の均衡を保つよう促しているのである（C. p. 1291n1）。たしかに、青年時代の手紙と同様、この手紙のなかでもスュランは、被造物への執着を棄てるべきことを説いている。だが、あらゆる被造物に反発すること、この世において狂人として扱われることを説いて、この世の被造物と全面的に対立するところにこそ魂のあるべき境地をみるという、かつてのような先鋭な態度は影を潜めている。いまやこの宣教師は、被造物に心をとらわれることがないよう戒めつつも、この世における人間的・社会的な交わりを何らか肯定し受け容れるのである。

二通の手紙のあいだに認められる語調の違いをどう考えるべきだろうか。それぞれの手紙が書かれたそもそもの意図の違い——一方はある特異な俗人神秘家から得た知見を別の聖職者に伝える目的で書かれ、他方は俗人信徒の霊的指導を目的に本人に宛てて書かれている——を無視することはできない。しかし、この違いは、時の流れにともなうスュラン自身の何らかの思想的変化を反映していると考えてよいのではないか。

だとすれば、さらに問うべきは、この内的な変化がどのようなものであり、いかにして起こったかということである。まず確かめておくべきは、前節でみたように、ルダンに赴く以前のスュランのうちに、すでに共通・通常の信仰の次元に神秘的境地を見いだす態度が垣間見えるということである。このことは、晩年に花開いたスュランの神秘主義の主題である信仰が、すでに青年期から、文字通り「隠れた主題」であったということを示唆している。このことはまた、これまで長らく、集団的・権威主義的信仰に対置される個人的・内面的体験の次元や、既存の社会的規範の外への逸脱傾向ばかりが強調されてきたきらいのあるスュランの神秘主義、ひいては近世神秘主義全般について、むしろそのラディカルな「社会性・社交性」に考察の目を向けるよう促すのである。

たしかにスュランは、ボワネを範として、あらゆる人間的な交わりを断ち、おのれを含めて一切の被造物への執着から離れる「絶対放棄」を説いていた。しかしながら、それは被造物との一切の関係を断ち切って純粋に霊的な次元に上昇し、私と神との関係に自閉するということをけっして意味しない。一六三二年の暮れにボワネに宛てて書かれたスュランの手紙は、この絶対放棄の「真の実践」が、その根本において他の人びととの社会的関係に支えられているということを教えている。そして、それは信に基づく人びととの交わりとして理解されているのである。

さらに、私は自己の絶対放棄を真に実践したいと思っています。それについては、私たちの主がかくも多くの美しい言葉を語ってくださいましたが、私は次のようにして実践したいと考えています。おのれ自身を忘れ、もはや無以外のなにものも思い起こさないようにつとめ、おのれのいかなる罪悪にも苦しむことがない。しかし、子としての神への信頼をもって（avec une confiance filiale à Dieu）自己を放棄し、私に有利となるように私を仕向けるような思考であれ、不利となるように仕向けるような思考であれ、一切の思考を回避しつつ、私を創造し、私の罪を贖った者の善意を信じて（me fiant à la bonté de celui qui m'a créé et racheté）、ただ神の掟を遵守することと、神が魂の救済手段として私にのこした秘蹟を受けることをのぞいては、何も思い煩うことがない。そして、書物や、説教師や、神について私に語る敬虔な人びとを通じて私が教わったやり方によって、そのような実践を、真のキリスト教的徳の実践と同様に私の支えとしたら、他のものは求めず、ただ歓びのうちに生きることを求め、神の子供たちの自由を求める。以上があなたに当面言えることです。（C. L29, p. 196. 傍点引用者）

「絶対放棄」とは文字通り「絶対の否定（ab-négation）」を意味するが、それは否定の果てに「神に信頼を置く」という肯定へと反転するのである。そして、何を思い煩うこともなくただ神を信じるという実践を支えるのは、実のところ「書物や、説教師や、神について私に語る敬虔な人びとを通じて」なのであり、つまりは他の信仰者が書き、説き、語る言葉への信頼によってなのだ。スュランのいう「信仰の深淵」においては、神に置くべき垂直的な信は、人に置くべき水平的な信と切り離しては考えられない。両者はつねに交錯している。

スュランの神秘主義は、イエズス会宣教師として駆け出しの時期からすでに、「神について私に語る敬虔な人びと」との決定的な出会いを通じて、信仰という主題を胚胎していた。そしてそれは、彼が同様の出会いを重ね、他者と共通の信仰の社会的地平が拓けていくにつれ、徐々に彼の神秘主義のうちに前景化してくるのである。
ただし、この信仰の地平を、魂の歩みを保証するような安定した基盤のイメージで捉えてはならない。スュランにとって信仰の地平とは果ても底もない「深淵」であり、そこを彷徨う魂は根源的な自由を獲得するというのだから。やはりボワネに宛てた別の手紙でスュランはこう書いている。「あなたはほとんど自由思想家《リベルタン》のごとくなって、あなたに必要な自由を手に入れなければなりません」(C. L38, p. 217)。「自由思想家」という言葉がこの時代にどのようなインパクトを持ち得たかを考えても(赤木 一九九三)、スュランの言う信仰のラディカルさを窺い知ることができるだろう。

2 被造物への愛

スュランの神秘主義の地平は他の信仰者たちとの交流のなかに拓かれていった。では、このことは彼の神秘主義の言葉、その語り方にどのように影響したと言えるだろうか。以下に取り上げるのは、一六六二年一〇月一五日、スュランがデュソー[24]に宛てた手紙である。アビラの聖テレサの祝日にあたるこの日に書かれた手紙のねらいは、デュソーが、また彼の家族が、各人の魂においてこのスペインの聖女と何らかの同様の霊的体験をするよう導くことにあった。

まず注目すべきは、「かくも偉大な聖女」を通じて人びとが知る神との合一の境地が、けっして一部の者に限定された特別なものではなく、各個人がそれぞれに経験しうるもの、経験しなければならないものとして語られていることである。

> 聖テレサの祝日と八日間の祝祭を、私たちの範となるべき人のなかに、かくも偉大な聖女の功徳のなかに天によって示された恩寵についてよく考えることなく過ごしてはなりません。聖テレサに対しては、私たちの主への愛に身を捧げようと欲する者はすべて、特別な信心をもたずに済ますことはできないと思います。

いや、デュソー殿、この天使のような魂を焼き尽くした恩寵と神の愛の大いなる雷撃が、私たちの眼前を通り過ぎてしまうということがあってはなりません。私たちは、各人それぞれに応じて、その雷撃の何らかの訪れを受けなければならないのです。（C. L483, p. 1423. 傍点引用者）

このように書き出された手紙は、次のように結ばれる。「私がこの手紙であなたに書いたことは、デュソー殿、あなたの家族の皆に向けて言うことです。家族の皆にもしっかり伝えてくださいますように」（C. L483, p. 1425）。神秘の経験はテレサのような「偉大な聖女」にかぎられた特別な賜物ではなく、「各人それぞれに応じて（chacun selon sa portée）」接近可能なものだと、彼は言うのである。

では、各人の魂はいかにして神の経験へと至るのか。スュランによれば、それは次のような段階を辿る。まず、「大いなる雷撃」に打たれた魂は「始源の形相」にまで無化される。「燃え盛る炎」である神の愛によって、魂のなかにある人間的原理に由来するもの、古い慣習に基づくものはすべて破壊され、自己愛は徹底的に焼き尽くされる。こうしてすべての障害物が取り払われた魂に、魂の夫たる神が到来する……。ここには、いわゆる「婚姻神秘主義」の伝統が垣間見える[25]。また、浄化、照明、合一という、これもキリスト教神秘主義に伝統的な三階梯を看取することもできよう。

しかし、ここでの議論にとってより重要なのは、スュランにおいて「霊的婚姻」は、神秘的経験の最終到達点ではなかったということである。花嫁たる魂を焼き尽くすような神的な炎の到来について述べた後、彼は続けてこう書いている。

さらに、この炎によって、魂はあらゆる被造物と、神の力が及ぼすあらゆる影響とを、以前見ていたのとは違った風に見るのです。魂がそこに見いだすのは、それまでまったく気づかなかったもの、つまり、始原の存在（le premier Être）の光であり、また、神の、神の善意の、神の威容の、神の力の、神の義の完全さの、それと感知できる残存物です。そして、あらゆる所で魂の前に現れるすべてのものが、神を知るための新しい光と、神を愛するための新しい熱意をもたらすのです。(C. L483, p. 1424. 傍点引用者)

神の愛に打たれた魂は、自己愛を滅却し、自己のあり方を刷新するばかりでなく、被造物へのまなざしを新しくするというのである。それは被造物を「別様に見る」こと、あらゆる被造物に神の姿を「見る」ことである。この段階に至った魂には、文字通り普遍的な神の現前がもたらされるともいえよう。このイエズス会士が教える魂の道程は、自己を脱して神との合一に向かうとき、神秘神学が伝統的に説く階梯を神的なものに向けて上昇してゆくのではない。彼が敬虔なるキリスト教信徒の一家に向けてここで開示してみせる霊的な道程の果て、そこにはなおこの世界が広がっており、信仰の地平が広がっているのである。そしてそれゆえこの道は、神の愛を望むすべての信徒たちに開かれていると言えるだろう (cf. GOUJON 2002, 2004)。

ここで興味深いのは、スュランが説く魂の道行きの逆説である。それはたしかに逆説的な事態である。というのも、スュランは、一方で感覚的なもの、地上的なもの、人間的なもの、つまりは否定されるべき一切の被造物からの徹底的な離脱を説きながら、他方、その果てに、あらゆる被造物への神の普遍的な現前という根源的に肯定的な事態を見いだすのだから。

神に比しては「無 (nihil, néan)」に等しいと言われる被造物が、満ち溢れるような神の愛の「充溢 (plénitude)」のなかで「全 (omnia, tout)」へと転化する。無即全。この根源的な転化は、「神への愛のかの全性を損なうことなく被造物を愛することはいかにして可能か」を問うた『神の愛についての問い』第一部第六章で次のように語られている。

イエス・キリストを想ったなら、あとのものは無であるか、忌まわしきものと私はみなす。そして、人間が真理の味わいを得、確たる高潔にまでのぼりつめるのは、神ならぬものはすべて侮蔑すべきものとみなすときのみである。『キリストに倣いて』は、人間の心は、永遠、無限、広大無辺の善たる神の前で何か別のものを重視するが、それは小さく卑しいと述べている。この書は、人間の心は有限の善よりも広大無辺の善たる神を好むべきことを説いているのではなく、広大無辺で永遠なるもの以外には何ものにも価値を置くべきではないことを説いている。その理由は、スベテ神ナラヌモノハ無デアリ、無ト見做サレルベキダカラ〔III, 31, 2〕。

このことは哲学者たちを大いに憤慨させる。哲学者たちは被造物が無ではないことを言おうとするだろうから。そこで人は彼らに対して、被造物は何かほんとうの意味で無であると答えるだろう。使徒聖パウロがこう言っているのだから。ソノ人ハ何者デモナイノニ、自分ヲ一廉ノ者ダト思ッテイル〔「ガラテヤの信徒への手紙」6, 3〕。また詩編作者はこう言っている。御前ニハ、我ガ存在ハ無ニ等シイ〔「詩編」39, 6〕。もしこれらのことが何かしらの意味で正しいとすれば、私は繰り返して言うが、私は被造物に対して、あたかもそれが無であるかのようにふるまわなければならない。なぜなら、まことに神は偉大であるので、ただ神のみが価値を置くべきものであると私には思われるからだ。かつ、私が何かしらの関わりをもつすべてのものに、私が神を見ることを、ほかならぬその神が望むのである。私の上長のうちに、私は神を見る。アナタガタニ耳ヲ傾ケル者ハ、私ニ耳ヲ傾ケル〔「ルカ福音書」10, 16〕。貧しき人びとに隣人愛を示しながら、私は神を見る。私ノ兄弟デアルコノ最モ小サイ者ノ一人ニシタノハ、私ニシテクレタコトナノデアル〔「マタイ福音書」25, 40〕。神は、あたかもそれが真に神であるかのごとくに、すべてにおいて神を見いだすことを望んでいる。なぜなら、まことに、神をのぞいては、すべての被造物のうちに精神的な無が見いだされるのみだからである。したがって神は全である。スベテガスベテノモノノウチニアル〔「コロサイの信徒への手紙」3, 11〕。（Q. I. 6, p. 61–62. 傍点引用者）

神でないもの一切は無であるとは、キリスト教神秘主義に馴染みのテーマである。この点、引用文中に言及があるように、スュランに対する『キリストに倣いて』の影響は決定的であった。さらに、『神の愛についての問い』の校訂者アンリ・ローは、スュランに対する十字架のヨハネの影響の大なることを指摘し、『カルメル山登攀』(I.4.4) から次の一文を引いている。「被造物の存在はすべて神の無限の存在に比すれば無である」(Q.p.61n3)。しかし、たんに被造物を無とみなす思想的傾向を指摘するにとどまっていては不十分である。これまでの私たちの考察は、神とは絶対的に異質であるがゆえに無とみなされるべき被造物に、何らかのかたちで神が見いだされることによって、最終的には無が全へと転じるという事態を問いの俎上に載せることを要請している。

「すべてがすべてのうちにある」ということ、あるいは神の「充溢」とは、スュラン最晩年のテーマであり、彼の神秘主義の核心にある概念である。ひとまずここで確認しておきたいのは、無である被造物に神を見ること、無である被造物を愛することを可能にしたのが、この世に生きる人びととの関係だったということだ。神の充溢を語るとき、スュランは二つの具体的な関係性に触れていた。ひとつは上長との関係、すなわち霊的指導者との関わりであり、もうひとつは貧しき隣人たち、すなわち司牧と宣教の活動を通じた人びととの関わりである。いずれにせよ、すべての被造物への神の現前を可能にしたのは、私と個々の人びととの具体的な交わりにおいてであることが示されているのである。そして、この世に生きる他者たちとの関係を通じて生じるこの神の普遍的な現前、無を満たす全の充溢は、ひとり私のみならず、神の愛を求めるすべての人びとに——各人それぞれに応じて——開かれているのであった。

3　共通の信仰の地平への回帰

すべての信仰者に開かれた神秘の道を語るスュランの言葉は、彼自身の生涯を通じて重ねられた具体的な他者たちとの交わりと、おそらくはそれに並行して起こった、彼の神秘主義の成熟の結果ではなかったか。スュランの信仰の神秘主義は、その社会的地平の拡がりとともに、さまざまな人びととのあいだに言葉が紡がれるなかで深化していった。それはまた、かぎられた少数の人びとに特権的な超常の体験を去って、一般の信徒たちと共通の信仰に向かってゆくという、彼自身の魂の道程の結果でもあった。本章を結ぶにあたり以下に読むテクストは、彼の魂が悪魔憑きに発する深刻な「病」からいかにして「恢復」したかを劇的に物語るテクストである。恢復はいくつかの段階を経て生じたが、ここに語られているのはそのなかでも決定的と考えられる一段階である。『経験の学知』に語られているこの出来事は、彼の魂がいかにして、どのような内的変化を経て人びとと共通の信仰の地平に回帰していったのかを教えている。ひとことで言えば、それは私以外の誰か、自分の外から届く「信（へ）の呼びかけ」を聞くことによってであった。

　数々の超常の体験をともなう悪魔憑きの諸症状に苛まれ続け、おのれの魂が神によって「地獄堕ち」の運命に定められたと信じるに至ったスュランは、ついには善をなそうとすること自体が「人を殺すよりも罪深い」ことだと考えるようになったという。というのも、魂の根底まで悪魔に侵犯され、もはや悪魔と区別がつかないほど堕落した自己がなすべきはむしろ悪であり、善をなすことはおのれの地獄堕ちを定めた神の意志に反することになる——彼はそう考えたのだった。かくして、自己の救いについて一切の希望を失ったスュランは、しかし、一六五五年一〇月一二日、当時の聴罪神父ジャン・リカールの前で、「なお希望をもって地上に生きる人間としてではなく、地獄堕ちの人間として」告解を行った。これをきっかけに始まった以下のやりとりを通じて、スュランの魂はふたたび希望を取り戻すのである。

　彼〔聴罪神父リカール〕は、そのこと〔スュランの告解〕に対して大いなる哀れみを感じていると言い、また、彼自身が抱えている秘密を語らなければならないと言った。「私はけっして啓示を受けた人間ではなく、直観を頼りにする人間でもありません。それでもなお、私の想像から来るのでも、感覚から来るのでもない、或る印象をしばしば抱いたと、あなたに言わなければなりません。それは、私たちの主は、あなたが死ぬ前に、恩寵によって、あなたが間違っているということをあなたに分からせるだろうということ、あなたは最後には他の人びとと同じようにするだろうということです。私はあなたが平穏の裡に死を迎えることを望んでいます」。この言葉は私に強い印象を与えた。そして私は彼に尋ねた。私が神を望むことができるということ、そして、たとえば秘蹟がそうであるように、私たちの主によってこの世に与えられた救済手段を私が用い、それによって主と和解することができるということを本当に信じているのか、と。彼は言った。心の底からそう信じている、と。神の善は、その言葉が私の心に収まることを望んだ。そうして私が告解を行い、罪の赦しを得ると、この神父は出て行った。私は一人部屋に残った。

そこで私は、主が私に慈悲を与えるということは本当に可能か、他の人びと、信仰篤きキリスト教徒たちと同じように希望を持って生きることは本当に可能かを考えた。すると、私は心のなかに或る言葉を聞いた。それは、私たちの主が発することのできるあの命の言葉にも似た言葉、ただ主のみが口にできる言葉、その内に力を湛えた命の言葉であり、本質的＝実体的《パロール・スュブスタンシエル》[26]言葉といわれる言葉であった。「然り、それは可能である」。私の内面に発せられたこの言葉は、私の魂に命を与えふたたび力をもたらし、その結果、そこから表現できないほどの力強さでもって優しさと愛のはたらきが生じた。その後、深い眠りから覚めたかのように、私はなおもこう言った。「私が神へとたち戻り、神を望むことはほんとうに可能だろうか」。主もまた同じ命の言葉によってこう答えた。「それが可能であることをお前は疑うのか」。（S. II, 12, 252. 傍点引用者）

このときスュランの魂に起こった出来事について、次の二点を確かめておきたい。第一に、おのれが神によって地獄堕ちの運命に定められていると信じ切り絶望に沈む孤独な魂に、ふたたび希望を呼び起こし、「神との和解」へと向かうきっかけを作ったのは、「あなたが信じるようになることを私は信じている」という言葉だったということ。救いへの信仰の可能性が一切閉ざされた闇のなか、この「信の言葉」が聞き届けられることによってはじめて、おのれ自身において信じる可能性をふたたび問うことが可能になる。そしてその結果、「然り、それは可能である」という神の言葉がスュランの魂の奥底に響いたのだった。まずは私と他の人間とのあいだの、いわば水平的な応答が成立することによって、私と神との垂直的な応答が可能になったのだ。スュランがふたたび見いだした「私の信仰」は、「私の内」から生じてきたのではなく、私以外の誰かからの「信（へ）の呼びかけ」に信をもって応じることによって出来した信仰であった。

そして第二に、彼にとって神との和解、神への回帰とは、この世に生きる人びと――「信仰篤きキリスト教徒たち」――と同じ生の地平に回帰することと表裏一体だったということ。スュランのテクストはこのことを繰り返し語っている。リカールはスュランに対して「あなたは最後には他の人びとと同じようにするだろう」と語りかけ、それを受けてスュランは「私が他の人びと、信仰篤きキリスト教徒たちと同じように希望を持って生きることなどほんとうに可能だろうか」と自問する。文字通り絶望の奈落の底にあったこの堕地獄者の魂にとって、信仰への回帰は、ふたたび希望をもってこの世に生きることを許す出来事だった。[27] しかし、それはけっして個人的な意識の次元に閉塞ないし自足するような体験ではなかった。私に先行する他者たち――すでに信じている者たち――との関係なしにはない、その意味で本質的に間接的ないし共同的な経験だったのである。

スュランの神秘主義はこの世に生きる他の信仰者たちとの関係なしにはない。ついには「信仰の状態」に到達した彼にとって、むしろ、何ら特別な体験のない、しがなき一般信徒たちとの交流からこそ、神とのより近しい関係、より豊かなる関係は立ち上がってくるのだった。

病から恢復したスュランは、一六六五年に世を去るまでおよそ一〇年弱のあいだ、神秘主義文献の執筆を精力的に続ける一方、イエズス会宣教師として農村地帯を中心に俗人信徒たちの司牧、霊的指導に奔走した。共通の信仰の内に見いだされた神秘を語る生き生きとした言葉は、他のどのテクストにもまして、晩年の宣教滞在先で彼が著した手紙のなかに多く残されている。

一六六二年五月七日、滞在先の農村からジャンヌ・デ・ザンジュ――かつてスュランが悪魔祓いを担当し、ともに数々の超常の体験を潜り抜けたウルスラ会女子修道院長――に宛てられた手紙には、日常の信仰生活において目には見えぬままに、だが圧倒的な豊かさをもって伏流する神的な富の存在が語られている。スュランは、

「ヨハネ福音書」七章三八―三九節にある「生きた水の流れ」としての聖霊に寄せて、「貝のなかに入ろうとする海のような」歓びの氾濫、「神を信じる者の臓腑を貫く水の流れ」を語る（C. L449, p. 1334）。この信仰の内に隠れたる神秘の奔流は、かつてルダンで体験した超常の事どもから離れていまや共通・通常の信仰の状態にあるスュランおよびジャンヌと、「しがない農民たち」――超常の体験とはまったく無縁の信仰者たち――とのあいだで、豊かなハーモニーを奏でるのだという。

魂を大いに弱らせ貶めもする諸々の悲惨と衰弱にもかかわらず、神は神的な奔流を絶えず流れさせており、当の魂がおのれの欠陥と沈滞の重みに強く打ちのめされていると感じていても、神はその魂に絶えずこの瑞々しい水を飲ませ、魂を満たしています。こうした水の流れが立てる音はその内部では実に大きいのですが、まことに秘められた流路を流れ続けているのです（中略）。この諸々の財の活動する流脈は、信仰の包括的な観念の内にあり、神や神の子イエス・キリストについて一般的な事柄のほかに何か特別な富があるわけではなく、大多数のキリスト教徒の音域に合ったものです。そして私には、私たちの音域は根底において最もしがない農民たちのそれと同じであって、私たちの主がそこに加える刺繡音《ブロドリ》は完全かつ単純素朴なものだと思われます。（C. L449, p. 1335）

「神秘体験」が、概して、日常の次元から非日常の次元へのなんらかの移行をともなうものと定義されるのに対して、ここに語られているようなスュランの発見は、まったく逆の過程を辿っている。通常の信仰の次元における無限の豊潤さの発見は、ルダンでのおよそ常軌を逸した体験の数々によって、またルダン以後一五年以上にもおよぶ病のなかの孤独によって、一般のキリスト教徒たちの信仰生活から乖離してしまった神秘家の、共通の信仰の地平への回帰の果てにもたらされたのだった。「いまや私たちの主は、神が自らの教会の子らに与え給うこの平凡さのなかに私をとらえています」とスュランは言う。彼の魂はそこに「神についての月並みでありふれた、単純素朴な考え方のなかにある或る豊かさ」をみる（C. L449, p. 1335)。かくしてスュランは、一切の超常の体験を去った純粋な信仰の境地において他の信仰者たちとともにありながら、ただひたすら神に奉仕すること、あるいは隣人に奉仕することの内に、無限に語るべきキリスト教の富を発見したのである。彼はどこまでも他の信仰者たちと共通の生――弱く、平凡な地上の生――の地平に立っていた。たしかに、彼は聖職者として他の人びとを霊的に指導する立場にあった。が、彼にとって「誰かを指導する権限」は、聖職者というその地位によるのではけっしてなかった。「私がその権利を行使するのはただ一人の病人としてです。この病人は、同じ医務室にいる他の病人たちとともにありながら、彼らにその効果のほどを知っている治療法を伝えるのです」（C. L207, p. 700)。

先に私たちは、一七世紀フランス神秘主義の興隆に俗人信徒たちが果たした役割の大きさを確かめた。そしてそこから、自らは書くことなく、したがって歴史の闇に消えていった名もなき信仰者たちの影を何らか視野に入れて同時代の神秘家たちのテクストを読むことの必要性を提唱した。通常・共通の信仰の地平へと回帰していったスュランの霊的道程を考えるとき、私たちは彼のテクストにそのような他者たちの影をみる。他の一般信徒たちと共通の信仰に神秘を見いだす彼の言葉は、しがなき篤信の人びとと彼が重ねた交わりのなかから紡ぎ出されてくる言葉としてある。神秘について語るこの宣教神秘家の言葉は、他の多くの証言者に呼応する言葉、証言の証言である。最晩年（一六六四年一二月二日）の手紙のなかに、老スュランは次のような言葉をのこしている。

> すでに年老いた身である私としては、私が説いていることの真理を自分自身の身で経験した人びとに数多く会ったことがあるのですから、彼らの証言を信頼することで思慮を欠く者（téméraire）だと思われることを怖れてなどいません。そして、この証言を経験によって確かめ、この世から幸せになることは、ひとえに私たちにかかっているのです。（C. L566, p. 1627)

ここで彼が言う「証言の経験」とは、「私の経験」ではない。それはまず私以外の「他の人びとの経験」であり、そこから「私たちの経験」になるべきものとしてあるが、そのためには、真理を「自分自身の身で経験した」他の人びとの証言を信頼しなければならないというのである。ここで確かめておきたいのは、スュランが――彼にはそうするだけの十分な権利があったにみえるにもかかわらず――自説の真理を自己の特異な体験によって根拠づけるのではなく、あくまでも彼が出会った証言者たちへの「信頼」によって真理を語っているということ。そして、まさにそうすることによって他の信仰者たち――超常の体験をもたぬ者たち――のあいだに留まり、他の信仰者たちの信仰を求めているということである。この宣教神秘家が他の信仰者たちに語りかけるのは、特権的な体験をもった者としてではなく、他の信仰者たちの証言を信じる者として、すなわち証人の証人としてなのだ。

もう一点、「彼らの証言を信頼することで思慮を欠く者（téméraire）だと思われることを怖れてなどいません」という一節に注目したい。「向こう見ずな、無謀な」という意味をもつ《téméraire》という語は、ラテン語の語源《temerarius》において「闇」《tenebrae》と関連する言葉である。他人の証言に与えられる信には認識の闇が不可避につきまとう。このことをスュランはよく承知していたと思われるが、だからといって彼に怯む様子は微塵もない。彼は、闇のなかで、それでもなお信じるのである。

ジェルソンの『神秘神学』において提示された内的経験＝体験と信仰の認識論的な区別を思い出そう。彼は次のように述べていた。神秘の認識は、使徒や聖人、あるいは少数の神秘家にのみ許された内的経験によるのみならず、彼ら特権的な経験の持ち主の言葉を信じることによっても可能である。それゆえ一般の人びとにも神秘神学は開かれている、と。だが他方で彼はこうも述べていた。伝聞を頼りにする信仰は、ちょうど合わせ鏡に映った対象が反映を繰り返すうちにぼやけていくように、内的経験により直接的に知覚にもたらされる認識がもっている明瞭さを徐々に失い、暗くなっていかざるをえない、と。かくしてジェルソンは、信仰の間接性に対して内的経験の直接性がもつ認識論上の優位を明確に指摘してもいた[28]。

ふりかえってスュランにおける信仰をみるとき、他者の証言に与えられる信認としてのそれは、まさしく「聞くことによる信仰」であり、伝聞に基づく信仰である。そうである以上、彼の信仰には認識の闇がつきまとう。だが、その闇は、必ずしも超常の体験がもたらす直接的認識の光によって明かされるべき否定的な闇ではない。むしろそれは、現前の知覚とは別様の認識を可能にする闇である。「徹底的に見ることを阻まれることによって自らは確認のしようのない認識、その成立には他者の証言の介在が不可欠だという意味での間接的な認識」（塩川 一九九三、一六五頁）という、パスカルの信仰をめぐる塩川徹也の言葉をここに引き写すこともできよう。スュランの信仰は、現前の闇は、暗いがゆえに「他者の証言」を、すなわち他者の信認を求めずにはいない。スュランの信仰は、現前の体験――自らの言葉を根拠付けうる体験――を離れることによって、現前の光から隔てられた闇のなかにあることによって、「私」が「私」の外に出て、他者――神であり、他の人びとでもある――と別様に交わることを可能にするだろう。

註（第2章）

1　したがって、次のような記述は必ずしも適切ではないと考える。「カトリック・ヨーロッパ世界は、とりわけ一六世紀の終わりと一七世紀前半のあいだ、神秘家および「照明を受けた者たち」に満ち満ちていた。ただし、テレサや十字架のヨハネが辿った道は英雄的なものであったから、卓越した人物にのみ行くことが可能であった」（DELUMEAU et COTTRET 1996, p. 131）。

2　BREMOND 2006, とくに t. 2, p. 64–69（v. 1, p. 480–483）を参照。また、一人の「照明を受けた文盲」との出会いについて語られた、一通のスュランの手紙（本書での以下の考察でもふれる）をめぐる次のセルトーの論考も参照。CERTEAU［1982］2002, chap. 7. なお、セルトーの歴史的関心は、西欧社会の近代化と合理主義的学知の形成に並行して、その周縁に追放されていった他者たちの形象――野蛮人、狂人あるいは女性――が、同じく正統な学知の他者となっていく神秘主義といかにして重なり合うかを明らかにすることにあった。

3　無邪気で素朴な「子供」のイメージは、フェヌロンとギュイヨンのやりとりにおいて繰り返し現れる主題である。Cf. ARMOGATHE 1973, p. 62.

4 『イエズス会会憲』V, 2, 1, n° 516. IGNACE DE LOYOLA 1991, p. 518.

5 先に『霊的対話集』から引用したテクストと同じ章において、スュランは、神秘神学——彼にとってそれは「魂を神との合一へと導くことを教える学知」である——がすべてのキリスト教徒のための学知であることを明言していることを付け加えておこう。「神はすべての人間に神的合一を呼びかけているのか」という問いに対する彼の答えは明確である。

神は、すべての人間に神的合一を呼びかけており、そこに到達するに必要なあらゆる手段を神の教会に備えてあると考えられる。すなわち、教義、恩寵、神から与えられるさまざまな徳、そして洗礼においてすべての信徒に伝えられる聖霊の賜物である。これらのものは用いることができなければ信徒たちにとって無用のものであろう。しかしこれらの賜物を用いることによって、人はたんに善良で有徳であるにとどまらず、聖なる、そしてまったく神的な生を送るのであり、また、生ける信仰、確固たる希望、熱烈な愛徳、そしてあらゆる類の善をなす迅速さと信じられぬような容易さを手に入れるのである。聖パウロはすべてのキリスト教徒に向けて語っている。彼があれほど頻繁に、そしてあれほど強烈な表現で説いたのは、キリスト教徒たちがイエス・キリストにおいて所有している理解し難いほどの富、彼らのうちなる神の充溢〔「エフェソの信徒への手紙」3, 19〕、義にかなった人びとにおける聖霊の宿りである〔「ローマの信徒への手紙」8, 9–11〕。それは、平安、歓び、神が魂のうちにはたらかせる驚くべき諸効果である。そして、その忠信によってこの世とおのれ自身とに打ち勝って勝利をもたらすすべての人びとに対してこそ、私たちの主は「黙示録」のなかで約束しているのではないのか。命の木の実〔「黙示録」2, 7〕、かの隠されたマナ、そしてそれを受けた者のほかには誰も分からぬ新しい名が記されるであろうかの白い石〔「黙示録」2, 17〕を。(3D, III, 5, p. 153–154)。

彼の言う神秘神学、あるいは神秘家の学知は、むしろ共通・通常の信仰によって生きる一般信徒たちのためのものであった。

6 最初の仏訳は一六〇八年、フイヤン会士ジャン・ド・サン＝フランソワ・グリュ（Jean de Saint-François Goulu, 1576–1629）による。

7 一例として、一四世紀を代表するフランドルの神秘思想家ヤン・ファン・ルースブルークの『霊的婚姻』は、カルトゥジア会士リシャール・ボクザン（Richard Beaucousin, 1561–1610）によって、一六〇六年に初めて仏訳された。

8 アビラのテレサのテクストの最初の仏訳は、改革派カルメル会をフランスに移入するにも重要な役割を果たした司祭ジャン・カンタナドワーヌ・ド・ブレティニにより、一六〇一年に出版された。一六一八年に出版された十字架のヨハネのテクストについては、すでにそれ以前に仏訳写本が流通していたが、一六二一年に国務評定官ルネ・ゴーチエによりパリで出版された。ゴーチエはブレティニ、ベリュルの友人であり、またアカリ夫人の霊的助言者であった。

9　「篤信家《デヴォ》」については本書序章註2を参照。

10　「断言しますが、この本はたいへん私に気に入ったので、以前は非常に有用だと思っていた『霊のカテキスム』は、もう必要ではないと考えるほどです。もう少し早くこの本を知っていたなら、『霊のカテキスム』を人びとに与える必要があるとは思わなかったでしょう。なぜならこの本のなかには、霊的生活を送るために私が人びとに知ってほしいすべてが書かれているからです」（C. L432, p. 1292）。およそ三年後、一六六四年一月八日の手紙にも同様の言及がある（C. L522, p. 1512）。なお、スュランはこの本の著者が誰であるかは知らなかった。

11　一六七〇年に出版された第一二版は三万部印刷され、フランス国外にも流通したという（HEURTEVENT 1937, col. 1523）。なおベルニエールは、自身は俗人信徒であったにもかかわらず、司祭を含む数多くの人びとの霊的指導者でもあった。彼の弟子ジャック・ベルト（Jacques Bertot ou Bertaud, 1620–1681）は、ギュイヨン夫人の霊的指導にもあたった人物であり、フランスの最も重要な「プレキエティスト」の一人とみなされる。

12　「我らが神秘家たちはアンリ四世に、アンリ四世はコトン神父に、そしてコトン神父はマリ・ド・ヴァランスに多くを負っている」（BREMOND 2006, t. 2, p. 41［v. 1, p. 465］）。

13　ウードに対するマリの影響については評価が分かれるものの、前者は後者の数々の神秘体験に強い関心を示し、未公刊ながら『マリ・デ・ヴァレの讃嘆すべき生涯と、彼女に起こった驚嘆すべき事ども（*La vie admirable de Marie des Valées et des choses prodigieuses qui se sont passées en elle*）』を著した。Cf. COGNET［1966］2011, p. 407＝一九九八、五三二―五三三頁。

14　スュランの伝記作者ブドンによれば、この若者は「ノルマンディー地方ル・アーヴルのパン屋の息子で、ルアンの聖アントニオス修道会の修道士のために働いていたが、パリへ行って助修道士として修道会に入るつもりだった」（BOUDON 1683, p. 30）。

15　もっともスュランは、すでにサントにいた時分から、同僚のイエズス会士アンドレ・バイオル（André Baiole, 1590–1660）を通じてマリ・バロンの存在を知っていたと考えられる。バイオルは一六二九年から一年間、彼女の霊的指導者を務めていた（C. p. 168）。

16　後年、スュランは自身の手紙と、彼女が大切に保管していたと思しきマリ・バロンの日記をもとに、彼女の伝記を編集しようとした。

17 のちにスュランは超常の恩寵をめぐって同僚バスティド神父と論争を戦わせることになる。論争が激しさを増すなか、一六五九年三月一九日のジャンヌ宛ての手紙には、超常の恩寵の一切を拒絶すべきことを説くバスティドに対して、その必要性を擁護するためにマリ・バロンの日記を彼に見せたことが記されている。「また彼は、神の偉大な端女であるデュヴェルジエ夫人の手記に目を通しつつ、次のようにも言いました。曰く、彼女は然るべき霊的指導を受けていない。彼女の霊的指導者たちは、個々の判明な事どもの一切から彼女を解放しなければならないと考えるものだ、と。私は彼とは反対の意見です。神の前において、彼が断罪するこの超常のはたらきに、私はただ恩寵の神聖性と、いと崇高なる卓越性とを見いだすばかりなのです。これが私たちの真の相違点です」(C. L222, p. 757)。超常の恩寵をめぐる論争については、本書第三章で詳しく考察する。

18 『マドレーヌ・ボワネの人生のあらまし（*Abrégé de la vie de Madeleine Boinet*）』(C. p. 190–195)。以下、彼女についての記述はこのテクストによる。

19 スュランによれば、「マリ・バロンの病のあいだ、ボワネは彼女を看病し、死の床についた彼女に付き添った。この死の床は、ボワネにとっては祝福の泉であった。マリ・バロンはボワネをおのれの継承者とし、おのれの精神をボワネに遺贈した（中略）。マリ・バロンの精神はマドレーヌ・ボワネの魂に移り、後者は前者がかつて保有していたのと同じ恩寵、同じ賜物を授かった」という(C. p. 191)。

20 一六二二年に列聖され、イエズス会の使徒的聖性の頂点をなすフランシスコ・ザビエルは、スュランの思想のなかでロヨラ、テレサと並んで最も重要な位置を占めている。Cf. GOUJON 2008, p. 299–300.

21 本書序章註9を参照。

22 そうした人びとの影は、たとえばマドレーヌ・ボワネに宛てたスュランの手紙に認められる。マレンヌを留守にしているあいだ、彼は霊的弟子であるボワネに多くの信徒の霊的指導を委託していた。「エブラール氏が、常日頃精神のはたらきを妨げているあれやこれやの事どもから離れて、自然本性に由来する日常の活動を抑制するよう、また、内的潜心においておのれを確かなものとするよう、思い切って手を貸してあげてください」(C. L51, p. 261–262. 一六三五年四月末)。「さようなら、我が妹よ。ドゥニズに、努めて心を平穏に保ち続けるよう、また、被造物への取るに足らない思慮から離れるように言ってください。あたかもこの世に彼女とイエス・キリストしかいないかのように」(C. L104, p. 367. 一六三六年一一月二九日)。歴史の不在者たちへのまなざしを持ち続けていた霊性の歴史家ブレモンの次の言葉に、私たちは深く頷かされる。「エブラール氏に、ドゥニズに。われわれがこれら敬虔なる人びとの面影を認め、称えることができるのは偶然のなす業である。このような人びとは他にも多くいたのだが、そのマレンヌもメッカというわけではなかったのだ」（BREMOND 2006, t. 5, p. 176［v. 2, p. 558］）。

23　引用した同じ手紙のなかで、スュランは滞在先の農村での宣教活動中に「神の偉大な宝」を見いだしたという。ただし、彼はそれを「私のうちには見いだせないが、主がご自分の賜物によって驚嘆すべきやり方で満たし給うた人びとのうちに見いだす」神の偉大さとして語っている。「私はそうした人びとに、窓の向こうに覗くようにして、来世の光を見るのです」（C. L45, p. 233–234）。

24　先述したように、信仰熱心な俗人信徒であった彼は、一六三五年にマドレーヌ・ボワネを自邸に迎えた。彼女は一六五〇年に世を去るまでデュソー邸で彼の娘たちの教育にあたった。

25　「霊的婚姻（mariage spirituel）」は『霊の導き』の最終章において霊的生活の最終段階として論じられている（G. VII, 8, p. 312–319）。

26　このスコラ神学的概念は、直接的には十字架のヨハネに由来すると思われる。『カルメル山登攀』（II, 31, 1）より。「この言葉は霊魂にとって、まことに重要かつ貴重なもので、霊魂にとって、生命であり、力であり、測りしれない宝なのである。なぜなら、これらのたったひとつの言葉だけでも、生涯を通じてなされたすべての善にまさる宝を与えるからである」（JEAN DE LA CROIX 2007, p. 245–247＝二〇一二、三四二頁）。

27　スュランにとって信仰とはパウロの言葉どおり「私たちが希望する事どもの根本」（G. III, 1, p. 141）を意味する以上、希望の恢復とは信仰の根源的な恢復にほかならない。

28　本書第一章一一四—一一五頁。

第Ⅱ部　論争を超えて

霊の戦《いくさ》も人間の戦のようにむごたらしい。

——アルチュール・ランボオ『地獄の季節』

神の事柄をめぐる戦いは世の終わりまで続くでしょう。

——スュラン、一六六一年二月初めの手紙

不在は中途半端な情熱を消沈させ、大いなる情熱を掻き立てる。ちょうど、風が蠟燭の火を消し、火事を煽るように。

——ラ・ロシュフコー『箴言集』

第3章　スュランと反神秘主義

一七世紀フランスは数多くの神秘家を輩出したキリスト教霊性史上の黄金時代である。前章では、この稀にみる霊性の興隆をもたらした要因として、神秘主義文献の俗語への翻訳と俗人信徒間への流通を指摘した。ライン＝フランドル（エックハルト、ルースブルーク、ヘルプ、タウラーなど）、イタリア（シエナ、ジェノヴァの両カタリナなど）、そしてスペイン（アビラのテレサ、十字架のヨハネなど）から流入した文献群が、数多くの校訂と翻訳を通じて、フランスにおける霊性の波のかつてない盛り上がりを準備したのである。アンリ・ブレモンの印象的な表現を借りれば、フランス一七世紀前半は、神秘主義の「侵入」と「征服」の時代であった。

だが他方、ブレモンも気づいていたように、一六六〇年代には神秘家たちの「潰走」が始まった。[1] だが、それは突然始まったことではなかった。すぐ後で確認するように、すでに世紀初頭から、あるいは少なくとも二〇年代にはその兆候は露わになっていた。一七世紀フランスは、かつてない霊性の興隆をみた時代である一方、反神秘主義の時代でもあった。実際、このバロックの時代の霊性は型に収まらない、自由でダイナミックな性質をもち、そのなかで個人の内面性を強調する傾向が強まった。が、このことは同時に、トレント公会議以降、組織や体制の再強化を図っていたカトリック教会の警戒心を強めることにもなった。さらには、習俗の文明化、近代合理主義の台頭などを背景に、いわゆる神秘体験の「病的な異常さ」を論難する言説が徐々に醸成されていった。総じて反神秘主義的思潮は、ルイ・コニェが「神秘家たちの黄昏」と形容した世紀末のキエティスム論争よりずっと以前から存在し、一七世紀を通じてその勢力を強めていったのである。

ソフィ・ウダールによれば、フランスにおける神秘主義への警戒感は、それがフランス国外から「侵入」してきた「異郷の他者」の思想だったことによって増幅された（HOUDARD 2008, p. 11–23, 27–78）。とりわけ、一六世紀に黄金時代を誇ったスペインの影響は決定的であった。アビラのテレサや十字架のヨハネが一七世紀フランス神秘主義の興隆にいかに寄与したかということは繰り返すまい。だが実のところ、そうした積極的側面においてのみならず、反神秘主義的思潮の台頭を促したという否定的側面においても、一七世紀フランスの神秘主義をめぐる思想的風景の形成にこの隣国が果たした役割は大きかったのである。

スペインでは、レコンキスタ終結以降、「アルンブラドス（照明派）」と呼ばれる人びとが、禁書や異端審問の対象となるなど徹底的に追及された。この反神秘主義の一大キャンペーンのなかで作り上げられた、忌むべき危険な「他者」としてのアルンブラドスのイメージは、教会と国家によって維持されるべき秩序の乱れを危惧する者たちに神秘主義への恐怖と嫌悪を植え付け、あるいは神秘主義に対する攻撃材料を提供した。一六二三年五月九日にスペインの異端審問所が「セビリャの布告」を出し、アルンブラドスを「念禱のみの実践」や「聖霊への極端な自己放棄」を含む六七の命題について——教義面の逸脱のみならず道徳的な秩序壊乱行為もことさら強調されていた——弾劾した。この布告はただちにフランスにも伝えられたが、さらに、その数ヶ月後、フランス語訳された布告の内容が、アルンブラドス出現の歴史的経緯をまとめた論説とともに、当時のフランスの官報「メルキュール・フランセ」で大々的に報じられるに及んだ（COGNET [1966] 2011, p. 487–488＝一九九八、六四七—六四八頁）。以後、フランスの神秘家たちは絶えざる嫌疑や異議申し立てのなかを生きることになる。

ブレモンはスュランを「戦う神秘家（mystique combatant）」と呼んでいる（BREMOND 2006, t. 5, p. 268 [v. 2, p. 616]）。まことにスュランという人はこの時代に固有の緊張の只中を生きた神秘家であった。ベルガモの言葉を借りれば、「スュランの全著作、さらに彼の人生は、神秘主義と反神秘主義の対立に貫かれており、いわばその行く末に左右されていた」（BERGAMO 1992, p. 93）のである。一七世紀フランス神秘主義をめぐるさまざまな軋轢や対立は、並み居る近世の神秘家たちのなかでも、おそらくはスュランにおいて最も劇的な様相を呈している。

本章では、しかし、たんに神秘主義と反神秘主義の対立に注目するばかりではなく、両者のあいだに認められるより複雑な関係、すなわち、相互規定的、相互陥入的とも言うべき関係を探りたいと思う。スュランと反神秘主義の関係はけっして単純な二項対立には還元できない。たしかに、このイエズス会士の全生涯は反神秘主義との闘争にともなう緊張に貫かれており、神秘主義擁護の言説、あるいは反‐反神秘主義的言説は、数ある彼のテクストの至るところに散見される。[2]だが、以下の考察はむしろ、従来強調されてきた「戦う神秘家」という形象とは別の形象を浮かびあがらせることになるだろう。いずれにせよ、スュランの立場は、その文体と同様、つねに揺れや捻れを孕んでいる。彼は神秘主義を擁護し、とりわけ「超常の恩寵」や「超常の体験」の真正性に嫌疑をかける反神秘主義を反駁しながらも、最終的には通常・共通の信仰にこそ神秘を見いだすのである。

ひとつの思想的立場に落ち着くことなく揺れ動くスュランの神秘主義を対象とする本章の探究は、たんなる理論的言説の分析にはとどまらず、スュランが自らの「思想」をどう生きたかをこそ問いたいと思う。それは、反神秘主義との緊張関係を通じてこのイエズス会士が経験した「魂の変容」とも言うべき事態を問うことであり、つまりはそれがどのように語られているかを問うことである。[3]かくして神秘主義をめぐる一連の論争の展開を丁寧に辿っていくとき、スュランの語り口には微妙だが重大な変化が認められるだろう。

ところで、本章の考察の軸は十字架のヨハネである。本章の問いは、スュランが彼の教説をいかにして受容し、解釈したかという問いに言い換えられる。以下の考察を通じて、スュランの「信仰への回帰」にこのスペインの神秘家がいかに重大な役割を果たしたかが知られるだろう。

1　「戦う神秘家」とその陥穽

一七世紀フランスにおける神秘主義と反神秘主義というテーマを論じるとき、スュランと同郷のカルメル会士ジャン・シェロン（Jean Chéron, 1596–1673）の『神秘神学糾明（*Examen de la théologie mystique*）』（一六五七年）を外すことはできない。[4]ブレモンが「シェロンの爆弾」（BREMOND 2006, t.11, p. 325［v. 4, p. 730–731］）と呼んでいるように、同時代に流行した神秘主義に対する痛烈な一撃となったこのテクストは、また、スュランをして神秘主義擁護の必要性を痛感させ、結果的に彼を「戦う神秘家」にしたのだった。スュランが一六六一年に書き上げた『霊の導き』には、シェロンのテクストを反駁して、神秘主義の正統性と真正性を擁護するというねらいがあったのである。

『神秘神学糾明』には何が書かれているのだろうか。以下、その反神秘主義論の要点を三つ指摘しておく。第一に、シェロンの言説は終始「理性（raison）」を基盤とする「教義（doctrine）」と、「情動（passions, affections）」に根差す「体験（expérience）」との対立を軸に構造化されている。このことは書物のタイトルに端的に示されている。『神秘神学の糾明。神の光とそうでない光との違い、真正、確実、カトリック的な完徳の道と危険に満ち幻想に毒に冒された道との違いを示し、魂の導きから理性と教義を奪って、それを情動、感情、歓喜、霊的味わいに委ねてしまうことの不適切さを示す』[5]。かくして「理性」および「教義」が、「情動」、「感情（sentiments）」、「歓喜（délectations）」そして「霊的味わい（goûts spirituels）」に対置され、それぞれ後者が「危険に満ちた幻想」、「毒に冒された道」として断罪されるのである。

第二に指摘したいのは、シェロンのねらいは神秘神学の「真偽」の「弁別（discernement）」にあったということである。それは、いわば神秘神学を「浄化」しようとする企てだった。「私が示したいのはただ、あらゆる人間に共通の弱さが、真理に合致せずより劣るものを真理にすべりこませてしまった可能性があるということだ」（CHÉRON 1657, p. 3–4）。不純物を排除すれば神秘神学はより完全なものになるというわけだ。この場合の不純物とは、被造物である人間が本来的に備えている資質としての「自然」に由来する諸現象のことである。それら人為によって可能な諸現象が、人為の及ばない「超自然」の神の恩寵としばしば混同されていることをシェロンは非難する。彼は、神秘家たちがしばしば言及する「霊的味わい」の体験を念頭に置きながら、自然（自然本性）に由来するものと超自然に由来するものを明確に区別する必要を次のように説いている。

私の意図にとって最も重要な光であり最も必要なことは、いかなる外からの助けもなく、それ固有の根拠に基づいて、あるいは悪魔の力によって、自然が生じさせうるさまざまな行為から、真に神に由来する賜物や恩寵を区別することである。(*ibid.*, p. 4)

かくしてシェロンは、超自然と自然とのあいだに明確な境界線を引き、人間の本性に由来するさまざまな幻想を徹底して排除しようとした。そして検討される神秘体験は、結局のところ、ことごとく幻想と断じられるのである。

その結果、これが第三の要点だが、「超自然の恩寵」について、シェロンはそれを選ばれたごく少数の者たちのみに認められた、特権的な出来事とみなす。「いっそう重要だと思われるのは、キリスト教徒の通常の(ordinaire)魂たちがそうした超常の(extraordinaire)状態にまで上がってゆくなどということを簡単に信じてはならないし、純粋に人間的でありうる行為を神聖化してはならないということだ」(*ibid.*, p. 6–7)。魂の「通常」の状態と「超常」の状態とのあいだには絶対的な隔たりがある。それを超えられるのは「選ばれた魂たち」のみである。こうしてシェロンは、一般のキリスト教徒たちの手の届かないところに超自然の恩寵を遠ざけるのである。その結果やはり、超常の恩寵を授かったという神秘体験のほとんどは幻想として退けられることになろう。

シェロンの神秘主義批判に対するスュランの反批判の言葉は――シェロンの名は出されていないが――『霊の導き』の第五部第五章から第七章に集中している。しかし、スュランがシェロンの神秘主義駁論の要点にそれぞれどう応えたかを考察するより先に、まず次のことを指摘しなければならない。すなわち、スュランによる神秘主義擁護の言説は、シェロンの反神秘主義が則っているのと同じ二項対立図式を共有しているということである。否、のちに明らかにするように、むしろ「共有してしまっている」と書くべきかもしれない。

スュランとシェロン、神秘主義をめぐってまるで立場を異にする両者が、同じアビラのテレサのテクストを正反対のやり方で解釈しているようにみえて、しかし、結局のところは同じ概念の枠組みを通して解釈していることを明らかにしよう。一六二二年に列聖され、名実ともに近世神秘神学の正統な権威となった彼女の言葉をどう解釈するかをめぐって、二人の解釈は正面から対立している。ところが、以下に示すように、二人のテレサ解釈はいずれも、元々のテレサのテクストが備えていた曖昧さをきれいに取り去り、結局のところは自らの言説を権威づけるのに都合のよいように、単一の視点に還元してしまうものだったと言えるのだ。

テレサは、その『自叙伝』第五章および第一三章、また『完徳の道』第五章において、聴罪司祭ないし霊的指導者たる者に求められるべき適性について論じている。このスペインの聖女の主張を要約すれば、学者にも祈りが必要であり、祈りを中心とする人にも学問が必要であるということだ。霊性と学識の関係をめぐる彼女の言葉は、以下のテクスト（『自叙伝』第五章）に認められるように、つねに揺れ動く平衡のなかにあり、そのいずれかを排他的に強調するような言説ではない。

私は経験を通じて次のことを知った。徳と敬虔な態度を備えているかぎり、聴罪司祭は何も知らない方がよい。なぜなら、彼らは学識がないために、自らを恃まず、学識のある者に相談するからだ。私は学識のない聴罪司祭を恃むことはなかった。そして学識ある者はけっして私を裏切らなかった。（THÉRÈSE D'AVILA 2007, t. 1, p. 32）

『神秘神学糾明』においてシェロンは、テレサのこのテクストに二度言及し、反神秘主義の武器として活用している（CHÉRON 1657, p. 50, 295）。彼は、「学識ある者はけっして私の期待を裏切らなかった」という聖女の表現に出会って、我が意を得たりと膝を打ったことだろう。神秘主義にとって第一義的に重要なのは学識、つまり神学的知識だという自己の主張に説得力を与えるべく、彼はテレサという権威を活用しようとした。だが、引用したテレサのテクストを虚心に読めばわかるように、彼女はけっしてシェロンが主張するような単純明白な神学の優位を唱えてはいない。

しかし、権威者の言葉を、自説に適うよう都合よく恣意的に解釈したという点では、スュランも同様の謗《そし》りを免れないだろう。シェロンも参照した先のテレサの言葉について、スュランは、この言葉は信仰のレベルの一般教義について語られた言葉であって神秘主義について言われたことではない、と解釈する。そして、同じく霊的指導者の適性を論じた『自叙伝』第一三章にあるテレサの次のテクストを参照しながら、「テレサは経験なき教義よりも、教義なき経験を好んだ」(G. VI, 5, p. 255) という。ところがやはり、当のテレサはと言えば、経験と教義をけっしてそれほど明確に対立させてはいないのだ。

> 霊的指導者が慎重であること、つまり知性を備え、経験に富んでいることは非常に重要である。もしこの二つの条件に学問が加われば申し分ない。だが、もしこの三つの条件が揃うことがかなわない場合、最初の二つの条件がより重要である。なぜなら、必要とあらば別に学識ある人びととやりとりを交わすことは可能だからである。(THÉRÈSE D'AVILA 2007, t. 1, p. 87)

先に引用したテクストにおけるのと同様、テレサの言葉はここでも「霊性か、神学か」という二者択一を迫るものではけっしてないのである。

以上の考察から、さしあたり次のように結論しなければならない。すなわち、知性に経験を、合理的理解に魂の神との接触を対置するスュランは、霊的体験と教義神学とのあいだに融和不可能な亀裂が走っていることを前提している点で、論敵と同じ思考の枠組みを共有している、と。ここにスュランの神秘主義擁護「言説」の陥穽がある。『霊の導き』を校訂した当時、すでにセルトーがこの問題を指摘していた。「しかしこうした「差異」を据えることはやはり、それがいかに別の形で行われていようと、神秘体験が否定するはずの分裂を認識のレベルで認めてしまうことではないか。神秘体験が固有の「言説」の対象となりうるかどうか、ここではこの問題が議論になるはずだ。だが、スュランはこの問題に言及しない。それゆえ、「理性」や「悟性」は、彼が自らの教えを表現する言葉には含まれないながら、スュランにおいてもシェロンの教説におけるのと同様の定義をとどめている。（中略）いずれの側においても、抽象的な境界は消えずに残っている。問題はなお開かれたままである」（G. p. 49–50）。

スコラ神学（スコラ学）と神秘神学（神秘主義）を明確に区別し両者の対立を描き出すことは、今日では西欧神秘思想史の歴史記述の一般的なやり方になっている。この基本的な方向性のもとでは、二つの宗教的学知の摩擦を軸に、教義と体験、理性と情動、あるいは男性性と女性性など、さまざまな「亀裂と対立」が明らかにされてゆくことになる。[6] 霊性と神学の亀裂と対立を強調する場合には、「戦う神秘家」としてのスュランは格好の議論の対象となろう。とくにシェロンの攻撃に対する彼の応答は、一七世紀思想史において神秘主義と反神秘主義の衝突のひとつの極点を形成しており、また、神秘主義が退潮へと向かう西欧思想史上の転換点とみることができるだけに、極めて重大な意義を帯びてくる。

しかし、「戦い」をたんに立場を異にする二者間の対立や亀裂の深化を招くものと考えては、スュランの霊的闘争の全貌を捉えることはできない。そもそも、このイエズス会士はけっして無条件にあらゆる「神秘主義」を肯定しているわけではない。『霊の導き』において彼は、シェロンを念頭に反神秘主義的言説を反駁する一方、繰り返し神秘主義の真偽を吟味し、危険な幻想や自己欺瞞に囚われることがないよう戒めている（G. I, 2, p. 73 ; I, 4, p. 78 ; I, 7, p. 91–92）。また、彼はイエズス会の長上たちの意見に異議を唱えながらも、修道士として順守すべき「従順」の掟を貫き、教会を出ることはけっしてなかった。[7] 近世神秘主義盛衰史の分水嶺に位置づく彼の闘争は、単純な二項対立図式によって捉えることはできないのである。

ここで確認したいのは、このイエズス会士のテクスト、そこに紡がれた言葉は、人びとのあいだで行われた具体的実践と切り離しては考えられないということである。論争的な言説ばかりを追っていると忘れがちであるが、

『霊のカテキスム』から『霊の導き』、そして『神の愛についての問い』に至るまで、日々の実践をいささかでも離れた思弁的・形而上学的体系の構築という試みは、スュランという神秘家には無縁のものであった。晩年の旺盛な著述活動も、どこまでも信徒たちの霊的指導と魂の助けという実践的目的の遂行のためであった。また、シエロンは神秘主義を「選ばれた魂たち」のものに限定し、神秘主義と一般信徒との関わりの可能性をはじめから否定したのに対し、スュランは一般の信仰にこそ神秘を見いだすに至ったのである。前章で論じたように、そもそも彼の神秘主義の成熟は、「しがない人びと」との交流に多くを負っていたのだった。

スュランにとって「反神秘主義」とは具体的に何であったのか。そしてそれは彼の魂にどのような影響を及ぼし、どのような展開を導いたのか。以下にみるように、彼にとって反神秘主義の圧力は、たんに神秘主義を論難する言説の次元にとどまるものではなく、彼の魂に直接的に負の影響を及ぼし、実際に締め付けるようなリアリティをもっていた。それは、彼の信仰の実践、イエズス会士としての使徒的活動を具体的＝物理的に阻む力であった。このことを理解してはじめて、数々の論争、試煉を潜り抜けて成熟してゆくスュランの魂の道程、そして彼の信仰論の展開の、真に劇的な様相は見えてくるのである。

2　反神秘主義との闘争

『霊の導き』はスュランの生前には出版されなかった。その理由と背景を探るとき、言葉を紡ぐという基本的にして根本的なこの神秘家の実践が、一方で非常に困難な実践でもあったことが知られる。

一六六一年二月初め、或る女子修道院長に宛てた手紙で、スュランはそのころ書き上げたばかりであった『霊の導き』について、「これまでの著作とは比べものにならぬほどよく、いっそう鋭い」（C. L343, p. 1053）と自賛しつつ、次のように書いている。

私がこの書物について感じるのは、もし神が私に、それが認められて出版されるのを見せて下さるならば、私はこう言うだろうということです。すなわち、「今コソアナタハ私ヲ去ラセテクダサイマス（Nunc dimittis）」〔「ルカ福音書」2.29「シメオンの讃歌」〕と。というのも、この書物には私が考えるすべてが収められているからです。この点において私は、自分が世を去る前に『霊操』が教皇庁に認可されるのを見たい、と語っていた聖イグナティウスと同じ境遇にあります。この書物の出版に関して、私は聖イグナティウスが抱いたのと同じ直観を抱いているのです。私は最近管区長様にこの書物をお渡ししたいと申し出たのですが、管区長様が私に対して率直におっしゃったのは、この書物の出版はわれわれの修道会の会士たちには受け容れられないだろうし、われわれの管区でも出版に賛同できる者が大勢いるとはとても思えない、ということでした。私も管区長様のおっしゃるように判断しますが、それほど私の感覚は、大多数の神学者たちと合致するところが少ないのです。したがって私は、神の望むままに、それをそっとしておくことに決めました。私たちの主が、私の著作を受け容れて下さり、出版の準備を整えて下さるまでは。（C. L343, p. 1054）

長上の判断には敬意をもって従うつもりだと、スュランは慎ましく述べている。しかし、自らの思考の結晶であると自負するテクストが日の目を見られないことに、彼は内心どのような思いを抱いていただろうか。自己の境遇を、『霊躁』の認可を待望していたイグナティウス・デ・ロヨラに譬えるあたり、『霊の導き』出版への極めて強い願いと、自己の立場の正当性への揺るぎない確信が窺えるが、それだけに彼の失望の深さが推し量られよう。

続く箇所をみると、スュランが神秘主義に対する反感の存在を先鋭に認識し、その上で、そうした反感に対抗する自らの立ち位置を自覚的に示していたことがわかる。

諸々の教えや物語、その他何であれ、超常なるものあるいは神秘主義（l'extraordinaire ou la mystique）を示すものに対する、大きな反感が存在します。人びとは、そうしたもの一切に関していかなる出版も主張も一切してはならない。徳の実践は、幻想を根絶やしにするがごとく、神秘主義に関するすべてを根絶やしにする方向にむかうはずだ、と信じて疑いません。私は、超常の事どもへの執着は神の霊に強く反することだと思いますが、しかし、私たちの主がご自身のためにそうした事どもを生じせしめるときには、人間はそこから慎みをもって実りを得なければなりません。それら主によって生じせしめられた事どもの火を消してしまうことは、聖パウロが次のように非難している不都合な事態にふたたび陥ることになると思うのです。「霊の火を消してはいけません」〔「テサロニケの信徒への手紙一」5, 19〕。(C. L343, p. 1054)

神秘主義に対する全面的な「反感」に直面したスュランの困惑と応答の努力は、『霊の導き』に始まるものではない。この手紙に証されているような神秘主義を否定する動きは、ルダンの悪魔憑き事件以降の心身の麻痺状態から徐々に恢復し、ふたたび言葉による実践――人びとに向けて語ること、書くこと――を取り戻しつつあった時期に起こった一連の論争や出来事を通じて、スュランがその身をもって具体的＝物理的《フィジカル》に経験したものである。「霊の火」を守るための反神秘主義思潮との闘争は彼にとって、自らの言葉の実践そのものを賭けた闘争であった。

以下では事の顚末を二つの局面についてそれぞれ追ってみたい。その第一は、一六五三年から一六六〇年まで、スュランが彼の同僚であり友人でもあったイエズス会士クロード・バスティドと戦わせた「超常の恩寵」をめぐる論争である。第二には、一六六〇年から一六六一年にかけて、スュランの最初の著作『霊のカテキスム』の出版をめぐってローマのイエズス会本部も巻き込んで起こった、やはりイエズス会内の論議である。いずれも一七世紀フランス霊性史、さらには近代西欧宗教史上において注目に値する重要な事件であるが、私たちが問うてみたいのは、スュランの魂の次元に生じた変化と、それが彼の霊的道程のなかでどのような意味ないし意義をもったかということである。

1　超常の恩寵をめぐる論争

一六五三年からおよそ八年にわたって繰り広げられたこの論争の模様については、すでに満足すべき研究の蓄積がある（CAVALLERA 1928 ; CERTEAU 1966［C. p. 517–523］）。先行研究に則って論争の概要と背景を整理しながら、私たちとしてはとくに「寛ぎ・拡張（dilatation）」と「締め付け（serrement）」として語られるスュランの魂の動態を前景化してみたい。

「悪魔憑き」事件以後、スュランの心身を襲い彼の精神を深い闇に陥れていった病は、彼が五〇歳に近づく頃ようやく恢復の徴候をみせる。この恢復に大きな役割を果したのがイエズス会の同僚神父バスティドの存在であった。スュランと同じく、一七世紀前半に神秘主義的傾向に接近したアキテーヌ地方のイエズス会士たちの世代に属すこの神父は、やはりルダンで祓魔師《エクソシスト》として働いたのち、一六四八年にフランス西部の街サントの学院長に任命されている。スュランと親しかった彼は、自らの赴任先のこの田園地帯に、この病める友人を連れて行った。結果的にこの転地療養がスュランの恢復傾向を決定づけることになる。もっとも、「病人」として修道院の一室に半ば軟禁されていた彼にとって、よき理解者の存在はそれ自体大きな助けとなったことだろう。一六五三年にはボルドーにおいて両者は霊的指導教師とその弟子という関係を結び、スュランはバスティドからさまざまな助言を受けることとなる。かくしていっそう親密なやりとりを重ねてゆく両者は、しかし、同時に根本的な点で意見の相違をみるに至る。

二人の立場を分けたのは、「超常の恩寵（grâces extraordinaires）」をめぐる態度の違いであった。スュランは、たとえば神を「味わう」という自らの体験を詳細に描写し、超常の恩寵が霊的な成長に果たす有益な役割を主張した。これに対してバスティドは、超常の恩寵を拒絶して通常の「信仰」の次元に戻ることの必要性を説いたのである。

論争はどのような結末を迎えたのか。結論から言えば、二人の議論は結局のところ物別れに終わった。一時はバスティドの指導に従いながらも、[8]スュランは結局のところ自分の立場を変えることはなかった。否、後述するように、「できなかった」というほうが正しいかもしれない。

バスティドの助言をついに受け容れることができなかったのはなぜか。スュランは後年、自らの魂の内的な苦闘の有様を仔細に語った自伝的テクスト『経験の学知』のなかで、バスティドとの不一致が自らの魂にもたらした苦痛についても詳しく語っている（S. III, 10–11, p. 332–339）。この苦痛は――これが重要な点なのだが――神がスュランに与えることを望んだ「寛ぎ・拡張」（S. III, 10, p. 333）をバスティドの教えが妨げたがために生じたという。

> そこでこの神父〔バスティド〕は、主がそうさせたことであるが、私の考える教えとはまったく異なる教えによって、そこ〔寛ぎの拡充の動き〕にひどい障害物を置くことになった。（中略）しかし、私は従順を心に決めていたから、彼が考えるところから逸れたくはなかったのだが、それによって彼は私を苦痛の極致に陥れた。なぜなら彼は次のように考えていたからだ。すなわち、先に詳しく述べたものにもいくつか含まれるような超常の恩寵を主が与えるときには、信仰に適ったふるまいをするために、そうした恩寵を拒絶し、それから距離を置いて、あらゆる超常の恩寵の喪失を包み込んでいる信仰へと戻らなければならない、というのである。彼〔バスティド〕は十字架のヨハネの教えを自説の根拠としていた。彼が言うには、十字架のヨハネは、こうした〔超常の恩寵に対する執着からの〕解放を説いたが、この解放が求めるのは、たんに魂が自らをそうした恩寵への執着から遠ざけることのみならず、さらにそうした恩寵を否認し、拒絶することであり、悪しき思考に対してそうするのと同様にふるまうことだという。そこで私は彼の判断の通りに、またその助言の命ずるままに従い、まったく彼の意図に沿うように努めたのである。（S. III, 10, p. 333–334. 傍点引用者）

ここではまず二人の「考え（idée）」の違いが問題になっている。理論的な争点になったのは十字架のヨハネの「無の教説」であった。超常の神秘体験への執着を厳に戒めるこの教説を、バスティドはあらゆる超常の恩寵を積極的に拒絶すべきことを教えるものとして解釈した。そもそも彼は、スュランが授かったという数々の恩寵の体験には、神ではなく悪魔に由来する「悪しきはたらき」が混在しているとみていた。これに対してスュランは、十字架のヨハネの教えは超常の恩寵への過度の傾きを戒めるものであっても、魂の内に神が生じさせるはたらきを積極的に否定することを求めるものではない、と考えた。あらゆる体験への執着を去って、おのれを「信仰の純粋なる空」に保つ「自己無化」の必要性についてはバスティドと全面的な意見の一致をみながらも、スュランは、なお神が魂に与える恩寵を無下にすることはできないと反論したのである。[9]

だが、私たちがここで注目したいのは、二人のあいだに認められる論理の相違よりも、バスティドの教説が、スュランの心身の「寛ぎ・拡張」の契機を妨げる「障害物」となり、彼を「苦痛の極致に陥れた」という語り方である。スュラン自身は、大きな内面的苦痛を感じながらもバスティドの霊的指導になんとか従おうと努力したことを繰り返し強調している。しかし、続いて語られる彼の言葉が教えるのは、この努力が最終的に限界に達し、自らの霊的教師の教説が「実践」の次元で全面的に否定されるに至ったということである。

> しかし、実践においては、このこと〔バスティドの指導に従うこと〕は魂に大いなる苦痛＝悪（mal）をもたらすものであることがわかった。そのことで魂は、主が与えた恩寵をすっかり失ってしまい、ふたたび自然本性の貧しさに陥ってしまう。魂を照らし豊かにしてくる恩寵をかくも拒絶してしまうこの実践は、私に大きな無念と苦痛をもたらした。その苦痛はあまりに大きかったので、私はどうしてよいかわからなかった。なぜなら主は、過去の数々の苦痛＝悪（maux）によって徹底的に打ちのめされていた魂をそれによって恢復させることを望み、魂に生命と非常に大きな力を与えて恢復させる効果をもつ事どもを、魂に与えたからである。したがって、魂がそれらの事どもを生かすのを妨げたとき、それは魂をすっかり打ちのめし破壊することになってしまった。

かくして、しばしばこの種の苦痛を味わい、その苦痛に打ちひしがれたようになってしまった私は、しばらくそうしてみて、この状態が魂にとって非常に害になることを発見した。しかしながら、服従の実践によって、私はこの状態に慣れ、この状態を耐え忍ぶべく努めた。だが、この忍従も最後にはあまりに耐え難いものになった。かの主の訪れに抵抗しなければならないということが、魂から最も必要な善をも剝ぎ取り、魂を痩せ細らせることになってしまったのである。そして、このような苦痛のなかにいるときに、私は主を頼ったのであるが、主の威光は、そうした状態にあることは私にとって善ではないということと、恩寵に抵抗することによって善を剝ぎ取ることは、魂に破壊と荒廃をもたらすということを、私にはっきりと見せたように思われる。なぜなら、そうした恩寵と愛のしるしは神より与えられたものであり、神はあたかも魂に何が必要かを知っている魂の父であるからだ。神は、このような生命を受けた魂が、それを糧にして生きることでおのれに平安をもたらし、おのれを清め、おのれの身をそれに委ねるよう望んでいる。ただし、それに執着することはなく、である。というのも、魂が執着すべきはただ神のみであるのだから。（S. III, 10, p. 334. 傍点引用者）

ここで何が言われているかを考える前に、それがどのように言われているかということ、スュランの語り方そのものにみられる振幅に注意を向けよう。繰り返される逆接の接続詞を挟んで、揺れ動きながら運んでいくエクリチュール。それは、破壊的な状態の忍苦を経て、生命をもたらす恩寵の発見へと向かう魂のダイナミックな運動を証しているように思われる。

バスティドの教説に無理やり従うことで魂にもたらされたという破壊的作用が、「苦痛＝悪」として言及されていることは興味深い。この「苦痛＝悪」は、「過去の数々の苦痛＝悪」、すなわちルダンの悪魔憑き体験を通じてスュランが被り、心身の文字通りの「締め付け」という事態として彼が語る「病＝悪」と同質のものだった。この「締め付け」は、「寛ぎ・拡張」と対をなす心身のあるいは魂の運動として、スュランの経験語りの重要なモチーフとなっているが（鶴岡 一九九一、一六七―一六八頁）、超常の恩寵を拒絶すべしという教えもスュランの魂を大いに締め付けたというのである。
スュランは最終的に霊的指導教師を代えることを決断。その理由をこう語っている。

> 私は次のように結論した。一定の余裕を保つためにも、あまりにも耐え難いふるまい〔恩寵を拒絶すること〕の重みに押し潰されてしまわないためにも、霊的指導教師を変えることで従順の頸木《くびき》を外すことが必要である、と。主は、私には通常の霊的指導で十分であるということをお示しになり、他の人と共通の指導司祭で私を満足させて下さった。そして、かの神父〔バスティド〕は、いかに善き意図をもっていたとはいえ、あまりにも窮屈だったということをお示し下さったのである。(S. III, 10, p. 335. 傍点引用者)

スュランにとって超常の恩寵は魂に「寛ぎ・拡張」をもたらすものであった。それは、文字通り締め付けられていた横隔膜を拡張し、肺腑に新しい空気を入れるという、生々しく鮮烈な解放感に溢れていた。[10] 反対に、超常の恩寵を全面的に否定する教えの実践は、それを抑制し、結果的に魂を「痩せ細らせ」、「窮屈」に「締め付け」、魂に耐え難い苦痛を与えることになった。それは魂にとって「病＝悪」であり、「善」を奪ってしまうものであった。スュランはイエズス会士として絶対的従順の義務を守り抜こうとしたが、[11] 恩寵を拒絶することによってもたらされた生の貧しさと窮屈さのほうは、その彼をして強固な従順への意志を放棄させるほど忍び難いものだったのである。かくしてスュランは、霊的指導教師の教えに自らの立場を合わせようとしながらも、それができなかった。「霊の火」を消すことはできなかったのである。

2 『霊のカテキスム』の「地下出版」と長上たちの危惧

だが、この「寛ぎ」もまた大きな壁に阻まれることになった。

事の発端は、スュランが著した霊的問答集『霊のカテキスム』が各地で「地下出版」されたことにあった。[12] このテクストの草稿は、悪魔憑きの症状がほぼ快癒し、口述による著述を始めていたスュランが一六五五年に完成させていたのだが、著者である彼自身も知らぬ間に、まず一六五七年にレンヌで出版され、その後リヨンでも出版された。『経験の学知』にも、この事態がイエズス会の長上たちをひどく驚かせ、ついにはローマの総長の介入を招くことになったことが記されている（S. II, 16, p. 269–270）。

総長はじめイエズス会の上層部が何より問題視したのは、『霊のカテキスム』が公式の承認を得る前に出版され、一般信徒のあいだに流通したということであった。一六六〇年三月一日には、当時のイエズス会総長ゴスヴィン・ニッケル（在位一六五二―一六六四年）の、この問題について浅からぬ懸念を示す手紙がアキテーヌ管区長に宛てて送られている。以降、この問題に対する総長の懸念は深まりこそすれ、解消されることはなかった。背景には、レオナール・シャンペイルをはじめとするボルドーのイエズス会内の反神秘主義グループの存在があった[13]。シャンペイルはスュランの神秘主義を告発する手紙を繰り返し総長に送り、総長も彼の報告を深刻に受け止めた。一一月八日、ニッケルはシャンペイルに対し『霊のカテキスム』についての報告書を送るよう要求。翌一六六一年一月末にこれを受け取っている。事態はスュランたちにとって極めて不利に運んでいた。

一六六一年三月二〇日、スュランはローマの総長宛ての手紙で、「自分の知らぬ間に」出版された『霊のカテキスム』について、内容を検討してもらうよう自ら求めた。それに対してニッケルは――彼はスュランが本当に出版の計画を「知らなかった」とは信じていなかったと思われる――六月六日の手紙で、『霊のカテキスム』の検閲をローマのイエズス会本部に依頼したこと、決定に従うべきことをスュランに伝えている。

その翌日、六月七日に総長代理に選出されたジョヴァンニ・パオロ・オリヴァ（在位一六六四―一六八一年）も、神秘主義文献の地下出版に対する警戒を緩めることはなかった。七月四日、オリヴァはスュランに対して長上の許可なしにはいかなる出版活動も行わないよう命じている。総長の用心のほどは、同じ日に別の神父に宛てて書かれた手紙にも窺える。

ジャン＝ジョゼフ・スュラン神父とクロード・バスティド神父が、内容の修正を受ける前に、また長上たちの許可なく、書物を刊行するなどということはまだ信じられません。もしそうであって、彼らが長上たちの知らぬ間に別の書物を出版することを考えているとすれば、尊師からそのことを管区長代理に知らせ、彼がただちに災厄を防ぐことができるようにしていただきたく存じます。（Cité dans DAINVILLE 1957, p. 65）

さて、ローマで行われた検閲の結果はどうだったのか。一六六一年七月にまとめられた報告書の内容は、驚くべきことに、『霊のカテキスム』の正統性を認め、シャンペイルのスュラン批判を誤りとして厳しく断罪するものだった。[14] それまでの経緯から予想された結果とはまったく逆の結果となったわけである。

しかし、こうして公的な承認が与えられたにもかかわらず、スュランが神秘主義について書き、人びとに説く全面的自由は、ついに認められなかった。スュランは再三にわたり神秘主義に関して書くことへの許可をオリヴァに求めた。が、この総長代理は一六六一年一〇月三一日の手紙のなかで、丁重な筆致ながらはっきりと要求を退けている。なぜ神秘主義について書いてはいけないのか。

神秘主義の教えについて、私は承認もしませんし、否認もしません。しかし、すでにそれについては何度も書いたように、論争の発生を避けるため、また他の重大な理由のために、私は我が会の会士たちがこの主題についてこれ以上書くことがないよう望みます。尊師〔スュランを指す〕は、従順が命じることに完全に身を委ねることを誓っています。ですから、どうか私たちの決定を遵守してくださいますように。尊師が何か書くことを欲するのであれば、別の事に筆を向けてくださいますように。他の題材、もっとずっと有益な題材には事欠きません。たとえば習俗の改革や聖書の註釈など、尊師がこれらの題材を扱えば実りはより多く、どんな論争に巻き込まれることもありません。（C. p. 1246. 傍点引用者）

理由は二つあった。まずオリヴァは、スュランが神秘主義について論じることで会内に対立が発生することを恐れた。彼にとって根本的な問題は神秘主義の内容そのものではなく、神秘主義についてスュランが何か書くことが原因で会士たちのあいだに分裂が生じてしまうことにあった。

では、もうひとつの理由、「他の重大な理由」とは何だろうか。ここには明示されていないこの第二の理由は、一六六二年一月一六日にオリヴァからスュランに宛てられた手紙に示されている。オリヴァは、スュランの活動を制限することは自らの本意でないと断った上でこう述べている。

その内容の検討が済む前に、著作を在俗信徒たちに渡してしまうことは、イエズス会内では認められません。〔渡してしまえば〕著者自身、もはや彼らから著作を取り戻すことはできませんし、彼らはしばしば長上たちの意図にかかわりなく著作を出版してしまいます。このことは、『〔霊の〕カテキスム』第一巻の出版について、尊師が身をもって学ばれた通りです。(C. p. 1288)

イエズス会の長上たちは、神秘主義文献が一旦信徒たちのあいだに流通を始めれば、もはや上からの統御は不可能なまま拡散してしまうことを十分認識し、そうした事態に陥ることを危惧したのである。ここで私たちは、本書第二章で論じたように、一七世紀フランス社会がかつてない規模での俗人の霊性の興隆をみたこと、そして、それを促したのが俗語による神秘主義文献の広範な流通であったことを想起しよう。一六六一年五月九日から七月二八日にかけて――つまり『霊のカテキスム』の検閲と時期を同じくして――行われた第一一回イエズス会総会では、会としての「地下出版」への有効な対処法が求められた(総会教令一八)。総会を主導したオリヴァの念頭にはスュランのテクストの出版をめぐる問題があっただろうとは、デンヴィルの推察である(DAINVILLE 1957, p. 87n42)。いずれにせよ、地下出版が総会での懸案事項として取り上げられるほど問題になっていたのは興味深い。ここにもまた一七世紀神秘主義の興隆を支えた広大な伏水流の存在が窺えよう。

3　闘争の果て――スュランの「願望」のゆくえ

スュランは、バスティドとの論争においては、超自然の恩寵に応答することを欲するおのれの魂の根本的な願望と、霊的指導者への従順の義務の履行とのあいだに挟まれて苦しみながら、最終的には当の指導者を代えることで「障害物」を取り除くことができた。だが、総長から下された彼の神秘主義（の実践）に対する強い懸念の表明は、イエズス会士として生きるかぎり取り去り難い、その意味ではるかに巨大な障害として立ちはだかった。デンヴィルが総括しているように（*ibid.*, p. 87）、それはスュランの神秘主義の「潰走」を告げ、同時代における神秘主義の斜陽を象徴する出来事だったのだろうか。歴史家や思想史家たちは、彼の「体験から信仰へ」の転回を、近世神秘主義のコアである体験がその逸脱性を失って規範的信仰へと統合されてゆくプロセスの一端とみなしてきた（本書六八―七一頁）。スュランの反神秘主義との闘争の帰結を、結局のところ近代の黎明期における神秘主義「敗北」の象徴的事例として解釈することは、そのような見方にも収まりがよい。

だが私たちは、スュランを「締め付ける」反神秘主義のリアリティを明らかにする一方で、彼の言葉のうちにけっして圧殺されることなく生き続けた願望《デジール》（願い・焦がれ）の存在を示したつもりである。彼は、長上への従順の義務をぎりぎりのところまで尊重する一方、「神秘主義について語るべきではない」という指令にもかかわらず、神秘主義について語ることをやめなかった。あるいは、やめられなかったのである。本章を締めくくる以下の考察において、私たちはスュランを「語ること」へと駆り立てた抑え難き願望の蠢きに目を凝らしたいと思う。それは「魂たちを助ける[15]」という根源的な願望に淵源するものであった。この願望の姿をいささかなりとも捉えてこそ、反神秘主義的勢力がますます強くなる時流のなかにあって、スュランが通常・共通の信仰の地平へと回帰していったことの意味を正しく問うことができる。そのとき私たちは、「戦う神秘家」から「宣教神秘家」へとスュランの形象を転換することになるだろう。

1　「書くこと」の恢復と挫折

ここに取り上げたいのは、悪魔憑きに発する病からスュランの魂が恢復していく過程に起こった、「書くことの恢復」という出来事である。

一六五六年六月に決定的な体験を経て精神の闇から脱するまで、心身の麻痺状態に陥ったスュランは、満足に書くことができなかった[16]。しかし、一六五四年以降は緩やかな恢復の途にあった彼は、書く力を取り戻す前に、近しい者の手を借りてテクストの口述を始めていた。一六五七年にレンヌで最初に出版された『霊のカテキスム』の一部は一六五四年には口述されていた。この最初の神秘主義文献の出版後、やはり口述によって『霊的対話集』の作成が進行中であった或る日（一六五五年一〇月半ば）、その出来事は起こった。いつもスュランの書記を務めていた者が、この日は定時にやって来なかった。待ちかねたスュランは、「激しい衝動に駆られて」、およそ一八年ぶりに筆を執る。以下に引用するのは、この劇的な一段階を語る箇所であるが、スュランがそれを自らの魂の「寛ぎ・拡張」の延長線上に起こった出来事として語っていることに注意しよう。

書くことの不能に陥っていたために私自身は一行も書いていない、三巻からなる『霊のカテキスム』を容易に口述することができるようになったのに続き、精神が解放され、私の魂がまた別の方法でさらに寛いだ（se dilata）ため、私は別の著作にも取り掛かり始めた。それを『霊的対話集』と名づけ、全四巻の構成にした。『カテキスム』を仕上げると、第一巻の口述に取り掛かったのだが〔一六五五年初め〕、静謐が魂全体に拡がったために、私の精神は寛いでいた（se dilatait）ので、口述時間が前より長くなった。哲学を教え、徳と霊性を備えていた修道院の或る神父が毎日、私が彼に口述することを書きとるために時間を割いてくれていた。彼が修道院を去ってしまった後も、たいへん信心深い在俗司祭がいて、彼が毎日私のところにきて手を貸してくれた。

ところが或る日〔一六五五年一〇月半ば〕、私は精神の内に大いなる高揚を覚え、私の思考をかたちにしようとした。書記が来るのが遅れたのは苦痛であった。激しい衝動に駆られて筆をとり、書きたかったとおりに書いた。私はそれまで一八年のあいだ何も書いていなかったか、ほとんど無に等しいものしか書いていなかった。そして私はこの高揚のなかで、二、三頁にわたり書き表されたものを見たが、それはひどく乱雑な文字で、およそ人間のものとは思えないほどだった。そのときに私が書いた字はそれほど乱れていたのである。その後私は一ヶ月の間毎日書き続けた。(S. II, 16, p. 271–272)

このテクストは、何よりもまず、スュランにおいてこのとき享受された「書くことの自由(liberté d'écrire)」(C. L360, p. 1096)、そこで「書くこと」を駆動するエネルギーの激しい迸りによって、私たちに鮮烈な印象を与える。重要なのは、何が書かれたかということよりも、どのように書かれたかということ、あるいは書くことそのものである。問うべきは、彼に書くということを可能にした「大いなる高揚」、「激しい衝動」であり、「書きたかったとおりに書いた」という言葉に垣間見える「書くことへの願望」である。「それはひどく乱雑な文字で、およそ人間のものとは思えないほどだった」というスュランの言葉は、書かれた内容よりも、思考を文字に受肉させる言葉を紡ぎ出す、まさにその根本に蠢いている根源の願望へと私たちの注意を向けさせるのではないか。

この出来事の後、スュランは、友人で敬虔な俗人信徒デュソーの別荘がある田園地帯ラ・クロワ(La Croix)へとしばらく身を移し、そこで『霊的対話集』を完成させる。書く能力の恢復に続き、歩行の自由を取り戻し(一六六〇年一〇月)[17]、さらにはミサを執行し(一六六一年三月)、寝床で普通に休むことができるようになる(一六六一年夏)。かくしてスュランは、一六六一年の初めには、肉体的にも精神的にも完全に恢復するに至ったのだった。

口述することから書くことへ、そして歩くことへと拡充していったスュランの心身の恢復の過程は、そのまま彼の魂の「寛ぎ・拡張」の過程であった。この過程をその根本において動機づけていたのは、「魂たちを助けること(aider les âmes)」、すなわち隣人たちを助け、霊的に導くことであり、それによって「より大いなる神の栄光」を増すという、イエズス会士としての根源的な願いだった。『霊のカテキスム』も『霊的対話集』も、キリスト教信徒たちを「完徳」へと導くために書かれた。彼の心身の能力の恢復は、すなわち彼の司牧と宣教活動への復帰を意味した。彼は『霊のカテキスム』執筆の動機についてこう書いている。

彼〔スュラン〕は、創造主の王国がこの世に拡がる（se dilatât）ことに何事か寄与したいという独特の情動を抱いていた。彼は、それが完徳に関わる事どもや神の内的な恩寵に関わる事どもについて魂たちを導くことによって可能になると信じていた。（S. II, 16, p. 268）

このイエズス会士にとって、自己の存在そのものの大いなる「寛ぎ・拡張」でもあった「書くこと」は、神の王国がこの世に拡張してゆく運動と同一の地平にあったと言えるかもしれない。少なくとも、スュラン自身の魂の寛ぎと、この世における神の栄光が「より大いなる」ものとなることは、「魂たちを助ける」という根源的な願望において、あるいはその願望に駆動された「書くこと」において連関していたのは確かだと思われる。ここにおいて「書くこと」はそれ自体、たんに個人の魂の内省的・独白的な運動ではない。それは、この世に生きる他の人びとへと向かって文字通り「おのれの外へと出てゆく」開放的なエクスタシーの運動でもあるだろう。[18] それは、もはやその主体性を認識の主体としての「私」には還元できないような運動である。先にみたように、書く自由をついにふたたび謳歌したとき、スュランは、おのれ自身にも抑えきれない願望に駆り立てられて筆を執り、「書きたかったとおりに書いた」のだった。

しかし、「書くこと」、そして書くことがもたらした彼の魂の「寛ぎ・拡がり」は、後年、先述したイエズス会の長上たちの懸念によって阻まれることになった。一六六一年一一月二九日のジャンヌ宛ての手紙──その手紙を書くこと自体が管区長の許可によって可能になった──には、スュランの深い苦悩が窺える。彼はそこで、一方では、イエズス会士として長上たちに従順でなければならないことを十分に自覚しつつも、他方では、長上たちが彼の執筆活動に課すさまざまな制約が、彼の魂が求めている「寛ぎ・拡がり」を妨害し、「締め付け」、耐え難い苦痛をもたらす「地獄の責め苦《ゲヘナ》」であるという事実は否めないとして、二律背反の状況に陥った苦しみを吐露している。その苦しみは、ジャンヌに手紙を書くことを認めた管区長の許可によって和らげられた、と述べながら、しかしスュランはこう続けている。

私の精神は、最初は『霊のカテキスム』、次に『〔霊的〕対話集』、およびその他の書物を書くことにおいて獲得した当初の広大さ(amplitude)を、なおも失ったままです。書くことについて、私は多くの指令を受けていますが、それらの指令は、長上たちが私に対して抱いた嫌疑のために、私の心を非常に制約し、締め付けてしまったのです。長上たちは、私の『霊のカテキスム』が彼らの指図を受けずに出版されたのを目の当たりにしたため(中略)、たとえ相手が誰であれ、自分で書いたものを他人に貸すことを私に禁じました。そのため、私は書いたものをまったく眠らせておいたのです。そして私は、書いたものを他人に貸すことを断らなければならない義務のせいで、しばしば締め付けられるように感じたのでした。そんなふうにして断らなければならなかった機会は幾度もあったのです。(C.L430, p. 1286)

ルダン以後、長らく「締め付け」られていたスュランの魂は、書くことの恢復とともに大いなる「寛ぎ」を得たのだった。そしてその「拡がり」はそのまま、おのれの外へ、他の人びとへと向かって拡充していく運動でもあった。彼にとって、おのれの書いたものが人びとのあいだに流通し、読まれ、それによって人びとが完徳へと導かれるということは、それによって神の王国が地上に「拡がる」という事態を意味してもいたのだから。しかし、いまやこの拡がりの運動は、それに対して長上たちが抱いた危惧によって阻まれることとなり、彼の魂は再び「締め付け」られることとなったのである。その障害は、イエズス会士として生きるかぎり、すなわち長上への服従の義務を遵守するかぎり、乗り越え難いものであった。

2　信仰への回帰と「語ること」の願望

だが、にもかかわらず彼の魂の内なる「霊の火」が消えることはなかった。「書かれたもの」にどれほどの制約が課されようと、「書くこと」の願望、さらにその手前にある「語ること」の願望は、彼をして言葉を紡がしめ、発せしめ続けたのである。ところで、この、それ自体がまさに「神秘」であるような根源の願望は、スュランがそこに戻っていった共通・通常の信仰の状態において、すなわち、すべてのキリスト教徒と同じ生の地平において発動したのだった。実際、晩年のスュランは、一六六五年に没するまで、イエズス会士として人びとのあいだで活動しながら、平凡な信仰生活の内に流れる「さまざまな財の奔流」をますます豊かに語りだしてゆくことになる。以下、彼がいかにして信仰の神秘を語ることへと向かい、そして絶え間なく語り続けることになったかを明らかにしよう。

一六五八年に再燃した超常の恩寵をめぐるバスティドとの論争は、一六六〇年に沈静化する。ここで考えたいのは、およそ二年間にわたるこの論争を通じてスュラン自身の立場に生じた、微妙な、しかし決定的に重要な変化である。この変化は、ジャンヌに宛てられた一六六〇年三月二日（もしくは二月二八日）の手紙に窺うことができる。

私の魂の内に生じさせることが神にとって望ましいような、さまざまな賜物とはたらきを受けるという私の実践に関しては、先の手紙に書きました[19]。たとえ悪魔が私の内でさまざまなはたらきを繰り広げているとしても、この実践は私の安全を確保しているように思われます。私は、私にできるかぎり神の賜物やはたらきに忠信であって、この点についてはまったく後悔はないとあなたに言い切ることができます。かくして私が私の心と感性に非常に深く刻み込んでいるのは、信仰の純粋さにおいて、ひたすらに神に向かうということです。というのも、私には、神を求め神に奉仕することを求めることしか眼中にないので、超常のものと通常のものの区別がほとんどつかないからです。

私自身の病弱さを通じて、私の内に生じてくる諸々のはたらきについては、世間にもそう思われるように実に異様なものですが、それでも私の心は安らぎのさなかにあり、そうしたはたらきと私のあいだには無限の隔たりがあるように思えるのです。というのも、私が求めているのは、徳と、私の力の及ぶ限り神に奉仕することのみなのですから。なぜなら、あらゆる超常のもの、あらゆる感覚、あらゆるはたらきの上に、無限に隔たったものがあるからです。それは、教会がすべてのキリスト教徒に教えるように、神に仕え、神を讃え、神を愛することです。（C. L294, p. 933. 傍点引用者）

おそらくはこの手紙によって、超常の恩寵をめぐるバスティドとの論争に終止符が打たれたのである。スュランが説くのは、「信仰の純粋さ」において神に向かうという霊的態度である。それは、自己を省みることなくただひたすら神に献身するという、同時代の神秘主義思潮に遍くみられる自己放棄、自己無化のテーマにも連なる。だが、ここで注目したいのは、「超常のものと通常のものの区別がほとんどつかない」というスュランの言葉である。彼はここで、彼自身もそれまで相当に依拠してきたこの区別を乗り越えてゆく。「超常（extraordinaire）」と「通常（ordinaire）」の区別は、ただ神の力によるしかない超自然の（surnaturel）事柄と、神の力によらず生成流転する自然の（naturel）事柄の区別と重なって、一七世紀フランス神秘主義をめぐるさまざまな言説を形成する枠組みとなった[20]。スュランは、一方ではたしかに、同時代に支配的なこの言説に則っているのだが、他方ではそうした言説の枠組みを逸脱し、あるいは解体してゆくのである。

「超常のもの」は、その言葉どおり、通常のものを超えたところ（extra-ordinaire）、つまり通常のものに比べてより上位の次元に定位されるだろう。ところがスュランは、この序列を無効化してしまうばかりか、逆転させてしまうのだ。超常のはたらきからの「隔たり」をめぐる彼の言葉に注意したい。かつて彼自身がジャンヌとともに体験した数々の超常のはたらきと現在の自分が置かれている境地とのあいだには「無限の隔たり」があるようだ、と彼は言う。この「隔たり」という言葉で言い表されている事態は、しかし、到達すべきより上位の次元から不幸にも遠ざけられているという否定的な（悪しき）ものではまったくない。超常の体験からの隔たりは、むしろ肯定的な、嘉《よみ》すべき事態なのだ。なぜなら、「無限に隔たったもの（une chose qui est infiniment éloignée）」は、あらゆる超常のはたらきの上に（au-dessus）あるというのだから。それは「教会がすべてのキリスト教徒に教えるように、神に仕え、神を讃え、神を愛する」ということであり、これこそ信仰の純粋さにおいてスュランが求めるものである。いまや通常の信仰が超常の体験を無限に凌駕するのだ。

　繰り返しになるが、超常の体験を去って「教会がすべてのキリスト教徒に教えるように、神に仕え、神を讃え、神を愛する」ということ、この「信仰への回帰」は、スュランの霊的道程のなかで、けっして規範的信仰への再統合に還元できない意味をもっていた。彼にとってそれがいかに根源的な出来事であったか、私たちはすでに前章で論じた。それは、おのれの地獄堕ちの確信からくる懊悩に魂の根底まで蝕まれていた彼に、ふたたび希望を持ってこの世に生きることを可能にする魂の救いの出来事であり、おのれの前にまったく新しい生の地平を拓く出来事だった。

　かくしてスュランが回帰した通常・共通の信仰の地平、純粋な信仰によってひたすら神と神に仕えることのみを求めるべき地平において、彼の魂は大いなる平安（paix）と歓び（joie）に満たされたという。それをスュランは、「純粋にして単純な信仰」の内を流れる「さまざまな財の奔流」、溢れるように豊かな、えも言われぬ信仰の富として語ろうとする。

> 私たちの主は、私に与えることを嘉《よ》しとしたこの信仰の光において、私の魂の状態を平安にしたのですが、この平安はあまりにも大いなるもので、私が我を失ってしまうことなく主がいかにして主の平安と歓びを増すことができるのか、私にはわからないほどなのです。というのもそれは、私が誰に言うべきかも、どのように言うべきかもわからないさまざまな財の奔流なのです。そして、主の恩寵を通じて流れるこの財の奔流

は、すべて信仰の諸観念の内にあり、この純粋にして単純な信仰の外にあるいかなるものにも向かうことはないのです。かくいうわけでキリスト教の豊かな富は言葉にすることができません。私に残されたのはただ、書くことを通じてであれ、話すことを通じてであれ、福音書の言葉に隠された神の富をすべての魂たちに得心させるという熱意と、このうえない願望（désir extrême）です。ほかのすべてが私から奪われてしまっても、もはや貧しいということはないでしょう。そのような淵にあっても、語るべきこと、書くべきこと、働くべきことは無限にあるのです。（C. L294, p. 933–934. 傍点引用者）

このテクストは、これ以降のスュランの宣教師あるいは説教師としての活動の展開を考えるうえでも極めて重要な意味をもつ。次の三点を確認しておきたい。第一に、超常の体験と通常の信仰との対立をもはや無意味にするようなこの「財の奔流」は、あくまでもキリスト教徒に共通・通常の信仰の内にあるということ。言うなれば、それは通常の信仰の次元の内に生起する「超常のもの」であって、はじめから通常の信仰の「外に（extra）」対置されるような外部カテゴリーとしてのそれではない。「この純粋にして単純な信仰の外にあるいかなるものにも向かうことはない」という以上、その「過剰さ」ないし「超越性」は、まさに内から溢れ出す「奔流」のごとく、自己を自己の内から破りつつ拡充するような、自己超出の運動として理解されるべきもののように思われる。

第二の点は、かくして信仰の次元に認められる「超常のもの」、私たちが自己超出の運動と理解したいものの超越性が、どのように語られているかということである。一方では、それは「言葉にすることができません」という言い方で否定的に――言表不可能性として――示されるが、他方では、「語るべきこと、書くべきことは無限にあるのです」という言い方で肯定的に――「無限に語るべきこと」として――指示される。つまり、信仰の内なる富は語りえないものであり、無限に語るべきものであるという、相反する二つの事柄の狭間で、それでもなおスュランは「語ること」を選ぶのである。それは否定的な契機を回避せず、むしろ自らの内に取り込みつつ乗り越えるという意味で、真に肯定的な実践としての「語ること」ではなかったか。

そして第三の最も重要な点は、語りえないという不可能性と、語らなければならないという要請とのあいだで、スュランをしてジレンマに陥ることなく語り続けさせたのが、結局のところ何だったかということである。それは「福音書の言葉に隠された神の富をすべての魂たちに得心させるという熱意と、このうえない願望」だった。信仰の次元に隠された神の富は語りえないが、それでも彼にはそれを魂たちに語り伝えたいという、自分自身にも抗しがたい願望が宿り続けていた。他のすべてを失っても、この願望があるかぎり無限の富を享受し続けることができる、そうスュランは言う。「すべての魂たち」に向けて語るべきことを語るというこの願望こそ、私たちが目を凝らすべきものの正体である。そしてそれは、つねに他者によって呼び起こされるべき願望であった。信仰の神秘を語る彼の言葉は、つねに誰かに「語りかける（parler *à*）」言葉であって、ただ「何かについて語る（parler *de*）」言葉ではなかったということを確認しておこう。私に先立つ他人の存在なしに――たとえその他者が現前していなくとも――「語りかける」ことはできない。このように理解される「語ること」は、根源的に共同的な実践であり、一人称の私という主体性にはけっして還元できない行為であるはずだ。[21]

4　陥穽を超えて――「宣教神秘家」スュラン

最後に、本章のはじめに提起しておいた問題をもう一度考えたい。論敵シェロンの反神秘主義論を反駁する自らの言説が呈していた陥穽を、スュランは結局のところ乗り越えることができたのだろうか。

先に指摘したように、近世神秘主義の転機に繰り広げられたスュランと反神秘主義の闘争をめぐっては、スコラ学と神秘主義という異質な学知の分裂に連なるさまざまな差異と対立――知性と感性、理性と情動、教義と体験――が強調される傾向にあった。しかし、こうして差異を際立たせることは、セルトーの言うとおり「神秘体験が否定するはずの分裂を認識のレベルで認めてしまうこと」になるだろう。たしかに、「戦う神秘家」としてのスュランには、反神秘主義の言説を反駁する言説を先鋭化させてゆくなか、結果として上記の差異と分裂を深めていった一面があることは否定できない。しかし、前節で明らかにしたように、最終的に信仰に回帰してゆくスュランの言葉には、二項対立的な図式を越えてゆくような、語り方の変化が認められる。この変化の内実をより丁寧に読み解くとき、あらゆる認識上の対立を超えてゆくスュランの信仰の経験が見えてくる。それは、すべての人びとに共通・通常の信仰という「普遍的な」神秘を説き、自らそれを生きた「宣教神秘家」の経験である。

1　スュランとバスティドのあいだ

超常の恩寵をめぐるバスティドとの論争について、先の私たちの考察は十分ではない。なお次の問いが問われて然るべきだからだ。すなわち、最終的には一切の超常の体験から離れて共通・通常の信仰に帰着したスュランの態度は、あらゆる超常の恩寵を積極的に拒絶するべきことを主張したバスティドのそれと、どのように異なると言えるのだろうか、と。超常の恩寵をめぐってスュランとバスティドとのあいだに繰り広げられた論争は、理論的には十字架のヨハネの教説をめぐる解釈の違いに発するものであった。二人のイエズス会士の立場を分けた第一の争点は、超常の恩寵を積極的に排除すべきか否かであった。すでに述べたように、一六五八年に再燃した論争のなかで、スュランがいまだに悪魔の奸計に弄されていることを懸念したバスティドは、魂はひたすら「信仰の純粋なる空」に留まるべきであり、それを超えるいかなる恩寵も受け取るべきではなく、むしろ積極的に排除しなければならないと主張した。これに対してスュランは、超常の恩寵からおのれの身を引き離す努力は必要だとしながらも、そうした自己無化の上にさらにもたらされる神のはたらき――「霊の火」――を積極的に拒絶することまで十字架のヨハネは説いていないと反論したのである。

おそらく、論争がぶり返した当初の時点では、超常の体験へのスュランの拘わりに対するバスティドの懸念には、少なくとも一定の妥当性があった。私たちがこのように考えるのは、スュランの手紙のなかに次のような記述を見つけるからである。

私の内に生じ、感覚や肉体にまで到達したと思われるいくつかのはたらきについては、それらのはたらきに何ら悪しきものも穢れたものもない場合には、私は同様のやり方〔自己無化を実践したうえでなお魂の内に生じる超常のはたらきについてはそれを受け容れること〕を続けるものです。というのも、聖人たちにおいて神が多くの似たような事どもをなし給い、それが聖人たちの神への愛を増大させるのを助けたことを、私は知っているからです。聖テレサは自らについて、時折神が彼女の身体を愛撫することがあったと述べています〔『自叙伝』第一七章[22]〕。シエナの聖カタリナは、おのれの内にイエス・キリストを感じ、彼女自身の四肢の内にイエス・キリストの四肢を感じたと述べていますが、それは彼女の話を聞いていた聴罪司祭を驚愕させるようなやり方で起こったのでした。彼の驚きにも構わず、神は聖女の聴罪司祭が彼女の顔に私たちの主を見ることをお望みになったので、聴罪司祭は聖女の顎に髭が生えているのに気づいたのです。あたかもイエス・キリストその人の顔がそこにあるかの如くに〔『シエナの聖カタリナ伝』第一部第二四章[23]〕。これら神秘の事ども、あるいは諸効果は、それを体験したことのない人びとを驚愕させ、憤慨させるのです。(C. L198, p. 675–676)

聖女たちがその肉体に直接的に被った超常の体験を引き合いに出すことで自らの立場を擁護しようとするスュランの論法が、バスティドの懸念を一層深めたであろうことは想像に難くない。このような例証に依拠しているかぎり、スュランの弁明は、十字架のヨハネに拠りつつ「信仰の純粋なる空」に留まるべきことを説くバスティドの立場に照らしてみるとき、通常の信仰の次元を超えた体験に重点を置いているとみなされて然るべきだろう。実際、引用中の最後の一文は、体験主義の典型的な言説――「体験したことのない者には分からない」――を彷彿とさせよう。少なくともこの箇所をみるかぎり、十字架のヨハネの教えの解釈の「正当性」についてはバスティドに分があるように思われる。また、スュランはバスティドに反論するなかで「おのれの内に生じてくるはたらきをおのれの外に排除するべく積極的な行為をなす必要もなければ、まったくそのようなはたらきのない人びとの状態にとどまらなければならない必要もない」(C. L198, p. 674. 傍点引用者) と述べているが、このように言いながら聖女たちの体験を例として挙げることは、結果的に少数の聖人に特権的な体験とその他多数のキリスト教徒の平凡な信仰とのコントラストを際立たせ、前者に優位を認めることになるのではないか。

だがしかし、この時点ではまだ垣間見えた超常の体験への肯定的言及も、論争の果てには姿を消してゆく。前節で検討したとおり、超常の恩寵をめぐる論争の終わりに書かれた手紙（一六六〇年三月二日）のなかで、スュランは「信仰の純粋さ」においてひたすら神に向かうべきこと、「教会がすべてのキリスト教徒に教えるように」神を愛すべきことを説き、そこにあらゆる超常のはたらきを「無限に」凌ぐ信仰の富を認め、こう書いていた。「主の恩寵を通じて流れるこの財の奔流はすべて信仰の諸観念の内にあり、この純粋にして単純な信仰の外にあるいかなるものにも向かうことはない」（C. L294, p. 934）。以後、スュランは「すべてのキリスト教徒」に共通・通常の信仰の神秘をさまざまな言葉で語りだしてゆく。超常の恩寵と体験をめぐる論争の果てに、スュランの神秘主義は信仰をその主題に据えるに至ったと思われる。

では、超常の体験から「無限に隔たった」純粋な信仰の境地にたどり着いたスュランの態度は、彼の超常の体験への傾斜を批判していたバスティドの態度と、結局は同じところに帰着したのか。そうではない。なぜなら、「私には、神を求め神に奉仕することを求めることしか眼中にないので、超常のものと通常のものの区別がほとんどつかない」（C. L294, p. 933）とあるように、純粋な信仰によって神に向かうことにおいては、超常のものと通常のものの区別がもはや意味をなさないというのだから。換言すれば、スュランが語る「共通・通常の信仰」は、その内に超常のものを宿らせている。信仰の内なるこの過剰さを、彼は溢れるような神の「平安」と「歓び」、あるいは「さまざまな財の奔流」と呼んだのである。この奔流のなかで、超常のものと通常のものの区別をはじめ、神秘主義をめぐる論争の言説を支配していた諸々の認識上の区別は、文字通り流れに呑み込まれるかのごとく混濁し、不分明なものになってゆくだろう。

2 スュランと十字架のヨハネ

歩行能力を恢復した一六六〇年一〇月末以降、スュランは、セルトーが「孤独から共生へ」という表現を与えた転機を迎え、「ルダン後」の新しい段階へと踏み出した。スュランはいまや、イエズス会士として人びとの司牧と宣教に励みながら、人びとと同じ共通・通常の信仰の生の地平を生き、信仰の内なる「財の奔流」を力強く語りだす。前章の最後にも言及したジャンヌ宛ての手紙（一六六二年五月七日）をふたたび引用しよう。この手紙のなかで、「ヨハネ福音書」を参照しながらスュランが語っていたのは、いかに悲惨な状態にあろうとも信仰をもってこの世を生きる一般のキリスト教信徒たちの魂を満たす、圧倒的に豊かな神秘の奔流である。

この諸々の財の活動する流脈は、信仰の包括的な観念（idée générale de la foi）の内にあり、神や神の子イエス・キリストについて一般的な事柄のほかに何か特別な富があるわけではなく、大多数のキリスト教徒の音域に合ったものです。そして私には、私たちの音域は根底において最もしがない農民たちのそれと同じであって、私たちの主がそこに加える刺繍音《ブロドリ》は完全かつ単純素朴なものだと思われます。（C. L449, p. 1335）

注目すべきは「信仰の包括的な観念」という言葉である。ここで言われている信仰の観念は、明らかに、『カルメル山登攀』において十字架のヨハネが論じているそれに由来する。十字架のヨハネによれば、神を認識するためには魂は知性の闇に入らなければならない。この知性の闇こそが信仰であり、信仰においては感覚や知覚に与えられる一切が退けられるべきである。そして、この「赤裸な信仰」によって魂が到達する神の認識は、「暗く、漠然として、包括的で、愛に満ちた」観念と言われる（鶴岡 二〇〇〇、とくに第二部第二章）。

ほとんど同時期（一六六二年五月二六日）に書かれた別の手紙には、「漠然としていて包括的、普遍的な神の観念（notion obscure, générale et universelle de Dieu）」という、まさに十字架のヨハネ的な神観念について詳しい説明がある。これによって、スュランの言う「信仰の包括的な観念」がいかなるものであるかを理解することができるだろう。

私が個別的な観念に閉じこもってしまえば、別の個別的な観念（une idée particulière）は最初の観念への注意を妨げる障害物（distraction）となります。しかし、もし私が普遍的な観念（une idée universelle）にかかわるのなら、私にやってくる個別的な観念はまったく注意を妨げるものではないでしょう。ところで、神とは或る普遍的な存在であって、私が包括的な観念と包括的な味わいによって到達しうる存在です。私がこの精神的な構えをとり続けるかぎり、このようにして神をみること、味わうことは、普遍的であるこの広大な拡がりのなかにあり、個別的で判明ないかなる対象が私の前に現れようとも、それはけっして私の注意を妨げる要因とはならないでしょう。そしてこのやり方によれば、私にとって祈り（oraison）は甘美かつ容易であるでしょう。ただし、次のことに留意しなければなりません。それは、私が抱いている判明な諸観念はけっして神の外にあるのではないということです。かくいうわけで、私はすべての事どもを神において漠然と見つめなければならないのです（je dois envisager toutes choses confusément en Dieu）。

その魂たちにとって神の観念があまりにも普遍的かつ親密なものであるために、ほとんどいかなるものにも注意を妨げられないような魂たちが存在します。それら魂たちはいたるところに神を見いだし、普遍的な存在はあらゆる個別的な存在においてそれらの魂たちに現前するのです。それゆえ、いかなるものもそれらの魂たちを神から遠ざけることはないのです。それら魂たちにとって祈りはたやすいものです。祈りは包括的であって限定的ではないのですから。リュートを奏でるときとほとんど同じようなことが言えます。親指で触れる太い弦がひとつの包括的な調べを奏でるのですが、それが他の細い弦の数々が奏でるさまざまな調べを支えているので、そのようにして奏でられる多様な調べは、包括的な調べによく調和していれば、心地よく響くのです。同様に、神の観念も、それが包括的であれば、祈りを支えるので、何かしらの考えが胸中に浮かんでも、その考えがこの神の普遍的な観念によく調和していれば、けっして注意を妨げる障害物ではなく、より普遍的であるほど、より高く、より甘美で、より障害の少ないこの祈りの、真の一部となるので

す。（C. L455, p. 1356–1357）

あらゆる限定を超えた広大無辺の拡がりをもつ神を認識するためには、個々の判明な事象にとらわれてはならない[24]。普遍的な神に到達するためには包括的な観念によるしかない。すなわち「信仰の包括的な観念」に。スュランは、個別的で判明なものをより包括的な調和へと導くような普遍的な神の観念について、先の手紙と同じく美しい音楽的イメージを用いつつ説いている。それは、個物の差異と多様性を否定することのない合一を実現する、ダイナミックな運動である。引用文中、「注意を妨げる障害物」と訳出した « distraction » という語の語源は、ラテン語の « distractio » であり、元来「分裂、分離」あるいは「不一致」を意味する。しかし、「すべての事どもを神において漠然と見つめ」るまなざしの下には、それすらもより普遍的な調和の「真の一部」となるのである。スュランは包括的な神の調べを「刺繍音《ブロドリ》」とも表現していたが、まさにそれは分裂を縫い合わせて大いなるハーモニーを響かせるのだ。

以上の考察から、私たちは次のように結論できるのではないだろうか。「神秘体験が否定するはずの分裂を認識のレベルで認めてしまう」という神秘主義についての言説の罠を、スュランは、十字架のヨハネの信仰観念をおのれのものとすることによって脱することができたのだ、と。実際、このスペインの神秘家がスュランに及ぼした影響は、これまで考えられてきた以上に深かったと思われる。ただし、ここでいう「神秘体験」とは、超常のものを見たり、触れたりする現前の体験ではなく、漠然と包括的に「見ること」、あるいは「味わうこと」という別の体験である。それはスュランが体験に対置する信仰であり、あるいは「祈り」である[25]。

たしかに、この「戦う神秘家」の生涯は、一七世紀を通じてますます強まっていく反神秘主義的諸思潮との絶えざる緊張関係に貫かれていた。そのため、神秘主義についての彼の言説にはさまざまな亀裂が走っており、ときに攻撃的に先鋭化した言説は、対立と分裂を際立たせることになる。だが、そのような論争を経てのち、宣教師としてとりわけ農村地帯での「しがなき人びと」の弱く悲惨な生、しかし豊かな信仰の「財」を湛えた生の地平をともに生きることになったこのイエズス会士は、二項対立に支配された言説の陥穽を超えて、ダイナミックな調和の境地を見いだすことになった。この「宣教神秘家」が最晩年に到達した境地においては、それまで神秘主義を論じる彼の言説――あるいは一七世紀を通じて繰り返される言説――を構造化していた多くの区別が不明瞭になり、解消されてゆくのである。[26]

3 大海のような平安

この、あらゆる境界が曖昧なものとなりゆく境地を、スュランは大海のような平安として語っている。それは、すべて個別的な差異を呑み込む海のごとく、激烈にして静謐な境涯である。海は、ボルドーの人スュランが好んで用いるイメージの源泉だった。以下、いずれも印象深い海のイメージが活用されており、また、彼が到達した平安の境地がいかなるものであったかをよく示していると思われる、二つの印象深いテクストを取り上げよう。

第一のテクストは、一六六〇年二月一一日、すなわちバスティドとの論争が沈静化する頃、モントーバンのカルメル会女子修道院長に宛てた手紙のなかにある。

よきカルメル会修道女とは、たくさんの荷物を背負い込んでいるときに、そうした重荷をすっかり下ろして寝床に休みに行く者に似ていると、私には思われます。魂は、おのれにのしかかり、打ちのめしていたものを捨て去って、おのれの自由に寛ぐのです（dilate en sa liberté）。またそれは、狭隘な河川から出て海に繰り出し、帆にいっぱいの風を湛えて、あちこち好きなところへと向かう帆船に似ているようにも思われます。同様に、かの魂には神という外海があるのです。どこでも好きなところに行ってこの至上の善に没するのですが、これが起こるのは数多くの事どもの判明な認識によってではなく、広大にして至上なる善の普遍的な味わいによってであり、このとき魂は個々のものに逐一触れられるのではなく、ただ広大普遍なるものに大まかに触れられるのです（sans être touchée en détail, mais seulement en gros）。あたかも岸から海を眺めるときに一様の水しか見えないかの如くですが、この単純一様なるまなざしのなかに、魂の神における真の安らぎと呑み込まれ（engloutissement）はあるのです。その後、人はこの広大な海のなかに、イエス・キリストの内にある、判明で個別的な数々の富を見いだすのです。ちょうど、人がいっそう深く海に潜るときに、珊瑚や宝石などさまざまな富を見つけるように。（C. L289, p. 919）

ここに喚起されている海のイメージは、たんに抽象的な比喩ではないし、一般的に用いられる文学的素材というわけでもない。風を受けて海を疾駆する帆船とは、ボルドーの人スュランがこの港湾都市において実際に目にし、それゆえ或る濃密な具体性をともないつつ、彼の想像力を触発したものだったのではないか。また、岸から眺められた海の茫漠たる広がりのイメージは、スュランが一六三二年から三四年にかけて滞在した大西洋岸の町マレンヌ——そこで彼は数多くの市井の神秘家たちとの邂逅を重ねた——で目にしたであろう現実の風景に多くを負っていると推測することもできる。

より重要なのは、結局のところ、帆船や海の何がスュランを惹きつけたかということである。それは、広大な海を駆け巡る帆船の自由であり、すべてを呑み込んで静謐な海の平安であった。「狭隘な河川から出て海に繰り出し、帆にいっぱいの風を湛えて、あちこち好きなところへと向かう帆船」に喩えられる魂の自由あるいは寛ぎとは、具体的には、ルダンに発する危機の時代、あるいはその後の論争のなかでおのれの心身を苦しめた「締め付け」の果てにもたらされ、すべての魂たちのために「無限に語り、書き、働くこと」を可能にした、魂の自由あるいは寛ぎであったのではないだろうか。同様に、広大無辺の海に注がれるが如き「単純一様なるまなざし」に見いだされる「魂の神における真の安らぎと呑み込まれ」も、ただひたすら魂たちを助け、神に仕えることにおいてあらゆる対立と分裂を超えてゆく、彼自身の魂の平安であったと思われる。

ただし、対立と分裂を超えたこの平安の境地においても、判明で個別的なものは否定されるわけではない。神の平安に呑み込まれた魂は、「人がいっそう深く海に潜るときに、珊瑚や宝石などさまざまな富を見つけるように」、「イエス・キリストの内にある、判明で個別的な数々の富を見いだす」とスュランは言う。それぞれに異なる多様な旋律は、包括的な調べに統合されて美しいハーモニーを奏でる。それと同じように、普遍的な神の観念においては、差異は合一のなかに融解することなく、またその外に排除されることもなく、神の普遍性の「真の一部」となる。一六六二年五月二六日の手紙でも彼はこう書いていた。「ただし、次のことに留意しなければなりません。それは、私が抱いている判明な諸観念はけっして神の外にあるのではないということです」(C. L455, p. 1356–1357)。

かくして、魂が文字通りすべてにおいて神を「みる」という、最終的にスュランが「イエス・キリストの平安」と呼ぶこの境地においては、超常の体験と共通・通常の信仰とのあいだの区別ももはや意味をなさない。なぜなら、神の平安とは、感覚に与えられる超常の恩寵によって与えられるものであるのか、知覚できないものに関わる信仰ないし祈りによって与えられるものであるのかを問わない。それは、超自然の財も自然の財も、文字通り「すべて」を呑み込む大海のような充溢だからである。以下は、死のおよそ半年前、一六六四年一〇月二六日の手紙からの引用である。

イエス・キリストの平安があなたに訪れますように。これ以上の願いをあなたに向けることはできません。なんとなれば、この平安には、五感にもたらされるすべてよりも遥かに望ましい財のさまざまな宝庫があるからです。そしてこれら霊的な財は、聖霊がもたらす超常の伝達物によって感覚的に体験するのであれ、聖パウロによれば私たちを富ませるには十分であるという〔「ローマの信徒への手紙」4, 13 ; 5, 1–2 ; etc.〕信仰によって所有するのであれ、この財は心を満たし、永遠に幸せにすると私は断言します。神の平安とは、祈りの財や恩寵の宝と言われ得るもののすべてのことです。私はこの平安を大海として思い描いています。この大海はあらゆる自然の財の上にうねりを高くしてそれらを沈ませ、自らとともにあらゆる超自然の財をもたらして魂を浸水させ、神の富のなかに呑み込んでしまうのです。(C. L551, p. 1589–1590. 傍点引用者)

スュランがこの手紙の宛先人であるジャンヌに向けた平安への願いは、このとき彼女を苛んでいた深い不安を静めるためのものであったことを知っておく必要がある。ルダンの悪魔憑き事件が収まった後にも、このウルスラ会女子修道院長は数多くの「超常の恩寵」を受けたが、そのうちのひとつに「天使の訪れ」があった[27]。人びとがジャンヌを通じて天使に問いかけるさまざまな問いに対して、天使は彼女の口を通じてお告げを与えたのである。だが、いよいよ死期が近づいたとき（彼女は一六六五年一月二九日にこの世を去る）、この超常の賜物がもたらしたお告げが果たして真に天使のものであったのかどうかという疑念が彼女を捉えた[28]。不安に駆られる彼女に対して、彼女の魂が「すべて」である神の平安に呑み込まれ、個々の恩寵の体験の真偽を問うことがもはや無意味であるようなその境地に安らぐことを、スュランは願ったのである。

スュランの信仰の神秘主義における否定と肯定の彼方、そして信仰の平安についてのさらなる考察は、本書第六章を待たなければならないが、本章の結論としてさしあたり次のようにまとめておこう。超常の恩寵をめぐる論争においてバスティドは、十字架のヨハネを論拠に「信仰の純粋なる空」に留まるべきことを唱え、超常の体験の一切を積極的に排除すべきと主張した。他方、この同僚の態度を「霊の火」を消すものであると非難し、けっして受け入れなかったスュランもまた、十字架のヨハネの信仰論に深甚な影響を受けつつ、ついには一切の体験を離れた「純粋な信仰」あるいは「赤裸な信仰」をおのれの神秘主義の核心的主題に据えるに至ったと思われる。しかしそのとき、スュランにとっての「信仰の純粋なる空」は、バスティドが考えていたものとは似ても似つかぬものだった。なぜならそれは、極めて逆説的ながら、「すべて」を呑み込む圧倒的な「充溢」としての「空」だったのだから。広大無辺な海のように茫漠たる観念であるそれは、あらゆる個物を包括してより大いなる調和へと導くダイナミックな運動として理解される。さまざまな分裂を縫い合わせて差異を孕んだ合一へと導くこの運動のなかで、神秘主義をめぐる言説を枠づけていたさまざまな対立図式——通常のものと超常のもの、自然と超自然、感覚・情動・体験と教義・知性・信仰、あるいは聖人・神秘家と一般信徒たち——は解体され、あるいは乗り超えられてゆくだろう。

註（第3章）

1 ブレモンは『フランス宗教感情の文学史』の最終巻（第一一巻）を「神秘家たちに対する論難（Le Procès des mystiques）」と題し、反神秘主義的思潮の考察に当てた。

2 スュランは、たとえば一六六一年二月一九日の手紙において、神的な事柄をもっぱら人間の理性の力によって把握しようとするやり方を「真昼に恐るべき闇を生み出す三段論法の攻城器具」と呼んで非難している（C. L352, p. 1076）。同様の意味での「攻城器具（machine）」という表現は『霊の導き』にもみられる（G. IV, 4, p. 185 ; VI, 5, p. 257）。

3 セルトーは神秘主義を固有の「スタイル」を持つ「ものの言いかた（modus loquendi）」ないし「もののやりかた（modus agendi）」として捉えようとした。Cf. CERTEAU [1982] 2002, p. 26–30.

4 シェロンがこの書を執筆した背景には、思想的な動機だけでなく、多分に政治的な理由もあったようである。この論争の背景と概略については、G. p. 39–50, « Introduction » を参照。

5 原題は、*Examen de la théologie mystique: qui fait voir la différence des lumières divines de celles qui ne le sont pas, et du vray, assuré et catholique chemin de la perfection de celuy qui est parsemé de dangers et infecté d'illusions. Et qui montre qu'il n'est pas convenable de donner aux affections, passions, délectations et gousts spirituels, la conduite de l'âme, l'ostant à la raison et à la doctrine.*

6 こうした傾向を批判し、中世からルネサンスに至る神秘主義とユマニスムの交錯を捉えた考察として、COURCELLES 2003, 11–46 が示唆に富む。

7 この点、スュランの立ち位置は、これも同時代に傑出した神秘家であるジャン・ド・ラバディ（Jean de Labadie, 1610–1674）と好対照をなす。スュランと同じくボルドーで学びイエズス会士となったラバディは、第三修練の途中、一六三九年四月一七日に脱会した。その後、一度はジャンセニスムに接近したが、一六五〇年にカルヴァン派に改宗。しかしカルヴァン派教会からも追放されて、最終的にはラバディ派と呼ばれる独自の共同体を形成した。
　彼はスュランとともに一七世紀イエズス会内に生まれた「新しい霊性」を代表する一人であった。両者は互いによく知る者同士だった。『経験の学知』には、ラバディの脱会の意志を知ったスュランがそれを撤回させようと説得に当たったことが記されている。両者の意見の違いを決定的にしたのは「従順」の掟をめぐる解釈の相違だった。「彼が脱会する前、そして私が彼の過ちについて彼に話して聞かせる前にも——というのも、その後私はもはや彼の友人ではなくなったのだから——、彼から私に話をしたことがある。私たちの主が私の魂においてなし給うた事どもの一部を彼は知っていたのである。私が彼を信頼したことはけっしてなかったし、彼には何も話すまいとも決めていたのだが、管区長様が彼とよく話をするよう私に命じたのである。管区長様は彼がいたくお気に入りだったからだ。そういうわけで彼は私に次のような話をした。曰く、私のうちに神の霊に由来する多くの事どもがあるのが見える。私は神に諸々の大いなる奉仕をすることができるだろうし、大いに進歩することができるだろう。が、従順の掟がつねに私を低いところに留め、翼を縛り付けてしまうだろう。そのため私はけっして遠くには行けないだろう、と。しかし私はこう答えた。ご自身が欲することを私になし下さるよう私は神に委《まか》せているけれども、従順の掟を去ることはけっしてないだろう、と。これに対する彼の答えは「あなたにとってはそれがよい」というものだった。付け加えて私は言った。それは私に必要なことであり、彼にとってもそうである。何が起ころうと、私たちの主がどんな賜物を私に与えてくださろうと、この従順を放棄することはけっしてないだろう、と。こうして私たちは決裂したのである」(S. III, 10, p. 326)。脱会したラバディは、聖霊によって個人に直接与えられる霊感を通じて聖書を解釈すべきこと、洗礼は義務ではなく、個人の自覚的な回心をこそ求めるべきことなどを説いた。

　ラバディについては、CERTEAU [1982] 2002, chap. 9 のほか、VIDAL 2009 を参照。

8　カヴァレラの区分にしたがえば、この論争は二つの段階に分けられる。第一の段階は、両者が霊的な師弟関係を結ぶようになった一六五三年から、スュランが精神の闇からの決定的な解放を経験する一六五六年まで。こののち論争は一旦落ち着きをみせるが、一六五八年初めに再燃し、六〇年にかけて続く。スュランは一六五七年一月から活発な書簡のやりとりを再開したが、超常の恩寵をめぐる論争は周囲の人びとも巻き込み、一六六〇年までスュランはこの論争を主題として数多くの書簡を交わすことになる。

9　十字架のヨハネの教説をめぐる二人の見解の相違は、一六五八年一二月三日のスュランの手紙に最も明白に整理されている。

　私たちの意見対立の原因は、バスティド神父が次のように言うことにあります。すなわち、私たちの主が私を再び平穏の状態に戻すため私の内面にもたらした恢復、そこにおいて私が受けとった数々のはたらきには、数多くの幻想がそれと知らず紛れ込んでいる、と。そして彼は、確実に私の歩みを進ませるような適切な方法を遵守させようとして、その本質において超常かつ判明な性質をもち、すべてのキリスト教徒に与えられる信仰に共通の教えの外にあるもの、そのようなものをもたらす一切のはたらきを私が拒絶しなければならない、そのような一切の特別な事どもなしですまさなければならない、そうしたはたらきのいかなるものをもおのれの内に許容してはならない、と言うのです。このような主張は、かの善良な神父［バスティド］が説明している十字架のヨハネ神父の教えに基づくものなのですが、それによって彼は次のように信じています。魂はただ自己無化によって先に述べたような事どもからおのれを引き離さなければならないだけではなく、さらに積極的な行為によってそれらの事どもから身を隔て、魂の集中を乱すものや魂を唆《そそのか》す誘惑に対してそうするように、おのれの外に追い出さなければならない。そして、そうした事どもをまったく知らない人びとの状態にとどまらなければならない、と。このことは、完徳に向かう魂によってこのとおり実践されなければならないというのですが、完徳に向かう途上にある魂は、信仰の純粋なる空（le pur vide de la foi）のなかにおのれを保ち、そのような信仰を超えるいかなるものも認めてはならないのです。そして、彼が主張するようなこの実践はとりわけ、彼は私の場合がそれに当たると言い張るのですが、善きものと悪しきものとが混在したはたらきを被る魂によって実践されなければならないと言うのです。加えて彼が言うには、私がこのような実践を望んでいないということが、私の進歩を遅らせ、私の恢復を妨げているとのことです。

　私の意見はこうです。この件について従うべき真の教えとは、それは誰であれ従うべき教えなのですが、神が魂の内に超常のはたらきを生じさせるときには、そこに他の悪しきはたらきが混じっていようが、そうでなかろうが、魂はおのれの内に生じる一切のはたらきから、それが善きものであって悪しきものには見えなくとも、おのれを引き離さなければならない。そして、そこからおのれを引き離すのは真の自己無化によるべきであって、かくして一切を超え、精神と願望とをすべてのキリスト教徒に共通の信仰の対象へと正しく運んで、魂に起こることや魂が体験しうることにけっして留まることもなければ、それを支えとすることもない。だからといって、おのれの内に生じてくるはたらきをおのれの外に排除するべく積極的な行為をなす必要もなければ、まったくそのようなはたらきのない人びとの状態にとどまらなければならない必要もない。私が言っているのは自己無化（abnégation）だけで十分だということであり、十字架のヨハネ神父の教えもそのように理解されるべきだと信じています。（C. L198, p. 673–674）

10　本書序章註29参照。なお、« dilatation » という概念をめぐる、アウグスティヌス以降のさまざまな解釈については、CHRÉTIEN,

2007が参考になる。近世神秘主義（テレサ、フランソワ・ド・サル、ルイ・シャルドン）との関連では、とくにp. 89–134を参照。

11 本章註7を参照。

12 以下、このテクストの出版をめぐる一連の論争の記述は、DAINVILLE 1957 ; C. p. 1013–1014, 1087–1088に基づく。

13 当時ボルドーの修練院長であったシャンペイルについては、C. p. 444–448を参照。シェロンと並んでスュランを「戦う神秘家」にしたこの人物は、早くも一六三九年からスュランの神秘主義的傾向を批判していた（本書一九頁を参照）。なお、彼にとってはバスティドも神秘主義者に違いなく、スュランと同じく批判すべき対象だった。

14 DAINVILLE 1957, p. 66–79に報告の全文が載っている。

15 「魂たちを助けること」とはイグナティウス・デ・ロヨラが『巡礼者の物語』のなかで繰り返し言及する、イエズス会の霊性の原的モチーフである。

16 一六三七年一〇月初めに書かれた手紙（L139）から、一六五七年二月八日の執筆再開（L147）まで、この間の「沈黙の時代」に書かれた手紙は七通しかない。

17 『経験の学知』には、歩行能力の恢復をめぐる印象深い描写がある。

私は食事をする部屋からほど近い部屋にいたが、それでも移動する際には召使たちに腕を抱えてもらわなければならなかった。一歩でも踏み出せばひどい苦痛を感じたからである。（中略）このような状態にあった或る日、その日は聖シメオンと聖ユダの祝日〔一〇月二八日〕の前日であったが、近しい誰かの訪問を受けた私は、少しばかり努力をしてみた。すると、私がその人に付き添われながら庭園に面した扉口のところまでなんとか行く力を、主が与えてくださった。この扉口のところで、私は心にたいそうな喜びを感じたので、庭に目をやった。それは非常に美しく、庭園にあるさまざまなものに少しばかり判明に目を凝らした。少なくとも一五年来、頭のはたらきが極端に衰弱していたため、私にはそのようにするだけの力がなかったのである。自分自身の力でゆっくりとそうしてみてから、階段の下まで降りようとしてみた。これも、同様のことも含めて非常に長らくしなかったことである。私はそうすることに何かこの上ない甘美さを感じ、同じようなことをしたときにいつも覚えていた苦痛はなかった。五段もしくは六段ばかりの階段を降りると、ふたたびそれを上って、元いた場所、いつもそこで休息していたテーブルのところに戻り、一日中書き続けた。翌日の同じ時間、同じ試みを、同じ容易さでもって行ってみたが、階段を降りるだけでなく、庭園まで降りてみて、かなり楽に歩いた。そして体力がなくなったのを感じてから家のなかの元の場所に戻った。三日目、私は同じように庭園まで降りて行き、前日よりも歩いてみた。井戸のところまで行ってさらに進み、庭園の小径を歩き通すことができた。それから、庭園の端にある並木道にまで行ったのである。このとき、窓の内から気がついた家の皆が驚き喜びながら私のもとまで来た。そして私は散歩を続けた。（S. II, 17, p. 272–273）

18 スュランにおけるエクスタシーをめぐっては、本書三三七頁以下を参照。

19 一六五八年一二月三日の手紙を指す（C. L198, p. 673–676）。本章註9に引用。

20 本書序章六八頁以下を参照。

21 スュランにおける「語ること」をめぐっては本書第五章（とくに三二〇頁以下）でさらに考察する。

22 THÉRÈSE D'AVILA 2007, t. 1, p. 112.

23 CAPOUE 1604, p. 78.

24 広大無辺な神の認識について、スュランの立場は明晰・判明な認識によってこそ神は知られるとした彼の同時代人デカルトのそれと好対照をなす。「[十字架の]ヨハネの態度は、明晰・判明なることを以て本領となす通常の——言わばデカルト的——知的認識そのものの価値の否定であると言ってよい」（鶴岡 二〇〇〇、九四頁）という評価は、十字架のヨハネの影響を強く受けたスュランにもそのまま当てはまる。

25 最晩年のスュランにおける「単純な安らぎの祈り」については、第六章第三節三で考察する。

26 一六六四年以降の手紙では、それまでスュランの言説を構造化するひとつの軸となっていた「内面と外面」の区別がテクストから消えてゆき、それと同時に魂の「平安」や「静寂」への言及が増えていくとは、パトリック・グジョンがすでに指摘している点である。GOUJON 2008, p. 282n86.

27 本書第六章三五七頁以下を参照。

28 「自分に現れた天使の答えをしばしば誤解して、自分自身の考えを天使の答えであるかのように与えてしまったのではないかという不安が彼女をとらえた」（« Vie de la Mère Jeanne des Anges », 2 vols., XVIIe siècle, Arcive de la Visitation, Le Grand Fougeray, Ille-et-Vilaine, p. 888, cité dans C. p. 1589）。

第4章　純粋な愛と純粋な信仰——魂の「暗夜」の解釈をめぐって

前章では、「超常の恩寵」をめぐるスュランとバスティドとの論争の焦点が十字架のヨハネの教説にあったことを確かめた。本章の考察は、この一六世紀スペインの神秘家がスュランに、そして一七世紀フランス霊性全般に及ぼした隠然たる影響力をさらに際立たせることになるだろう。実に、神秘主義をめぐってこの時代に起こった数々の論争のうち、とりわけ重要な論争の軸はヨハネの「暗夜」の教説であり、そこに提示される愛および信仰の概念であったと考えられるのだ。これら十字架のヨハネの教説をどのように受容し解釈しているかをみることによって、神秘主義に対するそれぞれの根本的な思想的傾向の違いを判別することができるかもしれない。議論に見通しをつけやすくするため、あえて大雑把に整理すれば、シェロン、ニコル、ボスュエら、最もラディカルな反神秘主義者たちは、十字架のヨハネの教説——あたかも神が不在であるかのような暗夜のなかで、何も見ることなく愛し、信じるということ——を真に受容することはできなかった。反対に、スュラン、ベルニエール、ギュイヨン夫人、そしてフェヌロンら、神秘主義の真正性を擁護しようとした者たちは、それを神秘主義の最も重要な教説と解釈し、あるいは実際に「暗夜」を生きたのである。

一七世紀の神秘家たちに深甚な影響を与えた「暗夜」の教説は、世紀末に戦われたキエティスム論争の果て、ボスュエの知性主義がフェヌロンの純粋な愛の教説に対して勝利を収めるのと時を同じくして——まさに啓蒙の「光の世紀」の黎明期に——西欧思想の表舞台から姿を消してしまったようにみえる。本章では、暗夜の教説の核心をなす「純粋・赤裸な信仰」が、ボスュエの知性主義によって追放されてしまったのみならず、神秘主義の擁護者であったはずのフェヌロンが構築した、「純粋な愛」の教説の「体系《システム》」からも排除されていたことを明らかにする。

しかし、本章のねらいは近代的知性主義の台頭とともに後退した神秘主義の歴史を確認することにあるのではない。最終的なねらいは、フェヌロンの純粋愛の教説における信仰理解とスュランにおける「純粋な信仰」とを分かつ決定的な質的相違を示すこと、それによって後者の独自性、根源性を照らし出すことにある。おそらく、スュランは一七世紀フランスにおける十字架のヨハネの最良の読み手であった。

1 反神秘主義と「暗夜」の教説

先にも述べたように、一七世紀フランスにおける多くの、そして重要な論争は、ヨハネの「暗夜」の教説の解釈をめぐる論争として解釈することができる。それらの論争において争点となったのは、ヨハネの言う霊的な「乾き」[1]や、「暗く、漠然として、包括的で、愛に満ちた」神の観念に、どのような意味を与えるか（あるいは与えないか）ということだった。以下ではまず、この時代の代表的な反神秘主義者たち——彼らは多かれ少なかれ神秘主義を神学のコントロール下に置こうとした——のヨハネ解釈を概観してみる。

1 ジャン・シェロン

ジャン・シェロンの『神秘神学糾明』（一六五七年）は一七世紀フランスの反神秘主義陣営から出た最も重要なテクストのひとつである。ラブレー的ともいえる痛烈な諷刺と皮肉に満ちたこの書が執筆された背景には、修道会内での権力闘争など多分に政治的な理由もあったようだ。[2]が、ともかくもそれは、アンリ・ブレモンの印象的な表現——「シェロンの爆弾（La bombe Chéron）」（BREMOND 2006, t. 11, p. 325–326［v. 4, p. 730–31］）——が示すとおり、同時代に興隆する神秘主義に痛烈な一撃を加えるものであった（四年後にスュランは『霊の導き』を著して同郷のシェロンに反撃する）。前章で論じたように、この反神秘主義のマニフェストのねらいは、神学から自立した学知となった神秘主義をふたたび神学の支配下に置くことにあった。

さて、シェロンは十字架のヨハネをどう読んだのか。『神秘神学糾明』には、すでに同時代のフランスにおける神秘主義の権威となっていたヨハネの教説に対する、あからさまな反感が窺える。

神秘の生をただひとつの営為に見いだす者たちもいる。彼らが、愛に満ちた観想、あるいは、いかなる個別的な認識も欠いた包括的な愛のまなざしと呼ぶこの営為は、非常に微妙で捉えにくいため、魂はそれを見ることも感じることもない。また、この営為は、魂が自らの愛する対象を個別的に理解することなく、また、それと識別することすらできずに生じるという。このような考え方は『カルメル山登攀』一一六頁および一二二頁にもみられるが[3]、この理屈では次のような帰結が導かれてしまう。すなわち、この認識は個別性を欠いており、神として知られている神を認識の対象とはしないということ、したがって、この認識に続く、あるいはそれにともなう愛は、神への愛というよりは、この不分明な観念や包括的な認識によって表象される、その他すべての事どもへの愛なのである。この愛は、その広がりのうちに、あらゆる種類の被造物の善と神の善、霊的な善と感覚的な善を包み込んでいる。だから、この愛は超自然的なものでも神的なものでもありえないし、この愛に先立ちこの愛を導くかの認識も超自然的な観想などではなく、自らが愛しているものを知らぬまま愛する魂の、時間の損失である。そもそも、魂が愛の対象を知らずに愛することなど不可能であり、馬鹿げたことである。なぜなら、愛する前に認識しなければならないし、愛する対象がもつ美質以上にはいかなるものも愛してはならないからである。さて、完徳に励む霊性家たち、神秘主義の生を真に実践する霊性家たちの愛は、神への愛であるが、それは自らに対して神の美しさを表象する観想の後に、神を対象とするのである。だから、私は『暗夜』の著者〔十字架のヨハネ〕が、この本の一一〇頁で、なぜ次のように言っているのかわからないのである。[4] すなわち、この愛に満ちた観想は、〈純粋な、単純な、包括的な、個別性を欠いた、いかなる特別な知性の力も及ばない光〉である、と。なぜなら、もしこの観想が特別な仕方で神を表象しないのであれば、どうしてこの観想に神への愛がともなうだろうか。そう、これらの書き手たちは、尊ぶべき人びとではあるものの、しばしば、完全なる知性をまったく欠いたまま、不分明かつわざとらしい言い方で語り、そうした言い方を不都合に重ねてしまうのである。何か偉大なことを言っていると信じているが、実際には何も言っていないのだ。（CHÉRON 1657, p. 18–19. 傍点引用者）

シェロンにとって、神を見ることも、感じることもなく愛するなどということは、およそ荒唐無稽な絵空事だった。人は、愛する対象をはっきりと個別的に認識し、表象することではじめて愛することができる。漠然として包括的な対象であるにとどまるかぎり、愛の対象は神と被造物、霊的なものと感覚的なものを混ぜこぜにして、雑多なものを見境なく含むことになる。この徹底的な知性主義にとって、闇のなかの神の顕れを語る神秘家の言葉は、端的にナンセンスで空疎なものなのだ。

シェロンはまた、古今の文献から神秘神学の一五個の「定義」を取り出し、それぞれについて逐一反駁を加えている。その一五番目、つまり最後の定義は、神秘神学者として名高いカルメル会士トマス・デ・ヘスス（*Tomás de Jesús*, 1564–1627）の『観想について（*De contemplatione*）』（一六二〇年）の第六巻から取り出されたものである。[5]「観想の最高段階は、闇のなかの神の顕現である」。これに対してシェロンは以下のように反駁を加える。

観想とは何かしら対象を認識する曖昧でない行為なのだから、暗さのなかに神が顕れるということが何を意味するのか私にはわからない。確かなことは、それが信仰の認識よりも不分明な認識であり、したがって非常に微弱な認識であるということ、あるいは『暗夜』の著者〔十字架のヨハネ〕が言うように、すべてを覆う漠然とした認識であり、いかなる個別的な知性の力も表象できないものであるということだ。ここから導

> き出せる結論は、この認識が非常に不完全であるということ、造物主のみならず被造物も表象するということであり、したがって、魂に対しても、しかるべく表象された場合には大いなる愛を捧げるにふさわしいものを与えるところ、何も与えないのである。したがって、この認識は神への愛よりも被造物への愛に有用でありうる。ここから言えることは、仮にこの認識が、神を被造物とまるで区別しないというほどあまりにも歪めて表象してしまうのであれば、それを神についての讃えるべき見方とするのは間違いであるということ、また、もしこの認識が神を正しく識別し、神を讃えられるべきやり方で、すなわち信仰による諸認識を超えたやり方で表象するのであれば、この神認識が闇である、あるいは闇に包まれているというのは誤りである。先に挙げた神秘神学の定義は、神の認識は闇であると言っているが、この闇が何を意味するのかについては何も言っていない。(*ibid.*, p. 29–30. 傍点引用者)

十字架のヨハネの暗夜の教説は、シェロンにとってたんに否定すべき異物、理解の及ばない他者でしかなかったのである。「なぜ彼が……と言うのかわからない(je ne sais pourquoi il dit...)」とか「それが何を意味するのかわからない(je ne sais que veut dire cela)」などという、実に率直な違和感の吐露は、知性によってもたらされる認識や表象の一切に先立って、何も見ることなく神を信じ愛する可能性を説くこの「愛に満ちた闇」の教説が、シェロンの知性主義にとってはまったく理解不能な他者だったということを教える。彼にとって「信仰の闇」はたんなる認識の闇であり、「正しい」神の認識は「信仰の闇」を超えたところに明晰で個別的な認識として——つまり十字架のヨハネの神観念とはまったく正反対の観念として——与えられるべきものだった。

2　ピエール・ニコル

いわゆる「ジャンセニスム」を代表するこの論争家は、一七世紀末の反神秘主義的傾向の強化に大きな役割を果たした一人でもあった。しかし、十字架のヨハネの教説がニコルに呼び起こした反動は、シェロンにおけるそれよりも複雑だった。神秘主義をめぐる一七世紀末の思想的状況に多大な影響を与えた著書『祈りについて（*Traité de l'oraison*）』のなかでニコルは、全七部からなるこの書物を締めくくる章をヨハネの暗夜の教説の解釈に当てている（NICOLE 1681, VII, 8, p. 661–670）。最終章は「十字架のヨハネ師の教説は、けっして無感覚が魂の最もよい状態であるとは説いていないこと」と題されている。ニコルの批判は先に検討したシェロンの批判ほど単純ではない。一六七五年、すなわちこの書物の初版出版の四年前に、十字架のヨハネがカトリック教会によって福者に列せられたことも、正面からの批判を難しくしたかもしれない。にもかかわらず、あるいはそれゆえにこそ、この反神秘主義の論客にとって、同時代の数多くの神秘家たちの権威の源泉となっていた十字架のヨハネの教説に「真の」解釈を与えることが喫緊の課題となった、と言えるかもしれない。[6]

まず注目すべきは、ニコルの批判の的となった神秘家の一人がベルニエールであり、スュランも愛読した彼の『内的キリスト者』であったという事実である（COGNET 1991, p. 45）。一六五九年にまず『キリスト者の内面』として出版されて以降、このテクストは数多くの版を重ね、ヨーロッパ中に流通していた。[7]

ベルニエールは十字架のヨハネの暗夜の教説とその中心にある信仰の観念に深く影響されていた。このことは、たとえば次の箇所に明白に見て取れる。

> 暗闇の状態にある魂は、光の状態にある魂よりも神に対してより大いなる信（fidélité）をもつように思われる。信仰の真っ暗闇の只中にあって、あたかも天国の最も生き生きとした光に照らされているのと同様の確信をもって、神と、神のあらゆる完全さと、そして神のあらゆる神秘を信じることは、魂が超常の信と、おのれ自身の精神の無化と、そして神の啓示のいとも偉大なる価値を証す状態である。人は光のなかでは明晰に見るが、魂は神へと無化されず、結果として魂は自己自身のかくも高貴な犠牲を払うことがない。光が溢れているときに、神と神の偉大さを見ることは、なんと素晴らしいことだろうか。だが、暗闇が魂のなかにあるのなら、それこそ称えるべきことである。この道に導かれる魂たちの幸福なことよ。そうした魂は、

光が奪われていることをけっして嘆かないようにして欲しい。それは栄光を神に帰し、神に自らの信を証すための特別な恵みなのだから。(BERNIÈRES 2011, VI, 8, p. 380)

繰り返しになるが、スュランもまた出版されて間もなく——著者が誰であるかを知ることなく——このテクストに出会い、座右の書とするほどに深く魅了されていたのだった。スュランは、もしもう少し早くこの本を手に取っていたなら『霊のカテキスム』(一六五七年に初出版)を書く必要はなかったろう、とまで述べている。[8]

ところが、ニコルにとって内面の乾きや無感覚は恩寵の不在のしるし、あるいは神からの隔たり、神の怒りのしるしにほかならなかった(NICOLE 1681, p. 605, 623, 633)。したがって、十字架のヨハネの教説で説かれている「闇(ténèbre)」、「無感覚(insensibilité)」あるいは「無感動(froideur)」などの魂の状態は、完全に否定することはできないまでも、「熱情(ferveur)」や「光(lumière)」の状態に比べれば、少なくとも二次的なものにすぎなかった。

ニコルは魂の暗夜の教説を次のようにまとめる。十字架のヨハネによれば、神の観想へと至るためには、魂は二つの夜を通らなければならない。第一の夜は「感覚の夜」であり、第二の夜は「霊の夜」である。第一の「感覚の夜」において、神は、それまで魂がもっていた光を暗くし、魂が神から汲んでいた霊的な水の水源を干上がらせてしまう。この試煉において乾ききった魂は、霊的な修練に何の味わいも見いだせなくなるのみならず、逆に苦味を覚え、嫌悪を感じるようになる。このような魂の乾きと苦悶は、第二の「霊の夜」ではさらに深いものとなる。だが、とニコルは言う。この教説はけっして無感覚を魂の至上の状態とするものではない。

ニコルの十字架のヨハネ批判は次の三点に要約できる。第一に、ニコルは、十字架のヨハネの教説は限られた少数の人びとのための特殊な教説であるとみなしていたということ。「十字架のヨハネが提示する道は、神が大多数の聖人たちをそこに入らせる通常の道(route ordinaire)というよりも、むしろ或る程度数の限られた魂たちのための特別な道(conduite particulière)であると考える余地がある」(*ibid.*, p. 662)。この婉曲的な言い回しは、神秘主義を「常軌を逸したもの(l'extraordinaire)」として周縁化していった一七世紀の反神秘主義者たちの言説と地続きである。

第二に、ニコルによれば、暗夜とは、魂の最終目的地たる「合一」に至るまでに経なければならない中途段階にすぎない。それはたんなる通過点にすぎないのだ。「暗夜とは、十字架のヨハネによれば、そこを通って神との合一へと至る道である。だが、それは合一ではない」(*ibid.*, p. 663)。魂が目指すべき最終的な境地は、あくまでも「神との合一」であって、いつまでも闇に留まるべきということではない。このように理解すれば、十字架のヨハネの教説には「なにも常軌を逸したところはない」(*ibid.*, p. 663) とされる。

第三に、暗夜とそこで魂が経なければならない数々の試煉は、罪人である人間の弱さに由来するもの、したがって本来悪しきものである、とニコルは言う。魂を襲う闇の原因は、けっして神に求められるものではなく、ただ人間に固有の——突き詰めれば原罪に由来する——弱さに起因すると言うのである。人間の生来の罪深さを強調するこの考え方は、いかにもアウグスティヌス主義的であり、ジャンセニスト的である。魂の内的な苦悶は、それ自体は本来悪しきものであるとニコルは理解する。それはただ、神との合一という最終目的に至るために通らなければならない道であり、それ自体は望ましくないが、欠陥のある魂が目的を達成するために必要な手段、言うなれば必要悪として是認されるのである。

> したがって、これら欠落状態、闇、乾き、そして試煉を、魂に浄化をもたらすものと考えながらも、人間の罪の結果であるとみなす福者十字架のヨハネは、魂たちを、そのような状態にいながらおのれが幸せであると信じるようにはけっして導いていないし、そのような状態に自己を放棄するように導いてもいない。それは、人間がそこに向かうことを神が望み給う目的地から、すなわち神との完全な合一から遠ざかってしまうことだからだ。(*ibid.*, p. 664)

ニコルの主張はこの引用文に要約されている。結局のところ、あくまで「神との完全な合一」に至るための準備段階にすぎない魂の暗夜は、ただ否定すべき状態でしかない。この暗夜において魂を襲う試練は、神が魂の浄化のために許したものとはいえ、「それ自体は悪しきもの、乱れたものであるから」、われわれはそれを「憎みさえしなければならない」と彼は断言する（*ibid.*, p. 665–666）[9]。

3　ボスュエの勝利

シェロンとニコルにおける神秘主義批判の言説は、それぞれ異なる点はあるが、根底にあるのは同じ思考法である。すなわち、十字架のヨハネの言う魂の暗夜を、神の明瞭な現前の対極に置くという点で、両者は一致しているのである。彼らは、暗夜のなかで魂が受ける数々の試煉を端的に「神の不在」という否定的状態に還元してしまう。彼らにとって不在とは、現前の「欠落状態」であり、現前――対象の明晰な認識と表象、あるいは魂にそれと感知できる恩寵のはたらき――によって乗り越えられるべき、悪しき事態なのだ。神への愛について言えば、シェロンは、神の明晰で個別的な表象を、神を愛するための必要不可欠の条件とみなしていた。先に確かめたように、彼にとって闇のなかの神を愛するなどということは不可能だった。同様に、魂の暗夜をもっぱら否定的に解釈したニコルもまた、完全な愛と神を「見ること」を本質的にひとつのものと考えていた。「神が打ち立てた秩序に従えば、神を永遠に、かつ完全に愛する被造物が、神を見ることを享受し、この上ない至福を享受することも神の法に則っている。神を愛することと、神を見、至福を享受することを結びつけているのは永遠の法である」（*ibid.*, p. 512）。

神からの隔たり、神の現前に対する不在の状態は、魂の最終目的地である「合一」によって乗り越えるべき悪しき事態である――この考え方は、それぞれの神学的立場の垣根を越えて一七世紀フランスの反神秘主義言説の根底に認められる、ひとつの思考の原理というべきものである。たとえば、イエズス会士アントワーヌ・シルモン（Antoine Sirmond, 1591–1643）は、フランソワ・ド・サルの弟子ジャン＝ピエール・カミュにおける純粋な愛の概念を直接的に批判した『徳の擁護（*La Deffense de la vertu*）』（一六四一年）のなかで、愛の本性を「合一に向かうこと」

と定義している。「結合し変容させること、互いに愛しあう二人をひとつにすること」（SIRMOND 1641, p. 92）に愛の本質をみるシルモンによれば、自己の救いに希望をもつことは非難すべき自己愛ではない。なぜなら、愛において神とひとつになった人間の自己利益は、同時に神に捧げられる利益でもあるからだ。さて、ここで注目すべきは、合一を本質とする愛の定義の裏側に貼り付いている、次のような認識である。「ところで、聖アウグスティヌスが純潔さと純粋な愛を何に認めたか、あなたはご存知だろうか。神の現前と神の享受とを願望するということ。神の不在と神からの隔たりとを耐えることができないということ。神があまりに遅れて来ることを恐れるということ」（*ibid.*, p. 96）。神との合一を愛の本性とする一方で、神の不在は「耐えがたい」事態、つまり神の現前によって乗り越えられるべき悪しき事態として理解されるのである。

　神秘主義をめぐる論争は、一六九九年三月一二日、その二年前に公刊されていたフェヌロンの『箴言解説』が、インノケンティウス一二世の教皇書簡「クム・アリアス（*Cum alias*）」によって断罪されたことで決着をみた。それはたんに宗教的な論争の帰結であるというよりは、フランスの王室とローマ教皇庁の関係を軸とする多分に政治的な力関係の結果であった。二三の命題が「軽率で躓きの元になる」ものとして断罪されたが、異端とされたわけではなく、これよりなお一六年の生をのこしていたフェヌロンの個人的な境遇にこの事件が与えた影響も限定的だったようだ。が、いずれにせよそれは「一七世紀にカトリック・ヨーロッパが見た神秘主義の最も大きな運動に歯止めがかけられたことを示す」（ARMOGATHE 1973, p. 96）出来事であるには違いなかった。これをもって一七世紀フランスという神秘家の時代は「黄昏」を迎えたのである。[10]

　西欧神秘主義の歴史に転換点をもたらすことになったフランス一七世紀末の思想闘争、その最大の論点は「純粋な愛」という観念だった。神秘主義の最後の擁護者フェヌロンは、自らが初めて体系化したこの観念に神秘主義の精髄をみていた。『箴言解説』の「序言」で彼は高らかに宣言している。「すべて内的な道は純粋な愛、あるいは無私無欲の愛に向かっていく。この純粋な愛はキリスト教的完徳の最高段階である。それは神秘家たちが知ったすべての道の果てにある」（FÉNELON 1983, p. 1003）。反神秘主義の首魁ボスュエに対して神秘主義を擁護しようとしたフェヌロンの「恐るべき武器」（COGNET 1991, p. 287）たるこのテクストが断罪されたとき、神秘主義の敗北は決定的となった。純粋な愛の教説は、いわば近世神秘主義の到達点であり、同時に墓標でもあるのだ。「クム・アリアス」が公にされた一年後、一七〇〇年にフランス聖職者会議はこの教皇書簡を承認した。会議を主導し、承認証書を起草したボスュエは、フェヌロンによる純粋な愛の定義に文字通りとどめの一撃を下した。このときボスュエが主張したのは、人間の「本性」は必ず幸福を欲求するはずであり、また、愛の「本質」はつねに愛の対象を所有することを欲求するはずだ、ということである（LE BRUN 2002, p. 208）。

純粋な愛と呼ばれるものの性質が徹底的に検討された。この純粋な愛なるものは、教会伝承のなかにも聖書のそこかしこにもみられる、神の愛の古来真正なる愛の概念の一切の痕跡を消し去ってしまっていた。その一方で、彼らがこの愛の代わりにしようとして言い立てている愛は、つねに対象を所有しようと欲する愛の本質にも、必然的に至福を切望する人間の本性にも対立するのである。[11]

純粋な愛に対するボスュエの批判は、十字架のヨハネの暗夜の教説に対するシェロンの批判と、その論理において通底している。両者ともに、信じることも愛することも、最終的にはその対象を知性によって何らか把持することなしには成り立ちえないと考えていた。対象を所有しようと欲することに愛の本質を認めるボスュエにとって、対象を所有することなく愛する愛などというものは、およそ思考不可能なものだった。神との隔たりそのものを愛の状態と考えるなど、この知性主義者には倒錯した思考でしかないだろう。同様に、神の不在の闇——必ずしも乗り越えられるべき悪しき事態ではない闇——のなかで見ることなく信じる「純粋な信仰」も、切り捨てられてしまったのである。[12]

2　フェヌロンにおける「純粋な愛」の教説とその隘路

ボスュエの論敵フェヌロンにとって、十字架のヨハネの教説は神秘主義擁護のために依って立つべき権威の源泉のひとつであった。世紀末の論争において最大の焦点になったのは「愛の純粋さ」をめぐる問題であったが、彼が体系化した「純粋な愛」の教説には、ヨハネが説いた「暗き信仰」の観念が深く影響していたと考えられる。フェヌロンにとってそれは、神学論議の客観的対象であるよりも前に、自ら生きられ、体得された観念でもあった。この点において彼はその態度を知性主義者ボスュエと決定的に異にしており、あるいはスュランと立場を同じくすると言えるかもしれない。しかし、フェヌロンのヨハネ解釈と、そこから導き出されてくる彼の信仰の言葉は、最終的にスュランのそれとは異質なもの、対極的なものとして現れてくるのである。本節ではまず、フェヌロンの純粋な愛の教説の成り立ちを概観するとともに、隘路とも呼ぶべきその根本的逆説を明らかにしたい。あらかじめ言っておけば、本節の考察は、スュランの信仰論の根源性を照らし出すための予備的作業である。

1　愛と希望の断絶

もしフェヌロンが、ギュイヨン夫人という特異な女性神秘家との邂逅を果たすことがなければ、一七世紀末の神秘主義をめぐる論争はまったく別の様相を呈することになったかもしれない。二人が最初に出会ったのは一六八八年一〇月初旬のことだった。以後、フェヌロンは彼女に対して生涯変わることのない畏敬の念を抱き続けた。華々しい才能をもち、将来を約束された若きフェヌロンを神秘主義の道――およそ一〇年後、教皇による自著の断罪へと至り着くことになる――へと誘ったのは彼女だった。それによって彼の悩める魂の「乾き」に根源的な癒しを与えたのも彼女だったのである。

一六八九年にギュイヨン宛てに著されたフェヌロンの手紙には、「乾き（sécheresse）」という言葉が「ライトモチーフとして」頻出する（cf. COGNET 1991, p. 98）。一六八九年夏、彼はルイ一四世の孫にあたる王太子ブルゴーニュ公の家庭教師としてヴェルサイユに移り住むが、同年一〇月一日の手紙に彼はこう書いている。「私はここで、自然本性についても恩寵についても、非常に無味乾燥に（très sèchement）生活しています。恩寵について無味乾燥であるというのは、私にはなんの味わいもなければ、慰めも感じられないからです。自然本性について無味乾燥であるというのは、私は相当数の人びとに会うのですが、自由でもなければ安らいでもおらず、自分の胸の内を誰にも打ち明けられないからです」（MADAME GUYON et FÉNELON 1982, p. 253）。こうした霊的な乾きに悩むフェヌロンに対して、ギュイヨンは、おのれの魂のうちに感知できないままに、たえずはたらいている見えざる恩寵――魂を潤す見えざる水流――への気づきを促すのである。

あなたの現在の状態はけっして乾いてはいないと申しましょう。なぜならあなたの魂は絶えず恩寵の水によって潤されているのですから。ただし、恩寵は非常に隠されたやり方で流れているので、それを感知することができないのです。（中略）あなたの魂は、いまそうであるよりも潤っていたことはかつてなかった、と確信なさい。もしあなたが自己の意識による内省によって導かれているなら、それは、神があなたのために定めている務めにとってまったくふさわしくありません。神はひと時も休まずあなたの魂のなかではたらいています。それはまったく確かなことであって、私はあなたがそう信じてくださいますようお願いすら致すものです。（*ibid.*, p. 253–255）

ギュイヨンの神秘主義は十字架のヨハネの教説に極めて多くを負っていた。[13] ヨハネが説く「赤裸な信仰」、つまり「無見の信仰」の概念は、しかし、ギュイヨン夫人そしてフェヌロンにおいては「純粋な愛」の概念と密接に結びついていた。「信仰が純粋で単純なものになればなるほど、愛はいっそう純粋で、単純で、裸になるということを知らなければなりません」（*ibid.*, p. 274）。彼女が説く「無見の信仰」は、フェヌロンの魂の苦悩に意味を与え、霊的に純粋な歓びを感知不可能なままに考えることを可能にした。ギュイヨンを通じてもたらされたこの十字架のヨハネの教説は、若きフェヌロンにおのれの悩める魂の闇を肯定的に受け止めることを許し、純粋な愛の理論に帰結する彼の神秘主義理解の根幹を形成していったと考えられる。ジャック・ルブランの表現を借りれば、ギュイヨン夫人との手紙のやり取りが始まってから数ヵ月後、フェヌロンは「ギュイヨンによる純粋な愛の概念を徐々に彼自身のものとし、彼にとってそれまで未知であった大陸を発見していった」（LE BRUN 2002, p. 150）。こうしてフェヌロンは、ギュイヨンの導きを受けながらも、独自に発展させた純粋な愛の理論を構築してゆくのである。

だが他方、ルブランも指摘しているように、ギュイヨンとフェヌロンのあいだにはその思想的性格に本質的な相違がある。「希望（espérance）」と区別される「純粋な愛」の概念を提示しつつも、前者がライン＝フランドルの神秘主義の存在論の色濃い伝統に忠実であったのに対して、「フェヌロンによる愛の解釈は（中略）、存在の本質ではなく人間の自由な意志の次元に位置づけられる。これによって、ライン＝フランドルの神秘主義の形而上学が出会わずに済んだような、出会ったとしても別のかたちで済んだような諸々の困難が引き起こされることになる。自分自身の存在が原初の存在のなかに消失することに代えて、愛の無私無欲化が説かれることになる」（*ibid*., p. 154）。実際、以下で明らかにするように、フェヌロンの「純粋な愛」の教説にまつわるさまざまな困難の根底にあったのは、つまるところ形而上学的神秘主義の心理学化であった。

純粋な愛の教説をめぐる論争の最大の焦点のひとつは、フェヌロンが二つの対神徳、「愛徳（charité）」と「希望（espérance）」を区別し、明確な優劣をつけたことにあった。『箴言解説』（第四項）ではっきりと提示されるこの区別は、ボスュエからの激しい異議申し立てを呼び起こすことになった。フェヌロンによれば、愛徳は純粋な愛と同義である。愛徳も希望も、いずれも同じく神の善性を「形相的対象」とするが、愛徳の対象はただ単純に絶対的にそれ自体として捉えられるべきものであり、われわれ人間とはいかなる関係も持たない。これに対し、希望の対象はわれわれに利益をもたらすものとしてわれわれと関係をもっている。したがって、最高の愛としての愛徳の段階、すなわち純粋な愛の段階に到達する者にとって、自己利益を動機とする希望は排除すべき不純物と考えられることになる（FÉNELON 1983, p. 1020–1022）。

ところが、利他的愛としての愛徳と利己的愛としての希望という区別は、エレーヌ・ミションが指摘するように、フェヌロンが自らの議論の権威の源泉として参照した二人の聖人、クレルヴォーのベルナールとフランソワ・ド・サルには無縁のものだった（MICHON 2008, p. 239–265）。この両者にとっては、愛の本質が人間にとっての至上の善たる神――私の心理とは一切無関係である形而上学的な善――を享受することにある以上、利己的愛は利他的愛につねに含まれた本質的要素であるはずだった。彼らにおいては、人間にとっての至上の善という形而上学的な神の観念が、愛と希望を切り離すことを妨げていたのである。翻ってみるに、フェヌロンにおいて愛と希望の区別を可能にしたのは、「採用されている観点が形而上学的なもの――人間にとっての至上の善である神――ではなく、心理学的なものであるということだ。それはつまり、私が愛しているとき、私の真意はなんだろうかと問うことである」（*ibid.*, p. 265）。この自己意識の戦いこそフェヌロンの純粋な愛の教説が終始そこで展開する舞台だったのである。

2　予定説の極北

フェヌロンの純粋な愛の教説は、初めから終わりまで自己意識の戦いに貫かれている。この点について、管見のかぎり最も説得力に富む議論を展開しているのが、ミシェル・テレスチェンコの『愛と絶望――フランソワ・ド・サルからフェヌロンまで』（TERESTCHENKO 2000）である。これによれば、フェヌロンが完成した純粋な愛の教説は、いわゆる「二重予定説」が彼の魂に呼び起こした深い懊悩に対する究極的な応答だった。それは、私の魂の永遠の地獄堕ちを受け容れて、絶望のなかでなお生きることを可能にするという意味で「治療法としての」教えだったという。

一七世紀フランスは、アウグスティヌスの世紀でもあった。カルヴァンやジャンセニスムはじめ、同時代の宗教思想全般に絶大な影響を及ぼしたアウグスティヌスの恩寵論の根本特徴は、人間の救いにおける神の恩寵の絶対的無償性を強調した点に認められる。裏を返せばそれは、人間の悲惨なほどの弱さ、救いにおける人間の自由意志の絶望的な無力さを説くものであった。その根底にあったのは「原罪」の観念である。アダムとイヴが犯した罪によって、全人類は子々孫々に至るまで死と永劫の罰に定められている。それゆえ、人間は神の恩寵——人間の意志とは無関係に、無条件に与えられる恵み——なしには善を為すことすらできない。とすれば、「神はわれわれの功徳に報いているようでいて、自らが与えた恵みに報いているにすぎない」（*ibid.*, p. 27）ことになる。神の全能を強調し絶対視する立場から、予定説が生まれてくるのは必定だったと言えよう。絶対の神は人間の意志や行為についても全知であり、永遠の昔から未来まで、すべてを見通しているはずだからである。神は、「予見される一切の功徳の積み立てに先立って（ante praevisa merita）」自らが恩寵を与えた選ばれし者たちを確実に救いへと導く。逆に言えば、選ばれた人間の数はすでに決まっており、人間はその数を増やすことも減らすこともできないのである。

この教説は、「信仰のみ（sola fide）」を説いたルターや「ただ神のみに栄光（soli Deo gloria）」を説いたカルヴァンら、救いを獲得するための手段としての信心業を相対化した改革派には、カトリック教会を攻撃するための強力な理論的武器を提供した。他方、救いにおいて人間の自由がいかなる位置を占めるかという問題は、「恩寵博士」たるアウグスティヌスを最大の教師とするカトリック教会を深刻なジレンマに陥らせた。一六世紀後半、トレント公会議を開催して改革への指針を固めたカトリック教会は、アウグスティヌスの恩寵論によって行き過ぎた形式的実践主義に歯止めをかける一方、人間の自由意志を否定する改革派に対しては、概して神の恩寵に対する人間の意志の「協働」の何らかの必要性を説くことで反駁を加えた[14]。

だが、後者の方向性は、結局のところアウグスティヌスがペラギウスとの論争において拒否し続けた立場に通じるものだった。ただ神のみによるべき救いを、いかにわずかであれ、人間の（善をなす）意志に左右されるものとみなすことは、神の恩寵の絶対性・無償性を損なうことになってしまう。このジレンマはジャンセニスム論争にも引き継がれた。「実のところ、ジャンセニストとモリニストの論争は、数十年来の事実を明らかにするばかりであった。つまり、もしあなたが神学的な明晰さを保ち続け、かつ、カルヴァン主義を異端として明確に断罪するならば、たとえその呼称は拒絶するとしても、呼称以外のすべてにおいてあなたは半《セミ》ペラギウス主義者であるほかない。反対に、もしあなたが半ペラギウス主義を断罪し、かの偉大な博士〔アウグスティヌス〕に忠実に従うなら、あなたは自分の信奉する教義がいかなる点で汚らわしいカルヴァン主義と違うのか、その弁明にかなり苦労することになろう」（KOLAKOWSKI 1997, p. 79）。コラコウスキに言わせれば、ジャンセニスムを断罪したカトリック教会は、実のところラテン教会最大の教父の教えを断罪していたのである。

かくしてアウグスティヌスの恩寵論は、神の全能と人間の自由を教義的にどう調停するかという根源的なジレンマを近世カトリック教会にもたらした。が、それは救済論においてさらに恐るべき矛盾を呼び起こした。永遠の救いは少数の人に限定されているということは、神はつねに一定数の人びとを無条件に地獄堕ちにして永遠に救わないということにほかならない。人間の努力の有無をまったく顧みることなく、地獄の業火で焼かれるままに人間の苦しみを放置する神。一七世紀、フェヌロンはじめ、救いの無条件性を根幹とするアウグスティヌスの思想の解釈を突き詰めた者たちは、恐るべき無慈悲な神の形象に直面することになったのである。

ジュネーヴ司教としてサヴォワ地方のカルヴァン派の改宗に努め、いわゆる「対抗宗教改革」のリーダーであったフランソワ・ド・サルは、一七世紀を代表する大聖人として知られる。だが、まだ若きパリでの学究時代、彼がおのれの信仰を根底から揺るがす深刻な精神的危機を経験していたことは、必ずしもよく知られていない。残された記録によれば、一五八六年一二月から八七年一月にかけて、当時パリで神学を学んでいた青年フランソワは、それまでは味わうことができていた神の恩寵の甘美さを失ってしまったと感じ、自身が怒れる神の裁きの対象になっているという観念を強め、極端な「乾き」の状態に陥ったという（LAJEUNIE 1966, p. 140–44）。このとき、彼の魂を決定的に打ちのめしたのが、ただ少数の人間のみが救いに予定されているという予定説だった。一七世紀に出版された彼の伝記は、フランソワ・ド・サルを襲った魂の試煉について記述した章の冒頭にこう書いている。「われわれの信仰を試す試煉のなかでも、予定説にかかわる試煉は最も耐え難い試煉のひとつである。それは人間のあらゆる分別が無に帰される深淵だからである」[15]。この懊悩は彼を痩せ細らせ、皮膚を青白くし、生気を奪っていったという。六週間続いたというこの絶望の状態からの決定的解放をもたらしたのは、サン＝テチエンヌ＝デ＝グレ教会の聖母像の前で彼が捧げた祈りだった。それは、「もし彼〔フランソワ・ド・サル〕が永遠に神から遠ざけられるほど不幸であるとしても、少なくとも、生きているあいだは心から神を愛することができる」ことを願う祈りだった (*ibid*., p. 166)。

さて、予定説に起因する「死に至る病」を癒したこの祈りの言葉には、たしかに「純粋な愛」の萌芽を認めることができる。「もし彼が永遠に神から遠ざけられるほど不幸であるとしても」とは、後述する「不可能な仮定」そのものとみることができるからである。そしてこのエピソードは、フランソワ・ド・サルという一人の傑出した霊性家の人生に限定されない、同時代的な意味をもっている。それは、カルヴァンやバイウスによって先鋭なかたちで提起された、神の恩寵と人間の自由意志との関係についてさまざまな立場が論争を戦わせていた時期に起こった出来事であった。それは、純粋な愛の教説が、一七世紀のフランスを席巻したアウグスティヌス主義および予定説と密接なつながりをもっていたことを教えているのである。

フェヌロンは『箴言解説』の第一〇項において、一六六五年に列聖され、同時代のフランスにおける神秘主義の最大の権威の一人となったこの聖人の若き日の出来事に、「純粋な愛」の模範的形態を認めている。それは、「不可能な仮定」を可能な現実として生きる絶対的犠牲と言い換えられる。フェヌロンは純粋な愛を現実に可能にする「絶対的犠牲」と、その条件である魂の「最後の試煉」についてこう語っている。

人は言う。「我が神よ、もし万が一あなたがあなたの愛を失うことなく私を地獄の永遠の劫罰に堕とすことを望むとしても、私はあなたをかわらず愛するでしょう」と。だがこの犠牲は、通常の状態にあっては絶対的なものではありえない。この犠牲が絶対的なものとなるのは、ただ最後の試煉を経るばあいにおいてのみである。魂は、おのれの意識の内からくるのではない自発的な確信によって、おのれが神から永劫の罰を受けているに違いないと信じてやまないことがある。聖フランソワ・ド・サルは、サン＝テチエンヌ＝デ＝グレ教会においてちょうどこのような確信にとらわれたのだった。（中略）魂は、おのれの頭上に海の波のように膨れ上がり、いままさにおのれを呑みこもうとする神の怒りを見る。このとき、魂はおのれ自身から切り離されて、十字架上でイエス・キリストとともに死ぬ間際、こう言うのである。「神よ、我が神よ、どうして私を見棄て給うたのか」と。この、おのれの意志によらぬ絶望の印象のなかで、魂は自己利益を永遠に絶対の犠牲に捧げる。なぜならこの魂には、おのれが現にそのなかにいる混乱と暗さにあっては、不可能な仮定は可能なもの、いままさに現実になっているものとみえるからである。（FÉNELON 1983, p. 1035–1036. 傍点引用者）

「不可能な仮定」という言い方には、この仮定がけっして可能になってはいけないというメタ・メッセージが読み取れる。なぜ可能になってはいけないのか。この仮定は、突き詰めれば「人間の地獄堕ちを望む神」を想定してしまう恐れがあるからだ。キリスト教信仰の対象となる神は、究極的には救いの神であるはずだ。私の救いよりも私の地獄堕ちを嘉する神とは、あくまで人間の想像の産物である「不可能な仮定」でなければならない。しかし、先に引用したフェヌロンの言葉が教えるのは、彼にとって「神に棄てられる」という事態は現実に「可能」な事態だったということである。[16] 実際、以下にみるように、彼にとって「不可能な仮定」は、あるいはそれを可能にする純粋な愛の教説は、たんなる思弁的命題ではなく、彼自身の内的経験――魂の「乾き」――を反響させていた。フランソワ・ド・サルを襲った地獄堕ちの絶望と、それゆえ可能になった絶対的犠牲への言及は、フェヌロン自身の経験に発する深い共感を伴っていたと考えられるのである。

　フェヌロンの不安をさらに深めたのは、人間の意志は、つねに幸福であろうとする意志であるというアウグスティヌスの定義であった。マルブランシュ、ボスュエ、そしてジャンセニストらフェヌロンの論敵たちは、人間の意志はその本性上必然的に幸福を求めるはずだというこの定義を自明のものとみなしていた。ところが、フェヌロンはそこに恐るべき心理学的な逆説を見いだした。彼の魂が陥った隘路を、テレスチェンコは次のように生々しく描写してみせる。

人間は、おのれに幸福をもたらすものでなければ、それを願望することも愛することもけっしてできないとするなら、おのれを救いに予定しなかったと思しき神、おのれを、いささかも動じることなく、その人間としての自然本性ゆえに――罪はあるのだろうが、だからといってどうすることもできない――当然受けるべき永遠の地獄堕ちへと放置する神を、健全で真正で前向きな心でもって愛することなど、どうしてできるだろうか。救いに予定された人びとに私が数えられていないとすれば、もはや私には神が善良で〈愛すべき〉神にみえるはずがないではないか。私が地獄堕ちに予定されているという、たんなる推定以上の仮定――なに、救われるのはわずかな人だけか――が私の眼前に浮かびあがらせるのは、私のこの世における生を呪うのみならず私の永遠の定めをも呪う、悪意に満ちた神の、憎むべき顔ではないのか。(TERESTCHENKO 2000, p. 34)

フェヌロンの純粋な愛の教説が一種の「癒し」をもたらす治療法であったというのは、それが、おのれの救いの不確かさが引き起こす苦悩を引き受けつつ、絶望のなかでなお生きることを可能にするからである。純粋な愛の教説は、不可能な仮定の上に立つ「愛」――たとえ神が私を地獄堕ちに放置するとしても、私の救いを含めた一切の見返りへの希望なしに、私は神を愛する――を可能にすることで、魂が全き絶望の闇に呑み込まれ、閉じ込められることをかろうじて回避しようとする、文字どおり捨て身の戦術なのだ。こうしてみると、二重予定説こそ純粋な愛の教説の成立条件だったと言っても過言ではない[17]。

アウグスティヌス主義と予定説が提起する根源的な矛盾を誰にも勝る勇気によって直視し、その矛盾が魂に呼び起こす懊悩を誰よりも深く体験したのが、フェヌロンという思想家だったと言えるかもしれない。彼の純粋な愛の教説は、救いの無条件性の意味を突き詰めたがゆえに、彼自身を襲った不安から、それを癒すために生まれたのである。このことは、晩年のフェヌロンがある友人に宛てた、一通の手紙のなかに赤裸々に綴られた言葉によく窺える。長さを厭わず引用したい。

救いの予定に定められていない者たちの数は、救いの予定に定められた者たちのそれと比較にならないほど多いことを私は知っています。ですから、自分が人間的にどうみえるかということに、いつ、どう留意してみても、とりわけ私の不信心ぶりを思い返してみると、救いの予定に定められたごくわずかの者たちに私は入っていないと考えて間違いありません。救いの決定のような決定にかかわるときには、その不確かさによって非常に耐え難い苦悩が引き起こされるにちがいありません。このような死に至る不安には、当たる確率が当たらない確率より百倍大きい状況で、絞首刑の札を引く人間を思わせるところがあります。永遠の救いがこのように恐ろしく不確かな状況で、いったい何が私の心を静めてくれるでしょうか。私を救おうという神の真正なる意志でしょうか。まさか。数え切れないほど多くの人間がこの真正なる意志にもかかわらず地獄に堕ちることを、私は知っているではありませんか。ではいったい何があるでしょうか。予定説でしょうか。私が救いに予定された人びとに入っていないことは間違いありません。私は何で心を静めるのでしょうか。言い換えれば、かくも不確かであるのみならず、私にとって永遠に不幸であることがかくも確からしい決定に直面して、私は心静かに満足するでしょうか。もう一度言いますが、私は何の上に心の安らぎを置くのでしょうか。もし、私の救いの上にというのなら、それは動く砂の上に置くようなものです。神の約束が不確かであることによってではなく、私に固有の脆さから来る不確かさによってそうなのです。私は心を静め、息をすることができるでしょうか。神のほうでは非常に確かでも、私のほうではかくも不確かな希望をしか支えにできないとしたら、私は生きることができるでしょうか。私の心を養うのは不確かさでしょうか。まさか。それこそが私の心を苦しめているのです。だから、あたかも一本の髪の毛で地獄の深淵の上に吊り下げられたまま、私は何によって生きることができるでしょうか。気晴らしにふけったり、酩酊したり、一種の錯乱に身をまかせたり、この恐るべき状況のなかで狂熱状態の悦びを味わったりすることもできますが。ですが、私の真の平穏はただ、私よりも神を愛すること、私が抱えている不確実さからは無関係の神を愛することによってのみもたらされるのです。もし私が、ただ私の救いのためだけに神を愛するとしたら、かくも不確かなこの救いが私に平穏をもたらすことはできません。救いを望めば望むほど、その不確かさに悩まされることになるでしょう。ですから私の平穏はただ、報いとは無関係に私を神に近づける愛からやってくるでしょう。私は神の報いを望んでいますし、どんな状態でも、神のいと厳格なる意志に従いながら、それを求めてはいるのですが。[18]（FÉNELON 1852, p. 190. 傍点引用者）

引用文中で強調して示してある二つの喩えは、フェヌロンの魂を襲った「不安（inquiétude）」の深さをよく物語っていよう。内的な体験の観点からみるとき、いかなる見返りも期待せずにただ神を愛することを説くフェヌロンの純粋な愛の教説の「真の目的」は、「私の魂の安らぎ（quiétude）」にある。言い換えれば、フェヌロンにとって愛とは、自己放棄の身ぶりそのものであり、ただ私の魂に平安を恢復することを目的とした絶望的な行為を意味していたのである。[19]

3　隣人愛の不在

純粋な愛の教説と二重予定説との結びつきに注目するとき、前者は後者がもたらす不安への「癒し」として理解できる。と同時に、ひとつの根源的な逆説が浮かび上がってくる。「自己放棄」の行為によって実現するフェヌロンの純粋な愛の教説は、自己愛を無化するようにみえて、実のところは極めて自己利益的な愛に至り着くと言えるのだから。純粋な愛の教説が目指していたのは、実は「私の魂の安らぎ」であるとすれば、それは無私の愛であるどころか、最後まで残る「この私」の自己愛なのだ。「この自己放棄、この自己無化、この純粋な愛は、なお自己の保護と保存というエゴイズムの運動なのだ」（TERESTCHENKO 2000, p. 286）。結局のところ、自己愛に対する戦いは、自己意識の次元にあるかぎり、ついに自己の檻から出ることができない。私たちはここで「自己」という純粋な愛の教説の隘路に行き着くのである。この点を突いた次のテレスチェンコの指摘は極めて鋭いものと評価できる。

> その心理学的な根の部分において、つまり意識によって体験され感知される事柄においてみるとき、純粋な愛の教説はその真の目的を露わにする。それはエゴイズムの無化に導くことでもなければ、何かしらの愛の昇華でもない。純粋な愛が要請する〈自己の〉犠牲とは、神の摂理によってすでに定められた理解不可能な絶望の道に思いをいたらすことで〈私〉のうちに呼び起こされる苦悶、それに対して与えられる唯一の解決策なのだ。この解決策――あらゆる自己利益を去った神の愛の理論――から、私の自我は実際のところ無限に〈自己利益を得る〉のだ。（*ibid.*, p. 370）

かくしてテレスチェンコは、フェヌロンの純粋な愛の教説が孕む自己矛盾を容赦なく明らかにした。他方、彼はフェヌロンにおける隣人愛（charité）の不在を「奇妙」な点として指摘している。これが「奇妙」であるというのは、もし隣人愛という愛が「いかなる見返りも求めずに」愛すること、したがって「神が愛するように」愛することのたしかな可能性であるとすれば、隣人愛は「純粋な愛の教説に真の意味を与えうる唯一の事柄」でありうると考えられるからだ（*ibid.*, p. 161）。しかし、フェヌロンがこの純粋な愛のもうひとつの可能性にけっして言及することがなかったという事実は、奇妙であるどころか、むしろ彼の議論の根本前提から帰結する当然の結果であったと思われる。なぜなら、純粋な愛の問題は、彼にとってはつねに自己意識（に対する戦い）の問題だったからだ。そして、この点が決定的なのだが、私の救いの不確かさから来る懊悩を和らげるための、究極的な自己放棄の行為としての純粋な愛という方途は、事実上、少数の「選良」の魂のみに限定して説かれるべき教えだったからである。ふたたびテレスチェンコの言葉を借りる。

この行為の最終的な目的はわれわれの絶望を慰めることにあるとしても、あらゆる私的利益を放棄することとは、神を前にしたときの混乱と無秩序に極めてよく向き合う能力を備えた、極めて強靭な選良の魂にのみ可能なことである。その他大勢の人びと、つまり、弱者、罪人たち、聖人の鋼のような魂をもたぬ人びとには、どのような回答を与えるべきだろうか。回答は、残念なことに、〈何もない〉。人びとが絶望に陥ることを避けるため、そしてキリスト教の拒絶というリスクを避けるために、フェヌロンはこのような一般の人びとに対しては、神によって任意に選ばれた少数の者たちについての教説を隠蔽しておくよう勧告しているのだ。(*ibid.*, p. 240)

「無私」を説くはずの純粋な愛の教説は、実のところ「私」のためにあったのだった。その上さらに、この「私」は、私を救わず絶望のうちに放置する恐るべき無慈悲な神の形象に直面してもなおそれを受け容れることのできる「極めて強靭な選良の魂」、「聖人の鋼のような魂」の持ち主である「私」に限られるのだ。この教説の仮借なさをよく自覚していたフェヌロンは、一般の人びとに対してはそれを説くことを禁じたのである。それは「その他大勢の人びと」への愛ゆえだろうか。だが、いずれにせよ、フェヌロンの純粋な愛の教説が、そのほとんどはついに「救われない」であろう大多数のしがなき一般信仰者たちを、救われないままに放置するという客観的事実に変わりはないのである。純粋な愛の教説は自己の救いに無関心なのではない。それは他者たちの救いに無関心なのである。おそらくここにフェヌロンにおける隣人愛の不在という問題の根がある。

3　純粋な愛と隣人愛

近世に予定説が喚起した「救いの不確かさ」に応答した者たちのなかでも、フェヌロンこそ最も誠実な思想家であったとするテレスチェンコは、「無私無欲の純粋な愛は、フランソワ・ド・サルにおいてはけっして犠牲的行為という性質をもたない」(*ibid.*, p. 55）と述べている。なぜなら、おのれの救いという幸福への願いを自己愛として断じ、救いはただひたすら神の摂理によるという意識を先鋭化させた前者と異なり、後者は「(救いの）幸福への願いを犠牲にすることも、この願いが神に由来し、ただ神においてのみ実現するということについて明晰に意識することも求めてはいない」(*ibid.*, p. 57）からである。たしかに、フランソワ・ド・サルにおいては、愛徳としての愛と（救いへの）希望としての愛は不可分である。だがしかし、このことは彼における愛が「犠牲的」でないということを意味するのだろうか。以下では、フランソワ・ド・サルにおける「犠牲」の観念を問うことからはじめ、純粋な愛と隣人愛の関係を再考することによって、フェヌロンの教説における「愛」の盲点を明らかにする。その上で、フェヌロンとの対比によって、スュランにおける愛および信仰論の特徴を浮かび上がらせたい。

1　フェヌロンからフランソワ・ド・サルへ

純粋な愛の問題について論じるとき、幾度となく参照されてきたのが、フランソワ・ド・サルの『神愛論』(IX, 4)——「われわれの意志の、神の善きよろこびへの不偏心（indifférence）による合一について」——のなかの次の一節である。いわゆる「不可能な仮定」もここで明確に定式化されている。

要するに、神の善きよろこびこそ不偏なる魂（âme indifférente）の至上の目的である。魂は、それを見いだすところにはどんな場所でも、神の香油のかぐわしい香り〔『雅歌』1,3〕がする方に駆けてゆき、その香りがもっとする場所を求めてやまず、それ以外のことは一切考えない。魂はいと悦ばしき繋がりによって導かれるように神の意志に導かれ〔『詩編』73,24〕、神の意志が向かうところにはどこであろうとついてゆく。魂は神の意志が見いだせぬ天国よりはそれが見いだせる地獄を愛するだろう。そう、もし天国より地獄にわずかでも多くの神の善きよろこびがあることを知るならば、魂は天国よりも地獄を愛するだろう。したがって、もしも、これは不可能な事柄を想像することになるけれども、自らの地獄堕ちが自らの救いよりも神にとってわずかに多くのよろこびをもたらすものであることを魂が知るならば、魂は自らの救いを去って地獄堕ちへと走るだろう。(FRANÇOIS DE SALES 1969, p. 770. 傍点引用者)

後世のキリスト教霊性史に及ぼした影響の大きさを鑑みれば、フランソワ・ド・サルのこのテクストは、一七世紀における純粋な愛、あるいは「不偏心」——神以外の何ものにも心を囚われないこと——の問題を考察する上では不可避の参照点であると言えよう。『神愛論』は「不偏心」の概念に新たな意味を与えることによって近世神秘主義の歴史に画期をなした、との指摘もある(BERGAMO 1992, p. 46–59)。フェヌロンが純粋な愛の教説を打ち立てる際にも、「不可能な仮定」の、少なくとも潜在的な可能性を示唆するこのテクストが決定的な役割を果たしたと推察される。だが、ここで強調したいのはむしろ、先の引用文と同じ第九部第四章のなかにありながら、しばしば見落とされている次の言葉である。

英雄的な、あるいは英雄的以上である、比類なき聖パウロの不偏心。彼はフィリピの信徒たちに向けてこう語っている。「私は二つのことのあいだで板挟みになっている。この肉体を去って、イエス・キリストとともにいたいと願望しており、この方がはるかに望ましいが、この世にあなたがたのためにとどまりたいとも願望しているからだ」〔『フィリピの信徒への手紙』1,23–24〕。この言葉によってパウロの不偏心に倣ったのが

> 偉大なる司教聖マルティヌスである。彼は、その人生の終わりに、神のもとに向かいたいという究極の願望に駆り立てられながらも、教区の信徒たちのために自らが負っている果たすべき務めに従事しつつ、やはりよろこびをもって地上にとどまると証言したのである。（中略）「おお主よ、だがもしまだ私が、あなたの民を救うという務めのために必要とされているのであれば、私はその務めをけっして拒みません。あなたの御意志がなりますように」〔『マタイ福音書』6, 10〕。使徒の讃えるべき不偏心、使徒たるこの人間の讃えるべき不偏心！　彼らは自らに対して天国の口が開いているのを見、地上における無数の務めが待っているのを見る。いずれであろうと彼らはその選択に不偏的（indifférent）であり、そこではただ彼らの心に平衡をもたらしうる神の意志のみをもつのである。天国はもはやけっしてこの世の悲惨より愛すべきものではない。神の善きよろこびがいずれにも等しくあるのなら。（FRANÇOIS DE SALES 1969, p. 769–770）

フランソワ・ド・サルにおける「不可能な仮定」は、実はこのような記述に続いて語りだされた言葉であった。ひたすら神の意志に合致することを求める魂は、もしそれが神のよろこびに適うことであるなら、天国に向かうよりも地上にとどまることを選ぶというが、重要なことは、それが他の信徒たちの救いのためになされる選択だということである。もしそれが神のよろこびにいっそう適うことであるなら、天国に昇るよりも地獄に堕ちることを願うだろうという「不可能な仮定」に至るそもそもの発端には、この他の人びとの救いへの願いがあった。聖パウロを模範とするサルの不偏心は、救いへの希望から切り離せる愛ではない。そしてこの希望は、おのれの救いへの希望である前に他者たちの救いのための希望なのである。

　もし、人間にとってのあらゆる益を退けた愛のみを犠牲的と呼ぶなら、言い換えれば、一切の救いの希望を放棄するフェヌロンの純粋な愛のみを犠牲的な愛とするなら、テレスチェンコの言うとおり、フランソワ・ド・サルにおける純粋な愛は犠牲的であるとは言えない。しかし、そもそも犠牲とは何か。後者においては、前者とは異なる意味での犠牲が説かれているとするならば、どうか。それは、最終的には自らも含めてすべての人びとが救われる可能性を信じながら、他の人びとの救いのために自己を犠牲にしたいという願いから来る犠牲である。すなわち、隣人愛と不可分に結びついた自己放棄の行為である。

ここで現代カトリック神学者ジョゼフ・モワンの議論を参照したい。それは、「出エジプト記」（三二章三二節）および「ローマの信徒への手紙」（九章三節）が西欧における純粋な愛の歴史の二源泉であったことを示したルブランの議論[20]に対する、神学者の立場からの応答である。モワンは、「自己を無にすること」や「神の怒りを鎮めるために自己の命を差し出すこと」としての犠牲ではなく、「無償（gratuit）」なる「隣人愛への願いに発する運動」という犠牲の概念のもうひとつの意味、あるいは本来の意味に目を向けるべきと主張する。

> 「私の兄弟たちのために、キリストから離され、神から見棄てられる」（「ローマの信徒への手紙」9,3）ことを聖パウロが望むとき、他方で彼はついその前の箇所において、なにものも「イエス・キリストによって示された神の愛から、われわれを引き離すことはできないでしょう」（同 8,38）と高らかに宣言している。またその後の箇所では「神はご自分の民を退けなかった」し、神の民はついには救われるだろう（同 11,2–3 ; 25–26）と述べている。それゆえ、そのときパウロが考えていたことは、神の怒りに苦しむイスラエルの民の身代わりになることではない。彼が言わんとするのはこういうことである。私は、キリストがのこしてくださった遺産からいま現在は疎外されている兄弟たちの身に喜んで取って代わるだろう。そうすることによって、兄弟たちが私に啓示された神の愛を信じ、恃むようになるのなら。なぜなら「私の心からの願いは、彼らが救われること」（同 10,1）にあるのだから。したがって、パウロは兄弟たちのために「自己を犠牲にする」覚悟であるが、しかしこの犠牲は、その願い、そのものの源泉であるところの救いの無償性に注ぐ、無償の願いによってなされる。なぜなら、パウロはこう言ったのだが、その御子をわれわれの手に委ねることで、神はすべてのものを先んじてわれわれに与えたのだから（同 8,31–32）。イエスについてもパウロについても、犠牲は自己を無にすることであるとか、神の怒りを鎮めるために自己の命を差し出すことであると理解されては

ならない。神の愛に動かされて、パウロは他の人びとのほうへと戻っていった。そして神の愛は、神の愛におのれを委ねた者において、他の人びとへの、本質的に普遍的な犠牲がもつ無限の力となるのだ。（MOINGT 2009, p. 60. 傍点引用者）

モワンは、フェヌロンにおけるそれとは異なる犠牲の意味をパウロにみている。それは自己意識の戦いの帰結ではなく、他者に向かう運動として理解される。[21] 犠牲の意味をこのように見直すことは、神の観念そのものを見直すことにつながる。どこまでも愛の神であるパウロの神は、他の信仰者たちに対して救いがもたらされるよう願うこと、他者たちに対してそのような願いを発することを可能にする神である。この神は、心理学的観点からではなく、無限かつ普遍の愛の運動の可能性を構成する、信仰の根本条件そのものとして捉えられるのである。さらに、この世への回帰としての犠牲の行為――天国の口が開いているのを見ながら、地上にとどまってそこに生きる人びとの救いのために働くこと――は、苦悩や不安を乗り越えることを最終目的とする犠牲とは逆に、ひとつの新しいはじまりである。[22] そしてこのはじまりは、フランソワ・ド・サルが『神愛論』（X, 2）で用いている表現[23]を引き写して言えば「諸々の情念」、「精神を惑わすもの」、「さまざまな矛盾」、「力を削ぐ妨害」に満ちたこの世界に戻ることである以上、それは苦悩や不安を解消するのではなく、むしろそれを受け容れ、地を覆う闇のなかで人びとともに生きることであるだろう。[24]

2　スュランと「不可能な仮定」

もしもフェヌロンがスュランの『経験の学知』を読んだなら、フランソワ・ド・サルの言う「不可能な仮定」をまったく可能なものとして生きた「諸聖人」の筆頭にスュランを挙げたかもしれない。『経験の学知』には、おのれの地獄堕ちを確信してやまない魂の死に至る苦悩の果てに、神の意志への絶対的な自己放棄を成し遂げることによって魂が苦悩を癒す様子が、キリスト教神秘主義の思想史のなかにもおそらくこれ以上ないほどの鮮烈な仕方で描写されているのだから。一六三四年末にルダンに派遣され、ほどなくして変調を来した彼の魂は、以後一五年以上の長きにわたって魂の「暗夜」を経験した。この間に絶え間なくおのれの身を苛んだという自殺への誘惑について、彼は次のように語っている。

私はまた、この神の掟が、間近に迫った私の地獄堕ちを後押ししていると信じていた。私はあまりに大きな自殺への衝動を感じていたので、道を歩いていて井戸を見つけると、そのなかに身投げすることを考えて何歩か近づかずにはいなかったし、街路を歩いていて川が見えると、飛び込むためにいつも川のほうへと向かっていったし、部屋や寝台で休んでいるときにはいつも、水中か、井戸か、あるいは窓から通りへと、身投げする方法に思いをめぐらしていた。神の義が果たされるためである。夜、私はしばしば通りに臨む窓のところに行き、そこに立って身投げしようとした。朝になって私の身体が舗石の上に倒れているのが発見されることを欲しながら。それによって神の義が果たされると私は信じていたのだし、現在の私の状態ではそれ以上のことは何もできないと信じていたのである。そのために私は毎日なんらかのことを試み、夜起きてはナイフを探して喉に当てたりした。一度などは一晩中ナイフを喉に当てていたが、突き立てることはできなかった。われわれの主は物事を主の摂理によって動かしていた。だから、ナイフが見つからなかったり、切っ先が全然尖っていなかったり、あるいは突き刺すだけの力が私に残っていなかったりしたのである。

ともかく、七年または八年のあいだ、私は絶え間なく自殺することを考えていた。百度以上も部屋から聖具室に行き、キリストの聖体が収められた聖櫃を背にして首を吊ろうとした。そこで首を吊っている私が発見されることが楽しみだった。昼も夜も何時間も、首を吊るか、ナイフを突き立てるか、身投げするかして、事を成し遂げに行くことを考えた。私たちの主はいつもそれを思いとどまらせ、それを妨げるようななんらかの障害を用意したのだが、自殺への意志はずっとのこっていた。(S. II. 5, p. 211)

一六四五年五月一七日、当時サン＝マケールの修道院の一室にいたスュランはついに投身自殺を試みるに至った（S. II, 4, p. 208）[25]。フェヌロンにとってと同様、あるいはそれ以上に、自己の魂が地獄堕ちに定められているという確信は、スュランにとって何よりもまず生きられた内的経験としてあったのである。

スュランの脳裡に焼きついて離れなかった地獄堕ちの確信の深さを示すもうひとつの印象的なエピソードを引用しておこう。

私は、どのくらいの期間かわからないが、説教集会のような、どんな人の集まりにも参加することなく、どんな本を開くことも、どんな書類を読むことも、私の前にあるいかなる判明なものも見ずにいた。何かに目をやったり、注意を集中したりすることによって、かの信念〔自分が堕地獄者であるという信念〕を強めるような事どもを知ったり読んだりすることがないようにするためだった。聖歌隊のコーラスが響いている教会に入るその度ごとに、私は私の地獄堕ちの確実さを示す一節を聞かずにはいなかった。一度などは、説教が行われているところに入ると（それはボルドーのサン＝プロジェ教会でのことだった）、説教師が話していたのは、どこにいてもおのれが地獄堕ちであると感じる者たちがいるということだった。彼はさらにこう言った。「ここに集まっている聴衆のなかにも、現に地獄堕ちの責め苦を受けている者がいる」。これが私の耳に聞こえたことだった。（S. II, 5, p. 186）

スュランは文字通り「どこにいても」おのれの地獄堕ちを告げる呪詛の言葉を読み、聞いたのである。あらゆる言葉――説教、書物、そして歌声も――が彼を呪う言葉と化して彼の魂を襲来したのだった。耐え難い試煉のなかで彼の脳裡に浮かんだのは、二重予定説の問題を突き詰めたフェヌロンを捉えたのと同じ究極的な問いだった。「私を極めつけに打ちのめしたのは、私のうちでしばしば次のような問いかけが起こったことだった。いったい、神は善であるのか」（S. II, 13, p. 258）。自己の魂を地獄堕ちに定め、悪魔が弄ぶままにして苦しめる神が善の神であるということは、およそ理解することのできない矛盾であろう。おそらくはこの矛盾を解消する方途として、マニ教的善悪二元論の誘惑がスュランを捉えたのだった[26]。

一切の光が失われてしまったかのようなこの深い闇夜から、スュランの魂はいかにして平安を恢復したのだろうか。それはいくつかの決定的な段階を経て訪れることになるが、クライマックスとなる出来事は、一六五六年六月九日、その年の聖霊降臨祭の直後に起こった。

かくして私は、このまったく一様性を欠いた内的状態に至り、そこでは善と悪、歓びと悲しみが交互に継起したのであるが、この状態は聖霊降臨祭後の金曜日〔一六五六年六月九日〕まで続いた。この日、私は壁と寝台のあいだの空隙に立っていた——数ヶ月来、あるいは数年来とも言えるが、そこが私の居所だったのである。なぜなら、動こうとすると感じる苦痛が、あたかも休息所にいるかのように私をそこに留めていたからである。また、休まなければならないときにはただ寝台に倒れ込めばよかったし、そこにいれば昼も夜もすべて必要なものを手にするに一歩も動かなくてすんだからである。というのも、寝るときに私は衣服を脱がなかったし、ただ足を洗って寝台に横たわり睡眠をとるだけでよかったのだから——そういうわけでこの場所にいながら、大いなる平安と慰めのなかで思いを巡らしているそのとき、次の言葉が胸中に到来した。「だがそれでもお前は地獄堕ちだ（Mais pourtant tu es damné）」。この言葉は非常に激しい調子で響いたので、魂は打ちのめされてしまった。そしてこの言葉が私を大いなる苦悶に陥れようとしていたとき、私は心のなかに何かたいへん力強い運動を感じ、この運動によって私は、それが神の意志であるならそれを甘受することにし、次の言葉を口にした。「もし神がそれをお望みなら私もそれを望みます（Je le veux si Dieu le veut）」。私は寝台に顔をうずめ、神の意志に従い、おのれのすべてを神の意志に委ねるようにしたのである。

その時私は心のなかで、あたかも第二の波が私を覆いつくし、私を呑み込んで、私の魂を平安にしたのを感じ、また、この放棄が最高度に深まったところで、「汝ノ御意志ガ成リマスヨウニ（Fiat voluntas tua）」と魂が言ったように感じたが、そこで私たちの主は次のことを私に理解させた。すなわち、神の意志へと自己を放棄することは、魂を、何をということも、どのようにということも明確に識別することなしに、神の力に従うことによって、永遠に、すべて神の好むところを受け容れるまでに至らしめる、ということを。そしてこのことは実際に私を大いなる平安のなかにおいたので、もはや二度と絶望は私の内面を支配できなかった。以上に述べたことこそ敵が私の魂にもたらした最後の一撃だったのである。(S. II, 15, p. 266–267)

この「最後の一撃」は、『箴言解説』においてフェヌロンが「最後の試煉」と呼ぶものにそのまま重なるだろう。『箴言解説』の第一〇項においてフェヌロンは、そこでこそ「絶対的犠牲」が可能になる——不可能な仮定が可能になる、つまり「純粋な愛」が実現する——「最後の試煉」について述べながら、その範として、若き日のフランソワ・ド・サルを襲った自己の救いへの根源的な疑いと、それが呼び起こした魂の深い懊悩に言及していた[27]。ウダールは、フランソワ・ド・サルが拡充した「不偏心」の概念をいっそうラディカルにしたものとしてスュランにおける「純粋な愛」の問題を論じている(HOUDARD 2000)。この方向で考えるなら、「死に至る病」としてのおのれの地獄堕ちの確信に深く苛まれながら、最終的には救いを放棄するという絶対的犠牲の行為によって「自己」の平安を治癒するという道を辿った者として、フェヌロンとスュランの姿を重ねることができる。

3　フェヌロンとスュランのあいだ

しかし、フェヌロンとフランソワ・ド・サルにおける犠牲の観念の相違を通してみるとき、フェヌロンとスュランのあいだに横たわる根本的な差異が際立ってくる。フランソワ・ド・サル、そしてパウロと同じように、スュランにおいても、自己の救いを犠牲にするという身ぶりは、隣人に注ぐ無償の愛の実践と深く結びついていた。

同じころ、聖体拝領を受けたあとに主と語り合っていると、目の前にかなりはっきりと小さな黒い十字架を見た。長さは一ピエ〔三〇センチ強〕、厚さは一プース〔三センチ弱〕に及ぶかという程度だった。それは私がかつて、同じ色、つまり真っ黒で、とてつもなく大きく長い十字架を、何度も見たところに見えた。事実このときから、主が私に与えたあらゆる苦難（croix）は、藁くず同然のものにすぎないように私には思われるのである。私は率直に述べることができるが、いまやほとんど私の唯一の苦難といえるのは、私につきまとい、ほとんど絶え間なく私を取り巻いている、数多くの悩み苦しむ人びと、あるいは貧しさ、あるいはその他数々の人生の災禍である。内的な苦痛については、いまはないどころか、反対に歓びの源が私の胸中に頻繁に現れると言える。あまりに頻繁であるため、ほとんど次のように言ってしまえる。すなわち、もし天国がこの世に与えられるということがありうるのなら、私たちの主は、主に仕えることに身を投じる人びとすべてに言うべきことを私たちに与えている。それは、主とともにあって失うものは何もないということ、得られる実りは主の約束を上回るということだ。(S. II, 15, p. 267)

かくしてこの宣教神秘家は、数多の「人生の災禍」に満ちた世界に、すべてのキリスト教徒と共通の生に戻っていく。いまや彼が背負うべき「十字架＝苦難」は、私のではなく、隣人たちの悲惨なのだ。一六六一年一一月八日のジャンヌ宛ての手紙にこうある。「私が背負っているのは隣人の悲惨という十字架以外にありません。いたるところに蔓延《はびこ》る貧しさのために、その悲惨は巨大なものです」。しかしそのとき彼は「いとも甘美なる平安」を享受してもいたのである (C. L427, p. 1279)。ここに、彼が「信仰の状態」と呼ぶ境地は現れてくる。それは、弱く悲惨な生の地平を生きるしがなき信仰者たちとの共生の地平であり、神の現前より隔たること遠いが、しかし愛に満ちた、何か根源的な魂の平安が到来する地平である。

『神の愛についての問い』や、一六六四年から六五年にかけて書かれた最晩年の手紙がよく示しているように、人びとの生を覆う悲惨さを直視しつつも、スュランは、まさにその生の地平に、すべてのキリスト教徒が得るべき無限の豊かさを見いだし、それを人びとに向けて語り続けた。最晩年の著作の最終章で彼は、「これら恩寵の卓越した事どもを人びとに告げ知らせることが適切であるか、あるいは沈黙で覆うことによって秘匿するべきか」（Q. III, 11, p. 183）と問うたうえで、彼は高らかに語っている。「来世の生においてのみならず、この現在からすでに、得るべき無限のさまざまな益があるのだ」（Q. III, 11, p. 185）と。「秘められ隠されている信仰の諸真理」は、けっして沈黙のうちに秘匿しておくべきものではなく、人びとの救いのため、人びとに語り、説くべきことなのだ。[28] 先の引用の最後の言葉をもう一度引用しておく。「もし天国がこの世に与えられるということがありうるのなら、私たちの主は、主に仕えることに身を投じる人びとすべてに言うべきことを私たちに与えている。それは、主とともにあって失うものは何もないということ、得られる実りは主の約束を上回るということだ」。宣教神秘家スュランの神秘主義において、人びとに対して隠すべきことは何もないのである。

フェヌロンとスュランの相違は、神の意志を無条件に受け容れることによって果たされた後者の自己放棄が、その霊的道程の到達点ではなく、むしろ「はじまり」だったことを確認するとき、いっそう明確になる。「小さな黒い十字架」のヴィジョンは、いわば新しい「時のしるし」である。それは、過去が過ぎ去ったものとなることによって、新しい現在が到来したことを告げるしるしであった。言い換えれば、過去と現在のあいだにもたらされた断絶である。この断絶はスュランのテクストにはっきり書き込まれている。「事実このときから（depuis ce temps-là）、主が私に与えたあらゆる苦難は、藁くず同然のものにすぎないように私には思われるのである。私は率直に述べることができるが、いまや（à présent）ほとんど私の唯一の苦難といえるのは、私につきまとい、ほとんど絶え間なく私を取り巻いている、数多くの悩み苦しむ人びと、あるいは貧しさ、あるいはその他数々の人生の災禍である」。

本書第五章で考察を重ねるように、時間性はスュランの神秘主義に固有のダイナミズムを明らかにするために、重要な鍵となるテーマである。すでにウダールが、時間の問題に注目してスュランのテクストを読み解いている。スュランの魂が恢復の徴候をみせた時期（一六五五年一〇月一九日以降）に執筆された『霊の契約』、また彼が地獄堕ちの運命を受け容れることによって長きにわたる病からの決定的な解放をみた一六五六年六月九日の出来事を考察しながら、ウダールは、スュランが神と結んだ「純粋な意志」の契約の特異性を明らかにしようとする。彼女の考察によれば、「純粋かつ単純な贈与（une donation pure et simple）」（SURIN 1957, p. 175）によって神の意志におのれの身を委ねんとするスュランの自己放棄は、「契約の当事者間の合意に基づき、神と個人的に結ぶ関係によって定められるような枠組み」を排除するものである。つまり、スュランの神との神秘的な契約は、「二人の契約者の根源的な不均衡」を特徴としている（HOUDARD 2000, p. 297）。言い換えれば、主体の意志は、契約以後は神の意志に絶対服従し、けっしてその外で自律して動くことはない。

ウダールの議論は、ここからスュランにおける契約の時間性の問題に入ってゆく。彼女によれば、自己の意志の根源的な放棄によってスュランが神と交わした契約は、「永遠の現在」の契約であり、彼の第三修練期の霊的指導者であったルイ・ラルマンが説いていたように、過去の記憶も未来への希望もすべて神に委ねてしまうという意味で、あらゆる時間性の「外」にある契約であるという。先に言っておけば、私たちは彼女の解釈に与しない。しかし、洞察に富む彼女の解釈は問題の在り処を鋭く捉えている。

かくしてスュランは、諸々の契約を「永遠に」結ぶ。それは撤回不能な契約であり、あらゆる時間性の外に結ばれる契約である。この点について、スュランの霊性を形成するにも中心的であった、ルイ・ラルマンの『霊の教え』が貴重な解釈をのこしてくれている。「われわれは大いなる自己放棄によって、神の意志、神の摂理の運び、神への従順という心の傾きに身を委ね、あらゆるわれわれの望みと、とりわけ若い時分には際限なくわれわれが抱く人間的な希望の一切とを、神へと犠牲にしなければならない。若者は未来への希望を、老人は過去の思い出を糧にして生きている」（LALLEMANT 2011, p. 128）。神の意志への自己放棄は、希望や想起によって時を区別する時間的あり方から主体を解放する。何事かを得ようとして未来へ向かう願望から、あるいは過去へと向かう願望がもたらす愛惜から逃れた主体は、時間的あり方を無化し、神の摂理によって定められた理解不可能な秩序に従いつつ、自らにおいて被造物の時の流れのなか、被造物をまさに被造物として基礎づけている諸々の願望のなかに組み込まれた状態を破壊するのである。時間の外、あらゆる判別の外にあって、おのれの特権を棄て去り無化された主体は神化の過程に組み込まれる。そこでは、現在という瞬間が永遠であり、人間が自然に備えている分別能力としての理性が影を潜めることで、直接的かつ超自然的な本質と溶け合うことが可能になるのだ。（HOUDARD 2000, p. 302. 傍点引用者）

ウダールはこうも書いている。「永遠とは、ここでは、契約の意志が現在という瞬間に固定した時のことである」（*ibid.*, p. 302n24）。ここにはスュランにおける時間性の問題について鋭利な洞察が提示されている。しかしながら、彼女が提示しているのとはおよそ正反対の解釈を、先に引用した「小さな黒い十字架」のヴィジョンをめぐるスュランの言葉は促しているのではないか。問題の焦点をスュランにおける「信仰の状態」に当てるとき、時間の外に出る主体性や、永遠に固定された現在への主体の融合ではなく、むしろそれらが否定している事態が前景化してくる。すなわち、過去、現在、未来という差異を生み出して変転する時間性の構造であり、現在と過去のあいだに穿たれる断絶である。数々の超常の体験を経てのち、この世に生きる他の信仰者たちと共通の生の地平に戻って行ったスュランは、「被造物の時の流れのなか、被造物をまさに被造物として基礎づけている諸々の願望のなかに」ふたたび「組み込まれた」と言えるのではないか。

スュランは「もし天国がこの世に与えられるということがありうるのなら（si le paradis se *peut* donner en ce monde）」と書いた。彼にとって、この到来すべき世界は、いま現在のこの被造物世界のなかに現前することが可能な世界である。であればこそ、信仰の秘められた真理を被造物世界に生きる人びとに対して言うことも可能なのだ。そして、このまだ見ぬ世界の現在への到来を可能にするのが、「小さな黒い十字架のヴィジョン」を契機とする過去と現在の断絶なのである。なぜなら、この断絶によって、それまで塞き止められていた時間がふたたび流れはじめ、現在が過ぎ去ったものになることで、現在が未来に開かれるからだ。いま一度スュランのテクストを読み直してみれば、現在が過去となることで新たな現在がはじまり、さらにそこからまだ見ぬ未来の可能性が開かれてくるさまをはっきり認めることができるだろう。「事実このときから、主が私に与えたあらゆる苦難は、藁くず同然のものにすぎないように私には思われるのである。私は率直に述べることができるが、いまやほとんど私の唯一の苦難といえるのは、私につきまとい、ほとんど絶え間なく私を取り巻いている、数多くの悩み苦しむ人びと、あるいは貧しさ、あるいはその他数々の人生の災禍である。内的な苦痛については、いまはないどころか、反対に歓びの源が私の胸中に頻繁に現れると言える。あまりに頻繁であるため、ほとんど次のように言ってしまえる。すなわち、もし天国がこの世に与えられるということがありうるのなら、私たちの主は、主に仕えることに身を投じる人びとすべてに言うべきことを私たちに与えている」。時の断絶をもたらした十字架のヴィジョンは、スュランという信仰の主体を時の流れのなかにふたたび投げ入れ、かくして新たな歩みを――人びとに信仰の神秘を語る宣教師として――はじめることを可能にしたしるしでもあったと言うことができる。[29]

ところで、スュランの死後出版された『霊的生活の基礎』第三部第五章に、まさにフェヌロン流の「純粋な愛」の概念が見いだせる。そこでは神に対する「無償の奉仕」が三つの段階に分けて説明されるのだが、なかでも第三段階についてかなり思い切った表現が使われており、テクストを校訂したカヴァレラが「キエティスムという誤解」を与えないようにと、わざわざ注釈を付けているほどである。[30]

> 第三段階に到達した人びとは、おのれの救いや来世までも神の手に委ねきってしまい、おのれのうちにいかなる懸念をのこしておくことも望まず、神が彼らに何を望んでいるかを見るためでなければ、いかなる視力も望まない。彼らは永遠に神に喜ばれることを望み、神への純粋な愛によって神に仕えるためでなければ、何事にも心を動かされないのである。（F. III, 5, p. 170. 傍点引用者）

この無償の奉仕を体現した人物として、スュランは三人の聖人を挙げる。さて、ここで注目したいのは、アビラのテレサとイグナティウス・デ・ロヨラ――二人はスュランの霊的な母であり、父であるとも言えよう――のあいだに挙げられている一人の女性の形象である。この「聖女」は、天で与えられる報いへの希望も、地獄で与えられる罰への恐怖も一切ない愛を示していた。

片方の手には松明を、もう片方の手には水瓶をもって歩きながら、それは地獄の炎を消し、天国を焼くためであると言い、そうすることによってもはや神への愛しか考えることなく、純粋なる神の善意のために神に仕えるのだと言った。（F. III, 5, p. 171）

「純粋な愛」の形象

八世紀の女性ムスリム神秘家ラービアに由来するというこの純粋な愛の形象は、一四世紀初めにジョワンヴィルによって執筆された『聖王ルイ伝』を通じて、[31] つまり、大局的にみれば十字軍経由で西洋に伝えられ、一七世紀には広く知られるところとなっていた（LE BRUN 2002, p. 107–115）。世紀末には「純粋な愛」の擁護を企てたフェヌロンとギュイヨン夫人がボスュエとの論争を戦うなかでそれを利用してもいる。この謎めいた形象の流通に大きく貢献したのは、ドイツ人イエズス会士イェレミアス・ドレクセリウス（Jeremias Drexelius, 1581–1638）の『正しき意図について。すべての人間行動の基準（*Recta intentio omnium humanarum actionum amussis*）』である。一六二六年にミュンヘンで出版されたこの本は、以後数多くの版を重ねた。問題の女性の姿を描いた版画（上図参照）が掲載されたこの書の第三版は一六二八年に出版され、もうひとつの版が三一年にケルンで出版された。版画の下にはラテン語で「神ノタメニ神ニ奉仕スベシ」と記されている(DREXELIUS 1631, p. 1)。

スュランもこの本を手に取ったのだろうか。この純粋な愛の形象がどこから彼のテクストに潜り込んだのかは定かでないが、それはここで問うべき問題ではない。見逃してはならないのは、この聖女に続けてスュランが挙げている、もう一人の「純粋な愛」の体現者——イグナティウス・デ・ロヨラである。


それで聖イグナティウス、イエズス会の創設者はこう言ったのである。天国の口が開いているのを見、自らの救いを危うくしてでもこの世に留まって何か小さな奉仕を行うよう神に命じられたなら、天国に入る保証よりも、天国を失う危険を冒しつつも神に純粋に奉仕する二つ目の条件を選ぶだろう、と。(F. III, 5, p. 171)

スュランがイグナティウスに見て取る「純粋な愛」は、フェヌロンにおけるそれとは異質なものだ。前者に実現される「犠牲」は、ジョゼフ・モワンがパウロに認めた「隣人愛への願いに発する運動」としての犠牲である。それはフランソワ・ド・サルにも継承された犠牲の概念だった。このような犠牲を捧げようとする魂には、たしかに、おのれの救いのゆくえを左右する二つの選択——天国か地獄か——に対して「不偏的・無関心な(indifférent)」態度を指摘することができる。だが、強調すべきはむしろ、隣人の救いという選択に対してはけっして「無関心」ではいられない魂の態度であろう。

スュランは、おのれを地獄堕ちに定める神の意志を受け容れつつ、隣人たちを救けるというミッションを与える「小さな黒い十字架」のヴィジョンを見たのだった。フェヌロンにおける犠牲が自己意識との戦いのなかで達成される行為であり、その意味で本質的に心理的な出来事であるのに対して、このイエズス会士における犠牲は、それ自体がこの世を生きる隣人への応答であり、変転する時のなかでの持続的な実践であると言えよう。そして、「小さな黒い十字架」のヴィジョンは、過去と現在のあいだに断絶を穿つ「時のしるし」であった。そこから「いまや」まったく新しい宣教神秘家としての生がはじまる。かくしてスュランの現在は、時間性の外にあるのではなく、時間の内にあって時間の流れに開かれているのである。[32]

4　純粋な愛の教説を超えて

他の人びととともに生きる地平への回帰としてなされる犠牲的行為は、フェヌロンには無縁のものだった。なぜなら、彼にとっては「すべての人間に無償の救いを約束する神の愛」自体が「不可能な仮定」だったからである。フェヌロンはこう言っていた。おのれの地獄堕ちを信じる魂を前に「すべての人間を救うという神の意志への信仰や、神はわれわれ一人ひとりを個々に救おうと望んでいるという、われわれがもっているはずの信への信仰について正確な教義を説いてもしかたがない」（FÉNELON 1983, p. 1035）。この深い諦念は、彼自身の魂の内的経験に根ざすものだった（そしてそれはまたスュランにも共通の経験であった[33]）。純粋な愛の教説は、信仰が教えるすべての人びとの救いへの願いがもはや届かない、真に孤独な私のためのものなのである。

しかし、フェヌロンの諦念が何から、どこから発しているのか、そこをよく見極める必要がある。重要なのは、彼の嘆きの対象が、信仰への「願い（souhait）」の不能ではなく、信仰についての「正確な教義（dogme précis）」の不能であったということだ。この区別は微妙だが決定的である。以下で明らかにするように、フェヌロンにおける「純粋な信仰」はもっぱら「確証（certification）」の次元で捉えられている。「信認（accréditation）」としての信仰の概念は、彼の議論から構造的に抜け落ちてしまっているのだ。

ギュイヨンとの書簡のやり取りを始めてから一年が経とうという頃（一六八九年八月一一日）、フェヌロンは信仰の闇という問題に関する率直な疑問点を彼女にぶつけていた。この極めて興味深い手紙は、彼における純粋な信仰の概念がおよそどんなものであったかをよく示していると言えるだろう。

信仰の本質は何も見ないことにあるのではけっしてありません。信仰の本質が無見にあると考えることは不敬虔なことです。なぜなら、信仰を気まぐれな者たちや霊感を受けたと偽る者たちの盲目的な運動と混同しないよう、十分に気をつけなければならないからです。聖パウロによれば、信仰における従順は理性にかなったことです〔『ローマの信徒への手紙』13,1〕。また、聖アウグスティヌス〔が言っていること〕のように、私たちが理性について神に捧げる犠牲にもまして理性にかなったことはないのです。信仰が暗いのは、信仰がその権威によって私たちを従わせ、私たちが生来備えているあらゆる自然の光を超えてゆく事どもを信じさせ、行わせるからです。しかし他方で、信仰が非常に明るいのは、信仰は私たちの理性について犠牲を求めますが、それはあくまでもまったく神的な権威のためだからです。この権威は、信仰が私たちに明晰に示すものですが、私たちの理性そのものの上にあります。私が福音書によって信じるのは福音書が暗いからではありません。反対に私は、信じないことのひとつの理由となる福音書の暗さを、〈奇蹟や預言の明証性〉のおかげで乗り越えるのです。それらは神秘のなかで暗い状態にあるものを私に明るくしてくれます。信仰をこれとはちがう方法で理解することは、必ずや信仰を根本から覆してしまうでしょう。したがって信仰は、真にして純粋な信仰であるためには、そうした神秘が私たちに提示している神的な権威の明証性によって、同時に暗くかつ明るいものでなければなりません。理性が理解するものしか信じないこと、それは信仰ではなく哲学です。何を信じるのかも、どうして信じるのかも、信じる対象が神であるのかどうかも理解することなく信じること、それはもはや理性でもなければ信仰でもなく、狂信であり、度を過ぎた狂熱です。以上のことは、ただたんに信仰のみならず、純粋な信仰のあらゆる歩みにとっての根本原理なのです。

　だとすれば、福者十字架のヨハネや他の人びとが言う、つねに無見を旨とする純粋な信仰のかの歩みは、いったい何に基づくのでしょうか。次のように考えられます。魂は、福音書に記された真理を明晰に見、そして神が人間たちに語っているという確信を抱きながら、通常では考えられないようなやり方で、内省することなしに、そうした真理の印象に赴くにまかせるのです。この魂の歩みは闇のなかにあるのと同時に理性的でもあるのです。（MADAME GUYON et FÉNELON 1982, p. 222–223. 傍点引用者）

この手紙には、すでにルブランが指摘しているように、純粋な信仰をなんとか理性によって説明しようというフェヌロンの合理性への拘泥が読み取れる（LE BRUN 2002, p. 155）。さらに次のことが指摘できる。すなわち、理性重視のフェヌロンの論理は、純粋な信仰につきまとう暗さを、結局のところは奇蹟や預言というしるしの「明証性」によって解消すべきもの、乗り越えるべき否定的なものとして解釈している。そしてこのとき、奇蹟や預言は「何を信じるのか、どうして信じるのか」を理性に納得させるに十分な知覚的根拠として捉えられている、ということだ。

しかし、このように理解される純粋な信仰の概念は、十字架のヨハネのそれとはもはや大きく異なるものになってしまっているのではないだろうか。この疑問は、フェヌロンの論理を彼よりもはるかに理論的な色合いが薄いギュイヨンによる十字架のヨハネ解釈と比べるときいっそう先鋭に触知されるだろう。以下は彼女の著作『弁明（*Les Justifications*）』[34]からの引用である。

> 十字架のヨハネは、赤裸な信仰について語りながら、それがしるしには基づかないということをいたるところで示している。このことを理解するためには次のことを知らなければならない。この単純な信仰の状態の埒外に起こる――そしてはっきりと目に見えるかたちで現れる――さまざまな奇蹟がある。そうした奇蹟は、それと同じく光に満ちた状態に属する幻視、啓示、預言と同様、あるいは脱魂と同様に人びとの反響を呼ぶが、これらすべてのしるしは、しるしよりも上にある唯一にして単純な信仰を破壊してしまうのである。輝きもなければ、思考の対象となることもなく、原因となる行為なしに起こる奇蹟、まさにいまこのときに起こっていて、何人もそれを起こそうと考えたことがない奇蹟がある。これらの奇蹟は信仰そのもののうちにある。第一の奇蹟は不信仰の徒のあいだに真の宗教を打ち立てるには必要だが、キリスト教徒には有害である。それゆえ聖ルイは聖体に起こる奇蹟を見たいとは思わなかった。彼は言っている、「私は見ることな

く信じるのだ」と。(MADAME GUYON 1720b, t. 1, p. 313–314)

純粋な信仰と、奇蹟や預言などのあらゆる「しるし」のあいだにギュイヨンが設ける区別は、フェヌロンが考えていたそれよりもずっとラディカルであるように思われる。問題は、本来目に見えないものを対象とする信仰と目に見えるしるしの関係をどう捉えるかにある。フェヌロンにとって、奇蹟や預言などの「しるし」は、信仰の根拠として、あるいは理性を納得させるべき「証拠」として必要なものだった。だが、このように解釈されるとき、純粋な信仰の観念は、十字架のヨハネのそれとは大きく異なってしまっているのではないだろうか。とどのつまり、奇蹟や預言といった「しるし」によって純粋な信仰の明証性を根拠づけようとするフェヌロンの試みは、逆説的にも純粋な信仰の「純粋さ」を何かしら損なってしまうという印象を与える。

問題は二つの論点に集約される。第一には、フェヌロンにとっての信仰が「確証」されるべきもの、つまり証拠によってその真偽が問われるべきものであったということ。第二には、彼の信仰がつねに「私の信仰」であったということである。

純粋な信仰についてフェヌロンが問題にしているのは、どこまでも「確証」されるべきものとしての信仰であった。「福音書に説かれた教えの純粋な完徳にほかならない、魂が歩む純粋な信仰の道は、福音書の権威と神学のあらゆる原理によって魂に確証される(**certifiée**)」(MADAME GUYON et FÉNELON 1982, p. 223)。「実際には確証(**certitude**)のない信仰はけっしてないのだが、人はこの確証についてつねに考えていることはできない。魂が試煉にあるときにも確証は存続しているのだが、人はそれを用いて苦痛を和らげることはできないのである」(*ibid.*, p. 224)。フェヌロンの言う「純粋な信仰」は、つまるところは証拠によって真なることを証明すべき対象としての信なのだ。

だが、十字架のヨハネの言う「純粋な信仰」、あるいは後にスュランについて論じるそれをめぐっては、信認としての信、あるいは信認を求める信こそが問われなければならないだろう。それは、他者を信頼し受け容れ、何かを可能にする権能を与え、あるいは他者からそうされることを求める信であるだろう。魂を絶えず潤しているという恩寵の水の流れについてギュイヨンが説いた言葉を想起したい。それは魂の乾きを訴えるフェヌロンを慰めるべく彼に向けられた信の言葉であった。「神はひと時も休まずあなたの魂のなかではたらいています。それはまったく確かなことであって、私はあなたがそう信じてくださいますようお願いすら致すものです」(*ibid*., p. 255. 傍点引用者)。かくして彼女の「無見の信仰」はフェヌロンの信＝信認を求める呼びかけを発する。しかし、この呼びかけはついにフェヌロンの心には届かなかった。彼にとって信はつねに確証としての信だった。たしかに、彼が「人はそれを用いて苦痛を和らげることはできない」と述べているように、確証としての信仰は「魂の試煉」に際しては無力である。闇にさまよう魂に「正確な教義を説いても仕方がない」のだ。しかしながら、「無見の信」を説くギュイヨンの言葉はけっしてそのような「教義を説く言葉」ではなかった。それは、確証ではなく、信認をこそ求める呼びかけの言葉であった。だが、フェヌロンはそれに応えることができなかったのである。先に引用した手紙（一六八九年八月一一日）にあった次の一節は、彼にとって信仰が徹頭徹尾「私」の問題であったということをまことによく物語っているように思われる。「私が福音書によって信じるのは福音書が暗いからではありません。反対に私は、信じないことのひとつの理由となる福音書の暗さを、〈奇蹟や預言の明証性〉のおかげで乗り越えるのです。それらは神秘のなかで暗い状態にあるものを私に明るくしてくれます」(MADAME GUYON et FÉNELON 1982, p. 223. 傍点引用者)。

最後にもうひとつ重要な問題を提起したい。それは、フェヌロンにおいては純粋な愛と純粋な信仰のあいだに乗り越え難い深淵が横たわっているということである。両者のあいだに走るこの深い亀裂の要因は、行き着くところ、前者がもっぱら「私」に関わるのに対して、後者はすべてのキリスト教徒の共通のものとして提示されることによる。あるいはむしろ、信仰は共通のものでなければ純粋ではありえないのだ。この齟齬は無視することのできない重大な矛盾をフェヌロンの論理に招き入れることになる。

すでにみたように、フェヌロンは『箴言解説』の第一〇項において、純粋な愛を実現する「絶対的犠牲」の行為は、魂の暗夜という「最後の試煉」にあってこそ可能になると述べていた。ここで彼にとって純粋な信仰とは、この魂の乾きと試煉の状態にほかならない。つまり彼にとって純粋な信仰は純粋な愛の欠くべからざる条件なのである。

他方、他の箇所（第七項）で彼は次のように言っている。

> 不偏心の状態にも、教会の内に知られているそれ以外の完徳の状態にも、奇蹟的な霊感あるいは超常の霊感を魂に与える類のものは一切存在しない。幾筋もある内的な道の完徳は、ただ純粋な愛の道にのみ存するが、それはいかなる利益の見返りもなく、純粋な信仰によって神を愛することである。純粋な信仰においては、人はただ闇のなかを、すべてのキリスト教徒に共通の信仰そのものである光のみを手に歩むのである。純粋な信仰のこの暗さは、いかなる超常の光も認めない。だからといって、自らが与える賜物の支配者たる神が、そこに脱魂や、幻視や、浮揚や、内的な交流を与えることがありえないというわけではない。しかし、そういったものはこの純粋な信仰に属する事柄ではまったくないのであって、神秘家たちが教えるのは、そうした超常の光にはけっして自ら足を止めてはならず、福者十字架のヨハネが言うように、それを越えていかなければならないということ、そして最も赤裸で最も暗い信仰に留まらなければならないということである。（FÉNELON 1983, p. 1028. 傍点引用者）

すでにみたように、フェヌロンにとって「すべての人びとの救い」を約束する信仰は、最後の試煉にある魂にはけっして聞き届けられない無用の長物である。だが、そうだとすれば、ただ「すべてのキリスト教徒に共通の信仰そのものである光のみ」をもって闇のなかを歩むとは何を意味するのか。結局のところ、この「共通の信仰の光」にはいかなるポジティヴな意味もない。「純粋な信仰」も、ただ幻視などの感覚的体験を欠くという、どこまでもネガティヴな表現にすぎない。自己の救いへの希望まで放棄する純粋な愛の犠牲的行為とは、むしろ

「すべてのキリスト教徒に共通の信仰そのものである光」を進んで消すことではないだろうか。実に、フェヌロンの純粋な愛の教えは、それができるほど十分に強靭で英雄的な魂の持ち主のためのもの、何よりも「私」のためのものである。彼がここに記している言葉、「すべてのキリスト教徒に共通の信仰そのものである光」がナンセンスであると言えるのは、フェヌロンにおける信仰が、彼における犠牲と同様、他の人びとに向けられたものでもなければ、他の人びとによって「信認」されるべきものでもないからである。何らか社会的な交わりのなかに現れる信仰は、体系化されていると同時に明確な境界をもつフェヌロンの思想にとって真に思考されざるものだったのである。

以上、一七世紀フランスにおける十字架のヨハネの教説を軸に、とりわけフェヌロンにおける純粋な愛の教説を批判的に検討することを通じて、純粋な信仰をめぐる新たな論点をいくつか提起した。信仰と時間性、信認としての信仰、他者に向けた、他者の信仰を求める呼びかけとしての信仰、他者との交わりのなかにこそある信仰。スュランの神秘主義に固有のダイナミズムを探ってゆけば、互いに連関するこれらの問題系に行きあたる。彼において信仰は、複数の位相における「他者」との関係なしにはない。信仰する主体は、「他者たち（les autres）」――私に先行する、あるいは私の後に来るであろう信仰者たち――に応答する主体であり、また、そのような応答関係のなかを生きるまさにそのことによって、神という「超越的他者（l'Autre）」に「取り憑かれて」ある主体なのだ。このことは、たとえば一六六〇年六月三〇日のジャンヌ宛ての手紙の言葉によく証されている。

もう一度言いますが、私たちの主が、さまざまな変化に富む、実に驚くべき諸効果の只中に私の精神を留めおくのに、どれほどの広大さ、豊富さ、平穏さにおいてそうしたかということを、あなたに説き明かすことは不可能です。しかし、実のところ私を慰めるのは、私たちの主が私に次のことを感じさせ給うということです。すなわち、私の心はただ、カトリック教会が私たちに教えるように生きたいという願望のみを支えにしているということ。そして、私はただこのことにおいて成長したいということです（中略）。ここにおいて魂は真に神に没している（être perdue en Dieu）と言えます。魂は平安の裡に主とともにあり、言葉に出して言うことも理解することもできないけれども、魂を安心させるような或る種の生の裡にあるのですから。それというのも、魂は何を企てるにしても全能なる者に所有された・取り憑かれたように（comme possédée par la Toute Puissance）するからであり、神の選びによって向かう先はただキリスト教徒たちの最も単純素朴なる実践だからです（n'allant par son élection qu'aux plus simples et naïves pratiques des chrétiens）。（C. L308, p. 968–969. 傍点引用者）。

フェヌロンの場合と比べてまことに対照的なことに、「神の選び」は、宣教神秘家スュランをむしろ単純素朴なキリスト教徒たちの日常へと向かわせるのだ。あるいは、「私たち」に共通の信仰の地平への回帰が、フェヌロンを捕え、ついに離さなかった「選びの言説」から、スュランを解放したと言えるのではないだろうか。

本章で提起したなかでも最も重要な論点は、この世を生きる他者たちとのあいだにこそある信仰者の主体性は、「さまざまな変化に富む」時間の他者性――現在が過去となることで現在に到来する「未‐来」の他者性――につねにすでに曝されているということである。フェヌロンの体系は時間の流れに閉じているがゆえに、時間の変転のなかでこそ可能な、他者との彩り豊かな関係に閉じている。彼の信仰が最終的にはもっぱら「確証」であって「信認」ではなかったことも時間の他者性の拒絶――現前中心主義――によって説明がつくのではないだろうか[35]。翻ってスュランにおける信仰は、この世の時間の変転を受け容れることによって、信認としての信仰、すなわち他者たちからの呼びかけ、そして他者たちへの呼びかけとなる。あるいは、そのような呼びかけを聞くことによってこの世の生に還っていく道が開けてくるのである。次章ではこの間の消息についてさらに考えよう。

註（第4章）

1 「乾き」という概念について、たとえば『カルメル山登攀』（I, 7, 5）の次の箇所を参照。

真実の魂は神において美味なものよりも味気ないものを求め、慰めよりもむしろ苦しむことを、所有することよりも神のためにすべてのものを失うことを、また、甘美な心の交わりよりも乾燥と苦しみの方に心を傾ける（中略）。というのも、それがキリストに従うことであり、自己を否定することであり、他方、神のうちに自分自身を求めるとは、およそ愛に反することであることを知っているためである。まことに、神のうちに自分自身を求めるとは、神から何かの贈りもの、あるいはたのしみを求めることである。それに対し神自身を求めるというのは、神のためにそうしたものが、むしろないことを求めるというだけでなく、キリストのために、神からも、また世間からも、すべて味気ないものだけを選びとるように心がけることで、これこそ神への愛なのである。（JEAN DE LA CROIX 2007, p. 142＝二〇一二、一五一―一五二頁）

2 このあたりの事情については、スュラン『霊の導き』に付されたセルトーによる「序論」に詳しい。G. p. 39–50.

3 シェロンが参照したのは、一六二一年にルネ・ゴーチエにより、*Le Degré du mont Carmel* として翻訳された次の版であったと考えられる。*Les Œuvres spirituelles pour acheminer les ames à la parfaite union avec Dieu...*, traduit par René Gaultier, Paris, Michel Sonnius, 1621, p. 52–434 所収。

4 シェロンが参照したのは、やはり一六二一年にゴーチエが訳した次の版と考えられる。*Nuict obscure de l'ame, et l'exposition des Cantiques qui enserrent le chemin de la parfaicte union d'Amour avec Dieu telle qu'elle peut estre en ceste vie : Et les proprietez de l'ame qui y est arrivée. Du Bien-heureux P. Jean de la Croix...*, traduit par René Gaultier, Paris, Michel Sonnius, 1621.

5 『霊の導き』のなかで言及されているように（G. VII, 7, p. 303）、スュランもこの書を知っていた。トマス・デ・ヘススの著作については、一六二〇年に『観想について』がアントワープで出版されたほか、三二年にはケルンで三巻からなる『全集（*Opera omnia*）』が出ている。

6 本論では第三版（NICOLE 1681）を参照する。

7 本書第二章註11を参照。

8 本書第二章註10を参照。

9 ニコルは、しかし、乾きと闇の根底に「非常に力強いが、感知できない光」、「輝ける闇」である神の愛の光があるとも述べている（NICOLE 1681, p. 668）。彼のねらいは、あくまでも乾きと闇それ自体には肯定的な意味がないと主張することにある。が、しかしそれは彼が批判する神秘家たちの言葉とどう違うというのか。一方で「無感覚」を恩寵の不在のしるしとして否定しながら、他方で闇のなかの「力強いが感知できない光」を語るのは矛盾ではないのか。最終的には再び無感覚の闇を否定しながら、「霊の暗夜」についてニコルはこう言っている。「魂はこの状態にあって無感覚であるどころか、時にあまりにも激しく打たれるので、魂が覚える感覚の激しさは魂を死に至らせることができるほどだ、と十字架のヨハネは言っている」（*ibid.*, p. 669）。「ニコルは片方の手で認めたものをもう片方の手で撤回する」というジャック・ルブランの指摘（LE BRUN 1972, p. 343）をここでも繰り返すことができる。

10　「暗夜」の教説を唱えた十字架のヨハネは、「光の世紀」一八世紀に最も嫌疑を受けることになった神秘家のひとりだった。彼は一七二七年に列聖されたが、フランス語による初の固有名辞典として名高いルイ・モレリの『歴史大辞典』の第一八版（一七四〇年）には、このスペインの神秘家について、「度を越した神秘性の諸原理に従っている（il y suit les principes d'une Mysticité outrée）」、とある（MORÉRI 1740, p. 55）。

11　フランス聖職者会議の議決内容を教えるこのテクストは、『箴言解説』がインノケンティウス一二世によって断罪された直後、彼に続き教皇に即位した（一七〇〇年一一月）クレメンス一一世に宛ててフェヌロンがラテン語で著した「純粋愛ニツイテ（Dissertatio de amore puro）」の冒頭にある。フェヌロンの目的は、新教皇に対してボスュエ流の愛の定義の誤謬を訴えることにあった。原文は次のとおり。« Penitus investigata est natura puri hujus amoris ficti, qui divini amoris antiquas omnes ac veras notiones, tum in traditione, tum in Scripturis passim occurrentes oblitterabat. Is autem, quem substituendum invehunt, adversatur, tum essentiae amoris, qui semper vult potiri suo objecto ; tum naturae hominis, qui beatitudinem necessario exoptat » (Fénelon 1852, t. 3, p. 420 ; cité dans LE BRUN 2002, p. 395n449).

12　本書第一章一二二頁を参照。

13　フェヌロンとギュイヨンに対する十字架のヨハネの影響については、BARUZI 1931, p. 439–444. 本書序章註41も参照のこと。

14　トレント公会議第六総会（一五四七年一月一三日）で決定された「義化に関する教令」は、ルター、カルヴァンの誤謬を批判すると同時に、ペラギウス主義にも反論を加えている。この教令の全文は、たとえば『カトリック教会文書資料集（改訂版）』デンツィンガー・シェーンメッツァー編、二〇〇二、二七三―二八四頁で読むことができる。

15　［Jean-Pierre Camus,］1727, IV, chap. 27, p. 165. この本は当初『福者フランソワ・ド・サルの精神（*Esprit du bienheureux François de Sales*）』という書名で一六三九年から四一年までに出版され、その後版を重ねた伝記の改訂版である。フランソワ・ド・サルの最大の弟子にして友人でもあり、のちに自らも純粋な愛をめぐって論争を戦うことになるジャン＝ピエール・カミュのものとされるが、実際には彼の著作ではない。Cf. COGNET［1966］2011, p. 305＝一九九八、四〇二頁。

16　一七世紀の神秘家たち、なかんずく「キエティスト」と呼ばれる者たちは、この不可能な命題の「可能性」を徹底的に考えた。彼らがかくもこの問題に惹きつけられたのは、人間に生来備わる「自己愛（amour propre）」の否定が、神に近づこうとする神秘家たちにとって最も重要な課題のひとつだったからだと考えられる。おのれの利益を一切省みない「無私（désintéressement）」や「自己無化（annihilation, anéantissement）」は、一七世紀フランス神秘主義において広範に論じられ、さまざまに掘り下げられたテーマであった（JOPPIN 1938, p. 20–25）。フランソワ・ド・サルの「不偏心（indifférence）」あるいは「（救いへの）無関心」もこの問題系の一環をなしている。純粋な愛の教説は、こうした傾向の過剰な先鋭化の結果として出現したと考えられる。それは、キリスト教信仰の根本であるはずの自己の魂の救いや、救いへの希望まで、滅却すべき「自己愛」に数えたのである。

17　「永遠の救いに対して無関心な、神への無私無欲の愛の教説は、かぎられた人のみが救いに予定されているという予定説の無条件性の意味と射程に気づいた人が陥る絶望への、唯一可能な応答である。したがって、予定説は、いつもそうであるとはかぎらないが、少なくとも原理的には〈無私無欲の愛の教説の根拠〉となるのだ」（TERESTCHENKO 2000, p. 23）。

18　この手紙の日付は不明だが、ラミ神父に宛てた直前の手紙の日付一七〇九年三月八日以降と考えられる。

19　フェヌロンの論敵ボシュエには、そもそもこのような魂の苦悩が理解できなかったようだ。あるいは、ボシュエは「もしかしたら私は救われていないのではないか」という疑問をもつことそれ自体を次のような言い回しであらかじめ禁じるのである。

　キリスト教徒の純粋な自己放棄は、われわれは救われているかどうかという懸念までも含めて、われわれが抱えている一切の懸念を神へと投げ返す行為のうちに、そのすべての力を保って存在し続けるだろう。この行為は、地獄堕ちか救いか、いずれかであることに対しての不偏心・無関心（indifférence）によるのではけっしてない。そのような態度は忌むべきものである。そうではなくて、われわれはわれわれの救いを神へといっそう放棄することによって、より大いなる熱意をもってそれを願望するのである。

　これは半《セミ》ペラギウス主義者たちがどうしても理解しなかったことである。彼らは希望を保つためにはその一部を自己自身に取っておかなければならないと信じていたのである。だが、聖アウグスティヌスは彼らにこう答えていた。希望を保つためには、一切を神に委ね、純粋な信仰において、もはやいかなる不安もあなたに残らないほど、神による救いのすべてを神へと放棄しなければならない、と。（BOSSUET 1697, p. 422）

ボスュエによれば、人間の魂は本性上おのれの救いを希望しないはずがない。しかし、この希望はあくまでも超自然の神のはたらきによるのであって、希望を人間の意志によるものとみなすこと——したがってフェヌロンのように希望を純粋な愛の障害となる自己愛に還元すること——は「半《セミ》ペラギウス主義」の異端的思想として断罪されなければならない。だがそれにしても、彼の言う「われわれが抱えている一切の懸念を神へと投げ返す行為」、あるいは「われわれの救いを神へといっそう放棄する」という言葉には、いったいどれほど切実なリアリティがあるといえるだろうか。実際、彼が説いているのは救いの放棄ではなく、懸念や不安の放棄ではないか。少なくともボスュエが言う「救いの放棄」は、フェヌロンにおける「絶対的犠牲」とは似ても似つかぬものである。両者のあいだにみられるこのような違いは、フェヌロンに取り憑き彼を苛んだもの、つまり予定説が呼び起こす救いへの根源的な不安を、「健全な心」の持ち主たるボスュエはけっして知らなかったということによるのだろう。

20　LE BRUN 2002, p. 49–64. この二つの聖書の章句には、フランソワ・ド・サルも『神愛論』（X, 15）で言及している。「肉によるおのれの同胞のために、そして神による子らのために、破門され、教会から締め出された罪人として追放されることを願った聖パウロの熱情のなんと激しいことよ！〔「ローマの信徒への手紙」9, 3〕おのれの民たちのために、神が書き記した命の書からおのれを消し去ってほしいと欲したモーセの熱情の激しさよ！〔「出エジプト記」32, 32〕」（FRANÇOIS DE SALES 1969, p. 855）。この言葉をルブランは次のように分析している。「かくしてフランソワ・ド・サルは、モーセそして聖パウロの口を借りて、近世の神秘家たちが作り上げたあの有名な不可能な仮定を言っているのである。愛と地獄の苦しみを結びつけ、地獄の苦しみを純粋な愛の基準、唯一の基準としながら。それは聖なる不偏心の説明に当てられた〔『神愛論』〕第九部第四章がはっきり述べていたことである」（LE BRUN 2002, p. 59）。

21　「肉による同胞」のために地上に留まったパウロのこの身ぶりについては、宮本二〇〇九がさらに奥行きのある理解を与えてくれる。

22　たとえば、ヌヴェル＝フランスに渡って現地先住民族のあいだで宣教活動に従事することを望んだ受肉のマリが一六三五年四月二六日の手紙のなかに吐露した次の言葉は、この「もうひとつの犠牲」を証すものと解釈できる。「もし、審判の日に私が地獄に行くことをお望みでしたら、どうかそのようにお取り計らいくださいませ。その代わりあの可哀想な人びとを回心させ、それらの人びとがあなたを知ることができるようになさってくださいませ。あなたを知るようになれば、それらの人びとが直ちにあなたに対する愛に燃え上がることは確かなことでございますから」（MARIE DE L'INCARNATION 1876, p. 25＝二〇〇六、一六頁）。

23　「たしかに、天国の高みでは、われわれは諸々の情念から一切自由な心、精神を惑わすものを一切拭い去った魂、さまざまな矛盾から解放された精神、そして妨害に削がれることのない諸力を得るだろう（中略）。だが、それ以上ないほどにかくも完全なこの愛を、この死すべき人間の生において求めてはならない」（FRANÇOIS DE SALES 1969, p. 815）。

24　「出エジプト記」（32, 32）および「ローマの信徒への手紙」（9, 3）の理解について、モワンとほぼ同じ観点に立つファブリス・ハッジャージは、「隣人愛によってキリストから切り離されてあることを願うこの願いは、キリストに切り離され難く結びつけられてあることの最良の方法である」と述べている（HADJADJ 2011, p. 294）。ところでハッジャージは、このような隣人愛の現代における体現者としてマザー・テレサを挙げているが、彼女の次の言葉は「暗き信仰論」のひとつの証言として極めて印象深い。"If I ever become a Saint—I will surely be one of 'darkness.' I will continually be absent from Heaven—to light the light of those in darkness on earth."（MOTHER TERESA 2008, p. 1）彼女が一九世紀フランスのカルメル会修道女リジウのテレーズの霊性の継承者を自任していたことはよく知られているが、そのリジウのテレーズは十字架のヨハネに極めて多くを負っていた（RENAULT 2004）。そしてテレーズがスュランの『霊的生活の基礎』を熱心に読んでいたという事実（*ibid.*, p. 40–43）は、近世から現代まで至る霊性の系譜の存在を推察させずにはおかない。

25　未遂に終わったが、「骨盤との接続部にほど近い、大腿骨の骨」（S. II, 5, p. 208）を折ったため歩行障害が残り、以後は足をひずって歩くことを余儀なくされるようになったという。本書序章二二―二三頁も参照のこと。

26　マニ教的善悪二元論の克服というモチーフはただちにアウグスティヌスの『告白』を想起させるが、スュランにとってそれは切実なリアリティを帯びた経験であった。その誘惑の深さは、彼を捉えたもうひとつの「異端思想」であるカルヴァンの聖餐論のそれを遥かに凌ぐものであったように思われる。「数ヶ月のあいだ、マニ教の異端思想、そしてその善悪二元論が私の心にあまりにも強烈に刻み込まれたので、この信条を正当化するために、まるまる数冊の本を著すに足る題材を私は持っていたと思うほどだ。そういった論証に加えて、私はその二元論について非常に明白な経験をした。すなわち、異端者どもが言うように、善の原理がある肉もあれば、悪の原理に属する肉もあるということを。私は食事をするあいだにも、肉のなかに作用している原理を判別し、あるものには悪の力を、またあるものには善の力を感じていたほどだ」(S. II, 6, p. 216–217. 傍点引用者)。

27 本章二五一頁以下を参照。

28 この点については、本書第五章三二〇頁以下も参照のこと。

29 この断絶はなお、スュランと神という二つの意志のあいだで交わされた契約にもある破れをもたらした。だからこそスュランは「得られる実りは主の約束を上回る」と書いたのである。ウダールが指摘するように、たしかに彼が結んだ神秘的契約は「通常の規範を逸脱している」(HOUDARD 2000, p. 306) といえる。しかし、信仰の状態における契約の特異性ないしその自己超越性は、この契約にサインする主体の自己放棄や自己無化によって自己の権利の一切が失われてしまうという、「二人の契約者の根源的な不均衡」によるのではない。そこにおいては「主とともにあって失うものは何もない」のだから。この契約、約束の法外さは、神よりもたらされる益の豊かさが「約束を上回る」という過剰さによるのだ。

30 「第三段階についてのこの教えは、注意深く理解しなければならない。キエティスムの誤謬を避けようとするなら、狭い意味に解釈してはならない」(F. p. 170n1)。スュランが説く純粋な愛は、自己の救いの放棄ではけっしてなく、ただひたすら神を求めることである。そして神を求めることはそのまま自己の利益となるはずだ、とカヴァレラは言う。

31 『聖王ルイ伝』には次のようなエピソードが記されている。十字軍遠征中、アッコにいたルイの下に、ダマスカスのスルタンからイェルサレムの解放を提案するべく使者が送られてきた。これに対してルイがスルタンの下に派遣した使者たちの一人に現地の言葉を操ることのできたイヴ・ル・ブルトンという修道士がいた。ダマスカスへと向かう道中、彼は奇妙な女性に出会う。「自分たちの宿営地からスルタンの宮廷に向かっているとき、修道士イヴは道をゆくひとりの老女に出会った。右手には火を焚いた鉢を持ち、左手には水で満ちた瓶を持っていた。イヴは尋ねた。「それで何をするつもりなのか」。彼女は答えた。「火で天国を焼き払い、永久にないものにし、水で地獄の業火を消して、永久にないものにしてしまいたいからだ」。そこで彼は尋ねた。「どうしてそうしたいのか」。「なぜなら私は、天国という報いを得るためであるとか、地獄堕ちの恐怖のために善行をなすということをけっしてしたくないからだ。正しく神の愛を得るために善行をなしたい。神にはそれだけの価値があり、十全なる善を私たちにもたらしうるのだから」(Joinville, *Histoire de saint Louis*, texte original publié par Natalis de Wailly, « Classiques Hachette », 1886, p. 186 ; cité dans LE BRUN 2002, p. 108)。

32　スュランは『経験の学知』第四部の最後、「心の平安」に到達するための実践として、ただ現在という各瞬間に精神をとどめ、過去や未来にとらわれることがないよう説いている。「なすべきことはただひとつしかないことを得心すること。すなわち、私たちの全精神を現在の各瞬間にとどめて、理知によってはたらく私たちの意志が徒らに過去を想起することも、同じく未来を思い煩うことも、許さないようにすることである」(S. IV, 16, p. 427)。この言葉は一見、過去の否定によってかつて犯した罪過への不安から解放されるべきこと、未来の否定によって将来の救いの確かさへの不安から解放されるべきことを説いているようであり、フェヌロン的な「純粋な愛」の教説への接近を疑わせるかもしれない。実際、コラコウスキはここに「時間の完全な不在、過去と未来への無関心」を認め、キエティスムの明白な兆候を読み取っている(KOLAKOWSKI 1969, p. 467)。だが、スュランにおける時間が、人びとと同じ信仰の生への回帰、そして隣人愛の実践によってふたたび流れ始めたことを確かめたいま、コラコウスキの読みは文脈を無視しており、性急であったと言わねばならない。彼は、スュランがその後にどのような言葉を続けているかということに注意を払うべきだった。

> 私たちへの愛に満ちたまなざしを神から引き出してくる真の自己放棄とは、過去を、神が望み給うとおりの慈悲と裁きに委ねること、未来を、神の、父としての慮りとその摂理に委ねることであり、過去の生については、私たちが思うより至らないことが多かったと信じて、何においても遜ることである。未来については、おのれ自身の力や、人が抱いている何かしらの信心の感情をけっして頼むことなく、全面的にイエス・キリストを頼むことである。感覚的なものによって彼を味わうことはけっしてないけれども。この神的な基盤の上で、あなたたちはおのれの力がこの世の力や地獄の力よりも強いとうぬぼれることなしに、確かな信頼に安らぐことができる。そしてこの信が大きいほど、あなたはいっそうイエス・キリストを崇め、神の善性によって神の求めのうちにいっそう救われるだろう。(S. IV, 16, p. 427)

スュランは過去も未来もけっして否定(忘却)していない。また、彼の神は、裁きの神ではなく、赦しの神、救いの神であった。彼が最後のよりどころにするイエス・キリストへの信仰は、「おのれの力がこの世の力や地獄の力よりも強いとうぬぼれることなしに、確かな信頼に安らぐことができる」という信仰だった。それはこの世に生きる人間の、弱く不安定な生の条件をけっして排除することのない信仰であるだろう。いずれにせよ、スュランが帰着した信仰の「現在」は時間に対して開かれている。この問題については次章でより詳しく論じる。

33　おのれが堕地獄者であるという確信はあまりにも強かったので、「全人類がそこにいて私に反論を述べようとも、私はなにも信じなかっただろう」とスュランは言う。

だから、マルティノン神父〔Jean Martinon, 1586–1662. ボルドーのイエズス会学院の神学教師であった〕のような優れた学者が、彼は幾度かそうしたのだが、人間がこの世にあるときからすでに地獄堕ちに定められるなどありえないということを自分の著作のなかで立証した（prouvé）と言って私に反論を述べたときも、私にはそのことは藁くずのように思えた。（S. II, 9, p. 234. 傍点引用者）

どれほど有能な学者が、いくら「証拠（preuve）」を並べて反論しようとも、そのような言葉は暗夜の只中にいる魂にはけっして届かなかったのである。

34　千頁以上に及ぶこのテクストは、一六九四年夏、ギュイヨンとフェヌロンに対する批判がいよいよ高まるなか、そのタイトル通り彼女が自らの言動について「弁明」するために執筆したものである。神秘主義をめぐる六七のキーワードについて、自著に記した言葉と権威ある神秘家たちの言葉が合致することを示し、前者の正統性を立証するというスタイルを取る。とりわけ次の五人の神秘家が重要であり、この五人で引用総数の半分以上を占める。一、十字架のヨハネ（二四一回）、二、ジャン・ド・サン＝サンソン（一五六回）、三、ジェノヴァのカタリナ（一一七回）、四、アビラのテレサ（一〇〇回）、五、擬ディオニュシオス（九四回）。ひとつの概念について時には数頁が割かれているが、とりわけ十字架のヨハネについて長くなる傾向があることも、このスペインの神秘家の影響力の大きさを物語る。Cf. MADAME GUYON 2008, p. 385n7.

35　この問題については、純粋な愛の問題を広く社会史的観点から捉えなおしたベルナール・フォルトンムの考察がたいへん参考になる（FORTHOMME 2008）。彼は、一七世紀フランスの宮廷社会における人間関係が極めて形式化された社交術に支配されていたという事実に着眼する。社会的な調和や集団の真理が優先された宮廷社会では、各人は徹底的に、暴力的に脱個性化された。「そこでは人間は、まるでフランス式庭園の木々のように容赦なく裁断される」。この暴力的に純化された礼儀作法への要求こそ、宮廷人フェヌロンが密かに好むところだった。つまり、フェヌロンが説いた純粋な愛とは「神の宮廷における礼儀作法のかたちそのもの」だったのであり、それは自己愛の滅却とともに「徹底的な脱個人化」をもたらさずにはおかなかった（*ibid.*, p. 626）。ところでこのような「無限の礼儀作法」の実現と個性の捨象は、自己を否定し去って「神の現前の真の統一性」を実現させるために時間という要素を否定することを意味した。テレスチェンコと同様にフォルトンムは、純粋な愛の教説が希望の否定によって救いへの不安を静める一種の精神療法であったことを認めつつ、「過去や未来とともに不安の根を乗りこえる方法」としての純粋な愛の思想は、「病める今という瞬間をことさらに浮かびあがらせる危険や、その反動として、個人に固有の使命にたんなる〈役割〉を悲劇的に代替してしまう危険をともなう」と指摘する（*ibid.*, p. 632）。言い換えれば、純粋な愛の教説は、魂の「没個性化」へと至る現前中心主義に巣食われているというのだ。フォルトンムの批判は本章の議論と軌を一にしている。フェヌロンにおける愛と信仰の断絶（あるいは愛と希望の断絶）は、その根本において時間の他者性の切り捨てであったと言えるだろう。

第Ⅲ部 現前と不在の彼方

われらは探検を已《や》めることなし、
すべてわれらの探検の終わりは
われらの出発の地に至ること、
しかもその地を初めて知るのだ。
——T・S・エリオット「リトル・ギディング」『四つの四重奏』

神威《みいつ》は王者の如し。何千という天使が休みなく、
神の命ずるままに、陸と海の上をかけまわる。
だが、ただ立って待つものも、また神に仕える。
——ジョン・ミルトン「失明について」

第5章　信仰への回帰

第一章でみたように、近世における新しい経験＝体験の概念の成立は、同時代における「体験の学知」としての神秘主義の出現と通底していた。スコラ学的経験概念を支えていた権威が失墜してゆくなか、近世の神秘家たちは、ちょうど「新世界」に渡った旅行者たちと同じように、自らの言葉の真正性の根拠を「私の体験」に置いたのである。「私はそこにいた」、「私は見た」というふうに。いま一度、ウダールの端的な指摘を引いておこう。「〈私は見た、そして私は信じる〉。このレトリックが、実験者であり物語の語り手でもある者自身の体験に支えられた言説の中核にある」（HOUDARD 2008, p. 214）。

しかし、近世神秘主義には、そうした「私の体験」から隔てられたところに開示される「無見の信仰」という主題が存在した。一七世紀フランスの名だたる神秘家たちに共通してみられる観念でありながら、これまでけっして十分に論じられてこなかったこの「隠れた主題」――前章ではその直接的な起源を一六世紀スペインの神秘家十字架のヨハネの「暗夜」の教説に求めた――は、スュランにおいて稀有な仕方で生きられ、掘り下げられたと考えられる。

これらの問題意識のもとに、本章では、もっぱらスュランのテクスト、とりわけ『経験の学知』および『書簡集』によって、彼の神秘主義の核心にある信仰を複数の切り口から読み解いてみる。各節の議論は、それぞれ異なった角度から彼の信仰論を、あるいは「信仰の状態」と彼が呼ぶ魂の境涯を照らし出そうとするものである。

第一の論点は「時間」である。「時間」とは、ここでは大きく二つの異なる位相で捉えられる。第一には、スュランの信仰はつねにすでに時の流れのなかにあるということである。すなわち、「時間的被拘束性」としての時間である。第二には、時の流れのなかで、しかし或る根本的な断絶によって導入される「新しい時」という意味での時間の問題である。時間の意味合いをひとまずこのように区別したうえで、しかし、スュランの神秘主義において両者はわかち難く結びついていたということを強調しておこう。信仰の問題に収斂していく彼の神秘主義は、不変不動の「永遠」に向かって、時の流れの外へと離脱してゆくのではなく、むしろそうした時の流れのなかに留まり続けることを根本条件としていた。

このことは、彼の神秘主義の場がつねにすでに「この世」の生の地平――他の信仰者たちとともに生きるべき地平――にあるということを意味している。この問題は、彼の神秘主義における「身体」および「言語」の意味をどのように考えるべきかという問いと連関している。超常の体験から通常・共通の信仰へと「回帰」してゆくスュランの神秘主義は、高次の霊的次元を目指してのエクスタシー体験（魂の身体からの離脱と飛翔）に中心的な価値を置くものではなかった。むしろそれは、地上における人間の生の基本的要件としての身体（肉体）を根源的に肯定するものであった。また、彼にとって神秘とは、けっして「言葉にできないもの」として沈黙の裡に秘匿すべきもの、語りえぬものではなく、つねに他の人びとに向けて語るべきものであった。彼にとって神秘は、他の人びとと分かち合うべきものであり、つねにすでに他者と共有されている言語活動のなかにこそ顕現すべきものであった。

信仰をこそ主題とするスュランの神秘主義における時間、身体、言語の問題を考察することは、さらに、信仰の「主体」のあり方についての再考を促すことにもなるだろう。従来、彼の神秘主義は――あるいは神秘主義そのものが――他から隔絶した孤独な主体、あるいは「私」という主体の「内的体験」に軸を置いて理解されてきた。これに対し、本章では、スュランの神秘主義の要諦をなす信仰が、「私」に先立つ「私たち」の信仰であったことを明らかにしたいと思う。

1　時のはざまで

キリスト教思想において、時間と永遠とは必ずしも対立する概念ではない。少なくとも、旧約にも新約にも抽象的な概念の対立は認められない。しかし、とりわけアウグスティヌス以降、絶え間なく変転を繰り返すこの世の時間が、神の不変の永遠性と対比される際には、もっぱら否定的に解釈されてきたことは疑いえない[1]。しかし、スュランの神秘主義の最奥に拓ける「信仰の状態」においては、むしろ変転する時の流れがより近しい神との交わりに不可欠の条件となるのである。まず、スュランの信仰は「時のはざま」に位置づくということの意味を明らかにしよう。

1　時間と永遠

「生は流れ去り、時は消え去りゆく」（C. L212, p. 723）とあるように、スュランもまた、この世の生における時間が移ろいゆくものであるという認識を示しつつ、「私たちが待ち望んでいる永遠」がそのような時間の流れを超越した不変の外部であるとする。次の手紙（一六五八年末）の一部に明らかなように、彼は、流れゆく時間と永遠とを対比させたうえで、前者を去ってただ後者へと向かい、最終的には「一滴の水」が「大海に呑み込まれる」がごとく、永遠のうちに没入すべきことを説くのである。

> 私はすべて現在の状態をひとつの瞬間、あるいは大海に呑み込まれる一滴の水とみなしています。私たちが待ち望んでいる永遠に対して、時の流れはかようなものとしてあるのです。真の叡智とは、ただ永遠からのみ、そして永遠が私たちに提示する、不変の安定性をもった対象物からのみ、影響や印象を受けるということです。精神において、このいまから、私たちの居を永遠のうちに設けましょう。永遠のうちに祈り、あ

らゆる務めに励みましょう。永遠のうちに私たちの安息を得、永遠が私たちに取っておく至上の善を絶えず求めましょう。さもなくば、私たちの注意を反らせてしまう一瞬が、私たちを永遠から引き離し、堕落させてしまいます。(C. L204, p. 693)

この箇所だけをみれば、なるほどたしかに「スュランにとって、時間は凝固して永遠性の欠片《アトム》となる」(MYLE 1979, p. 83) と言えるかもしれない。そしてその場合、スュランにおいて時間は最終的に永遠に帰着すべきものとして捉えられていると理解される。魂の真の安息は不変不動の永遠のうちにのみ得られるとすれば、絶えざる流転を繰り返す時の流れは、一刻も早くそこから離脱すべき、不安定で危険な状態であろう。

ところが、である。スュランの時間観はそうした二項対立図式にはけっして還元できないのだ。実際、「信仰の状態」について述べられた次の言葉は、永遠性にこそ人間の至福を認める伝統的な神学的観点からすれば、矛盾に満ちた、まったく度し難い言い方にしかみえないのではないか。

しかしながら、〔信仰の状態は〕かの至福直観という善よりもずっと望ましい善である。なぜなら、信仰の状態における至福は、魂に生じるさまざまな変転、魂を変化させるさまざまな流転の結果なのだから。(S. III, 14, p. 350)

信仰の状態は、幸いと災いとが入れかわり立ちかわり訪れるような、絶え間無い変転のなかにある。だが、にもかかわらず、あるいはむしろこの変転の<u>ため</u>に、この地平は時間に対して開かれており、ゆえに信仰による神との交わりの可能性に開かれている。実のところ、スュランはこのように考えていたのである。

2　時の流れへの回帰

第二章において、スュランの病からの恢復が、すべての信仰篤きキリスト教徒たちと共通の生の地平に回帰することでもあったことを明らかにした。ここでは、この信仰の地平への回帰が、時の流れの[2]「恢復」でもあったことを明らかにしたい。以下に検討するテクストは、第二章ですでに取り上げたものだが、新たな角度から読みなおすため再度引用する。

『経験の学知』第二部第一二章に記されたところでは、決定的な恢復に至るまでの二、三年間に、スュランの魂はとりわけ暗澹たる絶望感に襲われた。悲惨な境遇から神によって救いだされるという希望の光が見えたときこそ、魂はかつてなく深く悪の闇夜に沈む、と彼は語っている。このとき、実におのれ自身が悪魔と化したと考えるに至った彼には、悪を為すべき定めにあるおのれが善を為そうとすること自体、人を殺すよりも重い罪であり、おのれが善を為すことで神の定めを乱すことに比べれば、他のあらゆる罪は「ハエのようなもの」にすぎぬ、と思われたという。「こういうわけだから、最も恐るべき私の罪は、なおも善を希望するということであり、善を為そうと願望することだった」(S. II. 12, p. 251)。しかし、一六五五年一〇月一二日、当時の聴罪神父ジャン・リカールの一言をきっかけに、事態は劇的に転回する。「なお希望をもって地上に生きる人間としてではなく、堕地獄者として」告解を行ったというスュランに対し、リカールが発した言葉は、つまるところ「私はあなたが他の信仰者たちと同じように希望を持って生きることができると信じている」という信の言葉だった。この言葉は、おのれの地獄堕ちを信じてやまなかった病める魂に鮮烈な呼びかけとして響き、さらにそこから魂の内奥における神との応答が呼び起こされてくるのである。

彼〔聴罪神父リカール〕は(中略)言った。「私はけっして啓示を受けた人間ではなく、直観を頼りにする人間でもありません。それでもなお、私の想像から来るのでも、感覚から来るのでもない、或る印象をしばしば抱いたと、あなたに言わなければなりません。それは、私たちの主は、あなたが死ぬ前に、恩寵によって、あなたが間違っているということをあなたに分からせるだろうということ、あなたは最後には他の人びとと同じようにするだろうということです。私はあなたが平穏の裡に死を迎えることを望んでいます」。この言葉は私に強い印象を与えた。そして私は彼に尋ねた。私が神を望むことができるということ、そして、たとえば秘蹟がそうであるように、私たちの主によってこの世に与えられた救済手段を私が用い、それによって主と和解することができるということを本当に信じているのか、と。彼は言った。心の底からそう信じている、と。神の善は、その言葉が私の心に収まることを望んだ。そうして私が告解を行い、罪の赦しを得ると、この神父は出て行った。私は一人部屋に残った。

そこで私は、主が私に慈悲を与えるということは本当に可能か、他の人びと、信仰篤きキリスト教徒たちと同じように希望を持って生きることは本当に可能かを考えた。すると、私は心のなかに或る言葉を聞いた。それは、私たちの主が発することのできるあの命の言葉にも似た言葉、ただ主のみが口にできる言葉、その内に力を湛えた命の言葉であり、本質的＝実体的言葉《パロール・スュブスタンシエル》といわれる言葉であった。「然り、それは可能である」。私の内面に発せられたこの言葉は、私の魂に命を与えふたたび力をもたらし、その結果、そこから表現できないほどの力強さでもって優しさと愛のはたらきが生じた。その後、深い眠りから覚めたかのように、私はなおもこう言った。「私が神へとたち戻り、神を望むことはほんとうに可能だろうか」。主もまた同じ命の言葉によってこう答えた。「それが可能であることをお前は疑うのか」。(S. II, 12, p. 252. 傍点引用者)

スュランにおける信仰への回帰が、すべての信仰者と共通の生の地平への回帰を意味していたとは、すでに何度も述べたことである。ここで新たに提起したいのは、それが「時間への回帰」でもあったということだ。スュランの共通の生への回帰は、自らの地獄堕ちを信じて疑わなかった魂がついに果たした、絶望の淵からの劇的な生還だった。ところでそれは、時間性の構造が破壊され、かくして時の流れが停止した「地獄」からの、つまり、永遠に同一の現在というのっぺりとした無時間性の檻からの、魂の解放を意味する出来事であったと解釈できるのだ。[3]

自らが抱いたという「印象」について、リカールがスュランに向けた次の言葉に注目したい。「私たちの主は、あなたが死ぬ前に、恩寵によって、あなたが間違っているということをあなたに分からせるだろうということ、あなたは最後には他の人びとと同じようにするだろうということです。私はあなたが平穏の裡に死を迎えることを望んでいます」。この信への呼びかけをスュランが聞き取ったとき、彼を絶望の現在に縛り付けていた軛は取り去られ、新たな時間が流れはじめたのではないだろうか。パトリック・グジョンの言葉を借りれば、このときのスュランには「自己の前に、隔たりをもって」広がる時の地平、「なお生きるべき生」の地平が拓かれたのである。「聴罪司祭は死が訪れることを否定するのではなく、死をただ遠くにある地平として示すのである。（中略）あらゆる地平の特徴、それは自己の前に、隔たりをもってあるということであり、自己に貼り付いていないということである。こうした聴罪神父の言葉は生の空間をふたたび開いた。今日という日と死のあいだには、なお生きるべき生があるのだ」（GOUJON 2009, P. 59–60）。時のなかに穿たれる「隔たり」が、永遠の檻に囚われた地獄のような現在に、未来という希望の扉を開くのである。

前章で明らかにしたフェヌロンとスュランの相違は、ここに至っていっそう明確になったと言えるだろう。信仰の最も暗き夜にあっては、「すべての人間を救うという神の意志への信仰や、神はわれわれ一人ひとりを個々に救おうと望んでいるという、われわれがもっているはずの信への信仰について正確な教義を説いてもしかたがない」というフェヌロンの諦念は、一時スュラン自身を捕えたものでもあった[4]。だが、前者にはついに届かず、しかし後者には届いた信の呼びかけがあったのである。それは、教義の正しさを証明する論証や証拠ではなく、まさに救いへの「根拠なき願い」であり、ただ「私を信じてください」という呼びかけである。この呼びかけを聞き届けること——確証するのみならず、信認するということ——によって、スュランの魂は絶望の深淵から救い出されたのだった。それは、純粋な愛による魂の癒しとは反対に、時間の他者性におのれを開くことでもあったのである。

3　聖霊の到来

超常の体験から通常の信仰へという軌跡を描くスュランの霊的道程は、現前の他者との関係から不在の他者との関係へという、他者＝神との関わり方そのものの根源的な変容を意味している。ひと言でいえば、顕現する神との見ることによる関わりから、暗い闇のなかの神との信じることによる関わりへの移行である。後者は、あたかも神が不在であるかのように暗い闇のなかの関係性である。それは、現在における認識の次元では、単なる「現前の欠如態」としてどこまでも否定的に捉えられるだろう。しかし、時間という観点を導入するとき、それは新たな未来の可能性に現在を開く動態的な関係性として解釈できるのである。そしてそのとき、信仰の「闇」は、むしろ肯定的な意味をもつものとして現れてくるはずだ。

このような見通しに立ち、以下にスュランにおける「聖霊」の意味を考察する。体験から信仰へ、現前から不在へというスュランの神秘主義の転回の軸となったのは、聖霊という見えざる他者の到来であり、あるいはそれを可能にしたイエスの出立であった。時間という観点から眺めるとき、スュランの聖霊論はその真にラディカルな相貌をみせてくる。

まず確認しておきたいのは、スュランにおける聖霊の概念は、「隠れたる神」の概念と結びついていたということである。一六六二年五月二八日、この年の聖霊降臨祭を契機に彼が著した手紙にはこうある。

> 時に神が隠れることがあるとすれば、それは義によって私たちの罪を罰するためか、あるいは慈悲によって私たちに試煉を与えるためです。そして私たちは、つねに神が送った聖霊を頼りとし、聖霊のはたらきに協調していなければなりません。そこにこそ私たちの安らぎと命はあるのです。（C. L457, p. 1362–1363）

やや先回りして言ってしまえば、スュランが聖霊を語るのは、顕現する神との関わりにおいてではなく、つねに隠れたる神との関係においてである。現前の体験との関わりにおいてではなく、信仰の地平における神との関係においてである、とも言える。ところで聖霊とは、隠れたる神――もはやそこに現前しない神――の代わりに到来したもうひとつの神であり、現前するのとは別の仕方で私たちと関係しうる神である。聖霊の到来は、神との別様の関係を結ぶことを私たちに可能にするのであり、この新たに創められる関係にこそ「私たちの安らぎと命はある」というのだ。

翌一六六三年五月三日から一二日にかけて――ということはやはり聖霊降臨祭の季節に――書かれた別の手紙のなかで、スュランは聖霊のはたらきの「或る変成（une transmutation）」について語っている。注目すべきは、「当初は非常に明白」だった聖霊のはたらきが、「信仰の状態のなかにある感覚できない仕方」に変わったという彼の言葉である。

> 今週日曜日は聖霊降臨祭です。私には、聖霊のはたらきは非常に繊細で、まったく愛によるものと思われます。当初は非常に明白であった聖霊のはたらき、悪魔たちが人間に憑依することによって目に見える仕方ではたらきを引き起こしたのと同様の仕方で、明白な効力をもって襲いかかってくる者のようであった聖霊のはたらきが、このときその効力を信仰の状態のなかにある感知できない仕方に変成させたと私は考えるのです。（C. L500, p. 1455）

この手紙の宛先人がジャンヌ・デ・ザンジュであるということを確認しておきたい。かつてルダンで数々の異様な体験をともにした彼女に対して、スュランはいまや「信仰の状態」にあって「感知できないやり方」ではたらいている聖霊の力を語るのである。

かつては「明白な効力をもって襲いかかってくる者のようであった」という聖霊の鮮明なはたらきを、スュランが「目に見えるかたちではたらきを引き起こした」悪魔の憑依になぞらえていることも見逃せないポイントである。聖霊のはたらきが徐々に不明瞭なものになっていったとスュランは言うが、実は彼は、悪魔憑き体験についてもまったく同様の「変成」があったと説明している（『経験の学知』第三部第五章）。この変成によって、それまで魂には「異質（**étranger**）」な原理、「魂の外（**hors de l'âme**）」にある原理に由来すると思われていた「明白な（**manifeste**）」はたらきが、魂に「飼い慣らされ（**apprivoisé**）」、「馴染みのもの（**familiarisé**）」となり、あるいは「自然化（**naturalisé**）」されて、もはや魂に「判明に（**distinctement**）」は感じられなくなったという。

神父〔スュラン〕にとって主のはたらきは、外から不意に訪れる霊〔悪魔〕がもたらすそれのように、判明に感じられるものではもはやなく、すでに飼い慣らされた霊がもたらすそれのように、魂に自然なものとなったはたらきとして感じられていたのだが、この間にも、彼はさまざまな事どもを感知していた。それらの事どもによって聖体への私たちの主の現前が彼に感知できるものになったのである。私は一般的には、私たちの内に生じるこれらすべての事どもについて、私たちの外にある原理に由来すると言うことができる。悪しき事ども、あるいは悪に向かう事どもは悪霊に由来し、善を偽る事ども、あるいは善を為す事どもも、光の天使を騙る悪霊に由来することがしばしばある。真に確かに善に向かう他の事どもは天使か神に由来する。私がこのように言うのは、そのように魂の外にある原理に由来するようにみえながらも、しかし、魂に源泉をもつ事どもは非常に弱い力であって、魂が衰弱してこのような弱さにまで陥ったときに、魂はしばしばこのような力があることに驚くからである。しかし、魂がおのれ自身でそのような力を培うだけ十分に弱くないときには、魂の外にある原理に由来する事どもは、神か、天使か、悪魔に由来することは確かである。したがって、神父は長いあいだ、そうした事どもは魂の外から来たものとして彼の内に起こり、悪魔がそうした力を明白に生み出していると考えていた。私たちの主も、天使も、同じようにしている。しかし、神的な原理が自らに馴染みのものとなった状態に魂が達したとき、この神的な原理に由来する事どもは〈自然ノヤリ方ニヨリテ（*per modum naturae*）〉と言われるようなあり方を示すのである。そしてこのことが魂に起こるのは、魂に異質のものであるような外の事どもが魂の内へと移ったときである。その時、外から揺さぶられるようなはたらきは消え去り、生来の自然のように魂の内なる力に由来する事どもが残ったのであり、それらが神へと向かうのである。（S. III, 5, p. 296–297）

このテクストと、先に引用した手紙を見比べてみてほしい。『経験の学知』の執筆開始は一六六三年八月二三日である。その三ヶ月ほど前、聖霊降臨祭の頃に書かれた先の手紙の内容が、このテクストに反映していると考えて不自然ではないだろう。重要なことは、神のものであれ、天使のものであれ、はたまた悪魔のものであれ、魂の外から来て、その現前が明白に感知できるようなはたらきの内在化、不可視化、あるいは不明瞭化のプロセスが、聖霊降臨祭、すなわちこの世への聖霊の到来を記念する祝祭を契機として語られているということである。この不明瞭化は、しかし、けっして神的なはたらきの力の弱まりを意味する事態ではなかった。信仰の状態においては、それは別の仕方ではたらくのである。だが、いったいどのような仕方ではたらくというのだろうか。先に引用したのと同じ手紙のなかで、スュランは見えざる聖霊のはたらきを次のように説明している。

感知不可能であるというのは、それが弱々しくはたらくということではなく、超常の事象と同じようにはたらくのではないということです。私がそれを悟ったのは、聖霊に献身する機会においてですが、それは通常の献身です。そのはたらき方は、私が思うに、非常に甘美で、私たちの分に応じた仕方、人間的なはたらき方であって、私たちの感覚を驚かせることはまったくなく、私たちの弱さと惨めさを通じてはたらくのです。（C. L500, p. 1455）

聖霊のはたらきについてのこうした理解の方法は、一般の信仰生活のなかにあり、被造物世界を肯定するスュランの神秘主義の「開かれた」性格を確認する。それは人間的な条件を正面から見据えた霊性であり、つねに

「各人それぞれに応じて」説かれる霊性である（本書一七二頁以下を参照）。

だが、この神秘家の言葉は蠟燭の炎のように絶えず揺らめいている。その言葉に体現される彼の動態的霊性は、自然と超自然の二項対立のような静態的図式によってはけっして捉えきれない。それゆえ、どんな空間的図式化も、動態性を根本的特徴とする彼の思考を歪曲して理解してしまうおそれがある。たしかに、晩年のスュランは、超常の体験に対して通常の信仰、そしてすべてのキリスト教徒に共通の信仰の状態をますます強調するようになっていった。しかし、彼がつねに或る「過剰さ」を語っていることを忘れてはならない。スュランは「私たちに降った聖霊の力という豊かさ」について述べているが、それはたんに満ち足りるにとどまらず、文字通り溢れ出すような過剰な力として語られている。

私は、超常の恩寵のはたらきによって形成された教えも、それが聖人たちの教えに従うものであるかぎり、非常に有用でありうると思いますし、人びとに共通の事どもで十分であると言って超常の恩寵のはたらきを押し殺してしまったり、消滅させてしまったりすることは、賢明ではないと思います。神が子らを遇するのは、ただ満ち足りること（suffisance）においてのみならず、満ち溢れること（abondance）においてであり、他の聖なる使徒たちはこの満ち溢れをつねに私たちに降《くだ》った聖霊の効力として説いているのです。というのも、福音書は、超常なるものにおける恩寵の甚だしいはたらきについてはそんなに溢れるほど多くのことは言っていません。しかしながら、私たちの主は聖霊に対してそのような溢れるほど豊かなはたらきを固有のものとして授けたのであり、聖霊は「それが降るときには、あなたがたにすべてのことを言い、すべての真理を教えるだろう」〔『ヨハネ福音書』14, 26〕と主は言っているのです。（C. L343, p. 1055）

注目すべきは、超常と通常という二項対立図式が、聖霊の降臨という出来事によって解体され、両者の区別がもはや意味をもたないまでになっているということである。スュランが言う「満ち溢れ」は、たしかに超常の恩寵と言えようが、しかし通常の恩寵に対立する上位カテゴリーとしてあるのではない。それは、通常の信仰の次元、通常の恩寵の自己充足を内から破るような恩寵の過剰なはたらきとしてある。この内破する運動をもたらすのが「私たちに降った聖霊の効力」なのである。

2　新たなる現在、新たなる現前

実のところ、スュランにおいては、聖霊の到来という出来事こそが、超常の体験によるよりも魂をいっそう神に近づけるという信仰を成り立たしめる、根本条件として考えられていたのである。だが、真に目を凝らさなければならない出来事は、聖霊の到来のさらに向こうにある。それは、聖霊の到来を文字通り許した＝可能にしたもの、すなわちこの世からの「イエスの出立」である。スュランの神秘主義の核心には、かつてこの世に生きる人びとのあいだに現前した神が、去って行ってしまい、もはや現前していないという「不在性」が認められる。しかし、この不在をもたらした神の出立は、現在の生の地平において神との新しい関係——新たなる現前の経験——を可能にする出来事なのである。以下、本節ではとくに『経験の学知』第三部第一四章のテクストを集中的に検討する。

1　信仰の状態

生前のスュランには、『経験の学知』を出版する意図はなかった。[5] このテクストは全四部から構成されているが、なかでも第三部は、その章題の下に「誰にも伝えてはならぬ秘密（Ce qui est secret et ne se doit communiquer à personne）」（S. p. 277）という但し書きが添えられていることからもわかるように、慎重に衆目を避けるべきものとされた。たしかに、そこに綴られている数々の体験は文字通り「常軌を逸した（extraordinaire）」ものであり、読む者を驚かせずにはいない。場合によってはスュランの身に危険が及びかねない過激な内容を湛えている。但し書きを添えた彼自身がそのことをよく自覚していたと考えられる。しかし、裏を返せば、私たちにとってこの第三部こそが、スュランの魂の最も深いところに起こった出来事に接近するための「扉を開く鍵」だと言えるのではないだろうか。[6]『経験の学知』の最深部であるそこは、彼が絶え間なく曝され続けていた好奇や嫌疑のまなざしから隔離された場所、いわばアジールであり、公にすれば人びとに衝撃を与えずにはおかない各種の体験を、誰にはばかることなく赤裸々に語ることのできた自由の空間であったのではないか。だとすれば、そこで発される言葉の解釈がスュラン理解にとって極めて重要になってくるのである。

そこで彼は何を語っているか。全一四章から成る第三部は、「ルダンの修道院長の世話にあたりながら神父が受けた数々の超常の恩寵の端緒について」と題される第一章にはじまり、目も眩むような異様な体験の数々に覆われている。先述の、聖体をめぐる「神秘体験」——神の実体を舌で味わうという究極的体験——もそのうちのひとつである。となるとやはり、スュランの「経験の学知」は、彼自身の現前の体験を「証拠」として不確実な信仰を基礎づける「体験の学知」である、と結論したくなる。事実、それがこれまでの大方のスュラン解釈に支配的な趨勢であった。

ところが、異様な体験描写に満ちた第三部を締めくくる最終章、すなわち第一四章にいわば「どんでん返し」が待っている。第一四章は次の章題を掲げている。「以上すべてが信仰の状態に帰着したことについて。そこで魂は、私たちがこれまでに語ってきたことすべてよりも大いなる善・益（bien）を獲得したように思われる」(S. III, 14, p. 350)。スュランは、それまで詳細な描写を連ねてきた「超常の」体験すべてが、結局のところ「信仰の状態」に行き着いたと結論するのである。この劇的な転回は、彼自身はっきりと述べているように、ここまで鮮烈な体験描写に驚かされてきた読者の目には「まことに奇妙な」逆説と映るだろう。スュランによる「信仰の状態」の定義自体も同様の逆説を孕んでいる。

信仰の状態において、魂は通常、この世の普通の状態を超えるような物事の体験の埒外にある。そして人はそうした体験とは反対の体験、すなわち悲惨さや貧しさへと追いやられている。が、しかしそこでも信を保ち続けるのである。（S. III, 14, p. 350）

「反対の体験（expérience contraire）」とスュランが呼ぶ信仰の状態は、神の特権的な現前の体験から隔てられた状態、それゆえ神があたかも不在であるかのように暗い状態である。それはすべてのキリスト教徒に共通の生の地平であり、「悲惨さ」や「貧しさ」という人間の生来の弱さと不可分の状態でもある。彼はこうも言っている。「この状態にあって、魂は、そのように魂には思われるのだが、見棄てられ、あまりにも力を失ってしまったように感じられるため、おのれを支えるために、私が今まで記してきた事どもを観念のうちに想起する必要がある」（S. III, 14, p. 350）。それはあまりにも弱く不安定であるために、スュラン自身、この共通の信仰の地平に回帰した後も、「難破しているときに一本の小枝や縄をたよりとする如く」、かつての現前の体験を「観念のうちに想起する（remémorer en son idée）」必要があったという。彼は「信仰につきものと思われる、あの暗さ」（S. III, 14, p. 351）にも言及している。弱さと暗さのつきまとう通常・共通の信仰の状態は、ややもすれば忘却の闇に陥ってしまう恐れがある。他方、ルダンの体験はたしかに、スュランの魂を狂気と絶望の闇に沈めた地獄の体験ではあったが、同時にそれは神のはたらきに文字通り全身で浴し、通常隠されたものを直接目にすることができた、特権的な現前の体験でもあった。それゆえ、たとえばウダールは、絶望の深淵にありながらも「(来世の事どもが) はっきり目に見えていた時」であったかつての状態に比べると、この信仰の状態の「暗さ」はいっそう暗く、したがっていっそう悪しき事態であった——だからこそかつての現前の体験を想起しなければならないとスュランは言うのだ——と論じている（HOUDARD 2008, p. 281–282）。

2　体験の遠のき

しかし、スュランはこの暗き信仰の状態にこそ、かつて超常の体験が彼にもたらしたものよりもなにか大いなる「善・益」を見いだしたのである。彼にとって信仰の闇はたんなる否定的な（悪しき）事態ではなかった。

概して私は次のように言わなければならない。来世の事どもを見ること、触れること、自らの体験によって知ることから私たちを遠ざけるこの信仰の状態は、徳の涵養や神の愛の増大のために、私たちにとって極めて有益である。また私には、神的な事どもを見るこの方法は、体験が知らしめるほどには神的な事どもに接近しないため、このうえないやり方で愛を助けると思われる。（S. III, 14, p. 351. 傍点引用者）

かくしてスュランは神の現前の体験からの「遠のき（éloignement）」を根源的に肯定的な（善き）事態として嘉するのだ。[7] この遠ざかりは、それ自体、通常・共通の生の地平への回帰、暗き信仰への回帰である。[8] しかし、この信仰への回帰は、あらゆる現前の体験をも凌駕する何かを信仰者にもたらすとスュランは言う。彼はそれを「愛の傷（blessure d'amour）」と呼ぶ。

幻視も脱魂も感覚の中断もなく、ありふれた地上の悲惨な生のなかに、数多くの事柄について人間の弱さと無力さのなかに、私たちの主は理解できぬもの、あらゆる尺度を超えたものを与え給うた。この世では神のためにすべてを棄て去る者が恋焦がれることができるが、それはこの世の大いなる富と呼びうる善である。それは或る愛の傷である。この傷は、目に見えるいかなる外的効果もなしに魂を貫き、そのために心は絶え間なく神を待ち焦がれ、渇望するのである。（S. III, 14, p. 353）

『経験の学知』の最奥部に姿を現すこの「傷」は、通常の信仰の次元に得られる数々の宝を語る最晩年の著作『神の愛についての問い』の白眉をなす第三部第一〇章において、「最後の実り」として語られることになる（Q. III, 10, p. 179–182）。神秘家スュランの歩みの最果て、信仰の状態に見いだされたこの傷こそ、彼の神秘主義の最重要概念であると言ってよい。たしかに、「愛の傷」というテーマはスュランに固有のものではない。この点についても、十字架のヨハネ、アビラのテレサの影響は疑いえない（cf. CABASSUT 1937）。しかし、あらゆる現前の体験から隔たることによって通常・共通の信仰の状態のうちに開くという、この傷の「開き方」をめぐる彼の言葉は彼独自のものである。

一六六二年九月にジャンヌに宛てた手紙のなかに次のような言葉がある。「私があなたに語ったあの傷はあいかわらず大きくなっています。信仰の状態が傷を大きくしているようです。信仰の状態を、私はつねに、私たちを超常の体験から遠ざけるものと理解していますが、この状態はかように私のうちで大きくなっているのです」（C. L481, p. 1419）。愛の傷をめぐる彼の言葉が帯びている情熱、生彩は、超常の体験からますます隔たることによって大きくなるこの傷が、あたかもそこから新しい言葉が湧き出すがごとく、彼の信仰の言葉の本質的条件となったことを示しているように思われる。

3　イエスの出立

スュランは、ルダンで体験した超常の事どもを「想起」しようとした際、「私たちが見たり、触れたりする事どもに対して普通することができるような思考のはたらき」（S. III, 14, p. 351）を用いたという。このとき彼は、過ぎ去った体験を現在にふたたび見ようとしたのであり、まさしく過去を現在に表象＝再現前化（représenter）しようとした、と言えるかもしれない。ところが、真に注目すべき重要な言葉はこの後にくる。「これらの事どもはそれとは知らず私たちから離れていってしまったようだった」（S. III, 14, p. 351）。つまり、見ることによって「観念のうちに想起」され、ふたたび現前化された過去の体験は、だが、結局は去っていってしまったというのだ。

「信仰の状態」は、現前の体験の「遠のき」によってもたらされた。この状態においては、求められる当の対象は、すでに「過ぎ去ったもの」であるがゆえに、ついに把持することができない。それはもはやそこにはないもの、「不在」のものである。だが、まさにそれが過ぎ去ったものであり、かくして疼き続ける傷を残すものであるがゆえに、それは傷を負った者に不在者との新たな関係、愛に燃え立つ関係を可能にする。そしてこの関係は、スュランをして真に創造的な信仰の言語の遣い手とするのである。

　超常の体験を通じて、直接に見ること、触れることができた他者、すなわち現前の神が私たちのもとから去っていってしまったということ、まさにこのことが、「不在」の神という他者との別様の関わり、信仰と愛による新たな関わりを可能にする。スュランは、体験からの遠のきが可能にした愛の増大を、イエスの出立が可能にした聖霊の到来と重ねてみせる。

> 私たちの主もこのことを使徒たちに言いたかったのだと私には思われる。ワタシガ去ッテ行クノハ、アナタガタノタメニナル。ワタシガ去ッテ行カナケレバ、弁護者ハアナタガタノトコロニ来ナイカラデアル〔「ヨハネ福音書」16,7〕。同じように、この信仰の状態は、イエス・キリストのあのかくも明白な現前を遠ざけた状態であるが、結果としてここから、おのれを神と結び、イエス・キリストを信奉する、より緊密で、より繊細で、より親密な方法が生じてくる。(S. III, 14, p. 351. 傍点引用者)

「弁護者《パラクレートス》」とは、自らが地上を去った後、自らの代わりに地上に送ることをイエスが使徒たちに約束した聖霊のことである。聖霊論はキリスト教神学に特異の伝統をもつが、しかし、ここでの私たちの問いは狭義のキリスト教神学の枠内に留まるものではない[9]。ここでの問題は、「聖霊」という概念がスュランの神秘主義においてどのような位置を占め、どのような語り方を可能にしているかということである。

　かつて我々のあいだに現前した神たるイエスの出立という出来事こそが、新しく到来した他者としての神――弁護者、聖霊、見えざる神――との関わりを創設する。このように考えるとき、現前していた神が去って行ってしまった後に出来する神の「不在」という事態、あるいは信仰の状態の「暗さ」は、善き事態として肯定される。

先の引用の文末にみられる比較級の繰り返しに注目しよう。結局のところ、イエスの出立は、以後「不在者」となる神との、より近い関わりを許すのである。この不在者の「不在」性は、もはや現前の体験によって埋められるべき欠失ではない。かつて現前した者が過去へと過ぎ去ることによって、別の「現前」を到来させることを可能にするからである。

この不在者との関わり、あるいは別の「現前の経験」と呼びうる信仰の交わりを、スュランは、愛しき者を失った者が服する「喪」に喩える。一六六二年四月一五日、ジャンヌ宛ての手紙のなかでスュランは次のように書いている。

私はといえば、残された日々を、伴侶を失った一羽の鳩のように過ごそうと決心しました。この伴侶とはイエス・キリストの聖なる人間性です。彼は、いままでその愛によって私たちと一緒にいてくださいましたが、しかし私たちのもとを去って天へと身を引き、いまはただ、ふたたび私たちが彼と一緒になり、彼とともに生きるようになる希望を私たちに抱かせるのみなのです。(C. L446, p. 1325. 傍点引用者)

この手紙には、「現在《いま》」という時において現在と過去とを隔てる時間の根源的な断絶が語られている。もはや越えることのできないこの断絶は、かつて人びとのあいだに現前し、いまはもう不在の他者となったイエス・キリストの出立、現前の神の過去への過ぎ去りによってもたらされた。それは、スュランとジャンヌが生々しく体験する（見て、聞いて、触れる）ことができた神の現前が、時の経過とともに二人から遠ざかっていくという事態を意味してもいた。が、二人を現前の体験から「遠ざけるもの」をこそ、スュランは「信仰の状態」と呼び、そこに何よりも豊かな魂の境地を見いだしたのである。

一六六二年四月一二日のジャンヌ宛ての手紙のなかで、スュランは、自分たちの現在の魂の状態、すなわち「信仰の状態」を、イエスという最愛の夫を失った後、けっして明けぬ喪を生きる寡婦になぞらえている。

あなたの花婿、私たちの花婿は、ゴルゴタの丘の処刑の日に死にました。私たちの自由のために戦って十字架上で死んだのです。（中略）彼の花嫁たる魂たち、とりわけ、身にまとう大きなヴェールはそのしるしなのですが、寡婦として彼の相手になるためにすべてを捨て去った修道女たちは、この愛の対象を想起するときにはもはやけっして涙を流さずにはいられないのですし、愛に傷ついた彼女たちの魂は、いついかなるときも彼を渇望し、この世に追放されてあるなかで呻吟し、この流浪の果てに彼をふたたび見、おのれのものとする機会を待ちわびているのです。(C.I.444, p.1318)

イエスという愛の対象の喪失は、癒えることなき「傷（blessure, plaie）」を魂に残し、絶え間なく魂を呻吟させる。この傷は、それを負う魂に悲しみの涙を流させ、深い嘆きに沈ませずにはおかない。だが、それはたんなる欠落の経験ではない。流される悲しみの涙は他者の臨在の証しなのである。

愛の傷を負ったスュランにとって、もはや現前しない神への喪は、悲しみや嘆きをともなうものでありながら、この上なく甘美にして幸いなる喪だった。この両義的な喪の最たる例として、古代イスラエルの預言者ヨシヤに捧げられた古代の人びとの喪が挙げられている。「ヨシヤの業績は、香料造りが丹念に混ぜ合わせた香のようにかぐわしい。それはだれの口にも蜜のように甘く、酒の席での音楽のようだ」。旧約聖書「シラ書」(49.1)にあるこの言葉が教えるように、救い主の死に捧げられるべき喪は、嘆きの涙をとめどなく流させるとともに、甘美な熱情を掻き立ててやまない「永遠の祝い（fête éternelle）」でもあった、とスュランは言う。すなわち、それはこの世に生きるかぎりけっして明けることなき喪、それゆえついに不可能な喪だが、しかしこの喪は忌むべきものではなく、したがって必ずしも明かすべきものではないのだ。

はっきり言っておきますが、もし神が私の外の状態にも内の状態にも特別新しいものを与え給わないとしても、私はのこされた人生を、この傷がもたらす感覚と、この幸いなる傷が私に与えた打撃のうちに過ごすでしょう。私はこの傷にすべての私の宝を置いているのです。（C. L444, p. 1319）

愛の傷を負うこと、そしてそこから始まる喪、明けることなき喪は、不在者となった神との新しい関係を結びなおし、結び続けるだろう、とスュランは言う。愛の傷を負った魂の嘆き、悼み、喪の作業は、いずれもこの新しい関係のかたちである。他者にそれとわかるような超常の恩寵のしるしもなければ、自己の内面における特別な変容もともなわないが、心の最奥にあってつねに「鮮烈に感知しうる（fraîche et sensible）」という傷が、いまはもう現前しない神に焦がれて疼き続けるのである。それはもうひとつの、信仰による別様の「現前」の経験であった。

3　地を這う神秘家

1　二つの比喩

スュランの説く「信仰の状態」の境地は、この世の生を翻弄する変転する時の流れのなかにありながら、にもかかわらず、あるいは、まさにそのことによって、神との合一の経験へと至るようなダイナミズムを内包している。彼にとって、時のはざまにあることは、限界や制約であるどころか、可能性の条件だった。ところで、現前の体験を中心に据える「神秘主義」理解においては、概して、神的存在との合一にともなう「エクスタシー」体験が中心的な位置を占めるとともに、その言表不可能性ないし先言語性、および魂の「身体からの離脱」が強調されてきた。キリスト教神秘主義で言えば、被造物の世界を超越した神的なものの直接的体験を神秘主義理解の根幹に据えるとき、言語そして身体は、体験の瞬間においては否定され、無化されるべき対象とみなされがちであった。しかし、一切の特権的体験から離れた信仰の状態に極まるスュランの神秘主義においては、言語および身体の問題はまったく異なる様相をもって現れてくる。以下では、彼のテクストにみられる二種類の興味深い喩えを解釈することでこのあたりの消息を明らかにしたい。

第一のものは、「古い葡萄酒」と「新しい葡萄酒」の喩えである。この喩えは福音書に由来する（「マタイ福音書」9,17;「マルコ福音書」2,22;「ルカ福音書」5,37）が、スュランの解釈は直接的には十字架のヨハネに負っていると考えられる。『霊の讃歌』において十字架のヨハネは、いまだ発酵が続いており、澱が舞っているために味と健康を損なうおそれがあるという新しい葡萄酒に比べて、すでに澱が沈殿し、発酵が止んで熟成した古い葡萄酒をより好ましいものと論じている（JEAN DE LA CROIX 1665, p. 299–300）。ボルドーの人スュランはこの葡萄酒のシンボリズムを好んで用いた（S. III, 14, p. 352 ; C. L361, p. 1098–1099 ; C. L510, p. 1476 ; C. L534, p. 1543–1544 ; C. L548, p. 1583–1584）。彼がこのような喩えを用いることで語ろうとしたのは、結局のところ、感覚に与えられる個別的で鮮烈な体験とは異なる、信仰の状態における深く静かな力の湧き立ちであった。たとえば、一六六四年五月六日のジャンヌへの手紙にはこう書かれている。

福音書のなかで私たちの主が古い葡萄酒と新しい葡萄酒について言っていることが現実のものになっているように思われます。というのも、いまや主は、私たちに古い葡萄酒を与えているように思われるのですが、それは当時〔ルダンの事件時〕はまだ新しかったのでした。主に対して、この古い葡萄酒をよきように用いてくださるよう、私のためにお願いしてください。と言いますのも、当時の葡萄酒にはかくも多くの澱や、苦痛や苦難が混じっていたため、絶え間なく続く恐怖と凄まじい騒擾によって引き起こされる苦悩に、入れかわり立ちかわり襲われたことを私は覚えているのですが、それに代わって、いまや私たちの主は、より強いが、より胃に優しく、またより混じりけのない古い葡萄酒を注いでくださっているのですから。そして、はっきり言っておきますが、この古い葡萄酒の味は来世の味に似ており、私たちの主は主の貯蔵庫にある樽に

この葡萄酒を保存しているように思われるのです。（C. L534, p. 1543–1544）

ここで言う新しい葡萄酒とは、ルダンの悪魔憑き事件でスュランとジャンヌが体験した数々の超常のはたらきの謂であり、古い葡萄酒とは、そのような鮮烈な体験が過去のものとなった「現在《いま》」に与えられているもの、すなわち現在の信仰の状態の謂である。一般に、古い葡萄酒は新しい葡萄酒に比べて湧き上がるような活力に欠けるもの、劣ったものとみなされがちだ。しかしスュランは、古い葡萄酒が注がれた現在の信仰の状態に、かつての超常の体験に劣らぬばかりか、それを凌ぐような力の漲《みなぎ》りを認めていた。「より強いが、より胃に優しく、またより混じりけのない古い葡萄酒」。彼はまた、信仰の状態においては、「魂に生じる渇仰によって、魂は倒れ、死ぬはずに違いないと思われるし、また、我を忘れて愛とひとつになると思われる」（S. III, 14, p. 352）などと述べている。さらには、「魂のうちなる愛の傷がもたらす永続的な結果」を古い葡萄酒がもつ熱として語ってもいる（C. L361, p. 1098）。

加えて注目したいのは、スュランが、信仰の状態における見えざる力の漲りと神の愛のはたらきを強調しながら、古い葡萄酒に喩えられる信仰の状態の長所を、人間の生まれながらの条件および身体性を受け容れることができる点に認めているということである。古い葡萄酒は新しい葡萄酒に比べて「より胃に優し」いのだ。

> すべて魂に永遠の善を想起させる瞬間は、魂を肉体からほとんど引き抜いてしまうが、それでも魂が肉体にかかずらうことができる、肉体の要求を援助するため必要な食物や睡眠をとることができるというのは驚嘆すべきことである。このことを魂はためらいや呵責を感じることなく行うのである。そして、神が魂に与えたこの自由によって、すなわち信仰の状態によって甘美さは増していくのであり、この甘美さの増大の果てに他ならぬ無限の善はある。この無限の善は、魂が、一方の果てでは地上を這っているにもかかわらず（quoique）、もう一方の果てで到達するものである。（S. III, 14, 352. 傍点引用者）

ここに語られているのはスュランにおける「エクスタシー」の様態である。古い葡萄酒によって、つまり信仰の状態にもたらされるそれは、しかし、肉体的な感覚の完全な中断や、霊魂の肉体からの離脱、あるいはこの世を超越した霊的次元への飛翔をともなうものではない。この状態にある魂は、ついに肉体を去ることなく、地上にとどまりながら――「地上を這っている」――、にもかかわらず神から与えられた自由を享受するという。[10] スュランの言う信仰の状態は、人間の生の条件を肯定し、この世にとどまることを全面的に容認する魂の状態としてあると言えるかもしれない。このような肯定が、まだルダンに赴く以前の青年期のスュランの手紙、そこに繰り返し表れる霊と肉、あるいは精神と自然本性の暴力的なまでに鮮烈な対比と、極めて好対照をなしていることを付け加えておこう。[11]

第二の比喩は、海底での真珠採りのイメージを用いて信仰の状態を説明しようとするものである。[12] これはスュランのテクストにのこされた数多くの海をめぐるイメージのうちでも最も美しいもののひとつである。

> この喩えは人から聞いたものであるが、真珠採りをするために海底まで潜ってゆく女たちのなかには、上端を海面に浮かんだコルクに結びつけた管を咥えて、海底にいながら呼吸する者たちがいるという。そういうことがあるのかどうか私は知らないが、私が言いたいことはこのことによってよく表現されている。というのも、魂には天まで伸びた管がつながっているからであり、ジェノヴァのカタリナは神の中心にまで届く水脈があると言っていたからである。[13] 信仰の状態にあっては、このように魂は天まで伸びた管を持っている。その結果魂は知恵と愛とを呼吸し、それによって命をつなぐのである。魂はこの地の底にあって真珠を採り、魂たちに語りかけ、人びとに説教をし、神のために人びととやりとりするのであるが、にもかかわらず（**mais cependant**）そこには天まで伸びて神から生命と永遠の慰めを引き出す管がつながっている。そしてこれこそ聖パウロが言っていること〔「フィリピの信徒への手紙」3, 20〕なのだ。（S. III, 14, p. 352–353. 傍点引用者）

以上、いずれ劣らず印象的な二つの比喩が浮かび上がらせるのは、信仰の状態の本質的な両義性である。スュランの言う信仰の状態は、変転を繰り返すこの世の時間のなかに留まっているにもかかわらず、彼方の世界の永遠性に接するものとして語られている。信仰の状態にあって彼が語りだす言葉においては、時間と永遠、地上と天上、あるいは肉と霊というそれぞれ異なる二つの次元は、つねに逆接の接続詞（quoique, mais, cependant, etc.）によって結び付けられる。逆接である以上、字義通りに解釈すれば、前者の次元、すなわち時間、地上、肉体は、神秘への道を歩む魂にとって限界であり制約であろう。しかし、これまでの議論を経てきた私たちにはこう問うことが許されているのではないか。すなわち、信仰の状態はむしろ、時のはざま、身体をもって生きる地上の生の次元にとどまっているというまさにそのことによって、天上の永遠性に通じているのではないか、と。時のはざまにあることは制約ではなく、「外」へと超出してゆくことを可能にする条件なのだ。自らもこの地上の生を流れる時のはざまにあって語り出されるスュランの言葉。そこに頻出する逆接の接続詞は、時間と永遠、地上と天上の隔たりをなんらか内側から超え出てゆく言葉の運動として解釈できるかもしれない。このあたりの消息については次章でさらに探求するが、天上と地上という二項対立、そしてそれに対応する見神体験（至福直観）と信仰という二項対立は、晩年のスュランのテクストにおいてはほとんど意味をもたなくなる。[14]

スュランの信仰の神秘主義の場は「はざま」にあった。先に挙げた二つの比喩のなかで言われている「地上を這っている」という魂、「この地の底にあって真珠を採」っているという魂の描写に、おそらくは跛《びっこ》をひきながら――一六四五年の自殺未遂時に骨折した大腿骨は元通りには癒えなかった――ボルドー近郊の農村地帯を宣教して回っていたと思しき晩年の彼自身の姿を重ねることもできよう。またここには、イエズス会士として彼が自己の理想としていた霊的生のあり方、すなわちザビエルをその最良の体現者として称賛していた「混淆せる生」（G. II, 4, p. 113–117）の実現をみることもできるのではないか。

2　言葉と沈黙のはざま

先の引用中にあったように、信仰の状態を生きる魂は「魂たちに語りかけ、人びとに説教をし、神のために人びととやりとりする」とスュランはいう（S. III, 14, p. 353）。それは、宣教師として、また説教者、司牧者として奔走する自らの魂の姿でもあっただろう。彼にとって「信仰の状態」は、そこにおいてなにか新しい言葉が――あたかも「愛の傷」から湧き出すようにして――生み出されてくる場でもあったと思われる。

だが、そもそも、変転を繰り返す生の時間のうちにありながら、永遠不変の神の真理を語ることはいかにして可能なのか。神秘主義にかぎらず、およそあらゆる宗教思想に普遍的につきまとうこの根本的な問題を、スュランは極めて鋭敏に自覚していたとみえる。語るべきか、沈黙するべきか。二つの選択肢のあいだでためらいながら、しかし、スュランはそれでもなお語ろうとする。真理を「語ること」にともなうこの根源的緊張を端的に示すテクストがある。これは、一六六一年六月二七日、やはり聖霊降臨祭の季節に、ジャンヌに宛てて書かれた手紙のなかの一節である。

この聖霊降臨祭を機に、主は私に次のような恩寵を与えてくださいました。それはどうやら、聖霊の甘美さを感じるという恩寵なのですが、あまりにも強烈な感動をともない、私が以前に聖霊について抱いていた通常の諸観念をあまりにも圧倒するものであるために、それは魂を過剰さのなかに置き、このことについて魂が黙っているべきなのかも、語るべきなのかもわからないほどなのです。そこで私の脳裏に浮かんだのは福者十字架のヨハネの言葉です。彼は、神が優しく触れ、自らの恩寵を体験させた魂に次のように言っています。彼はまず「おお魂よ、それを皆に語ってください」と言い、次いで言い直して「いや、それを語ってはなりません。語ることができないのだから」と言っています。[15] 実際、人はどうすればよいのかわかりません。かくも偉大なる宝について語る、その手段がありませんし、この世にはそれと釣り合うだけのものがほとんどないでしょう。それを感じながらも語らないということもまた不可能であると思われます。この偉大な宝を知ることはすべての人間たちの関心事だからです。霊はこのはざまにとどまります。人間の生は過ぎ去ってゆきますが、神はつねに同じ調子で歩み続け、その真理は永遠に留まり続けるのです。（C. L387, p. 1158. 傍点引用者）

この世に生きる有限な人間の生を遥かに凌駕する神の宝の過剰さゆえに、それを語ることはほとんど不可能である。それゆえ「人はどうすればよいのかわからない」。しかし、神の隠された宝を知った者が、それについて沈黙することもまた不可能だ、とスュランは言う。知り得た者はそれを語らなければならない。なぜなら「この偉大な宝を知ることはすべての人間たちの問題」なのだから。この解消不可能なジレンマに直面しながら、スュランはそれでもなお語ること、隠された神秘を人びとに説き、知らしめることを選ぶ。

実は、『神の愛についての問い』を締めくくる最終章において、彼はこの問題を正面から論じている。「これら恩寵の卓越した事どもを人びとに告げ知らせることが適切であるか、あるいは沈黙で覆うことによって秘匿するべきか」（Q. III, 11, p. 183）。語るべきか、語らざるべきか――この難問を真っ向から問うたうえで、彼は語ることを選ぶ。信仰の神秘は、沈黙のうちに秘匿することなく、人びとに知らしめなければならないというのだ。さらに彼は、この隠された神秘を証言する者たちの大いなる幸いを次のような言葉で祝福するのである。

使徒聖パウロが、幾つかの言葉について、それを私ノ福音〔「ローマの信徒への手紙」2, 16；「テモテへの手紙二」2, 8〕と呼んで、受肉の神秘とイエス・キリストの崇高を知らしめているように、信仰の隠された真理、完徳の生活の完成にともなう神の富のなかに隠された信仰の真理をおのれの福音とし、おのれの言葉の主題とし、また人びとに対して次のように約束することに身をささげる者は幸いである、と私は思う。すなわち、もしイエス・キリストの神意に従うことを望み、彼の言葉を順守することに忠信であろうと望むのなら、来

世においてのみならず、この今から、得るべき無限の富があるのだと。（Q. III, 11, p. 185）

かくしてスュランは、矛盾する二つの要請——語ることと沈黙すること——のはざまにあって、永遠の神の真理を有限なる人間が語ることの不可能性を深く自覚し、沈黙の淵に臨みながらも、なお身をよじるようにして言葉を発するのである。

ところで、このスュランの言葉は、しかし、スュランという個人の「内面」から生まれてきた言葉ではない。それは、それを聞こうとする者に宛てて語り出される言葉であり、それを聞こうとする者なしにはそもそも語り出されることがなかったはずの言葉なのだから。[16] 語るべきか、沈黙するべきか逡巡しながら、スュランがそれでもなお語るのは、結局のところ「この偉大な宝を知ることはすべての人間たちの問題だから」という理由、この一点によるのである。この宣教神秘家の言葉は、それを聞こうとする他の人びとに触発されることではじめて生まれてくる。「信仰の状態」は、人びとと共に生きるこの世の時の地平に開示される。それは、それを語る言葉を待望する他者たちとともに、言葉によって切り拓かれる地平である。

4　信仰の言葉——その諸相

1　「私の福音」

先にも引用した『神の愛についての問い』最終章において、スュランは、信仰の神秘を語る自らの言葉を、使徒パウロがやはり自らの言葉を指して言った「私ノ福音（evangelium meum）」になぞらえていた。最晩年の手紙にも、「私の福音（mon évangile）」という表現が繰り返し現れる。『神の愛についての問い』を書き上げるおよそ一ヶ月前の一六六四年一二月二日、聖フランシスコ・ザビエルの祭日にあたるこの日、スュランはレンヌの聖母訪問修道会の修道女たちに宛てた手紙のなかで次のように書いている。

今日は聖フランシスコ・ザビエルの祝日です。彼の務めは福音書を人びとに説くことにありました。彼を手本として、私は私が私の福音と呼んでいるものをあなたたちに説きたいと思います。私の福音とはつまり、私の心をもっとも打つもの、修道生活を送る人びとにとって最も重要であると私が考えるもの、そうした人びとに対して私がいっそう大きな喜びをもって語るものであり、これを説くのに私にはいつも同じひとつの歌しかないと非難されることを私は恐れません。

この福音は、神が私たちにその子を与えたということ。そして子は、私たちへの愛のために人となり、私たちに福音と呼ばれる真理を説きつつ、これらの真理を実践することを通じて、説教者たちが人びとに約束しているような来世の至福に私たちを導くのみならず、さらには子への愛のために全てをなげうつ者がすでにしてこの世から（dès cette vie）そこに身を置くことができる大いなる幸福の状態へと導くということです。あなたたちは、イエス・キリストの教えをより完全に実践するために人の世を去った、それら私心のない魂たちに数えられます。したがって、私は十分な根拠をもってあなたたちに断言しますが、もしあなたたちが、心から、自ら選んだ修道女としてのあり方によく留まり続け、修道生活に誓われている務めをよく果たし続けるなら、天はあなたたちのものです。

実に、私の福音と私が呼ぶものは、天国のほかに、私たちの主は、あなたたちが捨てたものの百倍のものを、すでにしてこの現在から、この現世から（dès à présent, dès cette vie）あなたたちに約束しているということです。この百倍のものとは何でしょうか。それは、この世の虚栄と悦楽を捨てておのれのすべてを神へと捧げる者は、おのれが捨てたものがおのれに与え得たもののさらに百倍の歓びと満足を、神に奉仕することにおいて得るだろうということです。そしてそれは、イエス・キリストが言っているように、この世の迫害や妨害にもかかわらずそうなのであり、神が自らの友らに対して絶えず与え続ける試煉や、乾きや、屈辱

や、内的な苦痛や、病や、肉体的な弱さにもかかわらずそうなのです。（C. L566, p. 1626. 傍点引用者）

「私の福音」とは、要するに、来世であれ天国であれ、この世を超越した永遠の世界における至福のみならず、この世に生きながら到達することのできる、もうひとつの至福の境地が約束されていることを説く言葉である。だが、ここで問われるべきは、この言葉が何を言っているのかということよりも、むしろどのように言っているのかということ、もっと言えば何をしているのかということではないか。というのも、スュランにとって「私の福音」を「語ること」は、この世で永遠を「歌うこと」だったのだから。「私の福音」の意味内容のみならず、その言葉の行為遂行性が問われる必要がある所以である。

引用文の第一節最後にある「私にはいつも同じひとつの歌しかないと非難されることを私は恐れません」という言葉、唐突にも感じられるこの言葉は、別の手紙（一六六一年六月二七日）にみられる次の言葉と突き合わせて解釈されるべきだろう。

人間の生は過ぎ去ってゆきますが、神はつねに同じ調子で歩み続け、その真理は永遠に留まり続けるのです。（C. L387, p. 1158）

私が歌うのはいつも「同じ歌」である、とスュランは言う。なるほど、永遠不変の神の真理を語る言葉はいつも「同じ歌」であるはずだ。そこには無限の反復可能性があるだろうから。しかしながら、それをこの私がいま・ここで歌うというそのこと自体には、この同一性の無限の反復には還元できない或る過剰さが、その都度新しく付与されると言えるのではないだろうか。大文字の « É » で書かれる「福音書（l'Évangile）」に対して、スュランがことさら「私の福音（*mon* évangile）」を強調するとき、この言葉に含意されているのは「私がこの現在において語ること」の根源的な新しさであるように思われる。この「語ること」は、無限の反復可能性を内から破るような或る過剰さをもたらすのだ。重要なのは、「いま・ここ」において「この私」が語るという、そのこと自体の一回性である。「語られたこと」は過ぎ去り反復された過去となり、永遠の同一性に回収されるだろう。しかし、私が語るこの「いま」は、不変不動の外部である永遠に接しつつ、まさに「語ること」によって、その都度新しい時のはじまりとなるのかもしれない。[17]

ここで、「語ること（le Dire）」と「語られたこと（le Dit）」という、エマニュエル・レヴィナスが区別した二つの言語の位相の違いに触れることは有益であろう。熊野純彦が指摘するように、「言語の反復可能な側面に関係し、語られたことばとしての語彙と文法の体系（中略）、言語のコード的な側面が、そこから産出されてくるような場面」（熊野 二〇〇三、二〇六頁）にかかわる「語られたこと」は、すでに繰り返し反復された表現の集積体であり、語る主体がなくとも意味作用のはたらきを失うことがない記号である。「語ること」もこの「語られたこと」の反復可能性とけっして切り離せない。前者は、発話されたその瞬間から、ただちに後者へと回収されてゆく定めにある。しかし、「語られたこと」が、語る主体の不在を超えて成立する無限に反復可能な記号であるということが、「語ること」の「語られること」への還元不可能性のありかを示してもいる。「無限に反復可能なもの、現にいくどとなく使用されてきた記号は、いま・ここで、私が意味しようとし／言おうとする（vouloir-dire）ことを保証することがない」（前掲、二〇七頁）。反復された過去に依拠する「語られること」にはついに回収され得ないもの、「語ること」の剰余とは、つねに「いま・ここで」この私を突き動かす、「語ろうとする願望」である。

ところでこの願望（vouloir）は、とりもなおさずこの私の言葉を他者に伝えんとする願望なのだ。「記号はなにも意味しない。反復的に使用されてきた記号は、それだけではなにごとも意味しない。すくなくとも過小にしか意味せず、あるいはつねに過剰に意味してしまうのだ。私が読みさしの本のあいだに紙片を挟んでおいても、他者はそこにただの偶然をみるかもしれない。他方、木の葉がたまたま頁のあいだに紛れこんだにしても、他の人間がそこに栞を発見してしまう。（中略）だからこそ他者にいま、この私がほんとうになにかを伝えたいのなら、いま・ここで（記号ではなく）私が意味しなければならない」（前掲、二〇八頁。傍点原文）。「語られたこと」にはけっして回収されえない、「語ること」としての言葉の剰余たる願望を鮮やかに浮かび上がらせるレヴィナスあるいは熊野の解釈は、スュランにおける「私の福音」という言葉の根源的位相に注意を向けさせる。それは、まさに「いま・ここ」における、他の誰のものでもない「この私」の言葉として発されるべきものだった[18]。それは、教会の伝統や権威に支えられた大文字の「福音書（l'Évangile）」には還元され尽くせない「私の福音（mon évangile）」であり、「語られたもの」の規範的枠組みをつねに逸脱してゆく言葉である。定型化された言説からの絶えざる逸脱こそはスュランの言葉の本質的特徴であった。この逸脱の運動を駆動していたのは、他の人びとに向けて、いま・ここでこの私が意味しようとする願望だったのである。

2　沈黙の淵より

スュランにおける「語ること」、その根源性を露わに示していると思われる、もうひとつのテクストを引用する。

> まことにこの状態にある魂はひたすら変転するばかりで、幸福であると同時に悲惨でもある。だがそれでも私はこの状態にある魂が幸福だと信じている。この状態の幸福を私は語らなければならない（il faut que je dise）――なぜなら、いま書いているこの紙ですべて終わりにしたいからだ。語るべきことを書くための紙がないわけではないが、この生においてすべてを語り尽くすことはできない――。だから私は語ろう（je dis donc que...）（以下略）。（S. III, 14, p. 353）

それ自体が彼のエクリチュールの本質的特徴である屈折（この点については次章で考察する）を繰り返すこのテクストは、本章で何度も参照してきた『経験の学知』第三部第一四章中にある。彼はそこで次のように語っていた。すなわち、ルダンで彼が得た超常の体験すべては、いまや過ぎ去ってしまい、魂は「信仰の状態」に行き着いた。それは、現前の体験から隔てられた暗き状態にあり、変転する生の地平にありながら、しかし、「愛の傷」という至上の賜物を与えられている。ここに引用したのは、これから愛の傷を語ろうとする直前の部分に置かれている言葉である。以上を踏まえ、引用したテクストにおける、「私はこの状態の幸福を語らなければならない」、「だから私は語ろう」という言葉に表れた「語る（dire）」の境位を考えてみたい。

まず指摘したいのは次のことである。すなわち、この「語る」というスュランの行為は、そこまでテクストを紡いできた彼の言葉が終わろうとするところ（「いま書いているこの紙ですべて終わりにしたい」）、テクストが断絶を迎えようとするまさにそのときに発されている、ということである。それは、そこでエクリチュールが果てようとする、沈黙の淵にて発される言葉、沈黙に臨みつつ、それでもなお語ることである。[19]

スュランにおいて言葉の限界は、「語り尽くすこと」の不可能性を意味してはいても、「語りえぬこと」を意味するものではない。それは「語ること」それ自体の可能性を否定し潰えさせるものではない。「語るべきことを書くための紙がないわけではないが、この生においてすべてを語り尽くすことはできない」と彼は記している。有限の時間に制約されたこの世を生きるかぎり、言い換えれば、永遠という「時間の外」に出ないかぎり、信仰の状態の幸福を語り尽くすことはついにできないだろう。しかし、かくして「語り尽くすこと」の不可能性を指摘するこの言葉は、「語り尽くせぬ」信仰の状態の幸福を「それでもなお語ること」の可能性を、断じて否定してはいないのだ。たしかに、いままでもこれからも、生の地平にあるかぎりすべてを語り尽くすことは不可能である。だからと言って、「いま・ここ」で「語ること」は不可能ではない。むしろ、語り尽くせぬものだからこそ、「いま・ここ」で語らなければならないのではないか。実にスュランは、「この生においてすべてを語り尽くすことはできない」と述べた直後、「だから私は（いま・ここで）語ろう」と言葉を繋げる。従来の神秘主義の言語論でもしばしば参照されてきた「語りえぬものについては、沈黙しなければならない」というウィトゲンシュタインのテーゼは、スュランに対しては端的に無効である。彼において「語りえぬもの」とは「語り尽くせぬもの」であるが、それはむしろ繰り返し「語るべきもの」なのだ[20]。

ところで、もし無限の時間が与えられたなら、信仰の状態の幸福を「語り尽くすこと」は可能になるのだろうか。否、この問いはナンセンスである。そうなれば語るべき「信仰の状態の幸福」そのものが失われてしまうからだ。信仰の状態の幸福とは、そもそもこの世を生きる人間が不可避に曝されている時間の変転を根本条件としているのだから。信仰の状態の幸福を「語り尽くす」ことは、この世の時間の流れのなかに生きるかぎり、ついに見果てぬ夢に終わるほかない。しかし、変転する時間の内にあるというまさにそのことが、この幸福の根本条件なのだ。それはこの幸福を「語ること」の根本条件でもある。

流転する時のなか、信仰の地平に生きる以上、何かを語り尽くすことはけっしてできない。が、まさにそこに生きることが信仰の幸福を語ることを可能にする。「語り尽くすこと」につきまとう時間の不可能性と、「語ること」を支える時間の可能性。かくして、信仰の状態の最奥に隠された神の賜物――愛の傷――をめぐるスュランの言葉は、いずれも時間に起因する不可能性と可能性の相克の上に成立している。しかし、スュランはそれでもなお語ろうとする。「私はこの状態の幸福を語らなければならない」、「私は語ろう」という言表は、語り尽くすことの最終的な不可能性の徹底的な認識の上に、まもなく訪れるであろう沈黙の淵に臨みながら、なお絞り出されるようにして発される言葉なのだ。

3　愛に傷ついた言葉

こうした根源的緊張をともないつつ語り出されたのが、「愛の傷」をめぐる、熱を吐くような次の言葉であった。いま一度引用したい。「幻視も脱魂も感覚の中断もなく、ありふれた地上の悲惨な生のなかに、数多くの事柄について人間の弱さと無力さのなかに、私たちの主は理解できぬもの、あらゆる尺度を超えたものを与え給うた。この世では神のためにすべてを棄て去る者が恋焦がれることができるが、それはこの世の大いなる富と呼びうる善である。それは或る愛の傷である。この傷は、目に見えるいかなる外的効果もなしに魂を貫き、そのために心は絶え間なく神を待ち焦がれ、渇望するのである」(S. III, 14, p. 353)。「私が語る」この言葉は、しかし、私をして語らしめる何かの痕跡でもあるのではないか。「私」が「愛の傷」について語る、のではない。ここに書き付けられているスュランの言葉は、「愛の傷」という「対象」をただ表象したり、説明したりする言葉ではない。スュランが「愛の傷」を語るのではなく、「愛の傷」がスュランをして語らしめ、自らをめぐる言葉を紡がせるというほうが、事の次第を正確に捉えているのではないか。「目に見えるいかなる外的効果もなしに魂を貫」くという「愛の傷」は、それに貫かれた魂の発する言葉そのもののうちに証される。ここに語り出される言葉そのものが「愛の傷」を負っている、とも言えようか。それは、この世においては語り尽くせぬものをなお語ろうとして、恋焦がれる魂の言葉である。

スュランは、愛の傷を負った魂は、「幸いなる喪」、すなわち、もはや現前しない神との新たな関係を生きることになる、とも語っていた。彼にとってこの傷は、不在の神との新たな関係を魂たちに「語る」ことを可能にする恩寵でもあったことを付け加えておこう。それは、ゴルゴタの丘でイエスが死んだ「その日」に、彼に与えられた「恩寵」だったという。

> 私たちの主は、その日、かくも正しく理にかなったこの喪について、魂たちに語る準備が整うという恩寵を私に与えたのです。(C. L44, p. 1318)

愛の傷は、それを負ったスュランの魂に、信仰の状態における神との別様の「合一」について、一般信徒たちに「語らしめる」ものだった。ルダンの悪魔憑き事件以後、長い沈黙の夜を抜けたスュランは、ふたたび言葉を取り戻すや、宣教師として司牧活動に奔走しつつ夥しい数の神秘主義文献を書き綴る。「暗き信仰」の地平への回帰でもあったこの言葉の恢復の根元には、「愛の傷」が開いていたのではなかったか。愛の傷を負ったスュランは、イエス・キリストとの新たな関係——幸いなる喪——へと魂たちを誘うべく、自らもそれを生きる魂として、魂たちと同じ信仰の地平において語りだすのである。

> 私たちの主は、燃え盛る炎の如く、あるいは主がつねに油を注いで同じようにかき立てられる灯の如く、或る非常に甘美な傷をつけるように思われます。この傷の効力は、心をつねに主を求めてやまない煩いのうちに置くことにあり、そうして心は主に向かい、ただ主のみ、主への奉仕につながる事どものみ、主の愛につながる事どものみを欲するのです。魂は、自らの傷と痛みについて語ることに満ち足りることはけっしてありません。この傷が非常に大きいからでもあり、非常に甘美だからでもあります。この傷がもたらす有り余るほどの痛みと、同じ傷がもたらすこの上ない甘美さは、魂にとって語ることの永遠の機会（d'éternelles occasions de parler）なのです。ですが、いったい誰に語るというのでしょうか。それを聞く構えがあると魂が認めるすべてのものに、です。（C. L446, p. 1325. 傍点引用者）

去って行く神が魂にのこした「愛の傷」とは、けっして十分に語り尽くせぬものであり、またそれゆえにこそ、語ることをやめさせることがない。もはや現前しない神を求めて疼き続けるこの傷は、何らか言葉によって表象される対象物ではない。言葉によってはついに語りえないこの傷は、不在の神に恋焦がれる魂によって語りだされる、身悶えするような言葉の運動そのものの内に証されているのではないだろうか。

5 「私たち」の信仰

本章の最後に考えたいのは、信仰の主体性の問題である。スュランにおける信仰は、「私」に先立つ「私たち」の信仰であることを明らかにしたい。この問題の輪郭はすでに本書序章で、『経験の学知』の「序文」全文を検討した際に、描き出してある（本書六二頁以下）。そこでは次のことが確かめられた。すなわち、スュランにおいて「私（je）」という主体は、「私たち（nous）」に奉仕することを望む主体として、「私たち」に遅れて出来《しゅったい》するということ。裏を返せば、すでに存在する「私たち」が「私」という主体性の成立を触発するということである。ひとつの小さなテクストから抽出したこの事態は、以下に論じるように、スュランにおける信仰の主体性のあり方を凝縮して示すものであった。

1　信の呼応

スュランは、信仰の地平が内蔵する豊饒な宝を、あたかも「新世界」を発見した航海者のように「発見」したのだった。しかし、「新世界」は彼によって発見される遥か以前からあったのであり、あるいはそこに住まう者たちがいたのである。彼は遅れて来た者だった。重要なことは、信仰の地平への彼の到来を可能にしたのが、彼に先立って信仰の地平に生きる者たちの存在だったということだ。

スュランが信仰の地平に回帰することを可能にした根源的条件は、私に先立つ信仰者たち――「私たち」――の生にあった。このことは、すでに何度も引用した、スュランと聴罪神父リカールのあいだに交わされた信の応答に示されていた。ルダン以後、心身を悪魔に乗っ取られ、自らの地獄堕ちを確信して絶望の底にあったスュランに対し、リカールがかけた次の言葉が劇的な事態を引き起こす。「あなたは最後には他の人びとと同じようにするだろう」。この言葉がきっかけとなり、それまで一切の救いの希望に対して閉ざされていたスュランの魂に一条の光が差し込む。かくして彼は「私が他の人びと、信仰篤きキリスト教徒たちと同じように希望を持って生きることなどほんとうに可能だろうか」[21]と自問し、それに応えて「然り、それは可能である」との声が彼の魂のもっとも深きところに響いたのだった。スュランの信仰回帰を可能にしたのは、そもそもがすでにこの世に希望を持って生きている信仰者たちの存在だったのである。その意味で、スュランの信仰はつねに他の信仰者たち――変転するこの世の生の地平を生きるしがなき信仰者たち――との呼応関係にあり、それゆえつねに共同的な信仰（*foi commune*）なのだ。

この呼応関係の始原の言葉について、もう少し考えてみたい。リカールがはじめにスュランに投げかけた言葉は次のようなものだった。「私はけっして啓示を受けた人間ではなく、直観を頼りにする人間でもありません。それでもなお、私の想像から来るのでも、感覚から来るのでもない、ある印象をしばしば抱いたと、あなたに言わなければなりません（Toutefois, il faut que je vous dise que...）。それは、私たちの主は、あなたが死ぬ前に、恩寵によって、あなたが間違っているということをあなたに分からせるだろうということ、あなたは最後には他の人びとと同じようにするだろうということです。私はあなたが平穏の裡に死を迎えることを望んでいます」（S. II, 12, p. 252）。ここから読み取れるのは、スュランに向けてリカールの口から伝えられた「印象」――スュランの信仰回帰を可能にする端緒を開いた呼びかけの言葉――が、私の外から到来するものであれ、私の内において生起するものであれ、「私の体験」によるどんな基礎付けも欠いた言葉だった、ということである。このことを確認するとき、「それでもなおあなたに言わなければならない」という事態そのものの根源性が照らし出される。このテクストが示しているのは、つまるところ「語ろうとする（vouloir-dire）」根源の願望の「絶対性」である。

スュランの魂の根底に届き、彼の魂をついに地獄堕ちの絶望から解放する共鳴を引き起こしたのは、自らを基礎付ける一人称の体験的根拠がないまま、すなわち、あらかじめ自らの真正性を担保するいかなる権威付けからも切り離されてあるという意味で、絶対的な言葉だった[22]。そうである以上、この言葉にとって、客観的基準に照らしてその真偽を判断することはまったく問題にならない。この言葉の成否は、その言葉の宛先人に届くかどうかにかかっている。

だとすれば、それは「証言」と呼ぶべき言葉である。それは、自らを聞き届ける未来の他者、すなわち「あなたを信じる」という二人称の証人の介在によってはじめてその「真正性」が担保されうる言葉なのだ。自己の成否を全面的に他者の信に委ねるそれは、まさしく剥き出しの、裸の「呼びかけ」[23]であると言えるかもしれない。信仰の真理を論証しようとするいかなる教理の言葉も届かなかったというスュランの魂においてふたたび「信じること」の可能性を喚起しえたのは、そのような裸の信の呼びかけだった。

そして、この呼びかけに応えることで彼自身もまた信仰の証人となるだろう。信仰の地平に回帰した彼は、今度は自らが未来の証言者の信を求める呼びかけを発することになる。『経験の学知』第二部の終わり、第一七章から引用する以下のテクストは、このような観点から読むことができる。スュランはここで、体験を語る際に自らが依って立つ「物事の捉え方」、要するに「語り方」の特異性を説明している。彼曰く、読者に対してさまざまな体験を提示する目的は、すなわち神の存在の「証拠（preuves）」を提示することにあるが、自らの語りの特徴は、もっぱら悪魔の業を語ることにより「間接的」な証拠を示す点にあるという。彼によれば、このような語り方は、アビラのテレサをはじめとする神秘神学の正統な「学派[24]」のやり方とは区別される。というのも、後者は、天使たちの業のように、より「直接的」な神の証拠を提示せんとするものだからというのである。ところで、体験＝証拠の語り方をめぐるこの興味深い区別は、つまるところその「証拠」を差し出す自分と、差し出されるべき相手とのあいだで問題となる「信」のあり方の質的相違に結びついてゆくのである。

しかしなお語るべきことがもうひとつある。それは、ここに私が提示してきた事どもを捉える観点は、〔全四部からなる『経験の学知』の〕第一部でも第二部でも、もっぱら悪魔たちによって生じた事ども、あるいは悪魔たちの業を捉える観点であるということだ。悪魔たちの業はいずれも非常に明白であるから、それが存在すると当然結論できるし、そこから悪魔たちを創造し処罰した者〔神〕を同じく明白に知ることにつながるのだ。私はこの側面から得られる証拠とは別の証拠をあえて提示することはけっしてしなかった。別の証拠を得て、それを提示した私よりも優れた者は何人かいた。たとえばその証拠は、恩寵に由来し、神や天使に直接的に関わりうるものである（celle qui vient de la grâce et qui se peut rapporter immédiatement à Dieu ou à ses anges）。天使は、私たちに派遣された神の僕《しもべ》であり、恩寵と同じ次元にある。このことは聖テレサや、数多の神の証拠を語り、提示した同様の人びとには有効だろうが、しかしそれらは彼ら自身にとっての証拠であり、そして彼らがそれについて語った物語を本当に信じている（croient véritablement）他の人びとにとっての証拠なのである。だが、私はと言えば、〔聖テレサに淵源する〕このような学派[25]に属してはいないのであるし、私はただ、教会から任された務め〔悪魔祓い〕のなかで起こった事ども、またこの務めの結果として起こった事どもを提示しただけである。もし私たちの主が加護を与えようと欲し給うのであれば、これらの事どもは、私が魂の根底からそれが真理であると訴えているのに応えて、私を信じようとするやもしれぬ者たち、私が彼らに向けて真理を語っているとみなそうとするやもしれぬ者たち（**qui me voudraient croire et estimer que je leur ai dit la vérité**）に神を知らしめるには十分強力である。こうして私はこの物語を真摯に語ったのであり、私が書いたものに人びとがもつであろう信（**la créance que les personnes auront à mon écrit**）によって神が奉仕されるためにこの物語を語ったのである。（S. II, 17, p. 275–276）

このテクストはスュランにおける「信」の位相の奥行きをよく示している。自己の語り方の特異性への言及は、彼における「信」の問題が、時間性および他者性という「差異」のモメントと不可分であったことを明らかにしている。彼によれば、一方において、神秘神学の本流たる聖テレサの「学派」に属する者たち――近世神秘神学の誕生に寄与した者たち[26]――が提示するのは、それ自体が神の存在を示す直接的な証拠である。ただしそれは、彼女たち自身を含めて、彼女たちが語る物語を「本当に信じている」人びとにかぎり有効である。つまり、この場合の証拠は、現在すでに信じている者たちによって、同じく現在すでに信じている者たちのために提示されるのである。他方、スュランが提示する事ども――それがもっぱら教会の務めに関わることだと彼が強調していることも興味深い――は、「私を信じようとするやもしれぬ者たち」のためのものである。ここで、「……したい」という願望を意味する助動詞 « **vouloir** » が、断定の緩和や不確実性のニュアンスを示す条件法 « **voudraient** » のかたちで用いられていることは見逃せない。聖テレサたちが、「すでに信じている」人びとに向けて語ったのに対し、スュランが語りかけようとするのは、「信じたい」願望を抱いてはいても「いまだ本当には信じていない」人びとなのだ。

聖テレサをはじめとする神秘神学の権威たちが語る神の直接的な証拠と、スュランが語る間接的な証拠は、同じ「証拠」といえどもその性質を異にしている。スュランが提示する「証拠」は、現在まだ本当には信じていない宛先人の「信認」[27]なしにはない。神の存在を間接的に示すというこの「証拠」は、「私が書いたものに人びとがもつであろう信」――「もつ」を意味する動詞 « avoir » が三人称複数未来形 « auront » で用いられていることに注意しよう――が与えられることによってはじめて証拠としての力をもつのである。スュランの言葉は、だから、まだ見ぬ未来の信仰者の信を待望する、信への呼びかけを響かせている。それは、私の言葉を聞こうとする者たち、「私が魂の根底からそれが真理であると訴えているのに応えて、私を信じようとするやもしれぬ者たち」にしか聞こえない、だが、ついにそれを聞きとる者の魂には力強い共鳴を生じさせるかもしれない言葉である。『経験の学知』執筆中の一六六三年九月一五日、ジャンヌに宛てた手紙のなかで彼はこうも書いていた。「私にはこれを出版するつもりはありませんが、私が死んだときには部屋に置いてあるでしょう」(C. L509, p. 1472)。このテクスト自体、「いま・ここ」にはいない、誰とも知れぬ未来の読者に宛てて書かれたテクストなのだった。

2　証拠と証言

『経験の学知』における「証拠」の性質をめぐる以上の考察は、彼の神秘主義が、「私は見た、そして私は信じる」というテーゼに集約されるような体験主義的理解には還元できないことを再確認させる。

ただし、スュランは一面では、同時代のスコラ神学者たちと同様、奇蹟や超常の現象を、信仰を動機付けるものとみなしていた。『経験の学知』には、その第一部の冒頭にはっきりと述べられているように、[28]本来的に暗いがゆえにともすれば揺らぎがちな信仰を、目に見えた体験の光によって明るくするという執筆動機が繰り返し述べられている。また、『経験の学知』「序文」の第二パラグラフにおいて宣言されていたように、[29]ルダンにおいて目撃された奇蹟や超常の体験は、通常は目に見えないはずの信仰の真理を白日の下にさらした、と彼は考えていた。[30]ルダンでその身に被った数々の「超常の体験」を、彼は「外から得られた証拠(ces preuves prises de l'extérieur)」

と呼び、さらには「目に見える結果（des effets qui se voient à l'œil）」と言い換えている（S. I, 3, p. 186）。つまり、この場合の証拠とは「私は見た」という体験にほかならない。彼は次のように述べてもいる。「信仰の対象となるのではなく、信仰を権威付けるこれらの事柄については、相当期間継続してそのしるしを見た者のほうが、現地に数時間程度足を止めただけの者たちよりも、話に重みがあるし、信じられてしかるべきである」（S. I, 1, p. 169. 傍点引用者）。このような言い回しは、「私は見た」や「私はそこにいた」など、一人称の知覚的直接的体験に権威を求める、典型的に西欧近代的な体験主義的言説ではないのか。

結論を急いではならない。ここで強調しておくべきは、スュランが列挙している「証拠」が、けっしてたんに私の信仰を根拠付けるための証拠ではなかったということだ。それはむしろ他の人びとのための証拠であり、他の人びとの「信」をこそ求める証拠だった。奇蹟が信仰の真理を明白にするものでありうることを認めながら、スュランはけっして次のようには言わなかった。「私は、信じないことのひとつの理由となる福音書の暗さを、〈奇蹟や預言の明証性〉のおかげで乗りこえるのです。それらは神秘のなかで暗い状態にあるものを私に明るくしてくれます。信仰をこれとはちがう方法で理解することは信仰を根本から覆してしまうに違いありません」（FÉNELON et GUYON 1982, p. 223）。フェヌロンにとって、信仰とはまず「私の信仰」であり、聖書に記された奇蹟や預言も「私のための証拠」であった。他方、スュランにとっては、それらはどこまでも「すべてのキリスト教徒たち」の信仰であり証拠だった。スュランの「私」は、他の信仰者たちとの呼びかけと応答の関わりのなかにはじめて姿を現しうるような「私」なのだった。

「私は見た」あるいは「私はそこにいた」という自己指示作用は、スュランにおいてはつねに「私を信じてください」という他者の信を求める呼びかけを発している。「私が見た」証拠が真に証拠となるためには、「私を信じてください」という呼びかけを呼びかけとして聞きとり、応答する証人がいなければならないこと、そしていまだ私の信を共有していない他者であるその証人はつねにこの私の外、この現在の外から来るということを、スュランは深く理解していたのではなかったか。だからこそ彼にとって真の問題は、私の体験でも私の信仰でもなく、他の人びとの信仰にあり、あるいは他の人びとの信仰と関わるかぎりでの私の体験と信仰にあった。他の人びとの信仰なしに私の信仰はなく、私の体験が語り出されることもないのである。

「私を信じてください」というテクストに響く呼び声の「根拠」は、「私の体験」のうちにではなく、私以外の「他の人びとの信仰」にこそある。他の人びとの信仰に賭け金を置くその呼び声は、「私は見た、だから私を信じてください」ではなく、端的に「私を信じなければならないから私を信じてください」と求めている。スュランが他者の前に差し出す証拠は、だから、「証拠」というよりも「証言」と呼ぶべきものである。[31] この呼びかけは、呼びかけの応答者につねにすでに開かれている。その成否はまだ見ぬ未来の他者に委ねられている。他者を待ち望む信の「裸性」とは、無防備とも言うべき、この開かれの姿勢を言うものでもあるのではないか。

3　信仰の闇、愛に満ちた闇――スュランのエクスタシー

スュランにとって、変転するこの世の時間のなかにある信仰の状態は暗い「闇」に覆われていた。かつて現前した神からの隔たりによってもたらされたというこの信仰の闇は、しかし、神認識の不明瞭さという問題にはとどまらない。彼にとって闇は、この世、時のはざまに身体をもって生きる人間の生の本質的条件たる有限性を意味してもいた。だからこそ彼は、通常・共通の信仰の地平を語るにしばしば「弱さ」や「悲惨さ」という言葉を用いたと考えられる。だが、この信仰の闇は同時に、そこに彷徨う魂を愛に満たす闇でもあった。彼にとって愛とは、むろん神とのあいだにおいて語られるべきものであり、すなわち神愛の問題であったが、信仰との関わりにおいてそれはそのまま隣人愛（charité）の問題だった。

信仰と愛の関わりについて彼が遺したうち、おそらく最も美しい言葉は、一六三四年一〇月七日、ルダンに派遣される直前に書かれた手紙に見いだせる。

この状態にある魂は、強く堅固になり、神に根をもち、おのれが信じ希望するものによって生きる。目に

見えぬものを基とし、宙づりの状態にあって、おのれに有用であるような神の対象も、おのれを満足させるような神の対象も一切なく、信仰の深淵に沈み、神が住まう闇に迷い、いかなる事柄の体験も求めず、すべての力を未来にまかせている。それでいて愛がその魂を占め、満たし、あらゆる懸念から自由にするのである。(C. L45, p. 235)

神についてあらゆる表象を欠き、したがって神が不在であるかのように暗いが、しかし魂を愛に満たすこの境地を、のちに彼は「信仰の状態」と呼ぶことになる。しかし、当時はまだ、彼にとってそれは「私」のものではなかった。それは、まだ駆け出しの宣教師であった彼が、「信仰篤きキリスト者たち」——彼らのほとんどは在俗の、そして歴史のなかでは無名の信仰者であった——との邂逅を重ねるなか、「窓の向こうを覗くようにして」見いだした、他の信仰者たちの魂の境涯を言うものであった[32]。

彼が、ここに語られている信仰の闇を自らのものとして生き、そのなかに留まりながら、他者に向けて信仰の神秘を証言するようになるのは、およそ二〇年後のことである。この信仰への回帰がいかにして起こったのか、私たちはすでに多くの考察を重ねてきた。なお付け加えるべきは、彼の信仰回帰が、激しく焦がれる隣人愛の発現をともなうものだったということである。

いわば「未知の大陸」であった信仰の境涯がついに「私」のものになるとき、すなわち、スュランがすべてのキリスト教信仰者と共通の生の地平に回帰し、かつては他者の魂に窺うばかりであった信仰による神との交わりに自らも参入するとき、彼の魂のうちには、文字通りすべての人びとの救いのために活動せんとする抑え難き願いが迸るように生じてきたという。

そしてなお留意するべきことは、愛から魂に到来したこれらすべての力が、とりわけ隣人愛へと向かっていたということである。かくして神父「スュラン」は、おのれの魂に起こったこの刷新に悔悛の愛によって活力を見いだしたが、こうして得られたすべての益は隣人愛へと向かっていた。というのも、これらすべての恩寵のはたらきが持続するあいだ、彼は魂たちへの愛の、或る卓越した刺激を感じていたからだ。そしてそれは最初からそうだったから、彼の魂に起こったすべてのことは、外的な原理に由来するはたらきのあいだであれ、魂に本来そなわっているような内的な原理に由来するはたらきにおいてであれ、そういったはたらきは、すべて力強いやり方で、隣人を助け、隣人に奉仕することに活発に作用した。そして、すべて魂たちに奉仕することに向かっていた神による私の魂の召し出しは、それを通じて彼がより強く神へと導かれ、より高く神へと上げられる召し出しであった。彼の魂は、魂たちのために何かをすることに尽力しながら、神の愛を増す非常に大いなる助けを感じていたので、神が彼にこの務めを望んでいることが彼に対してどれだけはっきりと示されていたか言葉にできないほどだ。彼はそれに対して渇きを覚えるように魂たちの益を求め、そして魂たちを助け魂たちに奉仕する務めが彼において神の愛の恩寵を増大させた。かくして神がはっきりと見せたのは、神が彼に対して神の愛についてのこうした感覚を与えたのはただ魂たちの益のためであり、そして当然のことながら神に仕える力のためであるということだ。私たちの主が彼の指に触れさせたのは、その本性上精神の集中を妨げるような事ども、また、以前はそう見えていたのだが、潜心を妨げる事どもが、彼に熱意を与え、神に仕えて神の愛を増すさまざまな恩寵を彼にもたらすものであるということだ。それはこうした神の愛が増大することによって生じたが、それは彼が、人びとをその内面において助けていたとき、あるいは慈悲の与えや教化へと至る特別な助けにおいて助けていたときのことだった。だから、以前と同じように、数年間のあいだ、神父は神と合一するため、神の愛を増大する役目を果たそうとしながら、人びととの交わりや外に出ての活動から身を引こうと努めたのだが、彼のうちに何か燃え立つものが生じ、魂たちを助けに行くこと、人びとと交わることを余儀なくされると、彼に苦痛、苦しみ、大いなる苦悩を与え、あるいは彼にとって精神集中の妨げになっていたものに大いなる歓びを見いだすようになったのである。そしてこの間を通じて、彼はあたかも霊的な酩酊にとらわれたかの如くなったが、それによって彼はほとんどつねにおのれの外にいるような状態となり、ほとんど永久に続く熱情の迸りのうちにあったのである。(S. III, 7, p. 310–312. 傍点引用者)

このとき、スュランの魂にどのような変化が起こったのか。まず注目したいのが、引用の最後に言われている、彼の魂の基本的態度に起こった大きな方向転換である。当初、彼は「神と合一するため」、「人びととの交わりや外に出ての活動から身を引こうと努めた」。ところが、おのれのうちに「何か燃え立つものが生じ」たため、「魂たちを助けに行くこと、人びとと交わることを余儀なくされ」たという。ここにはまさしく「孤独から共生へ」の転回と呼ぶべき、この宣教神秘家の霊的道程における決定的な転轍点が認められる。だが、そこにはさらにもうひとつの根源的な魂の変化、すなわち、この世界に対する基本的な態度の変化がともなっていた。それは、スュランが「彼に苦痛、苦しみ、大いなる苦悩を与え、あるいは彼にとって精神集中の妨げになっていたものに大いなる歓びを見いだした」ということである。

ここに語られているのは、孤独のなかでの神との合一の希求から、他の人びとと共通の生の地平における隣人愛の実践へ、というスュランの生の決定的な転換である。この出来事について、とりわけ以下三つの点を押さえておきたい。

第一に、この出来事は、「私の意識」を起点とする「私の体験」にはけっして還元できないということ。この出来事は、隣人によって目覚めさせられ、触発された情念(passion)の予期せぬ発動というべき事態であり、苦難のうちにある隣人への、自らの魂の奥底からなされた応答だった。だからこそスュランは「魂たちを助けに行くこと、人びとと交わることを余儀なくされ」たと言い、「それに対して渇きを覚えるように魂たちの益を求めた」と言うのである。第二に、スュランにとっては、魂の孤独な内向ではなく、隣人愛の実践こそが神により近づくための道だったということ。「すべて魂たちに奉仕することに向かっていた神による私の魂の召し出しは、それを通じて彼がより強く神へと導かれ、より高く神へと上げられる召し出しであった」と彼は言う。孤独のなかでの神との合一の希求を放棄し、この世を生きる隣人たちのあいだに召し出されることによって、言い換えれば、被造物世界を超越した神に向かって垂直に上昇するのではなく、いわば「降りてゆくこと」で、彼の魂はむしろいっそう神へと近づいたというのだ。[33] 第三に、かくして神の愛に満ちた隣人愛の実践は、彼のこの世でのすべての出会いを、神の愛をさらに大いなるものにする歓びに変えたということ。「その本性上精神の集中を妨げるような事ども、また、以前はそう見えていたのだが、潜心を妨げる事どもが、彼に熱意を与え、神に仕えて神の愛を増すさまざまな恩寵を彼にもたらすものだということ」を彼は知り、かつては魂に苦痛を与えるにすぎなかったものに、いまや「大いなる歓び」を見いだすのである。[34]

　かくして彼は最終的に次のような境地に足を踏み入れた。「この間を通じて、彼はあたかも霊的な酩酊にとらわれたかの如くなったが、それによって彼はほとんどつねにおのれの外にいるような状態となり、ほとんど永久に続く熱情の迸りのうちにあったのである」。これがスュランにおける「エクスタシー」の境地である。元来ギリシア語のエクスタシス（ékstasis）が意味したように、それは「おのれの外に立つこと」であり、「おのれの外へと出てゆく」運動であった。

　だが、スュランのエクスタシーを理解するうえで最も重要なのは、この運動の始点がどこにあったかということである。それは「私」にではなく隣人たちにあった。繰り返しの指摘になるが、スュランは、おのれの外に出ていくことを「余儀なくされ」たのだった。このエクスタシーの起点には何か根源的な受動性が認められる。それは、「魂たちへの愛の、或る卓越した刺激」、「何か燃え立つもの」、あるいは「渇き」とスュランが呼ぶなにものかである。加えて注目すべきは、当の出来事について、「神がはっきりと見せた」あるいは「私たちの主が彼の指に触れさせた」という言い方である。「私は見た」とか「私は触れた」とは語られていないことに注意しなければならない。かくして彼がここに提示する「経験の学知」は、彼の言う「経験」の主体がけっして「私」に還元できないことを教えている。スュランのエクスタシーは、彼の魂と神との関係、そしてこの世の隣人たちとの関係なしにはない。神にしろ隣人にしろ、私と近しい（prochain）けれども私から隔てられ、隔てられているけれども近しい他者なしにはない愛の運動こそ、おのれの魂をおのれの外へと絶え間なく運び去ってゆくスュランのエクスタシーなのだろう。

隣人愛の燃え立ちを語るこのテクストに「愛の傷」という言葉は見受けられない。しかし、ここに語り出されたスュランの言葉は、この傷を負うことによって、この傷から湧き出すように紡ぎ出された言葉なのではなかったか。そうだとすれば、この「スュランの言葉」は、「スュランが語った言葉」というより、「スュランを通じて語られた言葉」というほうが正しいだろう。誰が話しているのか、経験の主体は誰なのか、が問われなければならない。

特権的な現前の体験から隔たるにつれて、言い換えれば、人びとと共通の暗き信仰の地平を生きるうちに拡大していったという愛の傷は、かつておのれが圧倒的なリアリティをもって直接に触れることができ、しかしいまはもう私の前から去っていってしまった他者——不在の神——が魂に残した「痕跡」としても理解できる。それは、私という主体の直接的知覚によって把持されるような現前の体験とは異なる体験である。もはやその他者を見ることも把持することもかなわない信仰の闇のなかにあるにもかかわらず、あるいはむしろそのような闇のなかにあるからこそ、愛の傷は疼いてやまない。

このような愛の関係のなかにある主体にとって他者とはもはや認識の対象ではない。それはいわば他者にとり憑かれた主体だからである。一六六二年六月二日にジャンヌに宛てた手紙のなかで、スュランは自らがつねに渇望してきた宝である愛の傷を「病（maladie）」と表現し、「おのれに残された力をすべて用い、命を捧げてこのような病を病み続けるという希望」に言及している（C. L460, p. 1368）。『経験の学知』でも、愛の傷が「傷」たる所以は、「魂があたかも或る病苦（mal）によって襲われるかの如くであり、この病苦によって魂は愛の苦悩に陥るから」と説かれている（S. III, 14, p. 353）。この病、病苦は、「雅歌」（5, 8）に歌われている「愛の病」——戸を叩いて去って行った恋人を探し求めて彷徨い出てゆく魂の病——を想起させよう。

かくして、信仰の地平における「不在の神」との知覚なき交わりに開かれた愛の傷は、それと同時に、同じ信仰の地平に生きる、この世の他者たちとの交わりに開かれた場でもあった。孤独のなかで神との合一に向かおうとした魂が否定した被造物世界との関係は、むしろ神の愛を増すものとして根源的に肯定されることになる。つまるところ、スュランの神秘主義における現前からの隔たり、それとともに大きくなる愛の傷とは、この世の——信仰の地平における——隣人愛の実践に魂を向かわせる、根源的な要請であったように思われる。[35]

スュランにとって、人びとと共通の信仰の地平に生きるとは、隣人への愛に生きるということと同義であった。或る意味では、スュランはたしかに、上昇よりも下降を、神との合一よりも人間たちとの交わりを選んだのである。だが、そのとき信仰の闇は、その闇を生きる魂を隣人愛に満たす闇、「神が住まう闇」となる。かくして宣教神秘家スュランは、孤独な精神の内省を通じて神との合一を求めるのとは別の仕方で神との交わりを生きることになったのである。

4　闇に生きる——疑いと信仰のはざま

本書第四章において、私たちは次のことを明らかにした。スュランが辿った霊的道程は、おのれの救いをも含めて一切の希望を断つ「純粋な愛」の教説に極まるフェヌロンのそれと、少なくとも途中までは軌を一にするようにみえながら、隣人愛への転回という決定的な一点で袂を分かつということである。スュランにおいては信仰の闇と隣人愛とが不可分であることが確かめられたいま、両者の相違はいっそう明確になったと言えよう。

フェヌロンが提示した「純粋な愛」の教説は、十字架のヨハネが説いたような信仰の闇——深い懊悩をもたらす霊的な乾き——を根本的な前提にしているが、しかし、最終的にはその闇を否定し、そこから離脱せんとするものだった。たしかに、フェヌロンは「最も赤裸で最も暗い信仰に留まらなければならない」と説いていた。だが、その根底において彼は信仰を信認ではなくもっぱら確証として理解していたのであり、ゆえに信仰の闇は、つまるところ知覚と認識によって明かすべき闇なのであった。そして彼の信仰は、どこまでも「私の信仰」だった。裏を返せば、他者からの信認なしにはない信仰——証しとしての信仰——の可能性は、彼においては閉ざされてしまっている。だからこそ彼は、地獄堕ちの不安に苛まれている魂に対しては「われわれがもっているはずの信への信仰について正確な教義を説いてもしかたがない」と言ったのである。とどのつまり、私の救いの不確実性が魂にもたらす不安を解消する「治癒の教え」にほかならないフェヌロンの「純粋な愛」の教説は、「すべてのキリスト教徒に共通の信仰」とは本質的に相容れないのである。それは、おのれの救いの可能性を自ら放棄できる「聖人の鋼のような魂」の持ち主である「私」を救いへの不安から解放する——したがってそれは実のところ密かに私を利する行為でもある——のだが、闇のなかにとどまるほかないその他大勢の弱き魂たちの救いに対しては、ついに「無関心（indifférent）」なのだ。

フェヌロンに純粋な愛を可能にし、隣人愛を不可能にしたもの。逆に言えば、スュランに隣人愛を可能にし、純粋な愛を不可能にしたものとは何か。同じように地獄堕ちの懊悩に苦しみ、同じように死に至る絶望に陥りながら、最終的に両者がその後向かった先を分けたのは、地上の人間の具体的な生を、その悲惨さや弱さをも含めて受け容れたうえで、それでもなおこの世における生を肯定することができるか否かではなかったか。フェヌロンが体現した「強さ」は、霊的な選良としての強さであり、この世の生の本来的な弱さを否定し、闇のなかの信仰における他者との交わりを閉じることで、私の魂に安らぎをもたらすものであった。他方、スュランの「弱さ」は、永遠の生との埋め難い隔たりを生きることにほかならない信仰の闇のなかに、他者たちとともにとどまるのである。だが、彼の信仰の闇は、私の知覚や認識の欠如として捉えられる空疎な闇ではなく、他者への愛に満ちた濃密な闇であった。

ちょうど『経験の学知』の執筆が佳境に差し掛かっていたと思しき一六六三年一一月一一日、ボルドー近郊の小村で従事していた宣教活動について、病からの恢復後にふたたび見いだした「説教することと魂たちに奉仕すること」の自由を称賛しつつ、スュランは次のように書いている。

私の考えでは、そこには神の祝福がある。なぜならこれら貧しき村人たちの魂は［スュランの活動によって］

非常に強く捉えられたからである。私は、いまや私たちの主が私にそうすることを望んでいると信じている。私のできるかぎり、しがなき人びとを助けることに務めよう。私は彼らのうちに多くの人間的弱さと、しかし（mais）また豊かな信仰を見いだすのである。（S. III, 6, p. 304）

注目すべきは、人間的弱さと信仰との逆接による結びつきである。逆接詞の頻出は、信仰の状態を語るスュランの言葉の、いわば文体的特徴である。『経験の学知』第三部第一四章において信仰の状態を定義する言葉にも「信仰の状態において、魂は（中略）悲惨さや貧しさへと追いやられている。が、しかし（pourtant）そこでも信を保ち続けるのである」（S. III, 14, p. 350）とあった。率直に解釈すれば、この逆接は、弱さという否定的な事態が、「にもかかわらず」信仰という肯定的な事態へと反転する落差を示している。だがここには、もう一歩踏み込んで「それゆえに」という含意が読み取られるべきではないだろうか。つまり、この世に生きる人間の本来的な弱さは、スュランにおいて信仰の根源的条件として認められていたのではないだろうか。この点については次章でさらに考察を重ねたい。

本章を締めくくるにあたり、いま一度スュランの聖霊論に立ちかえろう。彼において聖霊とは、現前せざる神、隔てられてはいるが近しき神、あるいは現前するのとは別の仕方で現前する神とのもうひとつの関係のかたちであった。それは暗き信仰の状態における、隠れたる神との関わりを言うものであった。ところで、聖霊は「私たちの弱さと惨めさを通じてはたらく」（C. L500, p. 1455）と彼は言う。『神の愛についての問い』第一部第二章では、パウロの言葉「聖霊は、私たちが神の子供であることを、私たちの霊に証する」（「ローマの信徒への手紙」8, 16）にある「聖霊の証し」について、次のような解釈が提示されている。

この証しは、信仰によってこの世の生にもたらされる闇のなかで、魂が神に属しており、神のうちにあるということをつねに保証する。時には、この証しの確からしさが極まって、それについて心はなんの疑いも抱きえないということがある。あるいは、たとえそれがあらゆる種類の疑いを取り除くまでには至らなくとも、それはなお、この世の生に適合した聖霊の言葉であることに変わりはない。(Q. I, 2, p. 40. 傍点引用者)

スュランの言葉は、どこまでも信仰の闇のなかにとどまり、特別な現前の体験のない隣人たちに向けられていた。この暗き地平に到来する聖霊の経験、その「証し」は、不確実性や疑いを排除しない。また、ここで論じられている聖霊の証しが、「私たちが神の子どもであること」の「私たちの霊」への証しであるということも見逃すべきではない。共通・通常の信仰を主題とする『神の愛についての問い』に語られるスュランの言葉は、一部の霊的選良ではなく、特別な恩寵、超常の体験をもたない一般の信仰者たちに宛ててのものだった[36]。それは、ともに分かち合われるべき言葉なのである。

続けて、この聖霊の証しがどのように起こるかが説明される。

このことは非常に自由かつ高尚なるやり方で生じるために、信じる心は、信仰によってもたらされる包括的な観念のみならず、子としての甘美なる感情によって、信じて揺らぐことがない。この感情は非常に強いために、魂は、幻想に陥る懸念もなく、大いなる蓋然性によって、おのれが神に属しているということを承知するのだ。私が言っているのは、このことが神によって多くの聖人たちに下されたような、疑いの余地なく明確な啓示であるかもしれないということではなく、このことが或る卓越した平安と信頼を生む蓋然性のうちにあるということであり、この平安と信頼によって人間は完全なる安らぎのうちに置かれるのだ。(Q. I, 2, p. 40. 傍点引用者)

聖霊の証しが「疑いの余地なく明確な啓示」ではなく「大いなる蓋然性」のうちにあるということは、それが

「信仰の幕」をすっかり取り去った神秘の現前ではなく、したがって不確実性や疑いなど認識の闇を排除するものではないということだ。ここまでスュランの言葉を辿ってきた読者であれば、信仰する者に与えられる聖霊の証しが、けっして明かしえぬ闇にこそ与えられるという彼の言葉に、もはや驚くことはあるまい。この闇を排除しないということは、この世を生きる弱き人間の生を肯定するということであり、そのような人びとのあいだにとどまることによって、この宣教神秘家には新たな信仰の言葉が与えられたのである。

註（第5章）

1　たとえば『告白』にみられる以下の記述をみよ。

それは永遠であるから、ただあるのみである。というのは、「あった」とか、「あるであろう」とかいうことは永遠でないからである。わたしたちは、このようなものについて語り、このようなものにあこがれながら、全身の力を尽してわずかにそれに触れた。わたしたちは深い溜息をついて、そこに「御霊の初の実」〔「ローマの信徒への手紙」8, 23〕を結び残して、初めと終わりがある分節的な人間の言語に帰った。しかしそれは、わたしたちの主よ、「老いることなく、みずから永続して、しかも万物を新たにされる」〔「知恵の書」7, 27〕あなたの御言とどれほど異なったものだろう。〔IX, 10〕

実際、この御言は永遠に語られ、御言によって万物は永遠に語られるのである。語られていたものが終わって、別のことが語られ、かくしてすべてのことが語りつくされるのではなく、すべてのことが同時にしかも永遠に語られるのである。もしもそうでないなら、すでに時間と変化がはいってきて、真の永遠も真の不死もともに存在しなくなるであろう。〔XI, 7〕

（AUGUSTIN 1993, 319–320＝一九七六、上三一四—三一五頁 ; p. 413–414＝下一〇三頁）

2　本書第二章一七七—一七八頁を参照。

3　魂の「暗夜」をめぐる議論のなかで、カトリック神学者バルタザールとグリルマイヤーは、神秘家たちがしばしば語る「地獄」について時間的な観点から次のように述べている。「「地獄」では、特殊な時間経験が支配的となる。それは形ナキ時間（*tempus informe*）の経験であり、これは時の流れの停止に相当する（かくして地獄における時間の経験は、永久の生という意味をもつ永遠がそうであるところのものと逆説的な対をなすのである)」(BALTHASAR et GRILLMEIER 1972, p. 74)。

4 本書第四章註33を参照。

5 本書補遺註38を参照。

6 『経験の学知』というテクストの構造については、本書補遺四二二—四二五頁を参照。

7 この「遠ざかり」が、現前の体験としての「見」(私は見る)とはまた別様の「見」として提示されていることも興味深い。それは「私が見る」のではなく「(なにかが)見える」という事態であり、したがって非人称主語の構文で説明されるような出来事としてある。事実、スュランは「イエス・キリストとの合一」を語るなかに次のような言葉をのこしている。「このことは見えるのであり、感じられるのである。見る、と私が言うとき、それは至福直観のような明晰なヴィジョンのことではなく、私たちに物事を顕現する或る見のことを言うのである (ceci se voit et se sent. Quand je dis voir, je n'entends pas la claire vision béatifique, mais j'entends une vue qui nous manifeste la chose)」(S. III, 12, p. 342)。

8 一六六〇年から六二年にかけてジャンヌに宛てられた手紙のなかで、スュランは幾度か、かつて彼女とともにした体験を振り返りつつ、いまや自分たちがそこから「遠ざかっている」と述べている——C. L294, p. 933 (一六六〇年三月二日〔二月二八日?〕); C. L359, p. 1094 (一六六一年三月三〇日); C. L449, p. 1336 (一六六二年五月七日); C. L481, p. 1420 (一六六二年九月)。この「遠のき」は、現在と過去との時間的距離を意味すると同時に、神の明瞭な現前の体験と仄暗き信仰の生との「隔たり」を意味している。それはまた、人びとと共通の生の地平に回帰していくことであった。一六六二年四月一一日に、やはりジャンヌに宛てて書かれた手紙にはこうある。「悪魔憑きに苛まれたことを契機に、私たちはこの世の生とは別の生に関する事どもについて数多くの体験をしたけれども、この信仰の状態は、超常のものと呼ばれるもののあらゆる印象を消し去り、人びとに共通の暮らし、生き方のなかに私たちを置く」(C. L444, p. 1320)。

9 スュランの聖霊論をめぐる私たちの考察は、現代カトリック神学を代表する一人、ジョゼフ・モワンの聖霊論に多くの示唆を受けている。MOINGT 2002, p. 812–824. モワンの議論は明らかにミシェル・ド・セルトーの影響を強く受けている。なお、現代の思想的課題としてのアウシュヴィッツが提起する「他者の不在」という問題を「証言」というテーマに寄せて論じるなかで、「ヨハネ福音書」の聖霊論を証言論へと展開しようとした試みとして、宮本 二〇一二(とくに第二部を参照)を挙げておく。宮本の考察は、その内容にもまして、現代哲学と神学の垣根を取り払う大胆さにおいて啓発的である。

10　この事実は、スュランもよく読んでいた『キリストに倣いて』（III, 26, 4）にみられる次のような記述と照らし合わせてみるといっそう興味深い。「食物も、飲物も、着ものも、その他身体の維持に関わるところの日用の品々も、熱烈な魂（をもつ人）にとっては重荷になります」（トマス・ア・ケンピス一九六〇、一五三頁）。

11　一六二六年から一六三〇年にかけて書かれた（正確な執筆時期は不明）一六通の手紙にとりわけ顕著な傾向。たとえば、或る修道女に宛てた手紙のなかでスュランは次のように書いている。「あなたの罪が神を汚すということはありえません。罪と神とはそれぞれ違う住まいを持っているからです。罪はあなたの自然本性に、神はあなたの精神に住んでいます。（中略）結局のところ、私の親愛なる修道女よ、あなたの自然本性と肉体を悪魔と罪の手に委ねなければなりません。悪魔と罪に投げ出されてしまえば、それらは余計な実りを生みだすことはありません」（C. L2, p. 114–115）。「異端」的傾向も疑えるようなこの激しい記述の底には、絶対者たる神を潔癖に求めるあまり、その障害となる肉体——彼はその虚弱に悩まされていた——に向けられた憎悪とも言うべき否定的感情が窺われる。

12　一六五九年六月一六日、および一六六四年一月初めに書かれた手紙にも同様の描写がある（C. L245, p. 809 ; C. L536, p. 1549）。なお、スュランをはじめ一七世紀フランス神秘主義における「大海（océan）」のイメージについては、HOUDARD 2002, p. 120を参照。

13　CATHERINE DE GÊNES 1646, chap. 17, p. 122–123.

14　たとえば、同時代の霊性文献にみられる次のような言葉と比較すること。「私たちはみな、地上においても天上においても同じひとりの主を有し、崇めています。しかしそれには二つの異なるやり方があります。私たちが地上において主を崇めるのは信仰によってですが、天上においては明晰に見ることによってです。それは天上と地上のあいだにある分断であり、相違です。今ヤ信仰デハナク見神、希望デハナク賜物（*iam non fides sed visio, iam non spes sed fruitio*）という日はいずれやって来るでしょう」（BÉRULLE 1644, p. 1127）。

15　一六六五年出版のシプリアン訳による『愛の生ける炎』第二詩節第三詩行の解説には「おお魂よ、それを皆に語ってください。いや、それを語ってはなりません。えも言われぬこのそよ風を皆はまったく知りませんし、この崇高なるものを受け容れることができず、あなたの言うことを聞かないでしょうから」とある。JEAN DE LA CROIX 1665, p. 364.

16　スュランにおける「私（je）」のあり方について、次のセルトーの指摘を参照。「〈私〉は他者に身を任せることのうちに姿を現す。それが自己を語ることができるのは、外から到来する願望のうちにおいてのみである（中略）。〈私〉が語るのは、〈私〉が待望されている（愛されている）場合にかぎられる（中略）。スュランの狂気は、なによりこの不確実性の暴力であった。自己が待望されていると信じることを止める時、〈私〉は閉塞してしまう」（CERTEAU[1982]2002, p. 256）。

17 このような解釈は、歴史家の時間（歴史）と神秘家の時間（歴史）の根本的差異をめぐるセルトーの洞察と通底している。歴史というものを継起する一連の出来事と捉える（近代的、実証主義的）歴史家の時間と異なり、神秘家の時間はけっして均一には流れない、と彼は言う。「そのひとつひとつがはじまりであるような、果てしなく連なる個々の瞬間が、或る歴史性を創りだす。この歴史性においては、時間的連続性は、諸制度と同様、意味のあるはたらきを失うのである。かくして、（不可能な？）永遠あるいは（先延ばしされている）終わりから到来したと考えるほかないようなこれらの出来事は、歴史記述によって生産される時間に逆らい続ける」（CERTEAU[1982]2002, p. 21–22）。「神秘主義のさまざまな歴史性（historicités mystiques）」とは、セルトー最晩年の論考のテーマでもあった（CERTEAU 2013, p. 19–50）。

18 セルトーによれば、「語られること」と区別される「語ること」の比重の増大は、近世神秘主義を根底で規定する歴史的事象であった。個人の信仰と教会が説く教義、あるいは体験と制度とのあいだに明白な隔たりが認められる一七世紀、神秘家たちにとっての真理は、「語られたこと」としての言葉――教義、制度、福音書――のなかにはもはや聞き取られなくなっていた。セルトーは、近世神秘家の言語的実践の根源的な新しさを、語られた言葉がたんなる記号と化すなかで、他者に語ろうとする（vouloir-dire）主体、発話する私に、語られた言葉と新たに関わる戦術的な場を形成したことに認めている（CERTEAU[1982]2002, p. 240–242）。なお、「語ること」と「語られること」というカテゴリーについて、セルトーはレヴィナスの議論を参照していることを付言しておく（*ibid.*, p. 241n66）。

19 これは、リクールによりつつ、私たちが神秘家の言葉の本質的特徴として仮定していた点である。本書序章五五―五六頁を参照。

20 ベルガモが論じているように、擬ディオニュシオスやボナヴェントゥラにおける闇が、「そこにおいてはすべてが光を反射する暗黒」、すなわち主体の認識の全面的否定であるところの対象の不可知性であるのに対して、スュランの神秘主義における闇は、あまりにも豊かであるために人間の言葉によっては言い表すことができない「認識の過剰（connaissance extraordinaire）」ゆえの言語化不可能性の謂である。後者においては語りえぬものの「完全で肯定的な認識」はまったく可能なのだ。つまり、スュランにおける言語活動は、認識の不可能性に接して無力化してしまうものではなく、無限に彩り豊かな認識の可能性に開けているのである。Cf. BERGAMO 1992, p. 109–118. このことを最もよく示しているのは、ベルガモも引用しているように、『霊のカテキスム』のなかで「超自然の財の光と豊かさ」を扱ったテクストであろう。神によってもたらされる認識と神学や自然哲学によって人間が得る認識とのあいだには「自然の事どもについて子供の認識と自然哲学者とのあいだにあるほどの釣り合いもない」（ICS. IV, 7, p. 387）とした上でスュランは次のように書く。

（問い）どうしてあなたが言うようなことになるのか。というのも、神によってもたらされる認識を得た人びとは、そうした神秘を語るときに、常軌を逸した言葉遣いをけっしてしないし、あまりにも新奇な事、あるいはそのような光を言うのにふさわしい事をなにも言わないということが知られているのだから。（答え）それは、彼らの知性にかくも多くの認識を与える神秘の感覚には、それに見合うだけの言葉がまったくないからである。ちょうど、インド諸島から来た人が、かの国のさまざまな果実を味わいながら、それぞれの果実の味の違いを説明することが、たとえそれについてきわめて完全な観念（une notion très parfaite）を抱いてはいても、けっしてできないように。なぜなら、そのような事柄を言うのに適した言葉がまったくないからである。この国でも、マスカットとアプリコットとメロンのあいだにある違いを誰か他に説明しようとする人は非常に苦労するだろうし、身ぶりや何かしら感嘆を表す音の響きによる以外に思っていることを説明する術はないだろう。心の内では、それら果実のひとつを他から区別するだけの彼の認識が、それ自体として巨大な拡がりをもっているのではあるが。超自然の事どもにおいても同様である。超自然の事どもについて人が抱く感覚や認識は、実に多種多様な対象をもつので、それらを説明するにはどんな言葉も見当たらないほどなのだ。人間ニハ語ルコトガ許サレテイナイ〔「コリントの信徒への手紙二」12, 4〕。だからこそ聖テレサは、彼女が体験した事どもについて語るときに、それを語る言葉の無力さに苛立っていたのだ。そうした言葉のうちには、彼女が言いたかった（voulait dire）ことに見合ういかなるものもなかったのである。（ICS. IV, 7, p. 388–389）

スュランにおいて「言葉にできないもの（l'ineffable）」は「語り尽くせぬもの」ではあれ「語ること」の可能性に閉じられてはいない。言い換えれば、以下の議論で示すように、語り尽くせぬものをそれでもなお「語ろうとする（vouloir-dire）」願望はけっして尽き果てはしないのである。

21　本書第二章一七六―一七九頁を参照。

22　「絶対（absolu）」の原義は、他から「分離（délié）」されてあることである。

23 本書第四章註33を参照。

24 一六六一年一〇月一五日、聖テレサの祝日にあたるこの日、スュランは手紙のなかで次のように書いている。「神秘神学の学派(école)は彼女のもとにある」(C. L419, p. 1250)。

25 アビラのテレサに連なる「学派」というとき、スュランの念頭にあったのは、彼女や十字架のヨハネが切り開いたカルメル会系神秘思想にスコラ学的意匠を施すことによって正統神学化を図った人びとであったと思われる。跣足カルメル会第二世代、あるいはそれ以降の世代に属するこれらの人びとは、「神秘家」というよりも、「神秘神学者」と呼ぶべき人びとであり、より正確に言えば「神秘神学の理論家」であった。鶴岡二〇一〇cを参照。

26 前註を参照。

27 リクールの証言論における「確証(certification)」と「信認(accréditation)」の区別については、本書序章五九—六〇頁を参照。

28 「人間の不信仰というのはあまりに根深く、信仰に反する精神の硬直はあまりに当たり前のものになってしまっているために、人びとに対して信仰の諸真理について疑いようもない証拠の数々を与え、人びとを力づけ、その目の前に光を示し、それについて人びとがあまりにもひどく反目している神の事どもを知ること以上に有益なことはないように思われる」(S. I, 1, p. 157)。

29 本書序章六三頁を参照。

30 『経験の学知』をほぼ書き上げた頃にあたると考えられる一六六三年一二月の手紙には、同書の「序文」にあるのと同様の記述が見いだせる。

　神が人間に与えるのは非常に隠された導きです。神は思慮深き摂理のとりはからいによってその導きを行使し、私たちの信仰の功徳を生み出すのです。しかしながら神は、いつの時代にもどんな国民のあいだでも、信仰の諸真理をまざまざと感知させるがゆえに私たちがほとんど是非もなくそれらの真理を認めざるをえないというような事例や体験を突発させることが時にはあるのです。信仰の諸真理を認めるのをはばかる、かの自由思想家たちのようにふるまうのは恐るべき頑迷です。私と神学者たちが「可信性の動機」と呼ぶ奇蹟やその他超常の事どもによって彼らも納得することができるわけですから。私としては、信仰の諸真理はそうした証拠を通じて時に明白にされると信じています。これらの証拠は紛れもなく明白かつ確実なものなので、道理にかなったやり方で抵抗することはできません。それらの証拠を信じる遜った従順さを備えた人びとは幸いですが、頑なに認めようとせず、人が自分たちに言うことは間違っていると思い込みたがる者たちは不幸です。それは謬見や放埒のなかで自由でありたいという欲望の帰結です。（C. L514, p. 1491–1492）。

31 「私を信じなければなりません、なぜなら私を信じなければならないのですから――これは信じることと証拠とのあいだの差違であり、この差異は証言にとって本質的なのです」（DERRIDA 1998, p. 47＝二〇〇〇、五六頁）。

32 本書第二章一六七頁参照。

33 プロティノスのエクスタシー概念と、キリスト教神秘主義（ニュッサのグレゴリオス、クレルヴォーのベルナール、サン＝ヴィクトルのリシャール、ボナヴェントゥラ、フランソワ・ド・サルなど）におけるエクスタシー概念とを比較し、前者の「上昇」志向に対して後者の「下降」志向を強調し、さらに隣人愛との結びつきに注意を促した、極めて啓発的な議論として、MOMMAERS 2003, p. 107–162 を参照。「エクスタシーの本質がおのれを超えゆくことにあるとすれば（中略）魂の出立を神的なものへの上昇の運動にかぎってしまう理由はない。エクスタシーは、人間的なものへと下降することによって自己を去ることであってもよいだろう」（*ibid.*, p. 160）。

34 晩年のスュランは、文字通り「すべて」に神を見いだす境地に至った。死の数ヶ月前（一六六四年一〇月一二日）の手紙のなかで、神の大いなる知覚（sentiment）について彼は次のように言っている。それは「ただ精神や思弁のうちにあるのみならず（中略）なお心と実践のうちにもあり、ただ神においてしか満ち足りることができず、感覚の迸り（transport sensible）によって神へと上げられる。一匹の羽虫や一本の雑草のように、最も小さくしがないものを目にしただけでもそうなのだ」（C. L547, p. 1582）。

35 スュランの神秘主義におけるこの「愛の傷」を負った主体のあり方は、おそらく、『存在するとは別の仕方で』でレヴィナスが論じた、他者の呼びかけに対する不可避の応答そのものであるような主体性と通底している。レヴィナスはこの書のなかで「雅歌」を二度引用するが（LEVINAS 2011, p. 141, 222）、その解釈についてはカトリーヌ・シャリエの議論に間然するところがない。ただし、神秘主義は神の不在を神との合一によって埋めるべき悪しき隔たりとして捉え、さらに超越神との合一という最終目的のためにこの世の隣人との関係を軽視するというシャリエ（あるいはレヴィナス）の神秘主義・神秘体験理解に対しては、ここでの考察がそのまま反論となるだろう。少なくともスュランの神秘主義には、隔たりが、「私」を去って他者へと向かう無限の（愛の）要請の源泉となるような、シャリエが言う「もうひとつの哲学的体験」を見いだすことができるのだから（CHALIER 2005）。神秘主義が「この世からの逃避」であるとの批判に対する説得的な応答、反駁として、LAVAUD 2015 も参照。

36 本書第一章一三一―一三三頁および第四章二六八―二六九頁参照。

第6章　永遠の城外区にて

　これまで私たちは、共通・通常の信仰の神秘を説くスュランの言葉が、すべてのキリスト教徒に宛てて語られた言葉であったということを再三にわたり確認してきた。かくして三人称複数の他者たちに宛てられた彼の言葉は、しかし、宣教師として生きるなかで彼が出会い、あるいは手紙のやりとりを交わした、数多くの二人称の他者に触発されたものでもあった。実のところ、このイエズス会士が遺した信仰の神秘についての言葉のうち、最も美しいものの多くは、ひとりの修道女に宛てた手紙のなかに集中的に紡がれている。彼の手紙の特権的な宛先人である二人称の「あなた（vous）」、それがルダンにおいて彼がその悪魔祓いを担当した、ウルスラ会女子修道院長ジャンヌ・デ・ザンジュその人であった。スュランの霊的成熟にとって、彼女が果たした役割は、彼の魂の最も深いところから発されたと思われる言葉の引き出し手として決定的に重要であったと考えられる。

　彼女は一六六五年一月二九日にこの世を去った。およそ一ヶ月後の二月二五日、スュランは彼女に近しく、最後を看取ったデュウー夫人宛ての手紙のなかでこう書いている。「次の唯一の理由が私をかの修道女〔ジャンヌ〕に結びつけていたのでした。それは、私が彼女のうちにただ神のみを支えとする魂を見いだしていた、ということです。魂がただ神のみを支えとするのは、おのれのすべての安らぎをイエス・キリストに求める、生ける純粋な信仰においてでありました」（C. L591, p. 1675）。本章の最終的なねらいは、超常の体験から通常の信仰へと回帰したスュランの魂が、「生ける純粋な信仰」の境地に見いだした「平安」とはいかなるものであるかを明らかにすることである。とりもなおさずそれはスュランにおける「合一」のかたちを問うことでもあるだろう。

1　ジャンヌとスュラン

彼の他の手紙と同様、ジャンヌ宛ての手紙も多くが消失してしまったと考えられるが、それでも一二五通と、六百通弱がのこる全体のおよそ二割を彼女宛ての手紙が占めている。しかし、彼女宛ての手紙が特別であるのは、たんにその量によるのではない。彼にとってジャンヌは、自己の内面をためらいなく打ち明けることのできる、最も親密な言葉の宛先人だった。[1] 彼女に宛てられた手紙にこそ、このイエズス会士の思考の最も奥深いところが赤裸々に語られている。だからこそスュランは、彼女の死期が迫ったとき、当時彼女の手元にあった数多の手紙が他人の手に渡ることを恐れて、できることなら燃やしてしまうか、少なくとも人目に触れることのないよう何らかの措置をとるよう、繰り返し求めたのである。[2]

ルダンで邂逅したこの二人のあいだに何らか「性的な欲動」を読み取る向きがあるとしても不思議ではないだろう。[3] いずれにせよ、ジャンヌという謎に包まれた女性との関係がスュランの神秘主義を理解するうえで必要不可欠な要素であることはたしかである。しかし、あえて言えば、ジャンヌという女性がどのような人物であったか、あるいは彼女がスュランと実際にどんな関係にあったのかということは、本質的な問題ではないと考える。重要なのは、彼女を宛先人とするときにこそ彼の言葉は何か特別なかたちで触発されたという事実である。一六六二年五月七日の彼の手紙の冒頭には——それはたしかに恋文のようでもある——こうある。「私の心の願望にまかせてあなたに手紙を書く、そのような機会と時間をもてることを、私はひたすら待っています。なぜなら、もうあなたに言ったように、私にとってあなたは、神へと向かうさまざまな私の心の動きを、最も奥深く親密なものまで含めて語ることのできる、唯一の相手だからです。はっきり言っておきますが、私は長上たちに対して何を隠すつもりもありません。けれども、私の魂の内には、そこにある多くのことを打ち明けるのは容易なことではないという感じがあって、それらのことを打ち明けようとしても、言葉が出てこず、私が考えていることに私の内側からは多くの言葉を与えることができないのです。〔ところが〕あなたにそれを明白に述べるための何らかの力はあるように思うのです」（C.L449, p.1333–1334）。私たちが注目するのはあくまでもスュランの言葉である。問われるべきは、ルダンの悪魔憑き事件以後、その生涯の終わりに至るまで種々の鮮烈な超常の体験に見舞われ、それについて語り続けたジャンヌに対して、または彼女によって、スュランがどのような言葉を語りだしたのかということだ。とりわけ、ジャンヌに向けられた彼の言葉にみられる揺れが問題となる。[4]

1　ジャンヌと「超常の体験」

修道女ジャンヌの身に起こり、その後のスュランとのやりとりの多くを占める話題となった超常の体験が、どのようなものであったかをまず確認しておこう。スュランの手なる悪魔憑き事件の記録『神の愛の勝利』によれば、とくに三つの体験が重要である。[5]

第一に挙げるべきは、悪魔祓いがついに「成功」したとき、彼女の左手に刻まれたという四つの聖なる名の痕跡である。彼女に憑いていた悪魔たちは、スュランに命じられて、彼女の身体から出て行くときに「JESUS（イエス）」、「MARIA（マリア）」、「JOSEPH（ヨセフ）」そして「FRANÇOIS DE SALES（フランソワ・ド・サル）」の四つの名前を彼女の左手にのこした（T.7, p.127–130 ; T.10, p.139–140）。この「聖痕」は、その後二四年から二五年のあいだ、定期的に新しくされた（T.10, p.141）。[6]また、この事件の幕引きに彼女（に憑いた悪魔）が企てた、アヌシーにあるフランソワ・ド・サルの墓への巡礼の道中、一行が立ち寄ったフランス各地の都市で、彼女の左手にのこされた悪魔の証拠を一目みようと幾千もの人びとが押しかけたという。[7]

第二に、スュランによるジャンヌの最後の悪魔祓いの果てに起こった「奇蹟」である（T.9, p.133–137）。それは一六三七年一〇月一五日、アビラのテレサの祝日に起こった出来事だった。激しい悪魔祓いが原因で精根尽き果てたジャンヌは、胸膜炎を患い、もはや恢復の見込みなしと判断され、ついに終油の秘蹟を受けた。が、誰もが彼女の死を悟ったその瞬間、彼女は突如として恢復したのである。曰く、彼女の眼前に聖ヨセフが現れ、「天上の香油」を彼女に塗ったのだという。彼女が着ていた肌着には聖香油の滴の跡が五つ残され、かぐわしい匂いを放っていた。この聖香油の跡は多くの人の崇敬を集めたほか、そこに接触させて頒布された布や綿が病人を治癒するなどの効力を発揮した。[8] 前述の「聖痕」同様、この奇蹟もまたその後二五年以上続いたという。

第三に、守護天使の出現である。聖ヨセフによる聖香油の塗布と同時に現れたというこの守護天使は、そのときはすぐに消えてしまったが（T. 9, p. 133）、その後たびたび彼女の前に現れ、彼女の手に刻まれた聖痕を新しくした。やがてこの聖痕は聖香油と同じ匂いを発するようになり、やはり多くの人びとの信心を呼び起こしたと書かれている（T. 10, 142）。

2　距離

さて、ジャンヌの身に起こったというこれら「超常の」恩寵の数々に対して、スュランはどのように反応したのだろうか。結論を先に言えば、彼女に対する彼の態度は両義的なものであった。

一六五八年四月一五日の手紙には、バスティド神父とのあいだに起こっていた超常の恩寵をめぐる論争（本書第三章二〇二頁以下を参照）への言及とともに、この頃ジャンヌのもとに頻繁に現れたという彼女の守護天使について短い言及がある。実は、徐々に周囲のイエズス会士をも巻き込んで拡大していったバスティドとの論争は、最終的にこの守護天使をも巻き込むことになったのだった。スュランはこう書いている。「私は、主の御意志を完全に知りたいと願っています。そして、この守護天使の返答を待っている神父〔バスティド〕が、私の身に起こっていることすべてがまやかしであるなどと言わないようにとも願っています」（C. L174, p. 608）。一切の超常の恩寵を拒絶すべきと主張したバスティドが、ジャンヌの守護天使に対して自説を保証するような託宣を求めたとすれば、皮肉というほかないだろう。

それはさておき、この手紙には超自然的な恩寵に対するスュランの明白な距離感が表れている。これに先立ち、ジャンヌは彼女の霊的指導者であるスュランに対して、彼女が受けた天使の託宣について詳細に報告したようだ。ところが、たとえば次の言葉は、スュランの反応がかなり冷ややかなものであったことを教えている。「あなたの守護天使の訪れについてですが、守護天使があなたに伝える言葉のすべてを私に書き送ってくる必要はありません」(C.LI74,p.608)。バスティドとは異なり、スュランにはジャンヌの天使に自説の正当性を確証してくれるような託宣を期待するつもりは毛頭なかったようだ。「私は、あなたの守護天使に何事かを尋ねてみようという気にはまったくなりません。この論点については、私たちの主は私に身をもって経験させてくださったと思っています」(C.LI74,p.609)。すでにみたように、当初はバスティドの忠告に従おうとしたスュランは、自己の魂の内なる恩寵のはたらきを拒絶しようと努めた。しかし、彼の魂にとってそれはあまりにも窮屈な「締め付け」となり、ついに彼は霊的指導者への服従を諦めることを余儀なくされたのだった。[9] このような「経験」があるので、天使の託宣に頼る必要はないというのである。

　翌年一月二二日の手紙は、ジャンヌの守護天使の出現が広く物議を醸していた様子を伝えている。先の手紙と

マチアス・ファン・ゾマー(Mathias van Somer)による(?)ジャンヌ・デ・ザンジュの肖像画。彼女が死去した年(1665年)に作成され、版画家・収集家として名高いピエール・マリエットのコレクションに入ったもの。彼女の左手には四つの聖なる名前が刻まれている。背後にいるのが彼女に現れたという守護天使。

同様、スュランは距離感を保っている。だが、彼女の霊的指導者として彼が取った態度は単純なものではなかった。

> 教会の高位にある何人かの方から、いくつかの咎めを受けたことを、あなたにお伝えせねばなりません。その方々が非難しておっしゃるには、あなたが、まるで売店《ブティック》を開いているかのごとく、あなたの守護天使に尋ねるよう人びとに迫られるあらゆる事柄について、天使のお告げを知りたがっている。結婚やら訴訟やらその他同様の事どもについて、どうしたらよいか知るための窓口《ビュロ》を設けているかのごとくである、と。
> 人びとは、あなたがやっていることは、私たちを導くにそれだけで満足すべき信仰の次元に反するものだと言います。あなたがやっていることを私が認めていないという噂については、次のように答えておきました。実のところ、私はあなたの守護天使を通じていかなる個別的な事柄を知ろうとしたこともないし、あなたが然るべきあり方に反するようなふるまいをしたのかということについては何も知らなかった。私としては、そのような場合においては、信仰の規準を犯すことなく、神がそこではたらいていると思われる超常の道の光が得られることも時にはあると考えている、と。そういうわけですから、あなたの守護天使については、人びとが度を越して抱きがちな好奇心を満足させるようなことが起こらないよう、また、キリスト教徒たちの通常の信仰の妨げとなることが起こらないよう注意してください。（C.L211, p.713）

この問題についてスュランの言葉は慎重であり、先の手紙と同様の距離感も窺える。ただしその一方で、ジャンヌが授かった超常の恩寵を無下に退けるわけにはいかないという彼の態度も、断定を避けた慎重な言い回し——「そのような場合においては、信仰の規準を犯すことなく、神がそこではたらいていると思われる超常の道の光が得られることも時にはある」——を通じてではあるが、はっきり示されている。実際、ジャンヌ擁護の態度は、同時期に激しさを増していたバスティドとの論争との関わりで前面に出てくる。

バスティド神父が、守護天使とのやりとりを断つのがよいと私に考えさせようとした、というのは本当です。しかし、超常の事どもを拒絶するべきというこの教えにおいて彼には行き過ぎなところがあると思います。私が思うに、超常の事どもによって、神が大いなる益を魂たちにもたらすということはよくあるのですし、それは神がいくつかの魂たちにつける道であり、この道はそれら魂たちにとってはたいへん有益なのです。(C. L211, p. 713)

しかしながら、スュランがみせるこの積極的なジャンヌ擁護の姿勢は、彼が戦っていた論争のコンテクストにかぎられていたようだ。天使の託宣の「売店」、「窓口」と揶揄されるほどになっていたジャンヌの超常の恩寵への露骨な傾斜に対して、スュランは、むしろそれが「キリスト教徒たちの通常の信仰」にとって害になることを懸念していた。彼の態度は、なお揺れを含みながらも、信仰の神秘を語るほうに向かってゆく。この手紙の最後にみられる次の言葉にもそれは明らかである。

私たちの主がもたらす啓示の光によってそれ〔神の富〕を得る人びともいますが、通常の状態に神の富を認めるような人びともいます。この場合、つねに天の高みや天上の甘美さのうちにあるのではなくとも、けっしてそこから離れることなく、ごく限られた機会に、そこに立ち戻るのです。十字架のヨハネ神父の『愛の生ける炎』や、幾人かの聖人たちの論考を読んだことがある者なら、このことを信じるのにわけはないでしょう。(C. L211, p. 715)

超常の恩寵をめぐる論争は、十字架のヨハネの教えの解釈をめぐる論争でもあった。バスティドとの論争を通じて、スュランはヨハネの信仰論をおのれのものとし、一切の現前の体験を去った「信仰の状態」にこそ無限の神の富を見いだすに至ったのだった（本書第三章）。体験から信仰へという彼の神秘主義の転回に、このスペインの神秘家が与えた影響は決定的に大きかった。

一六六一年八月一八日のジャンヌ宛ての手紙は、あいかわらず天使の託宣を続けているばかりか、死者との交信まではじめた彼女を、かなり強い調子でたしなめている。[10]

真の霊的生活の基礎を心の誠実さに置くようお願いします。あなたについての多くの噂を耳にしています。あなたのふるまいには、あまりにも多くの分かりにくいところ、理解しがたいところがあるため、あなたに真実の霊を見いだすのは容易ではありません。また、〔あなたの守護天使がもたらす〕啓示や超自然的な交信のうちにはあまりにも多くの矛盾があるので、それを基にして正しい判断を下したり、何か正しい事柄に確固たる足場を求めたりしかねるところがあります。（C. I.404, p. 1205）

神的な事柄を直接に見たり、触れたりすることを可能にするような超自然の恩寵や、超常の体験を求めるのではなく、そのような現前の体験を去った純粋な信仰、赤裸な信仰によってのみ神を求めるべきことを説く言葉は、バスティドとの論争に終止符が打たれた一六六〇年の春以降、ジャンヌ以外の人びとに宛てて書かれたものも含めて、スュランの手紙に繰り返し現れる。[11]

3　接近？

しかし、ことジャンヌを前にした場合、スュランの態度はなお両義的である。彼は、一方ではキリスト教徒に共通・通常の信仰を求めるべきことを説きながら、他方では超常の恩寵を無下に拒絶するべきではないという立場をついに譲らなかったが、この両義的な立ち位置は、ジャンヌを前にすると、しばしば極端に後者に振れているようにみえるときがたしかにある。本書ではここまで、スュランの魂は「体験から信仰へ」という霊的軌跡を描いている、と考えてきた。しかしながら、ジャンヌの存在は、それを単純な一本線に還元することを許さないのだ。
揺れ動くスュランの態度を最も顕著に示しているのは、一六六三年二月一日の手紙である。そこには、ジャンヌの左手に刻まれた四つの聖なる名前の刷新という「超常の恩寵」が止んでしまうという事態を前にして、少なからず動揺している彼の様子が窺える。

あなたの手に刻まれた聖なる名の刷新の恩寵がどのようにして止んでしまったのか、なんの知らせもいただいていません。そのことの詳細と、この中断の原因とあなたが考えることを、少し伝えてくださるようお願いします。私たちの主が、主の愛のこの外的証拠をあなたに与えるのをおそらくは止めてしまったのは、ひょっとすると魂がそれに対して十分な用心を怠った何かしらの欠陥を罰するためではなかろうか、と心配しています。(C. L495, p. 1448. 傍点引用者)

ここに示されているスュランの懸念について、それが「ジャンヌ・デ・ザンジュをより慎ましく、より霊的に自由であることへと導くような類のものではない」という、セルトーの注釈は的確である(C. p. 1446)。実際、この手紙に書きつけられたスュランの言葉は、体験から信仰への転回という大きな枠組みによってこの宣教神秘家の歩みを捉えようとしてきた本書の考察の基本的視座を、あるいは根底から揺るがすように思われる。ここで彼は、超常の恩寵の消失をひたすら否定的な事態として捉えているのだから。実に、同じ手紙のなかでは、信仰の闇、あるいはこの世における人間の生、自然本性、感覚、肉体のそれぞれにつきまとう暗さと弱さ、そして神との隔たりも、おしなべて否定的に語られている。

私はといえば、実に謙遜は私に欠けているものですが、にもかかわらず私たちの主は、私の内面の実に貧

> しいことによって、そして数々の大いなる堕落と暗愚によって、謙遜の種という益を私に与えてくださっています。そうした貧しさ、堕落、暗愚は、時々、いわば私の頭をぼうっとさせ、私の心は疑う余地なく確かな信仰の対象に頼ることを余儀なくされるのです。それは、私たちの主が、私の信仰を確かなものにし、そのような信仰に私をずっととどめておくために私に与えてくださったものです。というのも、あなたに断言しますが、この生の状態はあまりにも暗く、また、私たちを規定している弱さという条件のために、そしておそらくは私が獲得した熱意の少なさのために、あるいは自然本性や老化につきものの人間的な弱さのせいで私がいとも容易に感覚に屈してしまうために、私たちの主は時にあまりにも私たちから遠く隔てられているので、しっかりした足場に立ち、そうした恩寵の弱化に陥らないようにすることは私には相当の困難をともなうのです。恩寵が弱まってしまうことは私にとってまったく恐るべきことです。そこに陥った魂は苦しみ悩み、まったく貶められてしまったようにおのれ自身にもみえるのです。堕落し、霊に重くのしかかるのは肉体の重みです。（C. L495, p. 1447. 傍点引用者）

スュランは、ジャンヌが受けた超常の恩寵という「外的証拠」の消失を深く嘆いているようにみえる。それは「疑う余地なく確かな信仰の対象」の喪失だからである。ところで、超常の恩寵という目に見えるしるしを頼りにすることによって、暗さや弱さを不可避にともなうこの世における信仰を確固たるものにするとは、要するに体験によって信仰を客観的に根拠づけることである。つまり、ここで問題になっている信仰は、つまるところ「私は見た、そして私は信じる」と定式化される信仰であり、認識の対象として確証されるべき信仰であり、もっと言えば「私」という一人称の直接的知覚と認識に枠付けされた信仰、つまりあくまでも「私の信仰」としての信仰なのだ。この信仰につきまとう闇は、体験という証拠がもたらす光によって明かされるべき、したがってどこまでも否定的な暗さであるほかない。

ところが、このような信仰の観念は、最終的にスュランが到達した境地である「信仰の状態」におけるそれとはまったく対極にあるはずのものだ。[12] 前章でみたように、彼は、「愛の傷」をその内奥に抱えたこの信仰の境涯においては、地上の人間の生につきまとう暗さ、弱さ、あるいはそうした生と神との「隔たり」[13]を、むしろ神（へ）の愛をいや増すものとして根源的に肯定していた。海の底での真珠採りにも喩えられていたこの通常・共通の信仰の地平においては、先の手紙では「堕落し、霊に重くのしかかる」とまったく否定的に語られている「肉体」もまた、信仰の状態の本質的条件であるという意味で根源的に肯定されていたのである。

超常の恩寵と通常の信仰のはざまで揺れるスュランの態度を一体どのように理解したらよいだろうか。

2 彼方へ――スュランのエクリチュールをめぐって

結論から言おう。ジャンヌの特異な体験を前にしたスュランの言葉にみられる揺れは、不在の他者を求めて彷徨う魂を愛に満たす闇、その闇のなかの信仰こそがスュランの神秘主義の核心であるという私たちの主張をいささかも覆すものではない。彼の言葉は、否定と肯定のはざまで揺れ動くまさにそのことによって、信仰の平安を語るのである。底知れぬ絶望の深淵に臨みながら――先の引用文では「そこに陥った魂は苦しみ悩み、まったく貶められてしまったようにおのれ自身にもみえる」と彼は書いている――、そのような信仰の状態の弱さ、不安定さを否定するのではなく、むしろ受け容れ、それによって肯定と否定の区別そのものを「超越してゆく」ところに、信仰の平安は語られるだろう。後にみるように、最晩年のスュランは、超常の恩寵を消失し、あるいはその正当性についておのれのうちに芽生えた疑念に苦しむジャンヌに対して、一切の体験から隔たった信仰の境地にこそ真の平安があることを説くのだが、この信仰の平安の本質は、逆説的にも「不安・揺らめき（inquiétude）」のうちにこそあるというのだ。「揺れ」はスュランの言葉の本質的特徴である。

すでに随所でふれてきたように、スュランの言葉にみられる屈折と逆接詞の頻用は、彼の文体《スタイル》の特徴であり、いわばそれ自体が彼の思想の身体である。以下では、この「逆接」という言語的事象を焦点に、いくつかのテクストを読んでみたい。私たちはそこに、否定と肯定の対立を超えてゆく――かくして平安の境地に到達する――信仰の言葉の運動を認めるだろう。

１　逆接の逆説

スュランは、その霊的道程の果て、来世に約束された至福直観を到達点とする現前の体験ではなく、この世に生きるすべてのキリスト教徒に共通・通常の信仰にこそ至上の「善・益（bien）」を見いだした。ところで、この「善」は、地上の人間の生の条件を根本的に規定している「弱さ」や「悲惨さ」、あるいは、現前の体験からの隔たりゆえに信仰につきものである「暗さ」などを否定的なものとして排除するのではなく、いわばそれらを呑み込んでしまうような「超越的善」として捉えることができる。逆接の繰り返しによって否定（悪）と肯定（善）のあいだを揺れ動く彼の言葉が、かくして根源的な肯定＝超越的善を出現させるさまを最も明確に示していると考えられるテクストを以下に引用しよう。これは、悪魔に憑かれ、周囲から「病人」扱いされた彼の魂に、それでも神から与えられたという「善・益」について語った言葉である。

ところで、これらすべてのうちでも、私の主が彼〔スュラン〕に与え給うた最大の善・益は、彼の魂が、神への注意（attention）と、おのれが神の御意志であると信じることを為そうという願望とを、けっして失わなかったということである。しかし、この状態の不幸は、神がおのれをこのような状態に、つまり病・悪（mal）に、永遠の断罪によって追いやったと信じていたために、彼はあえて積極的に善を為そうとはしなかったということである。にもかかわらず、彼の魂は、神がお望みになることに忠信をもって（avec fidélité）あたり続けるという意志を発していた。魂が、善を求めんとする明白な願望の一切を絶望によって奪われていながら、にもかかわらず神に忠信である（être fidèle à Dieu）という考えをいかにしてもちうるか、このことを理解するのは容易ではない。しかしながら、彼の魂がその胸中にひとつの掟を抱えていたというのは本当である。それは、神への奉仕につながることからけっして離れないということである。たとえ彼の魂が、神への奉仕を実行に移すことを禁じられており、したがって、彼の魂にはそう思われたのだが、神の栄光や恩寵から排除されているとしても。彼の魂にはこのような思いがあったのだが、にもかかわらず神の御意志に反することは一切しないという内的な召命を感じてもいたのである。(S. II, 8, p. 228. 傍点引用者)

三度繰り返して用いられている逆接の接続詞「にもかかわらず(cependant)」がどのような役割を果たしているかを考えたい。まず、この接続詞によって結びつけられる二つの事柄──断罪、絶望と神への忠信、栄光や恩寵からの排除と内的な召命──は、善と悪の対立同様、互いにまったく異なる両極的な事柄である。しかし、先行の言述と後行の言述がいかに相反するものであろうとも、それは接続詞である以上、二つの相反する言述を結びつけている。問題は対立を結びつけるそのやり方である。

「にもかかわらず」が相反する二つの言述を結びつけることで成り立っている三つの複文は、いずれも、先に否定的な事柄が述べられ、後に肯定的な事柄が述べられる。ここで重要なことは、「にもかかわらず」をあいだに挟む否定的言述と肯定的言述とが、互いに排除し合うのでもなく、しかし混じり合うこともなく結びついているという関係それ自体であり、そのような関係が出来させる事態である。それは、先行する否定を、後に続く肯定がおのれのうちに呑み込むことによって、しかもそれを繰り返す──否定から肯定へ、肯定から否定へ、そしてまた肯定へ──の振動を繰り返すことによって、エクリチュールが出来させる根源的な肯定の運動である。それは、否定を否定する(排除する)肯定ではなく、否定を肯定する(同化する)肯定でもなく、否定としての否定なしにはない肯定、あるいは否定を呑み込むことによって否定と肯定の区別を越えた次元を垣間見せるような肯定の運動である。このような根源的な肯定を導くものとして捉えるとき、スュランのテクストに頻出する「にもかかわらず」という逆接の接続詞は、順接の接続詞──たとえば「だからこそ」──と、もはやほとんど区別がつかないものとなるように思われる。そこにおいては、むしろ先行する否定的な言述こそが、後行の肯定的な言述を真に肯定的なものにする潜在力を秘めているようでもある。

2　否定と肯定の彼方

以上の読みは、牽強付会な解釈ではけっしてない。否定的要素がかえって肯定の強度を強めるというこの逆説的論理は、実のところ、「魂の煉獄」を論じた『霊の導き』の一章のなかでスュランが持ち出してくる西欧古来の自然哲学の理論「アンチペリスタシス（antiperistasis）」と同型的である。純粋な魂を苦しめる「悪徳の印象」も煉獄においては魂の浄化のためになる、という自己の主張を弁明するため、彼は、アリストテレス以来近世に至るまで西欧自然哲学の通説のひとつであった「アンチペリスタシス」の理論に訴える。曰く、反神秘主義者たち――スュランの念頭にあったのはシェロンである――は、

悪徳の印象が魂を浄化しうるということ〔スュランの主張〕は、何らかのものにおいて冷が熱を増すと言う者のように、まったく馬鹿げたことだ、とみなす。しかしこのことは、アンチペリスタシスによって真であると考えられる。というのも、私たちは、熱によって温められたものが、冷に取り囲まれることによってその熱を増大させるということを知っているからだ。したがって、冷え込みが厳しくなったときには井戸水がより温かくなるが、それは熱が地中で抑制されるからであり、夏に泉の水がより冷たくなるのは、水のなかの冷がそれを取り囲む熱の抑制を受けるからである。同様に、その内面において純粋さと神の愛をもっている魂は、おのれに近接する悪徳の印象を感じることによって堅固になり、善なる性質に対して抱いている熱意を増大させる。かくして魂はいっそう浄化されるのである。（G. VII, 6, p. 301–302）

一六九〇年に公刊されたアントワーヌ・フュルチエールの『普遍辞典』では「アンチペリスタシス（ANTIPERI-STASE）」について次のように説明されている。「相反する二つの性質の、一方の性質が他方の活力を刺激するこ

とで起こってくる作用。夏季、上空の中層部は冷えているが、アンチペリスタシスの作用により、すなわち冷と熱の対立により、そこに雷が生じる」（FURETIÈRE 1690, t. 1）。一七二七年の増補改訂版ではこれに次の記述が加わる。「今世の哲学者たちは、アンチペリスタシスや、それに帰されるあらゆる効力を問題にしなくなっている」（FURETIÈRE 1727, t. 1）。一七世紀に産声を上げた近代哲学、自然科学においては徐々に顧みられなくなっていったこの理論は、しかし、スュランのエクリチュールが体現している、否定と肯定をめぐるダイナミックな思考を理解しようとする私たちには、極めて興味深いものだ。ブルトンの表現を借りれば、スュランは相反する性質が出会うところ、両者のあいだに作用する「謎めいた秘密の力」（BRETON 1985, p. 20）をこそねらっていた。頻出する逆接の接続詞、それによって屈折を繰り返すエクリチュールが出来させる根源的肯定は、冷と熱の対立により生じるとされた「雷」のごとく、否定と肯定のあいだに劈《ひら》くのである。

　この根源的な肯定の運動は、スュランの魂に悪魔憑きの病＝悪からの劇的な快癒をもたらしたあの「自己放棄」の運動にも見いだせる（S. II, 15, p. 266–267）[14]。それは、究極的には悪をも「それでよい（善い）」とする超越的善を閃かせた自己放棄であった。「だがそれでもお前は地獄堕ちだ」と、自己を呪詛し自己の救いを完全否定する言葉に、「もし神がそれを欲するのであれば私もそれを欲する」と同意すること——「それでよい（善い）」と肯定すること——は、神による自己の魂の断罪という、極めて否定的な事態を全面的に受け容れることによって成就する超越的肯定である[15]。そしてそれは、善と悪の彼方の「より大いなる神」へと向かう運動であったと言えるかもしれない[16]。

　しかし、ただちに補足しなければならないのは、自己放棄というかたちで実現し、超越的善を閃かせるとみえるこの根源的肯定が、スュランの信仰においては、なおそれでもこの世の生とその根底にある「弱さ」を排除しなかったということである。たしかに、超越的善とは、定義上この世の善悪を「超越」したものであり、それを顕現させる肯定は、純粋に「強い肯定」であるようにみえる。事実、フェヌロンが説いた純粋な愛における自己放棄はそのような強い肯定であった。けれどもスュランは、信仰によるこの世の生にともなう弱さ、暗さ、疑い、そして悪を受け容れ、あくまでもこの世に生きる人びとのあいだにとどまらんとする。イグナティウス・デ・ロヨラの霊的子孫である彼は、天国の口が開いているのを見ながらも、魂たちを助けるためにこの世の生を生き続けることを選んだのだった。

スュランにおいて、信仰ないし「信じること」は、暗さや疑いなどの否定的要素を容れるゆえに「弱い肯定」と言えるかもしれない。そもそも、どこまでも時間のなかの実践である信仰は、それ自体つねにすでに不確実性に曝されている。しかし、そこにこそ信仰の幸福はある、とスュランはそれでもなお信じる。「まことにこの状態にある魂はひたすら変転するばかりで、幸福であると同時に悲惨でもある。だがそれでも私はこの状態にある魂が幸福だと信じている」(S. III, 14, p. 353. 傍点引用者)。「だがそれでも (pourtant)」という逆接の接続詞で結ばれたこの複文は、地上における人間の生に本質的な否定的要素の肯定の上に成り立つ、信仰の状態の至上の幸福を言うものである。しかし、それはけっして現世を超えた幸福、つまり永遠の生にもたらされる至福直観ではない。それはあくまでも変転を繰り返すこの世の生のなかにある。どこまでも時間的実践である信仰による生のなかに。信仰の状態にある魂の幸福を肯定する動詞「信じている」の主語「私」の魂もまた、絶え間ない変転に曝されている。「信じること」はかように「弱い肯定」なのだ。だが、それはその「弱さ」ゆえに、自己の「病＝悪」、そして人間一般の「弱さ」を容認し、この世を生きる隣人たちと共通の生の地平に開かれた態度を結果する。

この世にとどまりながら、しかしこの世を超えるものと何かしら関わっているということ。あるいはむしろ、この世にとどまるからこそ、この世を超えるものと交わっているということ。この逆説的な事態の成立をなんとか語ろうとして、スュランのエクリチュールは屈折を繰り返し、揺れているように思われる。しかし、彼の神秘主義の身体的特徴ともいうべきこの捻れたエクリチュールは、捻れているというまさにそのことによって、対立物を排除することなく、融解・消滅させることもなく、おのれのうちに呑み込みながらより大いなる神へと近づいてゆく、そう言えるのではないか。

対立するがゆえに、相反する二つのもののあいだにはたらく謎めいた力。この力の根源を、スュランはほかならぬイエス・キリストに求める。神的崇高さと人間性の邂逅がもたらす「衝撃」を語るスュランの言葉は、ニコラウス・クザーヌスの言う「反対物の一致（coincidentia oppositorum）」の原理を彷彿とさせよう。ただし、ここに語られるのは最終的に矛盾を包含し解消する統一性ではなく、絶対的な隔たりのあいだに生じてくる「響き」とも呼ぶべきものである。それは、ついに消え尽くすことなき「不釣り合い（disproportion）」のゆえにこそ到来する「調和（accords）」であり、神秘的な「釣り合い（proportion）」である。

かくも隔たること遠く、互いに相容れないようにみえるが、にもかかわらず同じひとつのものにおいて結びついているこれら二つの事柄の遭遇から、或る衝撃が生じる――そこから人間の心のなかに火花を散らす炎が、そして途方もない大火が発生する――それは神の心の人間の心への放出の如くであるが、人間は、取るに足らない小さな存在であるため、かくも高きもののなかで深淵に突き落とされる――それは、あまりにも力強いために魂が押しつぶされてしまう神の一撃をもたらし、魂は精根尽き果てる。そして魂は、魂を追跡しその偉大さと愛とを通じて魂を破壊し尽くす神的な存在と、低く卑しい自らの存在との不釣合いのためにおのれを打ちのめすこの責め苦によって至福の状態にされたと感じる。これは、ひどく高く鋭い音調が低音とひとつになったときに音の響きが生じさせる妙《たえ》なる調和に似ている。これこそ神の神秘のうちにみえるものであり、そこには神の善性のうちに隠されたさまざまな秘密に基づく或る釣り合いがある。慈悲と正義、平安と正義、慈悲、真理、その他同様の事どものさまざまな結びつきに基づく或る釣り合い。このことはさまざまな認識を魂に生じさせ、その接近によって魂を魅了し、魂に突如として起こる煌々たる輝きをもたらすようなさまざまな感情を心に生じさせる。ちょうど火薬樽に火が燃え移ったときのように。（Q. III, 10, p. 180–181）

バロック的とも言うべきこの均整を欠いた文体は、それ自体が語られている事柄の本質的なダイナミズムを証すものであろう。スュランは、彼が神秘を語るときにしばしば持ち出してくる音楽的な調和のイメージに託しながら、神と人、そして神の愛と神の責苦との、文字通り目もくらむような邂逅を語ろうとする。矛盾する両極のあいだに起こるそのような邂逅によって生じる爆発的な「衝撃」が、いずれの極をも超越した別次元に、圧倒的な調和を出現させるというのだ。[17]ブルトンが述べているように、神秘家たちの神を論じるのにしばしば持ち出される「反対物の一致」の原理は、スュランにおいては「動態化（dynamiser）」されており、最終的には不動の一点に収束していくような静態的な運動としてではなく、けっして交わりえぬ二つの極のあいだに真に崇高なものを開示し続ける「終わりなき運行」として理解されなければならないだろう（BRETON 1985, p. 18–21, 86–88）。

神的な充溢とは、この運行のなかに開示される、否定と肯定の彼方の境涯にほかならない。先の引用に続けてスュランは「同様に、さまざまなる徳のうちにも、両極的な事どもの或る種の調和がある。それは、極限の貧しさと超自然の財（biens）の満ち溢れとの調和のように、いと高き真理を輝かせる」と述べ、パウロの手紙より次の一節（「コリントの信徒への手紙二」6, 9–10）を引用する。「われわれは悲しんでいるようでいて、つねに歓びのうちにあり、死にかかっているようでいて、生きており、人に知られていないようでいて、よく知られており、無一文のようでいて、すべてのものを所有しています」（Q. III, 10, p. 181–182）。スュランのまなざしは、否定と肯定のあいだ、相反する両極のあいだを縫うように走るもの——「刺繡音《ブロドリ》」——にこそ注がれていた。[18]実に、彼はこう語っている。「聖パウロによるこの調和のとれた一連《ペリオド》の文章全体が、糸で通された真珠の連なりであり、あるいは次々と煌めく雷光のようでもある」（Q. III, 10, p. 182）。

けっして安定的な終着点に帰着せず、あるいは帰着できず、ゆえに生きているかぎり果てしなく紡ぎ続けられるこの言葉は、「愛の傷」を負って神に恋焦がれる魂の言葉である。この傷を負った魂は、神を求めて「永久の不安・揺らめき《アンキエチュード》」を覚えるとスュランは言う。[19]信仰の平安は、「静寂・静止《キエチュード》」へと導かれるべきものではない。それは、つねに他者によって、他者に向けて開かれつつ生きる、信仰の生のダイナミズムそのものなのだ。

3　現前と不在の彼方——前味としての信仰

否定と肯定のあいだを揺れ動きつつ走りゆくスュランのエクリチュールが閃かせる信仰の境涯においては、現前と不在の区別もまた乗り越えられてゆく。

スュランは、一方では「信仰の幕」に覆われた来世の体験への到達を語りながらも、むしろ信仰の幕に隠されたものの近く、あるいは「永遠の城外区」に生きるという信仰のあり方にこそ、語るべき何かより大いなるものを見いだしていた。『神の愛についての問い』のなかで彼は、現前の体験が露わにするような超常の次元と明確に区別される通常の信仰の次元にありながら、その安定した秩序を内から破るような過剰さを秘めた信仰の可能性を、以下のように語っていた。

次のような違いがある。それは、幻視、脱魂、奇蹟のような超常の事どもは予期せず起こる事どもであり、人間の自由も容れる恩寵の通常の運行と相反するものだが、他方の事どもは、神によってその子らに与えられた信仰と恩寵の調和のとれた秩序のなかに、神によって位置づけられた通常の原因があり、その結果としてもたらされるということである。だが、神の無償の恵み（libéralité）によってすべては過剰（excès）へと向かい、人間を凡庸なるものから引き出し、信仰の幕の下に隠されたものに至る。あるいは、たとえ信仰の幕をそのままにしていても、〔隠されたものに〕非常に近くにまで接近するために、魂にのこる信仰は或る大きさと高さに達して、人間を永遠の城外区に置き、神の栄光を予感・前味（avant-goûts）させるのである。

(Q. III, 1, p. 138–139)

かくしてスュランのエクリチュールは、いったんは信仰の幕を破る可能性に言及しながら、そこから身を翻し、信仰の幕の存在にもかかわらず魂が到達しうる境地を説くのである。この信仰の幕がたんに否定的な遮蔽物ではないことはもう繰り返さない。信仰の幕に覆われているということは、見る者を対象から隔てるというより、むしろ視力を奪われた者を隠されたものへとより近づけることを可能にする肯定的な事態と解釈できる。だからそれは、信仰の幕に覆われているにもかかわらず、というより、覆われているからこそ、と言うべき事態なのだ。それは彼の言う「神的な事どもを見る」(S. III, 14, p. 351) もうひとつの方法である。

ここにおいて、神の栄光の現前に直接的に浴する超常の体験と、隠されたものに接近する通常の信仰との区別は、極めて曖昧になっている。信仰の幕がかぎりなく薄く、あるかなきか判然としないほどの隔たりとなるそのとき、信仰する魂は現前と不在の区別がもはや意味をなさないような境地へと導かれるだろう。いったいそれはどのような境地でありうるのか。「神の栄光」の「予感」あるいは「前味」とはどんな事態でありうるのか。「時間」という観点からもう少し考えてみたい。

信仰の幕という隔たりは、もはや現前しない他者との断絶をもたらすものでありながら、同時に何か新しい関係を打ち立てうる肯定的な可能性でもある。ところで、この新しい関係は時間的な関係性である。スュランにとって信仰とは、この世の変転する時の流れのなかで、去って行った神、もはやそこにはいない神との別様の交わりを求める時間的実践である。一見するところたしかに、「永遠の城外区」とは空間的な喩えである――現実にそこは宣教師スュランの活動の場だったと思われる――が、それは、永遠なる神の栄光から隔てられているゆえに時の変転に曝されたこの世の生のありさまを意味する、時間的な喩えでもあろう。

『神の愛についての問い』から先に引用したテクストを、時間という問題を論点にして読みなおしてみよう。すると、信仰による神との関係をめぐるスュランの言葉が、さらに微妙な揺れのなかにあることがみえてくる。

彼によれば、幻視や脱魂のような超常の体験が「予期せず起こる事ども (choses surprenantes)」であるのに対し、通常の信仰の次元においてもたらされる恩寵は調和のとれた秩序《エコノミー》のなかにある。つまり、前者は人間の自由意志とは無関係に神から一方的に与えられる賜物であるのに対して、後者は人間の自由意志による努力に、恩寵によって神が報いるという因果の法則に則っている。後者はそれゆえ、まったく予期しえないものではない。このように、体験と信仰にはそれぞれ未来の予期不可能性と可能性が対応する。ところがやはり、スュランのエクリチュールはこれら異なる二つの時間的位相の対立を乗り越えてゆく。たとえ通常の信仰の次元にあっても、寛大なる神の「無償の恵み」によって「調和のとれた秩序」を揺るがす「過剰」がもたらされ、それによって信仰の幕も破られるとスュランは言う。この「過剰」の偶発性、予期不可能性は、超常の体験のそれと区別がつかない。

しかしながら、スュランのエクリチュールはそこに留まらない。最終的に行き着くのは、信仰の幕はそのままに信じる境地、もはや現前しない神との隔たりを埋めることなしに、なお信じる境地である。このとき魂は「永遠の城外区」にとどまりながら「神の栄光を予感」するというのである。

この「予感・前味」としての信仰は、やはり、揺れ動くスュランのエクリチュールが閃かせる「はざま」に覗いている。それは、超常の恩寵をもたらす体験のように純粋な偶発性、まったくの予期不可能性に貫かれているわけではない。が、他方では、通常の恩寵を人間の自由意志によって相当程度左右できるというほど確かな予期可能性に支えられているわけでもない。言い換えれば、「前味」――味わい以前の味わい――としての信仰は、「予期」すること自体を人間に禁じるわけではなく、その自由を残してはいる。が、人間の信心業の実践とその報いとしての神の恩寵の付与というような、閉じたサイクルに基づく安定した秩序は、いかなるものにも縛られない神の無償の恵みによって破られる。そしてそうである以上、「前味」としての信仰の状態において、確実な神の恩寵を「予期」することはもはやできないだろう。

後述するように、スュランにおいて「予感・前味(avant-goûts)」は「予感・予期(pressentiments)」から区別される。先に言ってしまえば、後者は、過去、現在、未来のあいだに想定される何らかの連続性を前提としている。それに対して、前者は時の流れの決定的な断絶を経たところに与えられる。それはおそらく「予期することなき予期」であり、「信じることなき信仰」であるとすら言えるかもしれない。というのもそれは、もはやなにかしらの対象を信じるという信仰とは別の信仰だからである。この信仰は、それとして限定された対象をもたないまま、いつとも知れぬ未来の他者の到来に向かってわれ知らずおのれを開いておく構えである。最終節では、「信仰の平安」の境地にある、このような魂の態度を論じる。

3　信仰の平安

1　闇のなかの現前

スュラン最晩年の手紙の主題である信仰の平安は、けっして抽象的思弁的な議論の対象ではなかった。信仰の平安という境地をめぐる彼の言葉は、ジャンヌという二人称の女性、その彼女の病める魂に対して、慰めと励まし、そして安らぎをもたらすために説かれた言葉だった。それは生身の「あなた」に呼びかけられた言葉だったのである。

信仰の平安という主題をめぐって交わされた二人のやりとりをみる前に、その背景について少し整理しておこう。晩年、病に冒されたジャンヌは、一六六四年の秋には床に伏すことが多くなっていた[20]。一一月には病状はかなり悪化し、周囲の者たちにも彼女の死期の近いことが悟られた（C. p. 1612）。しかし、死を前にして彼女の魂を苦しめたのは病魔だけではなかった。天使の託宣を人びとに下すことを繰り返し、超常の恩寵の「売店」ないし「窓口」と揶揄されるほどであった彼女は、いまやおのれの体験の真正性についての深い疑念にとらわれ、悩まされるようになっていたのである。守護天使の託宣は本当に天使の言葉だったのだろうか。ひょっとすると、それは私自身の言葉だったのではないだろうか――。彼女は、この疑念を霊的指導者に打ち明けることで内的な苦痛から解放されようとした（C. p. 1589）。だが、この密やかな懊悩は彼女の「生涯の最後の二週間」のあいだも続いたのだった。死後に書かれた彼女の伝記には次のようにある。「彼女は、生涯を通じておのれの身に起こったどの超常の事どもも真正であったと言えるのか、それらはけっしておのれの想像力の産物ではなかったと言えるのか、疑念を抱くようになっていた。ただし、手に刻まれた聖なる名前の刷新と、守護天使の訪れについては別である。それらについては、彼女は疑いを抱いたことはなかった」[21]。

しかし、ジャンヌの魂を平安へと導くべくスュランが説きつづけた「生ける純粋な信仰」(C. L591, p. 1675)は、超常の恩寵のどれが真正で、どれが想像の産物であるかということは問題にしなかった。彼が説いたのは、あらゆる超常の体験を去った信仰であり、いかなる体験を求めることも、また根拠とすることもなく、ただ神に仕え、隣人愛に生きる魂の態度であった。ジャンヌの死後、ほどなくしてポンタック夫人宛てに書かれた手紙(一六六五年二月二一日)は、スュランが求め続けていた純粋な信仰の境地がいかなるものであるかを明らかにしている。

あなたから〔パリの〕カルメル会修道女たちに対して、彼女〔ジャンヌ〕のために祈ることをお願いしてくださるようお頼みすることを、私は忘れていたと思います。聖ヨセフに仕える娘であり、聖テレサのたいへん熱心な信奉者であった彼女は、そちらの修道女たちは緊密な関係にありました。神がついに彼女を悪魔憑きから解放し給い、彼女の手にイエスの崇高な名が刻まれることを望み給うたのは、この聖女の祝日〔一六三七年一〇月一五日〕のことでした。そしてそれは何年も彼女の手に刻まれたまま残ったのです。しかし死の二年前、恩寵によってもたらされた超常のしるしのすべてを取り去ってくださるよう私たちの主にお頼みしたところ、彼女の左手に刻まれていた「イエス」、「マリア」、「ヨセフ」そして「フランソワ・ド・サル」の聖なる名は消え去りました。神はまた彼女から、彼女の守護天使の訪れをのぞいて、感知できる神の賜物の一切を取り去りました。彼女の守護天使は、彼女が最後の病にあったときにも、その現前によって彼女を慰めたのです。が、誰かにそれと認められるような外的効果は一切ありませんでした。(C. L590, p. 1673)

スュランがジャンヌに望んだ純粋な信仰、「恩寵によってもたらされた超常のしるしのすべて」を剝ぎ取った赤裸な信仰の境地に、死にゆく彼女が安らぎを覚えることができたのかどうか、確かなことはわからない。だが、この手紙は少なくとも、スュラン自身の魂の安らぎをよく示しているように思われる。この手紙に書きつけられた言葉には、かつて彼がジャンヌの左手に刻まれた聖なる名の消失という事態を前にいささかなりと示したような動揺（本章第一節三を参照）は微塵もみられない。それがなんであれ、超常の恩寵の「外的証拠」が消え去るということは、まったく肯定的な事態として語られているのである。唯一、守護天使の訪れだけは続いたという。しかし、死の間際まで続いたというこの「現前」の体験についても、「誰かにそれと認められるような外的効果」の一切を欠くという以上、それはもはやかつてのような「感知できる神の賜物」ではなかったのである。あるいはスュランは、事実はどうあれ、彼女の魂に「純粋な信仰」の達成をあえて見いだすことを望んでいるかのようでもある。いずれにせよこの手紙には、おのれの生涯の最後に――この手紙が書かれた二ヶ月後、四月二二日に彼もまたこの世を去る――スュランがジャンヌに望み、また彼自身が到達した魂の平安の境地をよく物語っていよう。そこにおいて魂は、あらゆる超常の恩寵のしるし、つまり現前の体験の目に見える証拠を取り去られ、ただ「生ける純粋な信仰」によって生きるのである。

　ところで、この平安の境地は、この世の人間の生につきまとう弱さや疑いをも容れるものであった。一六六五年一月三日、ジャンヌに宛てた手紙のなかにある次の言葉に注目したい。

> あなたには、主の平安のなか、主の愛の甘美さのなかを生き、死んでほしい。私はといえば、私たちの主は、その甘美さと恩寵によって、私自身の数々の不忠実と弱さにもかかわらず、いつもあなたに語ってきたかの状態、かつてなく普遍的な状態に私をとどめ、そして、主と来世の生を想うことにおいて絶え間なく私を打ちのめしているのです。（C. L577, p. 1650. 傍点引用者）

いま一度繰り返すが、かつてジャンヌの左手に残された聖なる名の刻印の消失という事態を前にして動揺したスュランは、「疑う余地なく確かな信仰の対象」を失うことによって、この世の人間の生を規定している「弱さ」

と切り離せない信仰の闇に魂が沈んでしまうことに懸念を隠さなかった。少なくともこのとき、「この生の状態はあまりにも暗く、また、私たちを規定している弱さという条件のために、そしておそらくは私が獲得した熱意の少なさのために、あるいは自然本性や老化につきものの人間的な弱さが原因で私がいとも容易に感覚に屈してしまうために、私たちの主は時にあまりにも私たちから遠く隔てられている」（C. I, 495, p. 1447）というスュランの言葉にみえる「暗さ」、「弱さ」そして「隔たり」は、超常の恩寵を得ることによって乗り越えるべき、もっぱら否定的な事態として解釈されていたと言わなければならない。しかし、彼が最晩年に説いた平安の境地においては、そうした否定的な事態はそのまま受け容れられ、肯定されるのだ。「にもかかわらず」という逆接の接続詞が、おのれのうちに否定を呑み込むような——そのとき逆接は順接に変質する——根源的肯定を導出するスュランの神秘主義の文体的特徴であることは、すでに論じたとおりである。あらゆる超常の恩寵のしるしを引き離して裸となった信仰の平安は、この世の生につきものの暗さや弱さを引き受けた果てに拓けてくる境地であり、そこにおいては神との隔たりもまた新しい肯定的な可能性をもつだろう。

私たちは、スュランの信仰観念が十字架のヨハネの暗夜の教説の強い影響下にあること、それは差異や対立をも構成要素として自らのうちに組み込むようなハーモニーとして語られていることを知っている（本書第三章第四節）。信仰の平安の何たるかが説かれた『神の愛についての問い』第三部第二章において、スュランは、大水の轟きのような竪琴とリュートの音という「黙示録」のイメージ（14, 2 ; 15, 2）に言及しながら、信仰の平安を圧倒的な充溢として語っている。それは、堤防を破り、障壁を沈めつつ、魂になだれ込んで魂を満たす大水のごとく満ち溢れる平安（paix abondante）である。神は「魂の内面からあらゆる皺や襞を取り除く」ことによって魂に平安をもたらす、とスュランは言う（Q. III, 2, p. 142）。それはあらゆるものを呑み込む大水の氾濫のごとく、魂のうちに巣食うあらゆる差異を伸して平定する平安であり、かくして否定の影なき全面肯定の境地——「スベテガスベテノモノノウチニアル（Omnia in omnibus）」（「コロサイの信徒への手紙」3, 11 ; Q. I, 6, p. 62）——へと魂を至らしめる充溢の運動なのである。

すべての差異を呑み込んで混濁させるこの平安においては、現前と不在の区別もまた無意味なものとなる。スュランは、悪魔憑きからの解放以来二五年ものあいだジャンヌに訪れ続けたという守護天使の現前について、最終的にはそれも超常の恩寵のしるしを失ったと述べていた。「彼女の守護天使は、彼女が最後の病にあったときにも、その現前によって彼女を慰めたのです。が、誰かにそれと認められるような外的効果は一切ありませんでした」(C. L590, p. 1673)。しかしこの「現前」の不可視化はけっして恩寵の弱体化を意味するものではなかった。感覚可能なもの、知覚可能なものの一切を剝ぎ取った純粋な信仰において、対象が目に見えないということはなんら否定的な事態ではない。つねに残る信仰の幕という覆いと、それによって保ち続けられる現前との「隔たり」は、むしろ信仰の闇のなかで、現前の光のなかに顕現するのとは別の仕方で顕現する神との交わりを可能にする、根源的に肯定的な事態なのだ。

一六六四年一〇月三一日の手紙でスュランは、信仰の平安のうちにある魂には現前せざる天使たちが絶え間なく訪れていることをジャンヌに説いている。

> これら天使たちは「伝達者《メサジェ》」と呼ばれます。天使たちは、信仰の幕を破ることなく、そして現在の生の夜から私たちを引き出すことなく、私たちにメッセージを伝えているのです。彼らは、世界を駆け巡り、魂たちに対して神の慈悲を告げる霊であり風であって、魂たちに神の愛を呼び覚まし、未来にもたらされる諸々の財への希望によって魂たちを慰め、天使を満たしている隣人愛の炎で魂たちを包むのです。私はしばしば次のように思い描くのですが、私たちは何も知らず、私たちに姿を現すこともないのに、天使たちは私たちにそのような矢を射かけているのです。あなたの天使は、私たちの主のお望みによって何度かあなたを慰めに来たときに、姿を現しましたけれども。姿を見せていた時にあなたに会い、あなたが会った天使も、あいかわらず幾度もあなたを秘密のうちに訪れていて、この訪れによってあなたを育み、力を与え、あなたを神において穏やかで、静まった、力強い魂にするのです。(C. L553, p. 1596. 傍点引用者)

天使の訪れが目に見えるものであるかどうかということ、つまり超常の恩寵の目に見えるしるしがあるかということは、もはやまったく問題ではないのだ。悩めるジャンヌに対してスュランは、さまざまな超常の恩寵のしるしのうち、どれが真正なしるしであり、どれがそうでないかという問い自体が無意味である、と諭すのである。そのような問いにとらわれているかぎり、結局のところ超常の恩寵への執着を断ち切ることはできないだろう。得るべき信仰の平安は、それとして知覚できるどんな対象をも欠いた闇のなかにある。だが、この闇のなかでも、あいかわらず見えざる天使の訪れは続いているというのだ。信仰の幕は何かを隠して見えなくする遮蔽物というより、隠されたものとの新たな交わりの方法を創りだす可能性としての「隔たり」である。実にこのとき、現前と不在の区別はほとんど無意味なものになっていると言えよう。超常の体験と通常の信仰という神秘への二つの道の区別も同様である。信じることは、何かを見るのとは別の仕方での見ることなのだ。

私たちはもう、この「信じること」それ自体を積極的に語るべきときに来ている。以下、一六六四年一一月四日付のジャンヌ宛ての手紙をみてみよう。そこでスュランは、その日の朝の聖体拝領の最中に授かったためくるめく神の恩寵について美しい言葉を記している。彼の神秘主義においてイエス・キリストの聖体がどれほど重要な位置を占めていたかはすでに指摘したとおりである[22]。この手紙のなかでも、聖体におけるイエス・キリストの肉体の現前がもたらす「御言葉の神的な甘美さの味わい」が、婚姻神秘主義の系譜に連なる濃密なイメージとともに語られる。

親愛なる修道女よ、なおあなたに言いたいのは次のことです。聖体拝領において、魂たちの花婿たるイエス・キリストの肉体は、その花嫁たちに真に現前しながら、まことに多彩な、非常に親身な愛撫を感じさせるのです。それを言葉にすることはできません。イエス・キリストの愛は、魂の隅々にまで心地よく行き渡り、御言葉のペルソナ自体が魂に触れ、魂を抱くばかりでなく、言葉にできないやり方で魂のうちに入り込むように思われます。それによって精神は、私たちが抱いている低劣で不純なあらゆる観念を超えて、受肉した御言葉についての非常に崇高な観念へと高められ、御言葉の神的な甘美さの味わいで心を満たすのです。魂は完全に満ち足り、あたかも神からもたらされた無上の悦びの奔流が魂に流れ込み、魂の内奥を浸したかの如くになるのです。すべてこれら多彩な愛撫の数々は、さまざまな音程がひとつに調和する如く、感嘆すべきハーモニーを奏で、魂を魅了し、魂のすべてを神に没入させるのです。天使たちは、この様子を見て、驚いて次のように叫ぶのです。「荒野から上ってくるおとめは誰か、素晴らしい香水の芳しい煙にも似て、色とりどりの豪華な着物で身を飾り、恋人の腕に寄りかかったあのおとめは」〔「雅歌」8,5〕。実際、その肉と血に与る花嫁たちと天上の花婿との交わり、睦まじさは、天使たちの称賛の的となり、この充溢が続くかぎり、魂たちに至上の幸福をもたらすのです。（C. L555, p. 1599–1600）

かくしてスュランは花嫁たる魂と花婿たるイエスの聖体拝領における「合一」を語る。しかし、彼がジャンヌに語ろうとした聖体の真の恩寵は、この「真の現前」の体験にはなかった。それは、この鮮烈な現前の体験が過ぎ去った後に到来したのだった。それは、聖体拝領をすませた後、教会を出て部屋に戻り、「私の現在の財(mes biens présents)」をジャンヌに知らしめるべく筆を執った彼の、その現在に与えられた信仰の――赤裸な信仰の――恩寵であった。

しかし、この充溢が過ぎ去り、魂たちがおのれの自然本来の貧しさに戻ったとき、魂たちは赤裸な信仰のうちにあります。赤裸な信仰は、魂たちに対して実のところ非常に大いなる財を供するのですが、信仰の状態においてこうした財を所有することは、魂たちに欠けているものを経験することを妨げません。それでも魂たちは普段どおりの状態に留まるのですが、この状態にはそれ以前に魂が体験した恩寵のはたらきに匹敵するものがあって、魂たちはあいかわらず以前と同じ恵みを待望するまま留まり、また、私たちの主にとって魂たちにそれら恵みを与えることが望ましいことになった暁にはすぐにでも受け取ることができるよう、なおも待ち構えているかのようなのです。（C. L555, p. 1600. 傍点引用者）

聖体におけるイエス・キリストの現前の体験が過去のものとなってしまったいま、信仰の状態に回帰した魂は赤裸な信仰のうちにある。だが、天使も賛美するほどの神の甘美なる味わいに満たされた充溢から人間の生に本来的な貧しさへと戻り、現前の体験から隔てられて暗い信仰の状態に回帰したこのいまにも、あるいはむしろこのいまがゆえに、「魂たちに欠けているもの」、すなわち去って行ってしまった不在の神は「経験」されるという。

この手紙の最後に綴られたジャンヌへの呼びかけは、超常の体験と通常の信仰、あるいは現前の神の体験と不在の神の信仰といった区別の彼方にある赤裸な信仰への呼びかけである。

篤き信仰によって神に奉仕しましょう。何も見ず、何も感じないが、神の語る言葉《パロール》について私たちが信じている事どもを私たちが見て、感じているというほどに。神に対してできるかぎりの奉仕をし、とりわけ、私たちに向かってくる魂たち、あるいは私たちから探しに向かう、自らの檻に閉じこもっている魂たちを助け、魂たちを私たちの主の下に呼びよせ、魂たちに真の幸福へと至るキリスト教的生の完成を教えましょう。

（C. L555, p. 1600–1601）

赤裸な信仰によって神に仕えることにおいて、「見ること」、「感じること」、「信じること」の区別が無意味になるような境地が拓けてくる、そうスュランは言う。そして、かくして神に仕えることは、この地上に――「永遠の城外区」に――とどまりながら、魂たちを助けること、魂たちに向けて信仰を呼びかけることにほかならないのである。

2　信じることと待つこと

赤裸なる信仰の状態において魂が得る神の「経験」には、超常の恩寵のはたらき以上のものがある。スュランにとって、それは不在の神に焦がれて疼く「愛の傷」であり、あたかもそこから湧き出るように紡ぎ出される信仰の言葉の運動であった。だが、前節で扱った手紙は、なお付け加えるべき新たな神との関係のあり方があることを教えている。それは「待望する・待つ（attente）」ということである。現前の体験には原理的に不可能なこの時間的実践こそ、信仰の平安の核心をなす魂の態度である。

　この問題について、「味わい（goût）」という概念をめぐるスュランの言葉を読み直してみよう。繰り返しの指摘になるが、『経験の学知』に記された数々の超常の体験のなかでも、最も異様と思われるのは「神の実体を舌で味わう」という体験である。「私は神のものであるところの肉を味わったのであり、私が味わったのは神以外のものではありえない」（S. III, 5, p. 299）。濃密な具体性、物質性、感覚性を帯びたこの体験は、最も先鋭な現前の体験だったと言えそうだ。ところが晩年のスュランは、そのような現前の体験が過ぎ去ったのちに魂がおかれる赤裸な信仰の状態にこそ神とのより近しい交わりを見いだした。それが「前味」、すなわち「未だ味わいならぬ味わい（avant-goûts）」としての信仰である。

　スュランの神秘主義において味わいという概念は実に両義的である。一方では、それは感覚的・知覚的体験の典型として、目に見えぬものと関わる信仰に対置される。『霊の導き』のなかで、体験の対極にあるかぎりでの信仰を論じたとき、彼は次のように述べていた。「霊性家たちが神のさまざまな恩寵やはたらきを受け、それによって神についての何らかの味わいや体験を得るとき、次のような忠告がなされる。人が神について信じることは、神について感じることに勝るのであるから、けっしてそのような味わいや体験をよすがとせず、魂が感じるものではなく、魂が信じるものに関わる信仰をよすがとするべきである、と」（G. III, 1, p. 142）。ここでの「味わい」はあくまでも感覚的な体験としてのそれであり、信仰とは明確に対置される。[23]だが、超常の体験と通常の信仰の区別が不明瞭となる赤裸な信仰の境地、信仰の平安についてますます多くの言葉を重ねるようになるにつれて、「味わい」はむしろ信仰による神とのより根源的な関係を指すものとなる。「すべては信仰のうちにあり、いかなる超常のものもそこには出現しません。ただ、おのれの内に潜心する霊の慄《おのの》きや、おのれの身を神にまかせ、愛の傷を負いながら歓びを感じることに魂が見いだす味わいをのぞいては」(C. L486, p. 1429)。かようにすべてを包括する信仰のなかにあって、内から溢れ出すようにもたらされる「超常のもの」たる「味わい」は、『神の愛についての問い』において、幻視や法悦のような超常の体験とは異なる「正真正銘の体験＝経験《エクスペリエンス》(une véritable expérience)」(Q. II, 10, p. 132)と言われるものである。

信仰における「味わい」についてスュランが紡ぎ出す言葉は、十字架のヨハネの神観念と信仰論が彼に与えた影響の大きさを再確認させる。「広大にして至上なる善の普遍的な味わい(un goût universel d'un bien immense et souverain)」(C. L289, p. 919)、「包括的な味わい(un goût général)」(C. L455, p. 1356 ; Q. I, 9, p. 73)、「神の漠然としたこの味わい(ce goût confus de Dieu)」(C. L573, p. 1640)などとスュランが言うとき、信仰の暗夜における包括的で漠然とした神の観念を説いたヨハネの影響は歴然としている。そして、個別的で判明なものの一切を超越するこの包括的な神の観念は、最晩年のスュランが語った信仰の平安とも密接不可分に結びついていた。一六六四年六月一日、彼にとって生涯最後となる聖霊降臨祭——それは彼にとって何より重要な祝い日であった——にあたるこの日、ジャンヌに宛てて書かれた手紙にはこうある。

> 沈黙と平安において知られるこの神の普遍的な観念にどれほどの富が秘められているか、私は言うことができません。この神的な沈黙の、漠然とした観念のなか、この平安の漠然とした雲のなか、神のためにすべての事どもを失ったこの荒野に、どれほど素晴らしいもの、偉大なものがあるかということを。あなたに説明したいのは、いかなる感覚可能な、判明な言葉の響きもなく、いかなる被造物による表現もなく、心のなかで言われるあの秘密の言葉が奏でるハーモニーです。というのも、この神の声の甘美さは、すべてを拭い

去り、平安のうちに確立した心に聞かれるのですが、それはご自身の圧倒的な豊かさを示すために神がそのような心に与える極めて味わい豊かな贈物なのです。神が魂を貧しいとみればみるほど、神は非常に単純な富で魂を豊かにするのですが、その富において神は、神こそが魂の真の財であることを魂に感じさせるのです。（C. L535, p. 1546）

広大無辺・無量の神の観念においては、感覚可能なものと不可能なもの、判明なものと漠然としたもの、言葉と沈黙、豊かさと貧しさ、あるいは現前と不在など、肯定的なものと否定的なもののあいだに走る分裂・対立はことごとく縫い合わされ、神的なハーモニーのうちに一致させられる。そこにおいて魂が真の平安に憩い、完全な充足を得るというこの「全（tout）」なる神の観念を、スュランは神の「漠然とした味わい」や「普遍的な味わい」と表現するのである。一六六四年一二月二七日の手紙にはこうある。

全というものはただこの観念のなか、神の漠然としたこの味わいのなかにしかありません。なぜなら、判明かつ個別的な言葉によって全を言うことはできないからです。神的な属性、つまり人間の精神が考えることのできる最も高尚な観念の数々がもっている意味は、個別的かつ限定的です。しかし、観想のなかで得られる神の一般的な味わいは、正しく神の観念に到達します。この神の観念は、神の広大なる拡がりと果てしなき無限のなかで、全を魂に与え、完全に充足させるのです。完全な充足というのは、この神の普遍的な味わいは、諸々の神の完全性の、また、人間にして神である者に属するあらゆる事ども、判明にして個別的な諸善を卓越したやり方で包含しているために、そのような善に浸されるときには、魂は完全に満ち足りていると感じずにはいられないからです。（C. L573, p. 1640–1641）

しかし、これは極めて重要な点であるが、この全なる「神の味わい」は、それがいかにすべてを包含し、すべてを浸すものであるとしても、それを味わう魂がそのうちに融合し解消することによって「合一」すべき対象ではない。それがこの地上の生、信仰による生に与えられるものであるかぎり、魂と神を分かつ隔たり、「信仰の幕」は、最後まで残っているからである。そもそも、魂が「味わう」のは、いかなる限定によるいかなる把握も許さない、その意味では対象ならざる対象なのだ。かくして、「永遠の城外区」におかれた魂に許される「味わい」とは「予感・前味（avant-goûts）」であり、すなわち「未だ味わいならぬ味わい」である。それは、隔たりそのものを交わりの条件とするような信仰経験である。この隔たりは本質的に時間的である。それは、もはや現在でなく、そして未だ現在でないものとの時間的隔たりを要件とする他者との関係性である。そこでは関わるべき対象はもはや対象と呼べないほど茫漠としており、ついにその姿を露わにすることはなく、したがって表象＝再現前化不可能なものだが、それでも魂をなんらか触発し、魂の内奥に神の甘美なる声を響かすなにものかとして臨在するのである。

3　スュランの祈り

現前の体験とは異なるこのもうひとつの体験＝経験を、スュランは「単純な安らぎの祈り（oraison du simple repos）」とも呼ぶ。沈黙と静謐のなかで行われるというこの祈りこそ、スュランの神秘主義の真骨頂である。一六六四年一一月二一日、いよいよ容態が悪化していたジャンヌに対して、彼はこの祈りを実践するよう勧めている。聖母マリアの奉献の祝日にあたるこの日、神に対して自己を無条件に差し出す方法としてそれは提示されている。ただし、それは自己放棄と同義ではない。それは、神を待ち続ける「構え（disposition）」であると言う。長文になるが厭わず引用したい。

このこと〔マリアの奉献〕が私たちに教えるのは、私たちを神に捧げるよき方法です。それは私たち自身を神にまるごと奉献するということです。というのも、神の思し召しは計り知れないものであり、また、神が私たちに望んでいるのは何でありうるかということを私たちは判明には知らないのですから、私たち自身をすっかり神に捧げ、留保も限定もなく私たち自身をあらゆる神の御意志に包括的に委ねるとき、私たちは神に対して非常に望ましく奉仕していることになります。ところで、このような神への奉仕は、自己を放棄することや棄て去ることにおいてのみ実践されるわけではありません。自己を放棄することは、私たちが神に忠信であろうとし、私たちの信を神に誓おうとするのであれば、神に対してなすべきことではありますが、しかしこのような神への奉仕は祈りにおいても実践されるのです。このことについて私が抱いている或る感覚をあなたに語ろうと思います。それは私がこの数日来抱いている感覚で、これをあなたに伝えることは私にとって大きな喜びです。

さて、私は、祈りにおいておのれの身を神へと差し出す或る方法を神は嘉すると考えています。実際、この祈りは適切かつ非常に有益な祈りなのです。それをまったくの無為と捉える人は多いのですが。この祈りの本質は、心と神の単純な結びつきにありますが、他方で精神にはいかなる判明なものもないのです。つまり、いかなる秘蹟も、イエス・キリストのいかなる個別的な言葉も、いかなる神の属性も考えないということです。神の前にいて、神を待つこと、あるいは神を願い欲することに注意を向け、他のことはしないのです。ちょうど王の廷臣が、控えの間にいて、王が彼をその居室に入れ、あるいは居室に入れて彼に何かを命じるのを待っているように。この廷臣は言葉を発しません。いかなることについても話しません。いかなる言伝《ことづて》も求めません。彼がそこにいるのは、王のいかなる個別の意志を果たすためでもないのです。彼の精神の務めは、しかし、王に対しておのれの愛と熱意を示そうという願望のなかにあって、非常に甘美なるものですし、彼がそこにいること、そしてどういうつもりでそこにいるかということを王が知っているなら、この彼の務めは王にとっても好ましいものです。おそらくですが、なにものにもとらわれないその自由を保ち続ける王は、自らの居室から出て廷臣に話しかけに来るということはしないでしょう。しかしそれでも、王に向かって王への奉仕のために彼が取り続けている構えを知っている王は、彼を嘉するでしょう。同様に、祈りにも、観念や願望の充溢のごとき内的な構えがあるのですが、この構えをとる魂は一切の判明な観念や愛着も有さず、神の前に神を待つ者としてあり続け、ただ神に仕え、神に喜ばれるという包括的な意志があるのみです。魂にあるのはただ神への単純なまなざしと、神へと向かう心の動きです。それによって魂は満ち足り、かくして大いなる静けさにとどまることができるのです。(C. I.559, p. 1608)

この祈りの本質は、ただひたすら神を待つことにある。しかし、それはどのような「待つ」であるのか。とくに以下三つの点を指摘しておきたい。

第一に、たんに「自己を棄て去ること」――それはあくまでも神に信を捧げるための手段にすぎない――から区別される、「もうひとつの自己放棄」としてのこの祈りにおいては、祈りの主体である魂と神との距離は、ついにゼロにはならない。祈りにおいて「神の前に」とどまる魂は、神のうちに融解してしまうことはない。祈る魂は、ただ「待つ者（attendant）」としておのれの主体性を保ち続けるのだ。

第二に、「心と神の単純な結びつき」であるこの祈りは、いかなる判明な対象ももたず、いかなる個別的な対象に注意を向けることもない。神の観念や信仰の観念と同様、祈りの対象はもはや対象と呼べないほどに漠然としている。したがってそれはもはや何かに祈ることなく祈ることであり、何かを待つことなく待つことであるといえるかもしれない。

そして第三に、こうして待ち続ける者の前に、待たれている者が本当に姿を現すかどうかはけっして分からないということである。「おそらくですが、なにものにもとらわれないその自由を保ち続ける王は、その居室から出て廷臣に話しかけに来るということはしないでしょう」。条件法ではなく未来形で書きつけられているこの言葉は、魂への神の現前がついに叶わず終わるかもしれないということを、ほとんどためらいなしに肯定しているようにみえる。そもそも、神を信じて待つ者がいつか報われるはずだと考えることは、神の絶対的自由を損なうことになるだろう。この意味において、それはいかなる見返りをも期待することなく待つこと、いわば「純粋なる待機」である。だが、この待機はいかなる諦念とも無縁である。ただ待つこと、ついに現前しないであろう神の前にあって待つという構えを取り続けるということそれ自体を神は嘉するだろう、とスュランは語る。ひたすら待望される神が、しかしついに姿を現さずに終わるであろうことを述べた先の引用に続き、やはり未来形でスュランは言う。「しかしそれでも、王に向かって王への奉仕のために彼が取り続けている構えを知っている王は、彼を嘉するでしょう」。

何か個別的なものにとらわれることのない「包括的な意志」をもって「神の前に神を待つ者としてあり続け」るとは、けっして判明には知りえない無量の神の意志におのれを開いておく構えでもあろう。眼前に現れざる他者を、何をすることもなくただ待つことは、しかし、たんなる無為ではない。それはむしろ、おのれを時間の他者性へと開き、かくして現在に閉塞することなく現在に未来の他者を招き入れる身ぶりであり、受動的でありながら能動的でもあると言うしかないような自己放棄である。

もし、時間を無駄にするという心配から、瞑想するなり、さまざまな活動をするなりして、魂がなにかそれ以上のことをしようとすれば、魂はおのれの性急さに囚われていると内的に感じるでしょう。神が魂に与えるものは、魂には説明がつかないとしても、魂がおのれ自身でしようとすることより優れているのです。

(C. L559, p. 1608–1609)

時の流れに身をまかせること、未来へとおのれを開きつつ待つこと。それは、時のなかに生きつつ、はかり知れぬ他者と交わるための私のイニシアティヴの徹底的放棄である。何かを棄てることによってできた空隙に、予期しえぬものが入り込んでくる余地が生まれる。おのれの外からの他者の到来を可能にするという意味では、それは受動的にして能動的な行為である。

翌二二日の手紙でも、スュランは引き続きこの祈りと、そこにおいて待つことについてジャンヌに語っている。

このような観念は、明晰なものは一切なしに、心を満たすのですが、しかし心をしてなにものか（quelque chose）を待つままにしておくのです。心には露わに見えないが、イエス・キリストにおいて、また彼を通じて心にもたらされるなにものかを。そしてこの信頼はこの心の慰めであり、心はこの間、かの善に向かう単純で普遍的なまなざしと、非常に単純で非常に広大だが、すべてを満たす観念のみをもつのです。この祈りによって魂が置かれる状態とは、金塊を所有するようなものなのです。この金塊にはまったく手が加えられておらず、キリストの十字架像にも、天使にも、聖人にも、どんな形にも変えられていないのですが、しかしまことに高価で上質な真正の金であって、これを所有することによって人は富裕になるのです。したがって心は次のように言います。「私は神そのものであるような大いなる財をもっている。それがどのようなものであるか私は詳細に語ることができないが、しかしそれはまことに人が願望しうるすべてである」。そしてこの、すべてを包括する観念によって、かの魂は、イエス・キリストにおいて、また彼への信仰において、まったく豊かであるのです。またこのような構えは、待つという構え（disposition d'attente）であって、はっきりとした所有のそれではないのですが、あまりにも豊かで満足をもたらすものであるため、それだけで十分なほどであって、それほどに心は満ち足りるのです！

そして、さまざまな折、さまざまな邂逅にふれて、この財（ce bien）がいまに現され、魂に明かされるようなさまざまな開けが生じてきます。この開けを通じて、魂はこの財を見、扱うのですが、つねに信仰においてそうするのであって、そこには幻視も啓示もありません。そして魂は非常に満ち足りるので、それ以上の安寧を願望することはまったくありません。しかし、おのれのすべての願望が増大することによって、ただこう言うのです。« In pace in idipsum dormiam et requiescam » すなわち、「平和のうちに身を横たえ、わたしは眠ります」〔「詩編」4,9〕と。（C. L561, p. 1614. 傍点引用者）

祈る魂のとる構えが、金塊を所有することに喩えられている。いかなる判明なかたちももたないというこの金塊は、あらゆる個物を包括する漠然とした神の観念の喩えである。魂が神の観念を「所有」するというとき、それは「はっきりとした所有」ではない。それは「待つという構え」である。それは何を所有することもなく所有するということ、あるいは、何を待つということもなく、しかし「なにものか」を待ち続けるということである。

待つという構えを取り続ける魂に、待たれている神が到来するかどうかはけっしてわからない。だがそれでも、「さまざまな開け」がもたらされる、とスュランは言う。幻視や啓示など超常の体験をともなうことなく、常に信仰の次元において生起するというこの開けを通じて何が到来するというのか。知覚や認識を逃れ続け、表象不可能なこの「なにものか」が何であるのかを理解することはついに不可能である。が、それはその到来によって魂に圧倒的な平安をもたらすのである。

問うべきは、何が到来するかということではなく、なにものかが到来するという出来事そのものであり、そのような出来事がいかにして語り出されるのかということである。この出来事それ自体は、私がけっしてあらかじめそれと知ることのできない偶発的なものである。「さまざまな開けが生じてきます（il se fait des ouvertures）」という一文――それが非人称構文で綴られていることは見逃せない――が教えるように、それは当の出来事に立ち会う魂の意志がいっさい関与しない「開け」である。「生ける純粋な信仰」によってただ待つという構えをとり続ける魂に、まったくの外部から不意打ちしてくる出来事。スュランにとって、待望されるべき神は、つねに隔たりの向こうにいる。来るか来ないか、ついに定かならぬ他者を、待つともなしに待つこと、かようにしておのれの身を開いておくことこそ、信仰の平安のうちにある魂の態度である。「生ける純粋な信仰」、「赤裸な信仰」とは、不意を突いて私に訪れる他者の到来におのれの身を曝しておく歓待の構えであると言えるかもしれない[24]。

なおひとつ、信仰における歓待の構えとはいかなるものかを語った印象的なテクストを、『神の愛についての問い』の第二部第八章から引いておく。「不意に起こる驚くべき出来事」のうちで神の手に自己の意志を委ねることを説いたこのテクストにおいてスュランは、時間の他者性に曝されてあることに信仰の本質をみる。

長く実践されたこの自己放棄に対する報いとして、神が或る恵みを与えるということがしばしばみられる。この恵みを私は超常の事どもに数えるのであり、誰も積極的に求めてはならぬものだが、それは神を満足させようと心から願っているいくつもの魂たちにみられる導きであり、内的直観によって魂たちを導くものであって、魂たちに起こってくるあらゆる事どもについての予感を与えるのであるが、そうすることにおいて神は魂たちをきわめて親密な花嫁として扱うのである。ちょうど神がアブラハムにそうしたように。「ワタシガ行オウトシテイルコトヲ、アブラハムニ隠ス必要ガアロウカ」(「創世記」18,17)。

次のような魂たちもいる。それは神にとっていっそう親密な魂たちである。神が与える数々の試煉によってまったく打ちのめされてしまい、そのような試煉を通じておのれの意志を神が取り去ってしまった魂たちを、神はついには次のように扱うのだ。すなわち、あるいは神が魂たちにもたらすさまざまなる内的な交流によって、あるいは神に仕える誰か他の者の口を通じて、神のよりいっそう親密な秘密を魂たちにほとんど知らせてしまうと言ってよい。(中略)これは神がしばしば行うことであって、神にとって好ましい幾人かのしもべに、神の摂理の結果を隠すことなく、あらゆることについてさまざまな予告を与えるということは、神の善性が示す超常の親密さの極みである。

しかし、魂たちに対して神が別様にふるまうとき、神は魂たちの信仰を非常に生き生きとしたものにし、希望を非常に高きものにするため、神の摂理の思いがけない結果が到来するときにも、魂たちはそれを信じられないほどの甘美さをもって受け取り、愛の卓越せる熱意によって、他の者たちならば憤慨し苦しむようなものを抱擁するのである。なぜなら、これら魂たちは、神の意志が為されることを願っており、不意を突かれて驚きながら、いっそう高くおのれの身を委ねる方途をもっており、私たちの主がなにか予期せぬ結果をもたらすときにも、主の御手に優しく恭しくくちづけするからであり、また、自然本性にはいっそう驚くべきもの、混乱をもたらすもののうちに大いなる歓喜をもって浸るからであるが、このことは大いなる完徳であるばかりでなく、驚嘆すべき慰めでもあって、受肉のマリが言ったようにこう言うのだ。「もし魂が、おのれ自身やあらゆる被造物について、神の御意志を嘉しとすることを楽しみとし、至上の歓びとするならば」と。そうして魂はしばしば、おのれ自身の意志が少なければ少ないほど、そしてすべてが神の意志によればよるほど、不意を突くような偶発的な出来事にも、いっそう甘美なる神の意志をみるのである。（Q. II. 8, p. 118–120. 傍点引用者）

聖人（神秘家）たちのように超常の恩寵に浴す魂たちのなかには、神の摂理から未来にどのような結果がもたらされるかをあらかじめ見通すことができる「予感（pressentiments）」や「予告（précautions）」を与えられた者がいる。それは特別な魂に対してのみ神から示される「超常の親密さの極み」である。だが他方、「神の摂理の思いがけない結果（un effet de la Providence inopiné）」、あるいは「なにか予期せぬ・期待されざる結果（quelque effet inattendu）」を、「不意を突かれて驚きながら」、「信じられないほどの甘美さをもって受け取り、愛の卓越せる熱意によって、他の者たちならば憤慨し苦しむようなものを抱擁する」という魂たちがいる。後者こそ信仰の状態における魂の態度であり、かくして未知の他者を歓待する魂こそ「生ける信仰」の持ち主であるというのだ。「単純な安らぎの祈り」にある「安らぎ（repos）」とは、この世の時間の流れを脱して永遠に入ることとしての「死」を意味しうる言葉でもあるが、スュランにおいてはどこまでもこの世の「生」の地平にある。信仰の平安は、一方ではあらゆる差異と緊張を包み込むような平穏と静謐の境地でありながら、けっして静止することなく、たえず揺らめいている。

4　隔たりと近しさ

先の引用のなかでスュランは、生ける信仰の持ち主たる魂は、「自然本性にはいっそう驚くべきもの、混乱をもたらすもの」に「大いなる歓喜をもって浸る（se baignent）」と言っていた。彼にとって信仰の平安とは、魂を浸し、さまざまな神の恵みで満ち溢れさせるような大海の如きものだったのである。ところで、すでに述べたとおり、この神秘家が駆使したさまざまな比喩のなかでも、海は特権的なイメージの源泉だった。彼方からなにものかがやって来て魂を平安に満たす信仰の境涯を、隔たりの向こうから静謐なざわめきを立ててやってくる海のイメージに託して彼は語る。

入り来るこの平安は、本来人間の事柄ではないことを行う。それはきわめて激烈なる事どもであるが、それを行うのはただ神の平安のみに固有の事柄である。神の平安のみがこの船団にのって進むことができるのだ。大地を荒廃させるためではなく、神が大地に与え給うた河床を満たすために到来する海のざわめきのように。この海は、咆哮をあげる獣のごとく到来するが、にもかかわらず静かなのだ。この平安の満ち溢れる海の水はただこのざわめきを生むのであり、猛々しい荒ぶりを生むのではない。というのもそれは、風がそよとも吹かぬとき、より自然な静けさのうちにあって、嵐によってではなく海の水そのものによってざわめく海の水だからである。満潮の海は大地を訪れに、そして魂に神が与えた境界であるところの岸辺にくちづけしに到来する。この海は威風堂々、豪華絢爛な様子で到来する。かくして平安が魂に到来するのは、魂の苦しみの後、魂に波紋を起こしうる凪のひと吹きもなく、平安の威光が魂を訪れに到来するときである。この神の平安は、それといっしょに神の財の数々と神の王国の富の数々とを運んでくるのであるが、アルキュオネ〔ギリシア神話上の鳥。海上の浮巣で卵をかえす冬至の前後二週間、ゼウスが波風を静めたことから、幸福の前兆とされる〕や、神の平安の到来を告げる鳥々など、前ぶれもある。それは、神の平安に先立つ天使たちの訪れである。この神の平安は、来世の一要素として、天上のハーモニーをなす響きのひとつをともなって到来する。また、その到来はあまりにも激しいものであるため、魂そのものがまったく転覆させられてしまうのであるが、魂の善・益（son bien）に反するいかなるものによってでもなく、平安の満ち溢れによって転覆させられるのだ。この平安の満ち溢れは、おのれのもつ富に障害となるもの以外にはいかなる暴力もふるわない。

平穏を好まぬ動物はすべて、この平安の接近から逃れてゆく。加えて、瑪瑙、琥珀、その他の希少な宝石類といった、イェルサレムに約束されたあらゆる富がその岸辺に押し寄せる。かくしてこの神の平安は、恩寵がもたらす諸々の財や数々の得がたい宝物の、溢れんばかりの豊かさとともに到来するのである。（Q. III, 2, p. 142–143. 傍点引用者）

重ねて言おう。肝心なことは、何が到来するかということではなく、なにものかが到来するという出来事それ自体であり、その出来事がいかにして語られているかということだ。まず注目すべきは「入り来る（entrant）」という現在分詞、そして「到来する（venir）」という動詞の繰り返しである。[25] とどのつまり、スュランが語ろうとしているのは、瑪瑙や琥珀と表現される個別的具体的な神の財の到来であるよりもむしろ隔たりの向こうから何か大いなるものがやって来るという事態の圧倒的な「予感・予期」であり、はっきりと姿を見せて現前してはいないが、むしろそれゆえにこそいっそう接近していると言える他者を前にした、剥き出しの皮膚感覚とも呼ぶべきものである。この、現前せざる他者への劈《ひら》かれ、曝されが、信仰の「裸」たるゆえんなのだ。

信仰の平安の境地は、現前と不在の区別がもはやほとんど用をなさないようなあわいにある。「くちづけ」や「前ぶれ」という言葉も、現前と不在のはざまに生起してくる事態を言わんとするものである。まず「くちづけ」であるが、「雅歌」に由来する――「どうかあの方が、その口のくちづけをもってわたしにくちづけしてくださるように」（「雅歌」1, 2）――この概念を、スュランは聖ベルナールの『雅歌講話』を参照しつつ好んで用いる。[26] 寄せては返しつつ岸辺を洗う海の波のように、魂の境界に触れては消え、消えては触れる神の「くちづけ」とは、多分にエロティックな雰囲気をまとった概念である（cf. CERTEAU 1978, p. 41）。スュランにおいてそれは信仰による神との通常の交わりを言うものであった。『神の愛についての問い』のなかで、彼は聖体拝領における魂とイエス・キリストの「合一」を説くためにこの概念を持ち出してくるのだが、そこで彼は「御言葉ノクチヅケガ何デアルノカ、誰モ知ラナイ（Nemo scit..., quid sit osculum Verbi）」という聖ベルナールの言葉に端的に表明された言語化不可能性を次のように解釈してみせる。「それはつまり、神がこの秘蹟を通じ、神の花嫁である魂に対して、いかにして神が魂によってまことに所有されているのか、また、神が魂をどれほど所有しており、そして包括的で漠然とした交わりに入るのかを、感じさせるということだ」(Q. III, 8, p. 173)。

「単純な安らぎの祈り」を語る言葉のなかで言われていたように、スュランの言う「所有(possession)」は、他者への開けとしての「待つこと」であり、所有なき所有である。あるいは、文字通り「憑依(possession)」になぞらえられる関係、すなわち「とり憑き、とり憑かれている」という仕方で表現するほかないような、現前せざる他者、不在者との密着的関係である。私たちはすでに、スュランの言う「愛の傷」を負った主体が、他者に取り憑かれており、その意味でつねにすでに他者とともにある主体であることを確かめた[27]。信仰の平安を大海に喩えた先の引用文中、神が魂という大地に与え、そしてそれを満たしにやって来るという「河床(espace du lit)」とは、この愛の傷の謂であろう。それは、かつて去って行った魂の花婿たる神が魂にのこした痕跡であると同時に、いつかきっと再び来るであろう神に向かって開かれ、いつまでも疼く傷口でもあるのだろう。

もうひとつ、神の平安の到来に先立ち、その「前ぶれ」となるものとしてスュランが挙げている「天使たちの訪れ」とは、信仰の幕を破って魂に直接体験されるような超常の恩寵ではなく、それと知られず、姿を現すこともなしに私たちに矢を射かけているという、信仰の闇のなかの天使の訪れである。一六六四年一〇月三一日の手紙のなかで、スュランはジャンヌに対して次のように語りかけていた。「姿を見せていた時にあなたに会い、あなたが会った天使も、あいかわらず幾度もあなたを秘密のうちに訪れていて、この訪れによってあなたを育み、力を与え、あなたを神において穏やかで、静まった、力強い魂にするのです」(C. L553, p. 1596)。このような境地に至った魂にとり現前と不在という区別はかぎりなく曖昧になるということについて、これ以上贅言を要すまい。だが、この境地においては、神の平安「そのもの」の到来とその「前ぶれ」とのあいだにある区別もぼやけているということを付け加えておきたい。神の栄光そのものの直截的な「味わい」と、この世で魂が得ることのできる栄光の「前味」とのあいだにあるはずの区別が、もはや意味をなさなくなるのである。

隔たりがそのまま近しさであるようなこの「永遠の城外区」における神との交わりは、何よりも聖体におけるイエス・キリストとの交わりに実現しているとスュランは考えていた。ただし、それが実現するのは正確には聖体拝領の後のことであるのだが。『神の愛についての問い』第三部第八章において、彼は聖体における魂の神との交わりについて語りながら――私たちにはすでに馴染みのものとなったエクリチュールの振動の果てに――彼が信仰の最良の説明であるとするひとつの喩えを提示する。

> ときに魂は、神のさまざまな完全性の充溢を感じることすらある。それはいと高きものであり、高くされた感覚によって、信仰を超えているかのようである。しかし他方では、それはこの同じ信仰の幕の下にある。信仰をこれ以上なくうまく説明するのは、囲い枠や覆い紙の向こうにみえる炎のごとく、うち迫り来る神の栄光の松明である。（Q. III, 8, p. 173–174）

この言葉の焦点が、通常の信仰の次元を超える「完全性の充溢」ではなく、それが去ってしまった後に訪れる信仰の状態にこそあることはもはや言うまでもない。この状態において神秘の光の輝きは「囲い枠や覆い紙の向こうに」ある。スュランがいう「合一」とは、逆説的にも「隔たり」を根本条件とする神との交わりである。この隔たりは、もはやこの世には現前しない、その意味でいまや「不在」の他者であるイエス・キリストとの関係を範型とする。かつて私たちのあいだに現前したが、いまは去って行ってしまった魂の花婿。だが、彼がこの世を去ったというまさにそのことが、聖霊というまったく新たなる他者の到来とともに、「見て、聞いて、触れる」現前の体験とは異なる、彼との新しい交わりを可能にしたのだった。この、いまは過去のものとなった他者との隔たりによって開かれた、他者――不在の神ないし別の仕方で現前する神――との新しい交わりの地平こそ、スュランにおける信仰の地平である。この別様の交わりを、スュランは愛の傷の疼きという言葉で語った。現前の神との隔たりがますます大きくなるにつれて、この愛の傷もますます大きくなっていった、と。神を享受する愛とは、信仰の幕という隔たりを前提とする、この世における神との交わりを指す。[28] だが、この隔たりは「不在」の他者への真の愛を燃え上がらせ、真の愛は他者との隔たりをむしろ近しさの関係に変えるのだ。だとすれば、隔たりを埋めてしまうことなく、隔たりを生きることにこそ、信仰の平安の境地はあるだろう。そこにおいては、ただ待つことそれ自体が神との合一であるかの如くである。「信仰というこの暗く愛に満ちた観念によって、崇高で神的な段階において神は魂とひとつになる。なぜなら、信仰というこの暗く愛に満ちた観念は、ちょうど、栄光の光が来世において神を明らかに見る方法となるように、この世においてなんらかのやり方で神的合一の道となる」（JEAN DE LA CROIX 2007, II, 24, p. 221＝二〇一二、二九九頁）。スュランはこの十字架のヨハネの言葉を実際に生きた人であったと思われる。

そして、神との隔たり、近しさを生きることは、地上における人間の生に本質的な弱さや悲惨さを引き受けつつ「永遠の城外区」にとどまること、かくして隣人とともに信仰の地平を生きることであった。現前と不在、見ることと信じること、永遠と時間、あるいは語ることの不可能性と可能性のはざまがスュランの神秘主義の場所である。そこはたしかに、神の現前から隔てられた場所である。が、この仄暗き信仰の境地にとどまるということは、すなわち信仰の幕の向こうからこちらに迫ってくる何ものかの到来を待つことであり、恋焦がれることである。それはまた、それ自体はけっして「語ることができないもの」だが、にもかかわらず＝だからこそ「語られることをやめないもの」を、移ろいゆく時のなか、ともに暗きこの世を生きる他の人びとのあいだで、証言し続けるという言葉の運動でもある。

さらに、そこにおいて証言するということは、私に先立つ（過去の）信仰者たちの言葉を証言として伝え聞くこと、信じることによって自らもまた証人となった私が、私の後に来る（未来の）他者たちに向けて証言するということであり、したがって過去から未来へと受け継がれていくであろう私たちの信仰の言葉の内にある。しかしそれはまた、誰ひとり自分一人の人生において語り尽くすことはできないけれども、それを信じて語ろうとする一人ひとりの私の願望を駆動し続けるであろう謎＝神秘を、一人ひとりの私の言葉を通じて、その都度に新たなかたちで信仰の言葉のうちに宿すということでもあるのではないか。私たちが明らかにしようとしてきた「信仰の言語の内なる神秘的経験」とは、そのような神秘の——言語の、そして時間（歴史）の内なる——新たな宿りを言うのではないだろうか。スュランの言う「私の福音」あるいは「歌」とは、かくして神秘を宿す言葉であったのではないだろうか。

本章の締めくくりとして、『霊のカテキスム』に記されたひとつの信仰問答を取り上げたい。絶望の淵から帰還したのち、人びとと共通・通常の信仰の地平を生きながら、スュランはこの問答を繰り返し自答していたに違いない。神の大いなる財・益（grands biens）は、何か特別な苦痛や体験を経た者のみに約束された特権ではないのか。いや、そうではない。それはただ信仰によって歩む魂にもたらされうる普遍的な恵みなのだ、と。人びとのあいだで、人びととともに、人びとのために「無限に語り、書き、働くこと」へのやむにやまれぬ願いに発出するこの答えに、「私にはいつも同じひとつの歌しかない」[29]と言った彼の「歌」は響いているように思われる。

問い　それら大いなる財・益はそのような苦痛を体験した者にしか与えられないのではないか。また、そのような苦痛を体験する者が皆同じように大いなる財・益に与る者となったのか。

答え　それら特別な恵みに与るために、そのような苦痛を体験していなければならないということはけっしてない。神の導きは多様かつ自由であり、神の恵みがそのような苦痛をついに何も体験しないであろう魂たちに与えられるということはよくあることだからである。ただ次のことだけ言っておく。恩寵の通常の流れに従うことによって、苦しみの果てにそのような報いが与えられるということ。そしてそれが神秘家たちには普通の感覚だということである。それゆえ、苦しみを経た者たちは、彼らが本当に堅実であって、神が魂たちを浄化するために維持している恩寵の秩序のうちにあるならば、件の財・益になんらか与らない者はほとんどいない。結論として私が言いたいことは、十字架のヨハネ神父が語っていることだ。彼にはまさに上記のことについて経験があった。すなわち、この地点にまで到達した魂たちは神の栄光にあまりにも接近しているため、両者のあいだには一枚の布切れしかないのだが、そこに神の栄光はうち迫り来るのである。覆い紙に迫り、ぶつかっては引いていく松明の炎のように。同様に、信仰と現前の生のはざまは、そこを通じてかの栄光が現れにやって来る、薄紙のようなものである。（ICS. IV, 7, p. 395–396）

魂の闇路を抜けて間もないこの時点ではまだ、十字架のヨハネの言葉を借りるかたちで語られていた信仰の神秘の経験を、生涯最後の著作や最晩年の手紙においてスュランは他の誰のでもない「私の福音」として語るに至った。このことは、スュラン自身が信仰の神秘の証人となったことを示しているように思われる。それは、他の信仰者たちによって証言されてきた神秘が、信仰を語るスュランの言葉に新たに宿ったことを示す明確な徴候であると言えるかもしれない。彼自身が信仰の神秘の証人となるとき、「十字架のヨハネ神父が語っていること」と「私が言いたいこと」のあいだに設けられるべき区別はなくなる。あるいは、前者は新たに後者となるだろう。信仰の神秘は、彼に先立つ証言者と共有されると同時に、彼自身の言葉で語りだされることになる。それは神秘が彼の言葉に新たに宿るということであり、彼の言葉によって神秘に新しい生命が与えられるということでもあるだろう。

註（第6章）

1　たとえば、一六六一年五月三一日のジャンヌ宛ての手紙には「あなたは、私がその人に宛てて私の心の内に起こっていることを書く、唯一の相手です」（C. L376, p. 1130）とある。また、同年七月一〇日の彼女宛ての手紙にはこうある。「あなたに語りましょう、あたかも自分自身に語るごとく、しばしば、いともたやすく、ためらいなく私の心を開いてきた我が親愛なる修道女に」（C. L392, p. 1172）。

2　いずれも直接ジャンヌに宛てて書かれた、一六六五年一月三日の手紙（C. L577, p. 1649）、および同年一月五日から一九日のあいだに書かれた手紙（C. L580, p. 1657）を参照。さらに、同年一六六五年一月一九日、当時ルダンに滞在していたデュウー夫人に宛てて書かれた手紙のなかには、スュランの「小さな懸念」について赤裸々な記述がみられる。

　この数年私が彼女［ジャンヌ］に宛てて書いた手紙がどうなっているか、小さな懸念をぬぐい去ることができません。それらの手紙には、私が彼女にしか向けなかったような信頼と思惟によって言われた数多くの事柄が記されているのです。ところが、彼女の死後にそれらの手紙が私にとって好ましくない者の手にわたることがないよう、彼女がどう処置するのか、私はまったく聞いておりません。けっして彼女を看取るであろう者たちの裁量に委ねられることのないよう所望しています。そういうわけで、私は先に書いた手紙によって彼女に対し、もしあなた［デュウー夫人］が彼女と一緒にいるなら、あなたを手紙の受託者にしてくれたら嬉しいと伝えたのです。あなたなら、私のことを考えてそれらの手紙を慎重かつ適切に扱ってくれると思うからです。これは私にとって非常に重要なことなのです。なぜなら、彼女には、私の感じたことや、あれこれ考えたこと、恩寵のはたらきやその正しい受け取り方まで、ほとんどなんの忌憚もなく語ったからです。もしも彼女があなたにこの厄介事をまかせるのを嫌がったり、あなたにとって重荷になったりするのであれば、手紙はかなりの数に上るでしょうからそういうこともあると思うわけですが、彼女の死後ただちに手紙が燃やされてしまうことを望みます。それこそあなたに頼みたいことなのです。あるいは少なくとも手紙があなたの主導で人目に触れないように保管されることを望みます。（C. L582, p. 1661）

3　ルダンの悪魔憑き事件を題材とした文学作品（本書序章註25を参照）の多くにインスピレーションを与えたのも修道女と修道士の「抑圧された性」というテーマだった。

4　スュランにとってのジャンヌの存在を形容するに、「触媒」という表現を用いてみたくなる。「触媒」とは、「化学反応の前後でそれ自身は変化しないが、反応の速度を変化させる物質」（『大辞泉』、傍点引用者）を意味する。むろん、ジャンヌの霊的態度がその生涯を通じてまったく変化しなかったと考えるのは拙速であろう。文字どおり超常の体験に彩られた生涯を送ったこの修道女が、その晩年、果たしてスュランの説くような「信仰の状態」に帰着したかどうか、資料上の制約もあり、はっきりしたことはわからない。しかし、以下でみるように、彼女に対して繰り返された彼の戒めをみれば、彼女が終生何らかのかたちで超常の体験にこだわり続けたのはたしかだと思われる。ジャンヌという女性の精神構造の複雑さ、その二面性については、ミシェル・ド・セルトーの卓越した分析を参照。C., « Appendice II », p. 1721–1748.

5 ジャンヌの『自叙伝』（一六四四年執筆）も参照した。JEANNE DES ANGES 1990.

6 彼女に最後まで取り憑いていた悪魔べヘモトは、フランソワ・ド・サルの墓に行かなければ出て行かないと告げる一方、出て行くときにはこの聖人の名前を彼女の手に刻みのこすことを約束したという（T. 9, p. 137）。

7 当世の最高権力者たちも彼女の「聖痕」を見た。ジャンヌの『自叙伝』によれば、一六三八年五月五日にはトゥールで国王ルイ一三世の弟オルレアン公ガストンに会っている（JEANNE DES ANGES 1990, p. 197–198）。また、五月一一日に到着したパリでは、二四日に宰相リシュリューと（*ibid.*, p. 203–207）、二九日には国王に謁見もしている（*ibid.*, p. 215–216）。真偽のほどはともかく、彼らは皆一様にこの奇蹟に驚き、この奇蹟を目の当たりにすることによって信仰を強めた、と書かれている。彼女の左手に刻まれた聖なる名は、まさに超自然の恩寵の強力な「外的証拠」（C. L495, p. 1448）として機能した。リシュリューは「憑依が真実であることについては、これら聖なる名がのこっていて、これほど鮮やかに刷新されるということ以上に偉大な証拠は要らない。神はご自身が必要と判断されるときにおはたらきになるのだ。これらの名は、現実にあった憑依とそれを許した神の偉大なる意図の、感覚によって知ることのできる確実な証しである」（*ibid.*, p. 205）と語り、国王は「余はこの驚異が真実であることをいささかも疑ったことはないが、実際にこの目で見ることによって、余の確信は強固にされた」（*ibid.*, p. 215）と語ったという。

8 聖香油を移したこの布については、スュラン自身、司牧と宣教に奔走するなかでよく用いていたらしい。C. L415, p. 1245（一六六一年九月一五日）; C. L418, p. 1249（一六六一年一〇月一四日）; C. L478, p. 1413（一六六二年九月一日）; C. L481, p. 1419（一六六二年九月？）この聖香油による恢復の奇蹟を説教の主題とすることもあったようだ。C. L498, p. 1452（一六六三年三月二〇日）

9 本書第三章二〇二―二〇五頁を参照。

10 ジャンヌによれば、一六六〇年一一月一一日に亡くなったルダンのウルスラ会修道女、受肉のガブリエル（Gabrielle de l'Incarnation, 1597–1660）が彼女の目の前に三度にわたって出現し、「超自然的な交信」を通じてさまざまなメッセージをのこしたという。C. p. 1026–1031.

11 とくに印象的なテクストを三つ引用しておく。まず、一六六一年八月、ルダンのウルスラ会修道女アンジェリク・ド・サン＝フランソワに宛てた手紙。「おのれのうちに花婿の現前を感じることがない修道女はなんともの憂いことでしょう。たとえ彼女がこの真に神的な歓びに恵まれなくとも、せめて、花婿が不在であるなか、ただ彼に仕え、ただ彼を愛し、ただ彼を求めることができますように。そして、彼女の忠信によって、最後はただ彼に満ち足りるばかりでありますように。魂たちとともにあり、魂たちの霊の美味なる肉として魂たちに受け取られるのでなければ、どうして花婿〔聖体のキリスト〕は祭壇の上にいるのでしょうか。神においてなんの味わいも感じないが、全面的な忠信によってそれについてけっして嘆くことがないというのは信仰の偉大な力です。それが生ける信仰であれば、信仰だけで十分ではないでしょうか。忍耐して天の慰めを待ち、しかしおのれの主のために信仰篤く活動する魂は、種々の財に満たされるでしょう」(C. L408, p. 1232)。第二に、一六六二年六月一八日、レンヌの聖母訪問修道会の第二修道院の院長マリ＝テレーズ・コルニュリエに宛てた手紙。「五月六日付のあなたの先の手紙について私が言いたいのは、あなたは或る苦しみのうちにあるということです。私は、よき意志をもった数多くの魂たちがこの苦しみのうちにあるのを知っています。それは次のような苦しみです。魂たちは、私たちの主が自分たちのうちにそれと判明にわかるような顕著な事どもを相応にはたらかせることをまるでしないとき、あたかも神が自分たちを見棄てているかのごとくに落胆してしまい、自分たちが持ち合わせているものにはことさら神を示す効果が何もないために、自分たちの内面には何もないと信じてしまうのです。私は、神がこの世に合わせて与え、魂たちを信仰に置いたままにする〔恩寵の〕通常の流れに満足しなければならないと信じています」(C. L465, p. 1378)。そして第三に、一六六二年八月三一日、ボルドーのお告げのマリア修道会修道女ド・ラ・シェーズに宛てた手紙。「もし神が、厳格な実践がもつ味わいをあなたにお与えになれば、あなたは幸いでしょう。たとえ神がそれをあなたにお与えにならなくとも、信仰の精神をもって、恩寵があなたに呼び起こすところの実践を続けてください。概して、感覚的な味わいがなければ、信仰によっておのれを導くようにしてください」(C. L477, p. 1412–1413)。

12　それはむしろ「フェヌロンの信仰」であると言えよう。スュランとフェヌロンにおける信仰の質的相違については、本書第四章二七五頁以下を参照。

13　本書第五章三一八頁の引用を参照。

14　本書第四章二六六―二六七頁を参照。

15　このスュランの同意の言葉については、鶴岡による解釈を参照。鶴岡は、スュランの同意の言葉を「たとえ自分の運命がどうなろうと、それが神の意志であるならそれでよい」と意訳してみせる。その上で、このように日本語に置き換えたときに顕れてくる「それでよい」の「善（い）」こそ、この世における自分の運命の如何にかかわらず、その全てをありのまま肯定する

16 「超越的善《トランスセンデンタル》」、すなわちこの世の善悪を「超越」した「善」であると指摘する。鶴岡一九九一、一八九頁註五〇。翻ってこの問題は、病の最中にスュランを襲ったマニ教的善悪二元論の誘惑（本書第四章註26を参照）のもつ意味を考えさせる。後に彼に決定的な恢復をもたらした自己放棄、そこに看取される超越論的善の顕れは、善悪二元論を乗り超えることを意味したと言えるのではないか。

17 すでにウダールが、スュランのみならず同時代の神秘主義の言語的実践を理解するうえでのこのテクストの重要性を指摘している（HOUDARD 2004, p. 55–56）。

18 信仰の内を流れる神秘的奔流について語る際、スュランは「刺繍音」という表現を用いていた。すでに二度引用した一六六二年五月七日のジャンヌ宛ての手紙の一節をもう一度引用する。「この諸々の財の活動する流脈は、信仰の包括的な観念の内にあり、神や神の子イエス・キリストについて一般的な事柄のほかに何か特別な富があるわけではなく、大多数のキリスト教徒の音域に合ったものです。そして私には、私たちの音域は根底において最もしがない農民たちのそれと同じであって、私たちの主がそこに加える刺繍音は完全かつ単純素朴なものだと思われます」。これに続けてスュランは――本文中で検討した「コリントの信徒への手紙二」の同じ箇所を参照しながら――次のように述べている。「実に、私の考えによれば、この活動する流脈については、聖パウロがキリスト教徒の貧しさについて言っていることを言うことができるのです。すなわち、キリスト教徒たちのいと高き貧しさは、単純素朴という富のうちに溢れたのだ、と」（C. L449, p. 1335）。

19 「神を求めての永久の不安・揺らめき（une inquiétude perpétuelle pour Dieu）」とスュランは言う。一六六二年五月一二日のポンタック夫人宛ての手紙をみよ。「あなたの心の中心に、聖にして心を魅惑するかの傷を付けてくださいますよう、聖霊に願っています。それは神の愛の深い印象をあなたに残し、かくしてあなたは絶え間なく神を渇望し続けるでしょう。そしてあなたは、神を求めての熱意と永久の不安・揺らめきを感じるでしょう」（C. L451, p. 1341）。

20 以下ジャンヌに関する記述は、もっぱら『書簡集』に付されたセルトーの注釈に依拠しているが、元来は彼女の伝記 Fougeray, « Vie de la Mère Jeanne des Anges » に基づく。

21 *Ibid.*, p. 891. 引用はセルトーの注釈に依拠している。C. p. 1648.

22 キリストの聖体と神秘体験を結びつける伝統はキリスト教に連綿としてあるが、聖体祭儀における神の現前をスュラン以上にこと細やかに説明した神秘家は稀であり、この点においても彼は傑出した神秘家とみなされる。本書第一章一二三―一二四頁を参照。『経験の学知』に記載された数々の超常の体験のうち、最も鮮烈なもののひとつは、聖体という神の肉を「味わう」という現前の体験をめぐる生々しい描写であった。

23 このように用いられる「味わい」の他の例として、「神においてなんの味わいも感じないが、全面的な信により、それについてけっして嘆くことがないというのは、信仰の偉大な力です」（C. L408, p. 1232）。「感覚的な味わいがなければ、信仰によっておのれを導くようにしてください」（C. L477, p. 1413）など。

24 スュランの信仰における「待つこと」を、モーリス・ブランショがその謎めいたテクストのなかで語る「期待なき期待」——それこそが無限への開けだと彼は言う——と突き合わせてみることも可能だと思われる。「期待（l'attente）は期待されているものすべてを取り去ることによって注意力（l'attention）を与える。／注意力を通して、彼は期待の無限《おわりなさ》をほしいままにする、到達（attendre）されてしまわない極限に彼を持ってゆくことによって彼を期待されざるものに向かって開く期待の無限を」（BLANCHOT 1962, p. 48＝一九七一、一八二—一八三頁）。なお、ブランショのこのテクストの存在を含め、「待つこと」の現象学的意味については、鷲田、二〇〇六からさまざまな示唆を受けた。

25 引用したスュランのテクストは「黙示録」にも多くを負っていると思われる。「来る（érchomai）」という動詞は「黙示録」にも頻出する。

26 S. III, 6, p. 284 ; G. III, 3, p. 151–152 ; G. VII, 8, p. 316–317 ; C. L397, p. 1186 ; Q. III, 8, p. 173. Cf. BERNARD DE CLAIRVAUX 1953, p. 87–88（*Sermons sur le Cantique des Cantiques*, Sermon I, 5）.

27 本書第五章三四二—三四三頁。

28 スュランは「享受する愛（amour jouissant）」をこう説明している。「それは魂が神を自らのものとする愛である。このことを理解するために知らなければならないのは、人間はただ来世においてのみ神を享受することに到達するのではなく、すでに現世からも、信仰の幕の下に、愛によって神をおのれのものとし、神を享受するということである」（G. III, 3, p. 150）。

29 本書序章註59を参照。

結論

本書を結ぶにあたり、これまでの議論の要点をいま一度、当初設定した大きな問題枠組みのなかに位置づけなおし、その意義を確かめたい。とくに、本研究が従来の神秘主義論のパラダイムにいかなる転換を迫るものであるかをあらためて確認しよう。そのうえで、スュランの神秘主義とは何か、それがどのような点で神秘主義の再定義を促しうるのかを述べたいと思う。

本書のねらいは、まず、一七世紀フランス神秘主義という、西欧宗教史上に極めて豊かな広がりをもつ問題系に光を当て、なかでも、同時代最大の神秘家であるスュラン研究に新たな解釈を与えることにあった。だが、そもそも本書の問いの射程は、或る時代、或る地域、或る人物に固有の思想潮流の考察にとどまるものではなかった。より根本的な本書の目論見は、何より、経験＝体験を中心に据えてきた近代的神秘主義理解のあり方を問いなおすことにあった。

この目的を果たすために、本書は、スュランという一人の神秘家の言葉の実践を焦点としつつ、そのテクストを読み解くにあたっては、彼自身の人生の道程や同時代の人びととのやりとりも含め、テクストに透けてみえるより大きな歴史的・社会的・文化的コンテクストをつねに前景化し、それをテクストに記された言葉の吟味に交錯させようとした。そして、テクストとコンテクスト、この両者を貫く本書の問題関心は、さまざまな水準でそれまでの学知の構造に地殻変動が生じた西欧近世における、信と知の関係性の変容に向けられていた。この点、本書の議論に新たな研究の地平への「扉を開く鍵（clavis）」となったのは、一方では、「経験の学知」と呼ばれた一七世紀フランス神秘主義の隠れた主題「純粋・赤裸な信仰」の発見であり、他方では、長らくもっぱらその異様な体験の数々が注目を浴びてきたスュランの神秘主義における「信仰」の再評価であった。その際に重要な補助線になったのが、十字架のヨハネの「暗夜」の教説である。実のところ、本書の影の主役はこの一六世紀スペインの神秘家であった。一七世紀フランスにおける十字架のヨハネの影響、とりわけその信仰論をめぐる解釈の諸相についてのさらなる探究は今後の課題であるが、この新たな課題の発見自体、本書執筆における大きな成果であったと考えている。

一九世紀末以降の宗教研究において神秘主義論はつねに重要な位置を占めてきたが、概して神秘主義の「本質」は、神的存在を「見る、聞く、触れる」という現前の体験にあるとされてきた。「合一」、「融合」、あるいは「実験的味得」、「直接的覚知」など言い方はさまざまあるが、いずれにせよ神秘主義の本質であり最終到達点とされる神秘体験の要は、個々人と神的存在の交わりの直接性＝無媒介性（im-médiateté）に認められてきた。とりわけキリスト教の伝統では、神の威容がくまなく現前する「栄光」の体験や「至福直観」、つまり天上において「顔と顔を合わせて見る」という神の現前の体験――それは「鏡におぼろに映ったものを見ている」という信仰の暗さと対比される――こそが究極的な神秘体験ということになる。これも神秘主義論にしばしばみられる、「体験した者でなければわからない」という言説も、個々の体験の直接性こそが神秘主義の要であるという暗黙の前提に拠っている。総じて神秘主義は、特権的な現前の体験をもつことを許された宗教的達人たちのものであって、平凡な信仰者たちの日常の生とは隔たったところに眩い光を放っている。そのように理解されてきた。

スュランの神秘主義の面白さは、一見このような近代的神秘主義理解と極めて高い親和性をもちながら、実はそのような理解の枠組みを逸脱し、あるいはそれを根本から揺さぶるような性質をもっていることにある。彼の神秘主義に言及する者たちは、センセーショナルな悪魔憑き事件との関わりと、それに端を発する数々の超常体験に少なからず目を奪われてきた。ところがその結果、実はそれこそが彼の神秘主義の真の問題である「共通・通常の信仰」は、今日まで正面から問われることなく放置されてきたのである。彼の信仰論が等閑視されてきた背景には、本質的に個人的・直接的な現前の体験に神秘主義の本質を求めるという、一九世紀以降の宗教研究に根強い傾向が認められる。一七世紀フランス神秘主義の隠れた主題である信仰の問題を掘り起こし、スュランの神秘主義を根源的信仰論として掘り下げようとした本研究は、したがって、これまでのスュラン像を刷新するのみならず、「神秘主義」概念を大きく転換ないし拡充するものであったと信じている。

本書が終始一貫して問いの俎上に載せたのは、スュランにおける極めて鮮烈な現前の体験と、暗闇のなかの不在者への関わりとしての信仰とのあいだにある落差である。本書では、スュランという神秘家の霊的道程を体験から信仰への転回ないし信仰への回帰と捉え、さまざまな角度からこの間の消息を明らかにしようとしてきた。彼の信仰「回帰」の運動は、しかし、規範への再統合を意味するものでも、たんに元いた場所に戻るということを意味するのでもなく、現前と不在の区別がもはや意味をなさないような、何か未知の地平が拓けてくるような事態であった。魂の闇路を抜けてスュランが足を踏み入れた「新世界」は、すべてキリスト教徒に共通・通常の信仰の境涯であった。六五年の波乱の生涯の最後に彼が発見した神秘は、ありふれた生のなかに瞬く神秘だった。結果として本書は、クリスチャン・ブランが言うところの「キリスト教的生そのものを構成する次元」としての「神秘主義の次元」を問わんとする試みであったと言えるかもしれない。[1] あるいはそれは、井筒俊彦の言葉を借りれば、まさに「一遍酔ってまた素面に戻った人」であるスュランの目を通じて、日常の信仰のリアリティをできるだけ鮮明に描き出そうとする試みでもあったのではないだろうか。[2]

スュランの神秘主義は、信仰の神秘主義である。それは、むしろ地上に生きるすべての信仰者に「共通・通常」の信仰の内に神秘の奔流を見いだし、あらゆる現前の体験から隔てられた、その意味で暗がりにある場所――「神の栄光の永遠の城外区」――にこそ神との近しさを見いだす。ただし、この「信仰」を、何か客観的な実体をもつもの、どこかに措定できるものとして捉えてはならない。「愛の傷」と言われるとおり、彼の神秘主義の「中心」にあるのは何か本質的な実体ではなく、「傷（blessure）」、すなわちそれ自体は本質的実体をもたない空隙である。だが、それはけっして言葉の外にあるものではない。それはむしろ、そこから湧き出てくる言葉、それを経巡る言葉によって事後的に証し立てられるものであり、言葉の内にある言葉ならぬものである。彼がそこに「回帰」していった「信仰の状態」も、そこに生きることで新たな言葉――「私の福音」――が生まれて来るような地平として、言葉とともに拓かれていったと言える。そしてその言葉は、他の信仰者たちに向けて語りだされた言葉であった。スュランの信仰は、他の信仰者たちと共有されることによって初めて出来する信仰であり、私の信仰である前に私たちの信仰であった。その意味では、それはむしろ本質的に「共同的」であり、「間接的」であると言えるだろう。

スュランの神秘主義の根本的特徴として、さまざまな位相でそれが示している「あいだ（entredeux）」性が指摘できるかもしれない。そもそも、彼の神秘主義の言葉に固有の緊張とダイナミズムを与えていたのは、近世という転換期のあいだ性であった。また、目も眩むような神の現前の体験と、その体験が過去のものとなった現在の「あたかも神が不在であるかのように暗い」信仰との劇的な落差、隔たりそのものが、スュランの神秘主義の言葉が紡ぎだされる場所であった。そしてその言葉は、変転を繰り返すこの世の時のはざま、神の栄光の示現から隔てられた「永遠の城外区」にあって、信仰をともにするさまざまな人びととのあいだに織りなされたのだった。スュランの神秘的経験は、そのような信仰の言語活動の内にこそ明滅するのであり、人びととのあいだ、時のはざまに息づくのである[3]。それは、黄昏時に雲間から漏れ出す光芒のごとく、闇を輝かしながら闇に消えゆく一筋の光であった。

神秘への道としての「共通・通常の信仰」。だが、この定式を陳腐化させないためには、スュランの言う信仰の「神秘」は、徹底的にこの語の玄義に即して理解されなければならない。すなわち、けっして解き明かされぬもの、ついに覆いを取り去ることができないもの、徹頭徹尾「謎」として残り続けるものとして。スュランの神秘主義の最奥部「信仰の状態」においていて、信仰の幕はついに破れることなく、神秘を覆い続ける。だが、そうであるからこそ、神秘はどこまでも語り尽くせぬものであり、語り尽くせぬものであるからこそ、それを語ろうとする神秘家の願い・焦がれ（désir）をたえず駆り立て、言葉を紡がせ続けるのではないか。神秘家とは、この尽き果てることなき並外れた願いに襲われ——「愛の傷」を負い——突き動かされる者の謂ではないだろうか。

神秘が謎であり続けるからこそ、それは神秘家の魂を焦がし、新しい言葉を触発し続けることができる。とすれば、この神秘家の「願い」には、満たすべき欠損も不満もない。[4] 希う他者が不在であること、その他者が「いま・ここ」に不在であることは、むしろその他者との別様の交わりを可能にする事態、その意味で望ましき事態なのだ。

かような願いにとらわれた者にとっては、それゆえ、「信仰の幕」を剝ぎ取ってしまう「現前」の体験は、それがいかに鮮明なヴィジョンをもたらすものであろうと、むしろ陽炎のように虚しいと言えるだろう。そもそも、現前の体験を求めるということは、特定の時と場所に神秘との交わりを限定し固定しようとすること、「いま・ここ」の私の体験に自足し閉塞することではないか。だがそれは、汲めども尽きせぬ大海の如き豊饒さを湛えたはずのものに狭隘な輪郭を与え、いたずらに矮小化することでもあるのではないか。広大無辺なる神秘、豊饒なる神秘——「信仰の深淵」、「信仰の富」というスュランの表現を想起しよう——の前に、現前の体験はあまりにも些細で貧弱なのかもしれない。神秘との関係性は、それが「神秘」である以上、必ずや「いま・ここ」の外、私の外へと横溢してゆくべきものだ。かくして私たちは、現前の体験から隔てられた赤裸な信仰こそ、スュランにとって神秘への真の道であったことを理解するのである。信仰とは、十字架のヨハネの影響のもとスュランが語ったように、岸辺から眺められる大海の如く「暗く、漠然として、包括的な観念」、それでいて「愛に満ちた観念」であり、乗り越え不可能な隔たりの向こうにいるものに焦がれて待望し、待望することにおいてそのものをよりいっそう近しいものとして経験するやり方なのだ。

神秘を神秘のままに、ついに覆いの向こうにとどまり続けるものとして了解しながら、なおそれを語ろうとするとき、その言葉、つまり信仰の言葉は、神秘の「証言」となるだろう。この証言は、けっして「これが神秘である」という言い方に落ち着かない。落ち着けない。裏を返せば、神秘という謎に絶えず新たな意匠を施し、あるいは、謎からまた別の謎を生み出し続けることに、当の証言を神秘の証言たらしめる証言の生命は存するのではないだろうか。過去、現在、未来と紡ぎ出されていくであろうこの証言の系譜は、その都度に新しい証言の系譜である。「いま・ここ」にはいない――過去、そして未来の――他者たちとの、差異と断絶そのものを構成要素とする証言の共同性。かくして、スュランの言う「共通の信仰」、「私たちの信仰」の境涯には、神秘が神秘であるがゆえに可能になる、時を超えた共同性がたち現れてくるように思われる。スュランの言葉を神秘の証言と信じ、彼のテクストに響く「歌」に耳を傾けようとした本書もまた、この本質的に共同的な証言の系譜に連なるものであるかもしれない。

最後に、スュランの『神の愛の霊的讃歌』のうち、最も有名な詩（V）の一節を取り上げよう（SURIN 1996, 65）。「神の愛の完全なる実践に向かうための内的放棄について（De l'abandon intérieur pour se disposer à la perfection de l'Amour Divin）」と題されたこの詩は、時の流れのなかにありながら、まったく新しい時、充溢せる時がもたらされる信仰の境涯を歌い上げている、と読める。この信仰の境涯は、「迷子のように」歩み続ける漂泊の道程の果て、どこに向かうともなく人びとのあいだを奔走しながら、すべてを手離して「彷徨える魂の性を得た」私の道程の果てに拓けてくる彼方として歌われる。

Je veux aller courir parmi le monde,
Où je vivrai comme un enfant perdu.
J'ai pris l'humeur d'une âme vagabonde,
Après avoir tout mon bien dépendu.
Ce m'est tout un, que je vive ou je meure,
Il me suffit que l'Amour me demeure.

私は人びとのあいだを駆け巡りたい、
そこで迷子のように生きるだろう。
私は彷徨える魂の性《さが》を得た、
もてるすべてを手離して。
私が生きるも私が死ぬも同じひとつのこと、
ただ神の愛が私に宿っていればそれでよい。

繰り返し論じてきたように、ここに歌われている「私」、愛の傷を負い、恋い焦がれる「私」にとって、愛する他者＝神は認識の対象物ではない。私の所有物（possession）をすべて放棄した「私」は、他者に所有された＝とり憑かれた（possédé）私となる。「内的な放棄」という神秘的死を死んだこの「私」は、もはや他者なしにはない私として生きるのだ。この神秘的死は、この世を超えた永遠なる神との合一＝融合という終着点に魂を導くのではなく、この世において、人びとのあいだで、なお生きるべき新しい生の地平を拓くのである。「私は人びとのあいだを駆け巡りたい、そこで迷子のように生きるだろう」。「生きる」という動詞が未来形で書かれていることを見逃してはならない。

「私の死」の彼方にある「私たちの生」。そこにおいて、生きているのはもはや私ではない。他者が私の内に生きているのであり、そうであるかぎりの「私の生」なのだ。[5] 最後の二詩行は、この詩において繰り返されるリフレインであるが、第一詩行「私が生きるも私が死ぬも同じひとつのこと」という詩はこのように解釈できる。他者が私の内に生きるかぎりにおいて私は生きる。そして、そのように生きる私の生に他者は証されるだろう。

スュランの歌は、生と死の彼方にあるこの神秘的生＝共生（la vie commune）の讃歌であり、すべてに充溢しすべてを肯定する神の愛の讃歌でもある。「ただ神の愛が私に宿っていればそれでよい」。この「それでよい＝十分である（Il me suffit）」という言葉は、地獄堕ちの絶望の最も深き夜にあってスュランが発したあの同意の言葉――「もし神が私の地獄堕ちをお望みならば、それでよい（je le veux, si tu le veux）」――と根底において同じ響きをもつ言葉、超越的善を顕す言葉である。それはまた、溢れるような神の恵みを身に受けた者の証言としてスュランがしばしば引くザビエルの叫び――「もうよい！（c'est assez !）」[6]――とも共鳴している。すべて私のものを放棄し、なにものにも留まることなく信仰の深淵に漂泊する――スュランはそれを「幸いなる難破（heureux naufrage）」と呼ぶ（*ibid.*, p. 68）――、そのような魂に宿るという神の愛は、まさに大海の如く「過剰」なものである。それは、私が棄てた以上のもの、私に約束された以上のもの、つねにより大いなるものである。ただ満ちるのではなく満ち溢れるもの。充満するのみならず充溢し、横溢してゆくもの。肯定と否定、現前と不在、生と死の彼方へ――。「神秘主義」が「根源への逸脱」であるとすれば、[7] スュランにおけるそれは、かようなかたちで「過剰（excès, excessus）」な様態をとると言えるだろう。

註（結論）

1 「はっきり言っておこう。この道を神秘主義の「専門家たち《プロフエッシオネル》」のみに委ねてしまうのは誤りであろう。どの人も容易にこの道を経験することができるのだ。神秘主義の次元は、キリスト教的生の付属物、「エリート」限定の報酬ではなく、反対に、キリスト教的生そのものを構成する次元、キリスト教的生に通常のもの、自明のものであるはずだ」（BELIN 2012, p. 64）。

2 日常の「目覚めの状態（ṣaḥw）」、神秘的階梯を意識が上昇していった「酔いの状態（sukr）」、そして再度目覚めた状態である「第二番目の素面（ṣaḥw thānī）」の三つに言及して、井筒は、第三の状態のリアリティにイスラーム神秘主義の哲学的問題の中心点はあると言う。「その第二の素面状態に、人間である限りはどうしても戻らざるをえない。神なら戻らないでいいかもしれないけれども。それで、人間にとっての一番直接的な、一番身近な現実が、一遍酔ってまた素面に戻った人の目から見てどうなっているのか、その構造を探るということが、哲学者たるものの一つの重要な課題になる」（井筒 一九八六、二二四―二二五頁）。

3 この「あいだ」性も、従来の神秘主義理解のあり方を根本から問いなおさせる契機となるだろう。というのも、深澤が指摘するように、一九世紀以来の宗教研究における神秘体験理解の根底には、「直接性」の探求という近代の「世界観的待望」が流れていたからだ。「それは、教会や社会や自然などのあらゆる外部的決定や拘束を免れた、人間の自由な「直接性」への夢である」（深澤 二〇〇六、二三〇頁）。スュランの神秘主義は、この直接性の思想の問題点を明らかにするにとどまらず、「自由」とは何かという根源的な問いを考えさせる。「あなたはほとんど自由思想家《リベルタン》のごとくなって、あなたに必要な自由を手に入れなければなりません」（C. L38, p. 217）という彼の言葉が思い出される。スュラン、あるいは神秘家における「自由」とは何か。この問いについても、今後考えてゆきたい。

4 本書のスュラン論は要所要所でレヴィナスにインスピレーションを得ている。ところで、他なるものを同一性の地平に並べてしまう全体性の思考に抗おうとした彼にとって、絶対者との合一＝融合を目的とする神秘主義（mysticisme）は、他者の他性を否定してしまうという意味で、つねに批判すべき対象だった。とくに、「一者」へのノスタルジックな回帰と合一、融合を説くプロティノスの哲学は、西欧思想の宿痾というべき思考原理として批判された。

> 一者への合一または一者との融合としての哲学、エクスタシーへの道のりに組み込まれている哲学（中略）。それとの合一が可能な、一者への超越。われわれにとって重要だと思われるのは、プロティノスの学派において、師が実際に到達したそれら合一の瞬間に向けられた関心の強さを忘れないことである。一者との合一は夢物語ではなかったということだ。勝利をおさめる超越は、希求・焦がれ（aspiration）としての愛ではなく、合一としての愛である。社会性（socialité）それ自体における、エクスタシーよりもむしろ近しさ（proximité）における現実的超越は、ギリシア思想とは無縁なままにとどまるだろう。かかる思想は古典的規範と化し、新プラトン主義を経由して西欧哲学に伝えられ、ヘーゲルに至るまで、西欧哲学が焦がれのなかに不–満足を見逃すことを禁じるだろう。（LEVINAS 1995, p. 31–32）

超越者との合一＝融合を目的とする思考は、他者からの「隔たり」をどうしても「不–満足」としてしか、つまり否定的な状態としてしか捉えられない。隔たりは合一によって埋められるべき欠如態なのだ。これに対してレヴィナスは、超越者との合一とは別の超越を、愛するものと愛されるものの「近しさ」における、希求・焦れとしての愛に認める。この、欠損や不満足なき希求としての愛は、スュランのものでもあった。

5 「生きているのは、もはやわたしではありません。キリストがわたしの内に生きておられるのです」（「ガラテヤの信徒への手紙」2, 20）とは、スュランがおのれの魂におけるイエスとの「合一」の境地を語る際に参照している言葉である（S. III, 12, p. 340）。

6 ザビエルのこの叫びは、ペドロ・デ・リバデネイラの『聖人伝』によれば、中国上陸を目前にサンチャン島で病に倒れる最期のときも含め、つねに彼に訪れていたという圧倒的な神の慰めを受けて発されたものだった。Cf. RIBADENEYRA 1646, p. 1260–1261. スュランは複数のテクストにまたがって繰り返しこの叫びに言及している。C. L271, p. 875 ; 2CS. VI, 5, p. 328（« Satis est, Domine, satis est »）; Q. II, 6, p. 97 ; Q. III, 10, p. 180.

7 「神秘主義」の（再）定義を、鶴岡賀雄は、「謎」および「根源への逸脱」の二つをキーワードとして試みている（鶴岡 二〇一〇b、二〇一四）。本結論はこれを継承したうえ、さらなる展開を試みたものである。

スュランのテクストについて

スュランは、とりわけ悪魔憑きの病から解放された後には旺盛な執筆活動を行い、相当数のテクストをこの世に遺した。だが彼の死後（あるいはすでに生前から）、その多くが散逸してしまった。[1] また、生前中に出版というかたちで世に問われたものはわずかである。われわれに遺されたテクストも、多かれ少なかれ他人の手によってさまざまな改変が加えられたものである可能性には注意が必要である。しかしそのことは、どんなかたちであれ彼のテクストを収集し出版しようとした同時代の篤信な人びとが、スュランの言葉に寄せた評価の大きさと共感の深さを証してもいるだろう。

スュランのテクスト全般について満足すべき文献学的考証は、一九六四、六五年に発表されたミシェル・ド・セルトーの二篇の論文を待たなければならなかった（CERTEAU 1964, 1965a）。また、それと前後して、六三年にはスュランの主著『霊の導き（*Guide spirituel*）』[2] が、そして六六年には『書簡集（*Correspondance*）』[3] が、セルトーによる極めて精緻な校訂作業を経、数多くの補足資料を備えて公刊された。[4] その結果、およそ三世紀の時を隔てて、スュランの思想を学問的に吟味することを可能にする条件が整ったのである。

それぞれのテクストの成立事情、歴史的評価、文献学上の問題点については、セルトーの研究のほか、とくにテクストの出版や流通をめぐる社会史的背景に着目したパトリック・グジョンの補完的研究がある（GOUJON 2008, p. 29–71）。以下では、これら先行研究に依拠しつつ、残存するスュランのテクストを四つのジャンルに分類し、それぞれの特徴をごく簡単に説明する。その上で、特に重要なテクストの成立背景と特性を把握しておきたい。事はテクストをどう読むかという本質的な問題に関わっており、したがって以下に行う整理は方法論の問題にも踏み込んでいる。

1 詩的テクスト ŒUVRES POÉTIQUES

『神の愛の霊的讃歌(Cantiques spirituels sur l'amour divin)』

最も早い詩はおそらく一六三八年に作成され、スュランの「病」の時期(一六三七―一六五四年)を通じて徐々にその数を増やしていった。一六五七年にパリで最初の版が出版されたらしいが、現物は見つかっていない。その後新しく作成された詩を追加し、五五篇の詩を収めた第二版が一六六〇年にボルドーで出版された。[5] 以降、各地で新たな版の出版が相次ぐが、内容においてこの第二版から変化はない。一九九六年にベネデッタ・パパゾーリによるイタリア語の註解付き校訂本が出た。[6]

『霊の詩(Poésies spirituelles)』

『神の愛の霊的讃歌』に続き、おそらく一六六〇年に作成された。すべて「神の愛」を主題とした一五篇の詩からなる。このうち、キリスト教神秘主義においてしばしば語られる三階梯(浄化、照明、合一)に対応すると考えられる三篇の詩(「浄化する愛」、「照明を授ける愛」、「変容させる愛」)は、まずラテン語で書かれた後、スュラン自身によってフランス語に翻訳された。それぞれ異なる愛の諸相を詠ったその他の一二篇の詩(「懊悩する愛」、「傷つける愛」、「燃やし尽くす愛」……)は、はじめからフランス語で書かれた。一九五七年にエチエンヌ・カッタによる校訂本[7]が出るまで長らく日の目を見なかった。

『霊の契約(Contrats spirituels)』

これもカッタの校訂によって『霊の詩』とともに一九五七年に初めて公刊されたテクストである。[8]「遺言(testement)」、「誓約(serment)」、「和解(transaction)」そして「契約(contrat)」といった言葉が並ぶように、魂の告白が法的な手続きに則って叙述されるという特異なスタイルをもつ。散文であるが、セルトーが指摘しているようにその法的な形式自体が韻律として機能していると考えれば、一種の散文詩と捉えることができる（CERTEAU 1964, p. 466）。このうち最初の「契約」は一六五五年一〇月一九日に執筆され、おそらくは彼自身の手で数週間のうちに書き上げられた。

本研究においてスュランの詩は基本的には考察の対象外に置かれている。しかし、彼の詩作品の大半が、彼がまだ精神を病んでいた時期、未だ絶望の深淵から抜け出していない時期、あるいは抜け出しつつあった時期（一六三七—一六五五年）に綴り出された言葉であったことは重要であり、ひとこと付しておきたい。

他の多くの神秘家にとってもそうであるように、スュランにとって詩とはよりプリミティヴな言語であったと言えるかもしれない。セルトーの言葉を借りれば、「これらの詩は、精神の暗夜にもかかわらず光輝いており、ほとばしるような体験を表象している。それを遅れて説明するのが散文による教えであろう」（CERTEAU 1964, p. 460）。実際、一六六〇年から六一年にかけて、スュランはしばしば自作の詩を引用している。しかし、それと同時に指摘しておかなければならないのは、彼の生涯が終わりに近づくにつれて、自作の詩の参照の頻度は減っていったということである。一六六四年八月一日のジャンヌ宛ての手紙に極めて印象的な一節がある。

> 私は、大病を患っておきながら健康を取り戻した、病み上がりの病人のような状態にあります。それは、この病人がかつて経験した健康よりも大いなる健康です。もしこの健康が私に見えているように大いなるものになるとすれば、まことに心のなかで讃歌を歌うだけの理由はあるでしょう。心のなかで、です。というのも、私が作り、印刷されたあの古い讃歌〔『神の愛の霊的讃歌』〕は、すでに私の記憶から消えてしまい、霊の注意はすべて、心のなかで歌われるかの讃歌に向かっているからです。このことを使徒聖パウロは次のように言っています。「アナタ方ノ心ノナカデ主ニ向カッテ讃歌ト詩編ヲ歌ウコト」〔「エフェソの信徒への手紙」5, 19〕。（C. L539, p. 1555）

このときスュランは、いまや現前の体験から隔てられた「信仰の状態」にあって、信仰の平安を語る言葉を紡ぎ出していたのだった。その彼の現在において、おそらく当初はおのれの体験を最もよく表象しえた詩は、忘却されていったというのである。だが、「印刷されたあの古い讃歌」が記憶から消えても、その生命は別のかたちで息づき続ける。信仰をめぐる晩年の彼の言葉には「心のなかで歌われるかの讃歌」の新しい響きが響いている。スュランは信仰の神秘を語る自らの言葉を「歌」と呼んだのだった。

2　霊的指導のためのテクスト　TRAITÉS DIDACTIQUES

『霊のカテキスム（*Catéchisme spirituel*）』

「カテキスム」とは「教理問答集」を意味するとおり、魂を完徳へと導くための霊的な問答集である。一六五五年、おそらく『霊の契約』の執筆が開始される数週間前、スュランはすでに「頭のなかに」出来上がっていたものを口述し、全三巻、二〇〇以上の章をもつというこの書物の草稿を完成させたという[9]。このうち最初の二巻の口述は一六五四年には完了していた。一六五七年に一部がレンヌで出版され、またおそらくは同時期にリヨンでも出版されたが、いずれもスュラン自身は関知しておらず、編集者も不明である。このことは、早くからスュランのテクストが、とりわけ篤信家たちの支持を集め、本人もあずかり知らぬまま広範に流通していったことを示している。それは同時にイエズス会の長上たちの警戒心を喚起することにもつながった（本書第三章第二節二）。それゆえスュランは、自らのテクストの出版にも編集にも直接携わることはなかった。が、彼の友人だったコンティ公（Prince de Conti, 1629–1666）[10]の支持やその命を受けたヴァンサン・ド・ムール（Vincent de Meur, 1629–1668）[11]の尽力の結果、一六六一年に第一巻、次いで六三年に第二巻が、いずれもパリで出版されるに至った[12]。

なお、興味深いことに、この二冊のパリ版に教会の公認を与えたのはボスュエだった（パリ大学神学部は一六世紀半ばよりすべての宗教文献を検閲する任務を負っていた）。のちにキエティスムを断罪することになるこの反神秘主義の首魁が、スュランの神秘主義の「正統性」の証言者であったとは驚くべき事実である。ナポリのキエティストたちに用いられたという『霊のカテキスム』のイタリア語版が、一六八七年に禁書目録に入れられていることを考えると、なんとも皮肉な巡り合わせと言うほかない。むろん、ボスュエがスュランをよく読んで理解していたとは考えにくい。事態の背景にはおそらく、『霊のカテキスム』の出版を望む篤信家たちの後押しがあった。三〇数年後（一六九七年九月）、かつて自らが——不覚にも——与えたこの承認について、宿敵フェヌロンに問い詰められたボスュエは、自己の主張の正しいことを主張しながらも「いくつかの誤った命題を見落としたかもしれない」ことを認めている。[13]

『霊のカテキスム』はスュランの生前に出版されたが、他のテクストと同様、彼が口述した原テクストにさまざまな改変が加えられている点には注意が必要である。彼の著作中最も広く読まれたテクストであるが、[14]今日まで校訂版は存在しない。[15]本書では、第一巻については一六六一年出版のパリ版を、第二巻については同じ書店から六九年に出版されたものを参照する。[16]

『霊の導き（*Guide spirituel*）』

一九六三年のセルトーの校訂本によって初めて世に出たテクストである。[17]

執筆当初は『霊のカテキスム』の第四巻として構想されていた。一六六〇年末にはほぼ書き上がっていたようである。このうちおよそ三分の一にあたる部分が六三年出版の『霊のカテキスム』に統合された。このこともまた、原本がどれだけ著者の意図を無視した根本的な改変（改竄？）を被ってきたかを物語っている。

スュラン自身の構想は、しかし、六一年二月初めにポワチエのノートルダム女子修道院の院長アンヌ・ビュイニョンに送った手紙に詳細に記されている。「まず「完徳の観念」を扱う章から始め、以下数章が続く〔第一部〕。次いで、「潜心について」とそれに続く合計八章〔第二部〕。次いで、「信仰について」とそれに続く数章〔第三部〕。次いで、超自然の活動について〔第四部〕。次いで、肉体を養う食物や衣服についてなど合計七、八章〔第五部〕。

そして、祈りの諸段階、また神秘家について〔第六、七部〕。次いでジェルソンのテクストを論じる合計八、九章が来る」（C.L343, p.1053–1054）。最終部で検討されるジェルソンのテクストとは、当時は広く彼の著作とみなされていた『キリストに倣いて』のいくつかの章句であると考えられるが、残存する写本にはない。[18]

このテクストは現在に残るスュランのテクストのなかで最も論争的な性格が強い。[19] 反神秘主義的言説、具体的には『神秘神学糾明』（一六五七年）を著したジャン・シェロンに対する直接的な反駁がそこかしこにみられる。スュランに対して、あるいは同時代の神秘主義に対していかなる批判がなされ、それに対して彼がどう答えたかを考察する際にはこのテクストが軸となる（本書第三章）。

『霊的対話集（*Dialogues spirituels*）』

『霊のカテキスム』の口述が完了するに引き続き、おそらくは一六五五年初めに口述が開始された。魂を完徳へと導くための霊的生活の実践について、やはりさまざまな問答を展開するスタイルで構成されている。[20] 当初は四巻本の予定であったらしい。しかし一六六一年夏、神秘主義に関連する文献の出版を禁じるイエズス会総長の決定が下されたことによって出版に向けた動きは頓挫してしまう（本書第三章第一節二）。残されたテクストは、スュランが世を去って三〇年後、熱心な彼の支持者の一人であったイエズス会士ピエール・シャンピオン（Pierre Champion, 1632–1701）によって編集され、一七〇〇年にナントで第一巻が出版された。[21] 次いで一七〇四年にはシャンピオンが遺した第二巻が、一七〇九年には彼の後継者によって第三巻が刊行された。[22] だが、このテクストも他のテクストと同様、スュラン以外の人びとの手によってもはや同定不可能な修正を被っていることを指摘しておかなければならない。[23]

『霊的生活の基礎（*Les Fondements de la vie spirituelle*）』

『霊の導き』の草稿から抜き出された一部[24]に加え、『霊的対話集』から『キリストに倣いて』についての註釈となっている箇所を抜き出し、別の一巻本に纏めたものである（このため、当初は四巻構成だったはずの『霊的対話集』は全三巻に圧縮されることとなった）。一六六七年にパリで出版された。[25]『霊のカテキスム』と同じく、コンティ公の命を受けたヴァンサン・ド・ムールによって準備され、ボスュエが教会の公認を与えている。

本書では一九三〇年刊のフェルディナン・カヴァレラによる校訂本を参照する。[26]

『神の愛についての問い（*Questions sur l'amour de Dieu*）』

スュランの生涯の最晩年に執筆され、彼の神秘主義の根本的主題である「神の愛」を集中的に論じた生前最後の著作である。一六六五年一月の手紙を読むと、出版を意図していたスュランがふたたびヴァンサン・ド・ムールを頼っていた様子が窺える。[27]しかし、その後おそらく原本は失われてしまった。文献学的検証に耐えうる校訂版が出たのはようやく一九三〇年のことである。[28]
構成は、全三部三一章からなる。各部の主題をごく大まかに捉えるなら、第一部では、神の愛とはいかなるものであるか、その実践とはどのようなものであってどんな障害がありうるのかが説かれる。第二部では、魂が神の愛を実践する方途がより詳細に説かれる。そして第三部では、神の愛の実践の果てにもたらされる神的な実りの数々が語られる。
各章の冒頭にひとつの問いが提示され、それについて答えるかたちで論が展開していくというスタイルは、このジャンルに属する彼の他のテクストと共通していると言えるだろう。だがそれは、もはや一連の問いとそれに対する答えを繰り返す「カテキスム」の体をなしてはいない。各章のはじめに提示される「問い」は、溢れ出すように語られるスュランの言葉を触発するきっかけに過ぎず、彼の「答え」はいずれも当初の問いから期待される範囲を逸脱し、のびやかな言葉を紡ぎ出していくようにみえるからである。[29]
本書ではアンリ・ローによる二〇〇八年の校訂版を用いる。[30]

3　自伝的テクスト[31]　ÉCRITS AUTOBIOGRAPHIQUES

『神の愛の勝利（*Triomphe de l'amour divin sur les puissances de l'Enfer*）』

ルダンの悪魔憑き事件（一六三二―一六三七年）の顛末と、そこで起こったさまざまな出来事やエピソードが詳細に記されている。全一一章。「症状」の悪化のため、一時ルダンを離れることを余儀なくされたスュランは、一六三六年一〇月にシュリヴェットにて執筆を開始するも、第六章の途中で中断した。残りの部分は、恢復後、一六六〇年八月から一〇月にかけて書き上げられたとみられる。

スュランは『神の愛の勝利』をしばしば「史書（histoire）」と呼んでいるが[32]、のちに執筆された『経験の学知』と比較すると、前者の「客観的」な記述性・記録性に対して、後者の「主観的」な物語性[33]、あるいは護教論的性格が浮かび上がる。

後述する『経験の学知』と同様、スュランはテクストの出版を望まなかった。直筆の原本はやはり失われてしまったが、一八二八年に初の印刷版[34]が出るまでに流通した数多くの写本が残存する[35]。ただし、『経験の学知』についても後述するように、写本の流通過程でテクストの改変・改編が頻発し、多くの写本において本来異なる二つのテクストが複雑に絡み合っている。

一九九〇年にジェローム・ミヨン社から『経験の学知』と合わせて校訂版[36]が刊行されたが、この版はなお多くの文献学上の課題を残していた。二〇一六年に同社から、やはり『経験の学知』と合わせて新たな校訂版が――充実した註釈を付して――刊行された[37]。『神の愛の勝利』および『経験の学知』について、本書ではアドリアン・パシュウによるこの最新の校訂版を参照する。

『経験の学知（*Science expérimentale des choses de l'autre vie*）』

スュランの神秘主義を論じる際に、その取り扱いも含めて、最も複雑な、だが同時に最も豊かな問題を提起するテクストである。一六六三年八月二三日に執筆が開始され（C. L509, p. 1472）、年内にはほぼ完成していたとみられる。

このテクストは、まず構成そのものに特筆すべき問題を孕んでいる。「序文」（本書序章第五節一にて全文を考察）を先頭に四つの部からなる。

第一部（全三章）　来世の事どもを証明する論拠の数々
第二部（全一七章）　その任務を通じて祓われた悪魔どもの憑依ののち、彼を襲った災厄についてスュラン神父が語る
第三部（全一四章）　ルダンの憑依の際、そしてその後、彼に起こった特異な事どもを神父が論じる（誰にも伝えてはならぬ秘密）
第四部（全一六章）　第一部において導き出された数々の真理についての考察

このテクストは執筆当初から公にする意図なしに準備された。[38]『経験の学知』には、スュランが人びとの目にあえて触れさせせようとしなかった、彼の魂の最奥で起こった「秘密」の出来事が語られていると言えるかもしれない。次に、「序文」と本論のあいだに置かれた「前書き」を引用する。

サン＝マケールにて一六六三年に著す
Secretum meum mihi〔私自身ノタメノ私ノ秘密〕
Secretum meum mihi〔私自身ノタメノ私ノ秘密〕

〔第一部の〕第一章の冒頭において私は、ここに書きつけられた事どもは多くの魂たちを導き、慰めるため

にあると言ったが、しかし、その大部分は人びとに伝えることができないものだ。とりわけ第二部はそうである。第三部は第二部よりも伝えられることが少ないかもしれない。ただし、第四部は、もし神がそれを公にする恩寵を私たちに与えてくださるなら、あますところなく伝えうるものである。というのも、第四部は第一部において導き出された史実についての多数の考察を含んでおり、人はそこから大いなる益を引き出すことができるからだ。(S. « Note préliminaire », p. 155)

二度繰り返されている「私自身ノタメノ私ノ秘密」とは、「イザヤ書」(24, 16) からの引用である。『経験の学知』は、この明かしえぬ「秘密」――他の人びとにとってと同様、私自身にも隠された、未知の秘密――を経巡るテクストなのだ。[39]

ただし、第一部から第四部まで、秘密をめぐる言葉の「深度」には段階があった。ルダンの悪魔憑き事件から得られた悪魔存在のさまざまな「証拠」を提示する第一部と、そうした証拠によって証明された(と考えられる)より一般的な命題についての考察に当てられた第四部は、人びとを霊的に導くために人びとに伝えうるテクストであり、『経験の学知』という書物のいわば表層部である。それに対して、「スュラン神父」という個人の身を襲った数々の異様な出来事、いかなる社会的規範にも乗らないという意味で内的な経験をめぐる言葉が綴られた第二部と第三部は、『経験の学知』という書物全体の深層部を形成していると言える。とりわけ、章題の下に「誰にも伝えてはならぬ秘密」という但し書きが添えられた第三部は、既成の表象コードを逸脱する最も内的な経験の語りの場である。したがって、第四部→第一部→第二部→第三部の順に、公的なものから私的なものへ、一般的なものから個人的なものへと向かっていく運動、あるいは一個の主体によって生きられた霊的生であるところの「内面」に向かって深化していく運動を認めることができる。『経験の学知』はついに明かしえぬ「私ノ秘密」をめぐる「らせん構造」をもったテクストであると言えよう(PAIGE 2001, p. 192)。

しかし、スュランの死後、他のテクストと同様、彼の意図に反して『経験の学知』の写本は人びとの手から手へと伝えられていった。流通した写本は『霊のカテキスム』や『霊的対話集』と同じ運命を辿った。表現上の改変が認められるのはもちろん、残存する写本はいずれも本来のテクストの構造――それはこのテクストにとって本質的な要素であるが――をとどめていない。ニコラス・D・ペイジによれば、『経験の学知』はその流通の過程で大きく二つの変化を被った。第一には、それが元来もっていた重層構造を失ったこと。多くの写本がスュランによるテクストの性格の区別を無視し、彼自身の内的経験を語ろうとした第二部および第三部を、概して「史実」的・一般的記述に統合してしまった。そして第二に、とりわけ一八世紀には、悪魔憑きそのものが編集者たちの関心の的となったこと。その結果、スュランの言う「学知（science）」はもっぱら悪魔学（démonologie）の文脈で理解されることとなった。いずれにせよ、スュラン自身が第二部と第三部に与えていた重要性は写本の流通とともに忘却されていった。この「秘密の中心」にふたたび光が当たるには、一九二八年にルイ・ミシェルとカヴァレラによる校訂版[40]が出るまで、およそ二五〇年の時を待たなければならなかったのである。

いずれにせよ、本書で試みる私たちの読みにおいて『経験の学知』第二部と第三部がもつ比重は極めて大きい。

4　書簡　CORRESPONDANCE

『書簡集（*Correspondance*）』

一九六六年にセルトーによる詳細な注釈と各種資料を載せて出版された[41]。五九四通の手紙を収める（ただし、本文は存在しないが内容の判明している手紙一五通を含む[42]）。相当数が残存しているとも言えるが、セルトーが指摘しているように、数は不明だが、今日では失われてしまった手紙も多いと考えられる。自筆の原本が残っている手紙も一通しかない（次頁参照）。

最も早い手紙の日付は定かではなく、誰に宛てられたものなのかも不明であるが、一六二六年から三〇年のあいだに書かれたと推定される。最後の手紙は六五年三月二九日に書かれた。ルダンの悪魔憑き以降、病のためほとんど筆が取れなくなった時期を除き、スュランは継続して手紙を書き続けた。一六三七年までに書かれた手紙

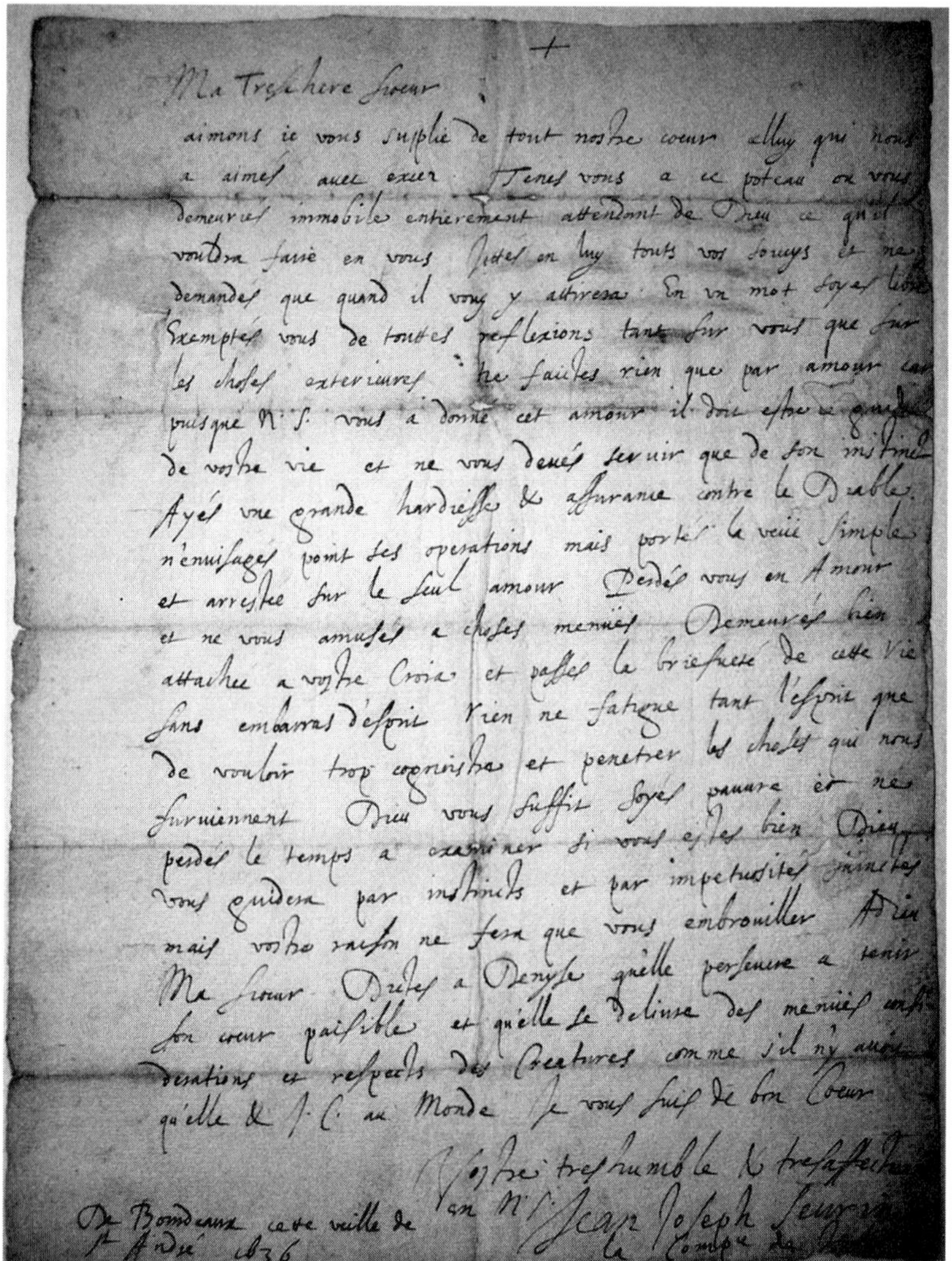
+

Ma Treschere Soeur

aimons ie vous suplie de tout nostre coeur celuy qui nous
a aimes auec exces Tenes vous a ce poteau ou vous
demeures immobile entierement attendant de Dieu ce qu'il
voudra faire en vous Jettes en luy touts vos soucys et ne
demandes que quand il vous y attirera En vn mot soyes libre
Exemptes vous de touttes reflexions tant sur vous que sur
les choses exterieures ne faites rien que par amour car
puisque N. S. vous a donne cet amour il doit estre le guide
de vostre vie et ne vous deues servir que de son instinct
Ayes vne grande hardiesse & assurance contre le Diable
n'enuisages point ses operations mais portes la veue simple
et arrestee sur le seul amour Perdes vous en Amour
et ne vous amuses a choses menues Demeures bien
attachee a vostre Croix et passes la briefuete de cette Vie
sans embarras d'esprit rien ne fatigue tant l'esprit que
de vouloir trop cognoistre et penetrer les choses qui vous
surviennent Dieu vous suffit soyes pauure et ne
perdes le temps a examiner si vous estes bien Dieu
vous guidera par instincts et par impetuosites saintes
mais vostre raison ne fera que vous embrouiller Adieu
Ma soeur Dites a Denyse qu'elle perseuere a tenir
son coeur paisible et qu'elle se deliure des menues consi-
derations et respects des Creatures comme s'il n'y auoit
qu'elle & J. C. au Monde Je vous suis de bon Coeur

Vostre treshumble & tresaffectionné
en N. S. Jean Joseph Seurin
de la Compa de Jesus

De Bourdeaux cette veille de
St André 1636

スュラン唯一の自筆の手紙（1636 年 11 月 29 日、マドレーヌ・ボワネ宛）
シャンティイ、イエズス会古文書館所蔵。Autobiographe de la lettre du 29 novembre 1636 à Madeleine Boinet（© Compagnie de Jésus - Archives jésuites, cote : GSU 30）. 筆者撮影。

は一四三通。五七年から六五年までに書かれた手紙は四四八通ある（二つの時期のあいだ、すなわち彼が「狂気」の闇に沈んでいた時期には、一六三八―三九年、四五年、五三年にそれぞれ一通を数えるのみである）。

手紙は誰に宛てて書かれたのか。残存する手紙の宛先のうち、ほぼ四分の一を占めるジャンヌ・デ・ザンジュが特権的な位置を占めるが、彼女も含めて修道女宛てに送られたものが四二六通と、圧倒的に多い。実のところ、スュランの手紙は多分に霊的指導のためのテクストでもあった。また、女子であれば女子カルメル会、ウルスラ修道女会、聖母愛徳修道女会、聖母訪問修道女会、男子であればイエズス会やパリ外国宣教会[43]など、一六世紀以降カトリック宗教改革の流れのなかで設立された新興の修道会に所属する者が大半であることも特徴的である。さらに、そうした近世の修道会の興隆を支えた高等法院関係者や小貴族たち、あるいは篤信家たちもスュランの手紙のネットワークにしばしばその姿を見せる。

ともに信仰を生きる人びととのあいだにやりとりを重ねていったスュランの手紙は、数多くの写本を生みながら、ますます広範に流通していった。そのなかでも最も多くの写本を生んだのが、「乗合馬車のなかの天使」との驚くべき出会いを語った一六三〇年五月八日の手紙（L18）である（CERTEAU [1982] 2002, chap. 7）[44]。各地に分散した手紙の写本をまとめて出版しようとの動きは生前からあったが、彼の死後にこの計画を実現したのは『霊的対話集』の編集者でもあるシャンピオンであった。一六九五年から一七〇〇年にかけて、いずれもナントで全三巻の書簡集が出版されている[45]。

一九世紀末にイエズス会士ルイ・ミシェルと、彼の作業を引き継いだカヴァレラによって本格的な校訂版が準備された[46]。本書が依拠するセルトーの校訂版の執筆は、カヴァレラの校訂版が未完のまま残した一六六〇―一六六五年（この時期に書かれた手紙の総量は『書簡集』全体の五分の三を占める）の空白を埋めるべく開始されたのだった。

註（補遺）

1　スュランの死後、人びとはこぞって彼の「聖遺物」を求めた。或る神父は手紙のなかでこう書いている。「何かしら彼の所蔵品を見つけてそれを欲しがる人びとに与えるのもひと苦労です。幾人もの貴く地位ある方々がすべて持ち去ってしまったからです。或る高等法院院長は彼が使っていた杖を取ってゆきました。部屋の小祭壇は別の方の手に渡りました。聖務日課書は高等法院評定官たちに。司祭帽はコンティ公のために取ってあります」（BOUDON 1683, p. 401–402）。彼の遺稿も同様に分散してしまったらしい。かつて存在したことが知られているが、今日では失われてしまい、その内容もほとんどわかっていないテクストも複数ある。『神愛論（*Traité de l'amour divin*）』、『完徳について（*Traité de la perfection*）』、『恩寵の秘密について（*Traité sur les secrets de la grâce*）』、『神秘主義に関する一二の論考（*Douze discours sur la mystique avec quelques questions sur la même mystique*）』。

2　*Guide spirituel pour la perfection*, éd. Michel de Certeau, Paris, Desclée de Brouwer, 1963.

3　*Correspondance*, éd. Michel de Certeau, Préface de Julien Green, Paris, Desclée de Brouwer, 1966.

4　セルトーによる文献学的考証としては、この二冊の校訂版の「序論」も参照のこと。なお、『書簡集』巻末には手紙のなかで言及される著作のインデックスが付いており、たいへん有用である（C. p. 1753–1754）。

5　*Cantiques spirituels de l'amour divin, pour l'instruction et consolation des âmes dévots*, composés par un Père de la Compagnie de Jésus, Bordeaux, Guillaume de La Court, 1660.

6　*Cantiques spirituels de l'amour divin*, éd. Benedetta Papasogli, Florence, Leo S. Olschki, Biblioteca della Rivista di Storia e Letteratura Religiosa, Testi e documenti XVI, 1996.

7　*Poésies spirituelles suivies des Contrats spirituels*, éd. Étienne Catta, Paris, Vrin, 1957, p. 55–161. なお、『霊の詩』には村田真弓による邦訳（『愛の諸相をめぐる十五の詩篇』）がある（『キエティスム』三四一―四三六頁）。

8　*Poésies spirituelles suivies des Contrats spirituels*, p. 163–203.

9　未だ病の淵から完全に脱していなかった当時のスュランが、いかにして『霊のカテキスム』を口述するに至ったかについては『経験の学知』に詳しく語られている。

　彼〔スュラン〕の力の恢復は本当に少しずつのことだったので、初めの段階では、地獄堕ちの観念や、これはもう手の施しようがない病であるという確信をともなってはいたものの、神父〔スュラン〕は何事かにおいて神に奉仕したいという大いなる願いを抱き、また、神に奉仕しようとする魂たちに対して神に奉仕する助けとなりうる知識を与えたいという大いなる願いを抱いたのである。そしてその結果彼は、何事かにおいて創造主の栄光に寄与せんとするこの意志によって幾人かの魂たちの信仰を堅固にしたため、創造主を所有するという善からおのれが永久に追放されているということはわかっていたものの、造物主の王国がこの世に拡がることに何事か寄与したいという独特の情動を抱いていた。彼は、それが完徳に関わる事どもや神の内的な恩寵に関わる事どもについて魂たちを導くことによって可能になると信じていた。悪魔に憑かれた魂たちの指導において彼が持った経験によってこの任にあたるという方法は確かな成功を収めたのである。

　そういうわけで彼は、何かを書こうと考える前に頭のなかで文章を作り上げていたのだった。彼はまったく書く力を失ってしまっていたのであるし、数年来簡単に十字を切ることもできなくなってしまっていたのだから。そのため彼は頭のなかで『霊のカテキスム』という本を構想し作成したのである。この本はその後になって書かれ、少なくとも第一部についてはすべて構成が整えられてから印刷された。考えたことを誰かに口述するというのはじれったいことであったし、結局はほとんど我慢できなかったのだが、彼は毎日一五分来てくれた司祭に第一部のすべてを口述し、頭のなかで考えたように一語一句を書きとってもらっていた。この第一部が書きあがったとき、彼の精神はその後もまだ思考を続けていた。また彼の感覚も、サントから戻った後はますます寛いで・拡張していた（se dilatait）。この頃は精神も非常に落ち着いていたので、二〇〇以上の章を持つ全体を仕上げることができたのである。頭のなかで、最初の章から最後の章まで書き上げてしまっていたから、すべて一語一句口述する準備ができていた。そして、それを著したいという激しい思いもあって、すべてを吐き出すまでは落ち着くことができなかた。かくして彼はすべてを口述した。（S. II, 16, p. 268–269）

10　コンデ公アンリ二世の次男。若い頃は放蕩生活を送り、フロンドの乱（一六四八―一六五三年）では反乱軍の司令官となったが、捕えられて監獄生活を送る。一六五五年頃「回心」を経験すると、ジャンセニスムに接近したと言われる一方、熱心に信心業を行い聖体会の会員となり、イエズス会と緊密な関係を持った。

11　パリ外国宣教会司祭、同神学校初代校長。友人会と聖体会という二つの有力な秘密結社のメンバーとして、とりわけ国内外における宣教活動の活性化に尽力した。

12　*Catéchisme spirituel contenant les principaux moyens d'arriver à la perfection*, composé par I. D. S. P., tome I et II, Paris, Claude Cramoisy, 1661, 1663.

13 *Préface sur l'Instruction pastorale*, CXXXIX（BOSSUET 1864, p. 308–309).

14 一六九五年の時点でフランス語版が一〇種とイタリア語版（禁書目録に入れられた）が一種あった。

15 ただし、セルトーが進めていた『霊のカテキスム』の校訂を、彼の遺稿管理者であるリュス・ジアールが編集し、出版に向けて準備中であると聞く。

16 *Catéchisme spirituel contenant les principaux moyens d'arriver à la perfection*, composé par I. D. S. P., tome II, Paris, Claude Cramoisy, 1669.

17 註2を参照。

18 この『霊の導き』の失われた「第八部」は『霊的生活の基礎』の第一部に統合された、とセルトーは推測する（G. p. 57–59)。

19 スュランは神秘主義の擁護を直接的な目的とする著作（『神秘主義に関する一二の論考（*Douze discours sur la mystique avec quelques questions sur la même mystique*）』も準備していたが、残念ながら現在のところその中身を知るすべはない。なおこの著作は、一六六一年五月三一日の手紙では『神秘主義について。神秘主義を軽蔑し非難する者たちの攻撃からそれを擁護するために（*De la mystique, pour la défendre des attaques de ceux qui la méprisent et la décrient*）』と呼ばれている（C. L360, p. 1095–1097)。

20 「中身は〔『霊のカテキスム』と〕ほとんど同じですが、形式はやや異なります。そのなかで私はさまざまな完徳の道を論じていますが、完徳の道についてもつべき願望を論じることから始めています」（C. L151, p. 544)。

21 *Dialogues spirituels où la perfection chrétienne est expliquée pour toutes sortes de personnes*, tome I, Nantes, J. Maréchal, 1700.

22 *Dialogues spirituels où la perfection chrétienne est expliquée pour toutes sortes de personnes*, tome II, Nantes（se vendent à Paris), Edme Couterot, 1704 ; tome III, Paris, Edme Couterot, 1709.

23 編集の過程を通じて、構成、文体、そして思想そのものが実質的に変容してしまった、とセルトーは言う。たしかに、そのような編集の結果、「『霊的対話集』の著者スュランは「その姿を現した」。それだけでも意義深いことであった。が、その現れ方は不完全で、姿を歪める鏡に写されたものであった。写された顔だちは本来のものよりも気品を備えており、一般向けに少し化粧が塗られていたが、あの生硬なる詩情は色あせてしまった。それはおそらく、スュランの原本において、彼の神秘体験の最も胸をうつ、最も意味深長なしるしなのだが」（CERTEAU 1965a, p. 77)。

24 註18を参照。

25 *Les Fondements de la vie spirituelle tirés du livre de l'Imitation de Jésus Christ*, composé par I. D. S. P., Paris, Claude Cramoisy, 1667.

26 *Les Fondements de la vie spirituelles tirés du livre de l'Imitation de Jésus Christ*, éd. Ferdinand Cavallera, Paris, Éditions Spes, 1930.

27 「私が修道女ド・サン＝テリに対し、あなた〔ポンタック夫人〕に送ってくださるよう頼んだ草稿を受け取られたことと思います。最も新しい、『神の愛についての問い』の草稿もあるでしょう。そこにあるうちの問いのいくつかが、一部の学者の不興を買うことがなければよいと思っているのですが。しかし、ド・ムール氏は見識の確かな神学教師ですから、ひょっとしたら行き過ぎであるとみなす者がいるかもしれない表現を和らげてくれるでしょう」（C. L581, p. 1659）。

28 *Questions importantes à la vie spirituelle sur l'amour de Dieu*, texte primitif révisé et annoté par PP. Aloys Pottier et Louis Mariès, Paris, Téqui, 1930.

29 このテクストを「スュランが書いたうち最も美しい論考」と評する一方、セルトーは「『霊の導き』においては、なお霊性指導という枠組みがもつ硬さが感じられる」と付言している（CERTEAU 1965a, p. 78）。

30 *Questions sur l'amour de Dieu*, éd. Henri Laux, Paris, Desclée de Brouwer, 2008.

31 『神の愛の勝利』および『経験の学知』の文献学的問題については、『書簡集』のほか以下の文献を参照。CAVALLERA 1925; PAIGE 2000, p. 187–194, 219–225. 本書はとりわけ後者に多くを負っている。

32 『神の愛の勝利』について、「それは物語（un tissu）というよりもむしろ回顧録（mémoires）です」とも言われている（C. L984, p. 984）。

33 『神の愛の勝利』の最後に語られたフランソワ・ド・サルの墓への巡礼に、『経験の学知』において再度言及する際、スュランは二つのテクストの語りの相違についてこう述べている。「ここで語っていることを、悪魔憑きからの解放についてものされた史書〔『神の愛の勝利』〕においてすでに書かれたことと混同するのは私の望むところではない。先の史書では、いかにして神父〔スュラン〕が〔フランソワ・ド・サルの墓への巡礼に〕派遣されたかが語られているが、ここで語るべきことは、いかにして彼が大いなる病に陥り、旅のあいだずっと苦しんだのかということである」（S. II, 3, p. 199）。

34 *Histoire abrégée de la possession des Ursulines de Loudun et des peines du père Surin*, Paris, Association catholique du Sacré-Cœur, 1828.

35 カヴァレラとともにスュランの書簡集を編集したルイ・ミシェルによれば二七の写本がある（CAVALLERA 1925, p. 146）。これに、新たにペイジが発見したサン＝スュルピス神学校の古文書館に保存されている写本（Archives du Séminaire de Saint Sulpice ms. 589）を加えると、合計二八の写本が存在することになる。なお、ペイジによれば、カヴァレラが数えている写本のひとつ（Bib-

liothèque nationale f.f. 25253）は、本来別々のテクストの混合体である（PAIGE 2001, p. 285n73）。

36 *Triomphe de l'amour divin sur les puissances de l'enfer et Science expérimentale des choses de l'autre vie*（*1653–1660*）, suivi de *Les aventures de Jean-Joseph Surin* par Michel de Certeau, Grenoble, Jérôme Millon, 1990.

37 *Écrits autobiographiques : Triomphede l'amour divin sur les puissances de l'Enfer 1654–1660 et Science expérimentale des choses de l'autre vie 1663*, éd. Adrien Paschoud, Grenoble, Jérôme Millon, 2016.

38 一六六三年九月一五日のジャンヌ宛ての手紙にはこうある。「この書物のなかで、私は自分の体験を語り、過去の状態において私を襲った災厄について語っています。私にはこれを出版するつもりはありませんが、私が死んだときには部屋に置いてあるでしょう。ほとんど仕上げてあります。私たちが会うことがあれば、その一部をあなたにお見せできるのですが」（C. L509, p. 1472）。

39 本書でも何度か言及した一六六二年四月一一日の手紙のなかにある次の言葉と突き合わせてみたい。「私が真に神への奉仕に献身することを始めてより、つねに魂はおのれの道を行き、主が私に授けて下さったかの意図をもって歩んでいます。そして、極秘の、まったく隠された、他人にも私自身にも未知の道を通らせて、主は魂が願う善へと魂を導くのです」（C. L444, p. 1320）。

40 *Autobiographie*, dans *Lettres spirituelles du P. Jean-Joseph Surin*, éd. Louis Michel et Ferdinand Cavallera, Toulouse, Edition de la Revue d'acétique et de mystique, t. 2, 1928, p. 1–151.

41 註3を参照。

42 L19, L22, L103, L126, L139, L190, L239, L355, L357, L369, L400, L416, L431, L496, L524. いずれもローマのイエズス会総長宛て。

43 パリ外国宣教会は東洋宣教を目的として一六六三年に設立された。設立に尽力したヴァンサン・ド・ムールの推奨もあって、スュランの著作はアジア諸国に向かった初期の宣教師たちに広く読まれたという（GUENNOU 1986, p. 116–118）。

44 この手紙については、本書第二章第二節で考察する。なお、セルトーが校訂した『書簡集』にジュリアン・グリーンが寄せた「序文」は、この手紙が二〇世紀フランスを代表するカトリック作家にいかに大きな感銘を与えたかを伝えている。C. p. 7–23.

45 *Lettres spirituelles* par***, tome premier, Nantes, Jacques Mareschal, 1695 ; *Letrres spirituelles* par M***, tome second, Nantes, Jacques Mareschal, 1698 ; *Letrres spirituelles* sur les mystères et sur les fêtes, Nantes, Jacques Mareschal, 1700. それぞれ五九通、九五通、七二通、合計二二六通を収める。

46　*Lettres spirituelles du P. Jean-Joseph Surin*, tome I（1630–1639）, éd. Louis Michel et Ferdinand Cavallera, Toulouse, Edition de la Revue d'acétique et de mystique, 1926 ; tome II（1640–1659）, 1928. 合計二三三通を収める。

あとがき

本書のもとになっているのは、二〇一四年五月に東京大学大学院人文社会系研究科に提出した博士学位申請論文「ジャン゠ジョゼフ・スュラン研究――一七世紀フランス神秘主義における体験と信仰」（同年一一月学位授与）である。同論文の審査を務めていただいた五名の先生は、鶴岡賀雄先生（主査）、宮本久雄先生、島薗進先生、杉村靖彦先生、市川裕先生である。また、博士論文のもととなり、本書の一部とも重なっているのは、以下の既発表論文である。

- 「一七世紀フランス神秘主義研究の諸問題――J.-J. スュランを焦点に」『東京大学宗教学年報』第二七号、二〇一〇年、一〇三―一一七頁。
- 「神秘体験と共生の地平――J.-J. スュラン『経験の学知』をめぐって」『共生学』第五号、二〇一一年、一二三―一五四頁。
- 「J.-J. スュランと「反神秘主義」――ある霊的闘争のゆくえ」『東京大学宗教学年報』第二八号、二〇一一年、一二一―一三六頁。
- 「一七世紀フランス・カトリックにおける霊性・俗人・神秘主義――新しい宗教史的視座のために」『スピリチュアリティの宗教史（下巻）』鶴岡賀雄、深澤英隆編、東京、リトン、二〇一二年、二七一―二九九頁。
- 「体験を超えて――ジャン゠ジョゼフ・スュランの神秘主義」『宗教研究』第五九四号、二〇一二年、一―二五頁。
- 「一七世紀フランス神秘主義における「純粋な愛」の問題――フェヌロンからフランソワ・ド・サルへ」『東京大学宗教学年報』第三〇号、二〇一三年、四九―六六頁。

・「もうひとつのエクスタシー――「神秘主義」再考のために」『ロザリウム・ミュスティクム：女性神秘思想研究』第一号、二〇一三年、六三―八一頁。
・「信仰の闇を「超える」二つの道――フェヌロンとスュラン」『共生学』第八号、二〇一四年、四四―七七頁。

ただし、いずれの論文についても、博士論文、さらに本書を纏めるに当たって、大幅な加筆・修正、あるいは論旨の組み換えを繰り返している。

多くの方々のおかげで、今日まで研究を続けてくることができた。初の単著を上梓するにあたり、まずは学生時代からお世話になった先生方に心よりお礼を申しあげたい。できれば、一人ひとりお名前を挙げて感謝の気持ちをお伝えしたいところだが、却って失礼に当たることを懼れる。ここでは、学生時代から本書の刊行までに、筆者が直接にご指導いただいた幾人かの諸先生に限らせていただく。

まず、大学院進学以来、指導教授としてつねに私の研究を見守ってくださった鶴岡賀雄先生。振り返ってみれば、まだ駒場教養課程の学生であった時分、宗教学を専攻することを決めたきっかけとなったのは、本郷から宗教学の入門講義のためにいらしていた鶴岡先生と、或る日の講義後に交わしたやりとりだった（先生は覚えていないと思うが）。それは「他人の宗教を理解しようとする試み」という先生独自の宗教学の定義をめぐるものだった）。また、関心の的が拡散しがちで、大学院進学後も研究テーマをこれと定めるまでに紆余曲折を繰り返した私が、結局は先生の専門領域である神秘主義研究に踏み込むことになったのは、突き詰めれば「先生が理解しようとしているものを、私も理解してみたい」という願望（désir）を自覚し、観念してそれに従った結果であったように思われる。先生は十字架のヨハネのスペシャリストである。研究開始当初は、スュランの神秘主義がこれほどまでに十字架のヨハネの影響下にあるとは思いも寄らなかったが、徐々にそれが明らかになってきたとき、何とも形容し難い感動を覚えた。それにしても、私はいまだ先生の手のひらの上を走り回っているにすぎないのだろう。どうやってその外に出て行くか、それが今後最大の課題だと思っている。

大学に入って宗教学という学問を知り、その魅力に惹かれ、宗教学者としての生き方を選ぶに至るうえでは、島薗進先生の存在も大きかった。やはり教養課程時代に読んだ『現代救済宗教論』や『精神世界のゆくえ』は、宗教学という学問に可能な問題設定の大胆さや、それ自体が帯びる思想性、それゆえの危うさと面白さを教えてくれた。注意深い読者は気づいているのではないかと思うが、私は、近世神秘主義は現代「宗教」思想と深いところで共鳴している、と考えている。ポスト中世の西欧に姿を現した神秘主義には、ポスト近代としての現代における「宗教」思想の条件を考える手がかりがあるのではないか——宗教学なればこそ、こうした思い切った歴史的見通しをもつことの可能性について、私は島薗先生から多くを学んだ気がする。その先生から、博論口頭試問の席上、「今後の研究を考えるとき、戦略的に大きな意義のある論文だと思う」との評価を頂戴したことは、非常に大きな自信となった。ますます精進したいと思う。

それから、合計三年弱のフランス留学中、当初からお世話になったパトリック・グジョン（Patrick Goujon）先生。そして、社会科学高等研究院在籍中にご指導いただいたピエール＝アントワーヌ・ファーブル（Pierre-Antoine Fabre）先生。研究者としてばかりではなく、教育者としても熱意と人間味に溢れる二人のような先生と出会い、歓待していただいたことによって、私の研究は「本場」フランスで何段階もステップを駆け上ることができた。帰国前、博士論文は日本で仕上げますと伝えた時に、「私に日本語が読めたらなあ」という同じ返事が二人から返ってきた。二人の先生がそのようにして私の研究に関心を示してくれたことに素直に感激したが、同時にそれ以上に、そのごくごく自然な物の言い方に、国境や言語の違いを超える「単純素朴な」知的好奇心を感じて深く心打たれた。今後研究を進めてゆくなかで、フランス語でも研究成果を発表する機会をもち、受けた学恩に報いることができたらと思う。読むべき神秘主義文献は数限りなくあるし、スュランのテクストの読みも、まだまだ深めるべき余地がある。初めてフランスに渡った二〇〇八年の秋、面会が叶ったグジョン先生から抜刷りを頂いた。その表紙に書きつけられた激励の言葉« A Monsieur Yu WATANABE avec tous mes encouragements pour lire Jean-Joseph Surin »（スュランを読もう！）を、けっして忘れまいと思う。

もう一人、直接指導を受けたわけではなく、会ったことがあるわけでもないが、私の研究が「それなしにはない」というかたちで関わっている「不在者」、ミシェル・ド・セルトーの名前を挙げないわけにはいかない。彼の名を初めて聞いたのは、彼を自らの神秘主義研究の「導きの星」であると公言する鶴岡先生を通じてであった。フランス留学以後は、イエズス会士としてセルトーの仕事を継承するグジョン先生、そして、セルトーから博士論文指導を通じて直接薫陶を受けたファーブル先生の指導下に研究を進めることになった。また、イエズス会神学部では、やはりセルトーの神秘主義研究を受け継ぐイエズス会士ドミニク・サラン（Dominique Salin）先生の「セルトーに続け！（A la suite de Michel de Certeau）」ゼミなどに参加し、大いに刺激を得た。いつのまにか、私にとってもセルトーは導きの星となっていったのである。実は、博士課程進学後にスュランを研究テーマに選んだのも、第一にはセルトーという二〇世紀の稀有の思想家を理解したいという思いがあってのことだった（彼はスュランを「私の分身」と呼んで終生の研究対象としたのだった）。本書は、結局のところ、セルトーがスュランから引き出したものを、スュランに返してやる試みであったと言えるかもしれない。これは「学問的慎み」の身ぶりなどではなく、おそらくは単純な事実である。なお、今年はセルトーが世を去ってちょうど三〇年目の年に当たる。三月にはパリで没後三〇年を記念する国際コロックが開催され、世界各地から新世代の「セルトー読み」が集った。この節目の年にスュラン論を日本で公刊することが叶うのも、セルトーに極めて多くを負っている一研究者として、幸せに感じている。

お世話になった友人や知人たちの名前を挙げることも控えさせていただくが、東大宗教学研究室の先輩・同輩・後輩諸氏、各種学会や研究会、フランス滞在を通じて知り合った研究者仲間たち、現在の本務校である天理大学の諸先生、同僚諸氏に加えて、学問の世界とは直接関係のない方々の顔も多く思い浮かぶ。本書の核心には「信仰とは何か」という問いがある。筆者の問題意識は、天理教やキリスト教の信仰を生きる「証言者たち」との親しい交わりのなかで育まれ、鍛えられてきたものでもある。

留学から本書の刊行に至るまでの研究の遂行に際しては、さまざまな機関の助成を受けた。天理教一れつ会、日本学術振興会、フランス大使館、東京大学大学院人文社会系研究科に、感謝の意を表したい。本書は平成二八年度科学研究費補助金（研究成果公開促進費・学術図書［課題番号 16HP5005］）の助成を受けた。関係各位に感謝いたします。

私事で恐縮だが、どんなときも私の研究を応援し、日々の生活を支えてくれている両親と家族にも感謝したい。いつもありがとう。

最後に、駆け出しの研究者の、それも日本ではほとんど知られていない人物を主題とする単著の刊行に尽力してくださった、慶應義塾大学出版会の片原良子さんに感謝の気持ちを伝えたい。筆者の文章に若さ（青さ）や力みが滲んでいることは自覚しているところだが、それでも当初に比べてずいぶん抑制されているとすれば、片原さんのおかげである。同時に、この同世代の編集者の「若さは必須要素。それが無いというのは致命的です」という言葉にもずいぶん勇気づけられた。

二〇一六年八月一四日
次男の一歳の誕生日に

渡辺　優

慶應義塾大学出版会

マージェリー・ケンプ
——黙想の旅

久木田直江著　14—15 世紀英国の女性神秘家に関する我が国初の書。英語による最古の自叙伝を基に、類まれなる行動力、研ぎ澄まされた感性、揺るぎない信仰をもって生きた市井の一女性の霊的成長の姿を描く。◎3,500円

マージェリー・ケンプの書
——イギリス最古の自伝

石井美樹子・久木田直江訳　中世末期イギリス、14 人の子の母であるマージェリー・ケンプは巡礼の旅に出た。神との甘美なる語らいをとおして、「キリストの花嫁」となった女性の魂の軌跡を追体験する。英語で書かれた「最古の自伝」を中世英語から本邦初の全訳。

◎9,500円

表示価格は刊行時の本体価格（税別）です。

渡辺　優（わたなべ　ゆう）

1981年静岡県生まれ。天理大学人間学部宗教学科講師。東京大学文学部卒，東京大学大学院人文社会系研究科博士課程修了，博士（文学）。2011–2013年，フランス政府給費留学生としてパリ・イエズス会神学部（Centre Sèvres），社会科学高等研究院（EHESS）に留学。2014年4月より現職。専門は宗教学，とくに近世西欧神秘主義研究，現代神学・教学研究。訳書に，『キリスト教の歴史――現代をよりよく理解するために』（共訳，藤原書店，2010年），論文に「もうひとつのエクスタシー――「神秘主義」再考のために」（『ロザリウム・ミュスティクム：女性神秘思想研究』第1号，2013年），「教祖の身体――中山みき考」（『共生学』第10号，2015年）など。

ジャン＝ジョゼフ・スュラン
――一七世紀フランス神秘主義の光芒

2016年10月15日　初版第1刷発行

著　者――――渡辺　優
発行者――――古屋正博
発行所――――慶應義塾大学出版会株式会社
〒108-8346　東京都港区三田2-19-30
TEL　〔編集部〕03-3451-0931
〔営業部〕03-3451-3584〈ご注文〉
〔　〃　〕03-3451-6926
FAX　〔営業部〕03-3451-3122
振替　00190-8-155497
http://www.keio-up.co.jp/
装　丁――――中垣信夫＋冨木　愛［中垣デザイン事務所］
印刷・製本――株式会社理想社
カバー印刷――株式会社太平印刷社

Printed in Japan　ISBN978-4-7664-2368-6

人名・著作名索引

※著者名の下に著作名を挙げた。辞典など著者がいない場合，著作名で立項した。

ア 行

アウグスティヌス Augustinus 40, 118, 133n4, 137n16, 232n10, 242, 244, 249–254, 276, 286n19, 287n26, 297
『告白』 287n26
『信の効用』 118
アカリ夫人（バルブ・アヴリヨ）Madame Acarie (Barbe Avrillot) 13–14, 80n1, 148, 154, 185n8
アブラハム Abraham 137n17, 392
アリストテレス Aristoteles 8, 97–98, 104, 108–113, 136n13, 145, 367
『形而上学』 109
アルノルト，ゴットフリート Gottfried Arnold
『実験神学』 39
アル・ハッラージュ al-Ḥallāj 3, 36
アンリ 4世 Henri IV 12, 185n12
イヴァシュキェヴィッチ，ヤロスラフ Jarosław Iwaszkiewicz『尼僧ヨアンナ』 84n25
イエス・キリスト Jésus-Christ 3, 10, 22, 26, 34, 51, 63, 65, 79, 84n24, 86n37, 103, 118–120, 123, 126, 131, 148–149, 174, 180, 184n5, 186n22, 221, 223, 227–228, 253, 260, 262, 264, 283n1, 287n24, 289n32, 302, 307, 311–315, 321, 323, 329, 348n7, 354, 356, 370, 376, 380–382, 387, 390, 395, 397, 403n11, 404n18, 414n5
イグナティウス・デ・ロヨラ Ignacio de Loyola 88n44, 89n47, 98, 164, 186n20, 200, 233n15, 273–274, 369
『巡礼者の物語』 98, 233n15
『霊操』 89n47, 200
『霊動日記』 88n44
イサベル・デ・ロス・アンヘレス（イザベル・デ・ザンジュ）Isabel de los Angeles（Isabel des Anges） 17, 83n18
井筒俊彦 25–26, 408, 413n2
今井晋 42
インノケンティウス 12世 Innocentius XII 244, 284n11
「クム・アリアス」 244–245
インバッハ，リューディ Ruedi Imbach 143–144
ヴァンサン・ド・ポール Vincent de Paul 14, 81n7
ヴィアル，マルク Marc Vial 101
ヴィテレスキ，ムツィオ Muzio Vitelleschi 19
ウィトゲンシュタイン，ルードヴィヒ Ludwig Wittgenstein 46, 327
ウェスレー，ジョン John Wesley 156
ウェーバー，マックス Max Weber 38, 57, 91n56
ヴェルラゲ，ヴァルトロ Waltraud Verlaguet 93n70
ウダール，ソフィ Sophie Houdard 70, 72, 76, 92n67, 113, 192, 267, 269–271, 288n29, 295, 309, 404n17
ウード，ジャン Jean Eudes 80n1, 157, 185n13
『マリ・デ・ヴァレの讃嘆すべき生涯と，彼女に起こった驚嘆すべき事ども』 185n13
エックハルト，マイスター Maître Eckhart 3, 13, 28, 30, 36, 38, 49, 90n52, 143, 191
オッカム（のウィリアム）William of Ockham 148
オットー，ルドルフ Rudolf Otto 34, 39–40, 90n55
『聖なるもの』 34, 86n37, 91n55

オリヴァ，ジョヴァンニ・パオロ Giovanni Paolo Oliva 207–209
オリエ，ジャン＝ジャック Jean-Jacques Olier 80n1, 157
オリゲネス Origenes 26
オルシバル，ジャン Jean Orcibal 80n3
オルテガ・イ・ガセット，ホセ José Ortega y Gasset 47
オルレアン公ガストン Gaston de France, duc d'Orléans 402n7

カ 行

カヴァレラ，フェルディナン Ferdinand Cavallera 231n8, 272, 288n30, 421, 425, 427, 431n35, 432n40, 433n46
カヴァレロヴィッチ，イエジー Jerzy Kawalerowicz『尼僧ヨアンナ』 84n25
カタリナ（シエナの）Caterina da Siena 13, 138n19, 191, 221
カタリナ（ジェノヴァの）Caterina da Gonova 13, 148, 191, 290n34, 318
カッタ，エチエンヌ Étienne Catta 416
神谷美恵子 89n48
カミュ，ジャン＝ピエール Jean-Pierre Camus 138n19, 154–155, 243, 285n15
『神秘神学』 138n19
『世俗的信心への道程』 154–155
カルチエ，ジャック Jacques Cartier「第二回航海の記録」 109, 134n7
カルヴァン，ジャン Jean Calvin 230n7, 249–252, 284n14, 287n26
ガレノス Galenos 104, 145
カント，イマヌエル Immanuel Kant 39
カンフィールド，ブノワ・ド Benoît de Canfield 14, 81n8
『完徳の規則』 81n8
岸本英夫 32, 85n34
ギベール，ジョゼフ・ド Joseph de Guibert 69, 92n63
ギュイヨン夫人 Madame Guyon, Jeanne-Marie Bouvier de La Motte 14, 16, 150–151, 158–159, 183n3, 185n11, 235, 246–248, 273, 275, 277–279, 284n13, 290n34
『自叙伝』 151, 158–159
『弁明』 277–278, 290n34
『奔流』 151
ギヨーム（パリの）Guillaume de Paris 133n4
クザーヌス，ニコラウス Nicolaus Cusanus 370
グジョン，パトリック Patrick Goujon 72, 76, 92n67, 174, 186n20, 234n26, 301, 415
熊野純彦 325–326
グランディエ，ユルバン Urbain Grandier 20–21
グリーン，ジュリアン Julien Green 428n3, 432n44
グリュ，ジャン・ド・サン＝フランソワ Jean de Saint-Francois Goulu 184n6
グリルマイヤー，アロイス Alois Grillmeier 347n3
クルセル，ドミニク・ド Dominique de Courcelles 144, 230n6
グレゴリオス（ニュッサの）Grégoire de Nysse 118, 137n17, 353n33
『エウノミウス反駁』 118, 137n17
クレメンス11世 Clemens XI 284n11
グロステスト，ロバート Robert Grosseteste 136n12
ゲルトルート（ヘルフタの）Gertrude d'Helfta 138n19
ケンピス，トマス・ア Thomas à Kempis『キリストに倣いて』 131, 175–176, 349n10, 420
コジェーヴ，アレクサンドル Alexandre Kojève 36
ゴーチエ，ルネ René Gaultier 14, 130, 185n8, 283n3, 283n4
コトン，ピエール Pierre Coton 155, 157, 185n12

『敬虔なる魂の内的な務め』 155
コニェ，ルイ Louis Cognet 16, 81n7, 82n9, 153–154, 185n13, 191–192, 245, 247, 285n15
コラコウスキ，レゼック Leszek Kolakowski 81n7, 92n66, 251, 289n32
コロンブス，クリストファー Cristoforo Colombo 134n8
コンティ公 Prince de Conti 418, 421, 428n1
コント＝スポンヴィル，アンドレ André Comte-Sponville 35–37, 41
『無神論の精神』 35–37
コンドラン，シャルル・ド Charles de Condren 158

サ 行

ザビエル，フランシスコ Francisco de Xavier 165, 186n20, 319, 322–323, 412, 414n6
サン＝サンソン，ジャン・ド Jean de Saint-Samson 290n34
サン＝ジュール，ジャン＝バプティスト Jean-Baptiste Sanit-Jure 120, 156
『レンティ男爵の生涯』 156
サンダエウス，マクシミリアン Maximilian Sandæus 103, 115–118, 121
『神秘神学の扉を開く鍵』 103, 115–118, 121
ジアール，リュス Luce Giard 430n15
ジウリアーニ，モーリス Maurice Giuliani 88n44, 89n47
ジェイ，マーティン Martin Jay 37, 39, 48, 62, 90n52, 90n53, 112
ジェイムズ，ウィリアム William James 27–28, 32–35, 43, 57, 91n56
『宗教的経験の諸相』 27–28, 32–35, 91n56
ジェルソン，ジャン Jean Gerson 97, 101–108, 111, 114–115, 130, 133n4, 134n5, 145–147, 149, 152, 182, 420
『神秘神学』 97, 101–108, 114–115, 130, 133n4, 145–147, 149, 182
シェロン，ジャン Jean Chéron 194–199, 219, 230n4, 233n13, 235–240, 243, 245, 283n3, 283n4, 367, 420
『神秘神学糾明』 194–197, 236–239, 420
塩川徹也 80n4, 91n57, 183
シプリアン・ド・ラ・ナティヴィテ Cyprien de la Nativité 130, 349n15
ジマレ，アントワネット Antoinette Gimaret 62, 70
釈迦 3
シャーフ，ロバート Robert Sharf 28, 87n39
シャリエ，カトリーヌ Catherine Chalier 353n35
シャルチエ，ロジェ Roger Chartier 82n11
シャルドン，ルイ Louis Chardon 233n10
シャンカラ Śaṅkara 3
シャンタル，ジャンヌ・ド Jeanne de Chantal 148
ジャンヌ・デ・ザンジュ Jeanne des Anges 20, 84n27, 179, 234n28, 303, 354, 358, 362, 402n5, 402n7, 404n20, 427
『自叙伝』 84n27, 402n5, 402n7
シャンピオン，ピエール Pierre Champion 420, 427
シャンペイル，レオナール Léonard Champeils 19, 84n23, 207–208, 233n13
『宗教学辞典』(東京大学出版会) 32
『宗教百科事典』(マクミラン社) 27, 87n42
十字架のヨハネ Juan de la Cruz 9, 13–14, 17, 43, 48, 52–53, 62, 65–66, 87n41, 88n46, 119, 121, 128, 130, 138n19, 140n22, 142, 154, 176, 183n1, 184n8, 187n26, 191–193, 203–204, 220–226, 229, 231n9, 234n24, 235–243, 245–248, 276–278, 280–281, 284n9, 284n10, 284n13, 287n24, 290n34, 295, 311, 316, 320, 343, 352n25, 360, 378, 384, 398–400, 407, 410
『愛の生ける炎』 349n15, 360
『暗夜』 237–238
『カルメル山登攀』 52–53, 65, 119, 130, 140n22, 176, 187n26, 223, 237, 283n1, 398

『霊の讃歌』 316
シュタイナー，ルドルフ Rudolf Steiner 3
受肉のマリ（マリ・ギュイヤール）Marie de l'Incarnation（Marie Guyard） 15, 121, 137n18, 154, 286n22, 393
シュライエルマッハー，フリードリヒ Friedrich Schleiermacher 39, 41–42, 114
『宗教について』 39
ジョグ，イザアク Isaac Jogues 84n22, 137n18
ジョーンズ，ルーファス Rufas Jones 31–32
ジョワンヴィル，ジャン・ド Jean de Joinville
『聖王ルイ伝』 273, 288n31
シルモン，アントワーヌ Antoine Sirmond『徳の擁護』 243–244
スタール，フリッツ Frits Staal 32
ステイス，ウォルター・T Walter T. Stace 32
スピノザ，バルーフ・デ Baruch de Spinoza 49
スミス，マイケル・B Michael B. Smith 85n32
セルトー，ミシェル・ド Michel de Certeau 24, 28–30, 67–69, 72, 77–80, 82n13, 84n25, 85n32, 85n33, 88n43, 89n49, 92n65, 93n73, 109, 130, 143, 183n2, 197, 219, 223, 230n3, 283n2, 348n9, 349n16, 350n17, 350n18, 362, 402n4, 404n20, 404n21, 415–417, 419, 425, 427, 428n4, 430n15, 430n18, 430n23, 431n29, 432n44
『神秘のものがたり』 15, 29–30, 54, 67, 78, 85n32, 88n43, 91n61, 159–160, 183n2, 230n3, 231n7, 350n16, 350n17, 350n18, 427
ゾイゼ，ハインリヒ Heinrich Seuse 13, 143
『永遠の知恵の書』 143
『知恵の時計』 143

タ 行

タウラー，ヨハネス Johannes Tauler 13, 38, 117–118, 121, 191
『綱要』 117–118
岳野慶作 81n7
ダティシ，アシル・ドニ Achille Deni d'Attichy 166, 168
ダンテ Dante Alighieri 144
鶴岡賀雄 28, 47–48, 78–80, 85n33, 93n72, 125–126, 139n19, 139n21, 205, 223, 234n24, 352n25, 403n15, 414n7
ディア，ピーター Peter Dear 111–112, 136n13, 136n14
擬ディオニュシオス・アレオパギテース Pseudo-Dionysios Areopagites 26, 30, 103, 138n19, 154, 290n34, 350n20
テイラー，チャールズ Charles Taylor 38
デカルト，ルネ René Descartes 18, 37, 58, 106, 110, 234n24
デュウー夫人 Madame du Hout 354, 401n2
デュソー Salomon Du Sault 164, 172–173, 187n24, 212
デュソー夫人 Madame Du Sault 164
デリダ，ジャック Jacques Derrida 91n57, 353n31
テレサ（アビラの）Teresa de Ávila 13–14, 16–18, 53, 98, 138n19, 142, 154, 165, 172–173, 183n1, 184n8, 186n20, 191–192, 196–197, 221, 233n10, 273, 290n34, 311, 333–335, 351n20, 352n24, 352n25, 356, 376
『完徳の道』 196
『自叙伝』 17, 196–197, 221
テレーズ（幼子のイエス，リジウの）Thérèse de l'Enfant-Jésus（Thérèse de Lisieux） 53–55, 90n51, 287n24
『自叙伝』 53, 90n51
テレスチェンコ，ミシェル Michel Terestchenko 249, 254, 257–259, 261, 285n17, 290n35
デンヴィル，フランソワ・ド François de Dainville 209–210, 233n12, 233n14
『ドイツ神学』 38
トマス・アクィナス Thomas Aquinas 8, 46–47, 51–52, 56, 97, 103, 116, 121, 133n4, 145
『神学大全』 47, 52
『対異教徒大全』 52
トマス・デ・ヘスス Tomás de Jesús 238, 283n5

『観想について』 238, 283n5
ドレクセリウス，イェレミアス Jeremias Drexelius 273–274
『正しき意図について。すべての人間行動の基準』 273–274
トレルチ，エルンスト Ernst Troeltsch 39

ナ 行

ニコラ，アルメル Armelle Nicolas 157–158
ニコル，ピエール Pierre Nicole 14, 235, 239–243, 283n9
『祈りについて』 240–241, 283n6, 283n9
ニーチェ，フリードリヒ Friedrich Nietzsche 36
ニッケル，ゴスヴィン Goswin Nickel 207
ネフ，フレデリク Frédéric Nef 30

ハ 行

バイウス，ミシェル Michael Baius 252
バイオル，アンドレ André Baiole 185n15
ハイデガー，マルティン Martin Heidegger 3, 58
ハイラー，フリードリヒ Friedrich Heiler 40–41
『祈り』 40
パウロ Paul 51, 53, 75, 104, 115, 119, 128–129, 133n3, 145, 150, 175, 184n5, 187n27, 201, 228, 260–263, 267, 274, 276, 286n20, 286n21, 318, 321–322, 345, 371, 404n18, 417
ハクスリー，オルダス Aldous Huxley 84n25, 89n48
『ルーダンの悪魔』 84n25
パグデン，アンソニー Anthony Pagden 110
パシュウ，アドリアン Adrien Paschoud 422, 432n37
パスカル，ブレーズ Blaise Pascal 7, 14, 91n57, 112, 156, 183
「真空論序説」 112
『パンセ』 91n57
バスティド，クロード Claude Bastide 72, 139n19, 140n22, 186n17, 201–206, 208, 210, 215–216, 220–222, 226, 229, 231n9, 233n13, 235, 357–361
ハッジャージ，ファブリス Fabrice Hadjadj 287n24
ハーデヴィヒ（アントワープの）Hadewijch d'Anvers 144
パパゾーリ，ベネデッタ Benedetta Papasogli 416
パリンダー，ジェフリー Geoffrey Parrinder『世界宗教のなかの神秘主義』 35
バルタザール，ハンス・ウルス・フォン Hans Urs von Balthasar 347n3
バルト，カール Karl Barth 41
バルト，ロラン Roland Barthe 89n47
ビルギッタ（スウェーデンの）Brigitte de Suède 138n19
ファン・デル・レーウ，ゲラルダス Gerardus van der Leeuw 40
ブイエ，ルイ Louis Bouyer 26–27
ブイックス，マルセル Marcel Bouix 82n13
フェヌロン，フランソワ・ド・サリニャク・ド・ラ・モト Francois de Salignac de la Mothe Fénelon 9–10, 14, 16, 36, 82n12, 87n41, 99, 122, 151, 159, 183n3, 235–236, 244–249, 251–261, 263, 265, 267, 269, 272–282, 284n11, 284n13, 285n19, 289n32, 290n34, 290n35, 301, 336, 343–344, 368, 403n12, 419
『内的な道についての諸聖人の箴言解説（箴言解説）』 99, 244, 248, 252, 267, 279, 284n11
フォリーニョ（アンジェラの）Angèle de Foligno 138n19
フォルトンム，ベルナール Bernard Forthomme 290n35
深澤英隆 28, 31, 39–40, 42–43, 413n3
『福者フランソワ・ド・サルの精神』 285n15
フック，ロバート Robert Hooke 136n14
フーコー，ミシェル Michel Foucault 69,

92n64
フーゴー（サン＝ヴィクトルの）Hugues de Saint-Victor　133n4
フッサール，エドムント Edmund Husserl　58
プッセ，エドゥアール Édouard Pousset　53–54
プトレマイオス，クラウディオス Claudius Ptolemaeus　104, 110
ブドン，アンリ＝マリ Henri-Marie Boudon　20, 82n13, 83n19, 84n24, 185n14, 428n1
フュルチエール，アントワーヌ Antoine Furetière　106, 116, 367–368
『普遍辞典』 106, 116, 367
ブラン，クリスチャン Christian Belin　408, 413n1
フランソワ1世 François Ier　109
フランソワ・ド・サル François de Sales　14, 80n1, 81n7, 139n19, 148, 155–156, 233n10, 243, 249, 251–253, 259–261, 263, 267, 274, 285n15, 285n16, 286n20, 287n23, 353n33, 356, 376, 402n6, 431n33
『神愛論』 148, 259–260, 263, 286n20, 428n1
『信心生活入門』 148, 155
フランチェスコ（アッシジの）Francesco d'Assisi　40
フリッシュ，アンドレア Andrea Frisch　110, 134n8, 135n10, 135n11
ブルトン，スタニスラス Stanislas Breton　49, 368, 371
ブルンナー，エミール Emil Brunner 『神秘主義と言葉』 41
ブレティニ，ジャン・ド・カンタナドワーヌ・ド Jean de Quintanadoine de Brétigny　14, 184n8
ブレブフ，ジャン・ド Jean de Brébeuf　84n22, 137n18
ブレモン，アンリ Henri Bremond　13, 81n6, 81n7, 143, 183n2, 185n12, 187n22, 191–192, 194, 230n1, 236
『フランス宗教感情の文学史』 13, 230n1
フロイト，ジークムント Sigmund Freud　48
ブロシウス Blosius　88n46
プロティノス Plotinus　3, 30, 353n33, 414n4
ベイコン，フランシス Francis Bacon　37–38, 112–113, 136n14
ベイコン，ロジャー Roger Bacon　136n12
ペイジ，ニコラス・D Nicolas D. Paige　113, 424–425, 431n31, 431n35
ベケット，サミュエル Samuel Beckett　68
ヘーゲル，ゲオルク・ヴィルヘルム・フリードリヒ Hegel, Georg Wilhelm Friedrich　56, 414n4
『精神現象学』 56, 90n54
ペトロ Pierre　64–66
ペラギウス Pelagius　250–251, 284n14, 285n19
ベリュル，ピエール・ド Pierre de Bérulle　14, 17, 80n1, 148–150, 154, 158, 185n8, 349n14
『イエスのオラトリオ会の長上たちが指導に役立てるべき諸点についての覚書』 149–150
『聖なるマグダラのマリア称揚』 149
ベルガモ，ミノ Mino Bergamo　68–69, 148, 192, 260, 350n20,
ベルクソン，アンリ Henri Bergson　34, 86n36, 90n55
『道徳と宗教の二源泉』 34, 86n36
ベルト，ジャック Jacques Bertot　185n11
ベルナール（クレルヴォーの）Bernard de Clairvaux　118–119, 121, 249, 353n33, 395
『雅歌講話』 118–119, 405n26
ベルニエール・ド・ルヴィニ，ジャン・ド Jean de Bernières de Louvigny　156, 169, 185n11, 235, 240–241
『キリスト者の内面』（『内的キリスト者』） 156, 169, 240–241
ペンデレツキ，クシシュトフ Krzysztof Penderecki『ルダンの悪魔』 84n25
ヘンニス，ヴィルヘルム Wilhelm Hennis　91n56

ボクザン，リシャール Richard Beaucousin 184n7
ボスュエ，ジャック・ベニーニュ Jacques Benigne Bossuet 16, 71, 99–100, 122, 235–236, 243–246, 248, 253, 273, 284n11, 285n19, 418–419, 421, 430n13
ボナヴェントゥラ Bonaventura 133n4, 350n20, 353n33
ボワネ，マドレーヌ Madeleine Boinet 163–166, 168, 170, 172, 186n18, 186n19, 186n22, 187n24, 426
ポンセ・ド・ラ・リヴィエール，ジョゼフ＝アントワーヌ Joseph-Antoine Poncet de la Rivière 137n18
ポンタック夫人 Madame de Pontac 156, 169, 376, 404n19, 431n27

マ 行

マザー・テレサ Mother Teresa 287n24
マッギン，バーナード Bernard McGinn 30
マリア Marie 148, 157, 163, 356, 376, 386
マリア（マグダラの）Marie Madeleine 118–119, 149
マリ・テイソニエ（マリ・ド・ヴァランス） Marie Teyssonnier（Marie de Valence） 157, 185n12
マリ・デ・ヴァレ Marie des Valées 157, 185n13
マリ・バロン Marie Baron 161–164, 166, 185n15–186n17, 186n19
マリヤック，ミシェル・ド Michel de Marillac 14
マルタン，クロード Claude Martin 137n18
マルティノン，ジャン Jean Martinon 290n33
マルブランシュ，ニコラ・ド Nicolas de Malebranche 253
マンデヴィル，ジョン John Mandeville『ジョン・マンデヴィル卿の旅行記』 134n9
ミシェル，ルイ Louis Michel 425, 427, 431n35, 432n40, 433n46
ミション，エレーヌ Hélène Michon 15, 249
宮本久雄 286n21, 348n9
ムーア，ピーター Peter Moore 27, 87n42
ムハンマド Muḥammad 3
村田真弓 82n13, 88n45, 428n7
ムール，ヴァンサン・ド Vincent de Meur 418, 421, 431n27, 432n43
メヒティルト（マクデブルクの）Mechthild von Magdeburg 93n70
モリエール Molière『タルチュフ』 15
モリノス，ミゲル・デ Miguel de Molinos 82n12
モレリ，ルイ Louis Moréri『歴史大辞典』 284n10
モワン，ジョゼフ Joseph Moingt 78, 262–263, 274, 287n24, 348n9

ヤ 行

『ユニヴェルサリス百科事典』 28
ユビ，ヴァンサン Vincent Huby 158
ヨシヤ Josias 314
ヨセフ Joseph 75, 148, 356–357, 376

ラ 行

ライプニッツ，ゴットフリート・ヴィルヘルム Gottfried Wilhelm Leibniz 36
ラカン，ジャック Jacques Lacan 50, 89n49
ラコスト，ジャン＝イヴ Jean-Yves Lacoste 58
ラス・カサス，バルトロメ・デ Bartolome des las Casas『インディアス史』 134n8
ラッセル，ケン Ken Russell『肉体の悪魔』 84n25
ラーナー，カール Karl Rahner 51, 56
ラバディ，ジャン・ド Jean de Labadie 230n7
ラービア Rabia al-Adawiya 273
ラルマン，ルイ Louis Lallemant 15, 18, 81n9, 84n21, 84n22, 137n18, 158, 270
『霊の教え』 81n9, 270
リカール，ジャン Jean Ricard 177, 179, 299,

301, 331–332
リクール，ポール Paul Ricœur 56, 59–61, 91n58, 350n19, 352n27
リゴル，ジャン Jean Rigoleu 84n22, 158
リシャール（サン＝ヴィクトルの）Richard de Saint-Victor 353n33
リシュリュー Armand Jean du Plessis, cardinal, duc de Richelieu 12, 21, 402n7
リッチ，バルトロメオ Bartolomeo Ricci 81n5
リバデネイラ，ペドロ・デ Pedro de Ribadeneyra
『聖人伝』 414n6
リベラ，アラン・ド Alain de Libera 30
龍樹 3
リューバ，ジェイムズ・H James H. Leuba 33, 86n38
リュバック，アンリ・ド Henri de Lubac 36, 41
『神秘と神秘家たち』 41
ルイ 13世 Louis XIII 12, 149, 402n7
ルイ 14世 Louis XIV 12, 247
ル・ジュンヌ，ポール Paul Le Jeune 84n22, 137n18
ルースブルーク，ヤン・ファン Jan van Ruusbroec 184n7, 191
『霊的婚姻』 184n7
ルソー，ジャン＝ジャック Jean-Jacques Rousseau 40
ルター，マルティン Martin Luther 38–39, 41–43, 87n40, 122, 250, 284n14
ルブラン，ジャック Jacques Le Brun 70, 100, 245, 248, 262, 273, 277, 284n9, 284n11, 286n20, 288n31
ルルス，ライムンドゥス Raimundus Lullus 144
レヴィナス，エマニュエル Emmanuel Levinas 135n11, 325–326, 350n18, 353n35, 413n4
『存在するとは別の仕方で』 353n35
レンティ，ガストン・ド Gaston de Renty 120, 156, 158
ロー，アンリ Henri Laux 49, 81n7, 92n65, 176, 421
老子 3

ワ 行

ワッハ，ヨアヒム Joachim Wach 39

スュランの著作からの引用

※略号は凡例に記した。

『神の愛についての問い（*Questions sur l'amour de Dieu*）』 24, 77, 98, 132–133, 137n18, 153, 174–176, 199, 268–269, 310, 321–322, 345–346, 370–373, 378, 384, 391–397, 405n26, 414n6, 421, 431n27

『神の愛の勝利（*Triomphe de l'amour divin*）』 17, 21–22, 63–65, 84n26, 123, 354–357, 402n6, 422, 431n31, 431n32, 431n33

『神の愛の霊的讃歌（*Cantiques spirituels de l'amour divin*）』 411–412, 416–417

『経験の学知（*Science expérimentale*）』 24, 63, 73, 83n16, 83n18, 85n29, 88n46, 91n62, 123–128, 133, 136n11, 139n20, 169, 177–178, 203–213, 231n7, 233–234, 263–268, 287n26, 289n32, 295, 298–300, 304–305, 307–312, 317–318, 320, 326, 328–330, 332–336, 338–340, 342, 344–345, 348n6, 348n7, 352n28, 352n30, 365–366, 368–369, 373, 383, 404n22, 405n26, 414n5, 422–425, 428n9, 431n31, 431n33

『書簡集（*Correspondance*）』 23–24, 61, 73–76, 82–83n16, 83n20, 91n59, 156, 159–169, 171–174, 180–181, 185n10, 186n19, 186n22, 187n23, 200–201, 212, 214–218, 221–225, 228, 230n2, 231–232n9, 268, 281–282, 295, 297–298, 302–303, 305–306, 311, 313–317, 320–321, 323–324, 329–330, 335, 337–338, 342, 348n8, 349n11, 349n12, 352n24, 352–353n30, 353n34, 354–363, 375–382, 384–390, 396, 400n1, 401n2, 402n4, 402n7, 402n8, 402n10, 402n11, 404n18, 404n19, 404n20, 404n21, 405n23, 405n26, 413n3, 415, 417, 419–420, 423, 425–427, 428n4, 430n19, 430n20, 431n27, 431n31, 431n35, 432n38, 432n39, 432n44

『霊的生活の基礎（*Les Fondements de la vie spirituelle*）』 131, 272–274, 287n24, 288n30, 420–421, 430n18

『霊的対話集（*Dialogues spirituels*）』 133n5, 152, 184n5, 212–214, 420–421, 430n23

『霊のカテキスム（*Catéchisme spirituel*）』 199, 201, 206–209, 213–214, 351n20, 399–400, 414n6, 418–419, 421, 428n9, 430n15, 430n20

『霊の契約（*Contrats spirituels*）』 269–270, 416–418

『霊の詩（*Poésies spirituelles*）』 416, 428n7

『霊の導き（*Guide spirituel*）』 53, 77, 107–108, 121, 129–130, 164–165, 187n25, 187n27, 194, 197–199, 201, 230n2, 237, 319, 367, 383, 405n26, 405n28, 419–420, 430n18, 431n29

聖書からの引用

事項索引

サ 行

タ　行

ナ　行

ハ　行

マ　行

ヤ　行

ラ　行

ワ　行

参考文献

※本書で参照した版と翻訳を挙げる。

1. 近世（1660年–1709年）に公刊されたスュランの著作

Cantiques spirituels de l'amour divin, pour l'instruction et consolation des âmes dévotes, composés par un Père de la Compagnie de Jésus, Bordeaux, Guillaume de La Court, 1660.

Cantiques spirituels de l'amour divin, pour l'instruction et consolation des âmes dévotes, nouvelle édition revue, corrigée et augmentée de plusieurs beaux cantiques, Paris, Robert Pepie, 1689.

Catéchisme spirituel contenant les principaux moyens d'arriver à la perfection, composé par I. D. S. P., Paris, Claude Cramoisy, 1661.

Catéchisme spirituel contenant les principaux moyens d'arriver à la perfection, composé par I. D. S. P., tome II, Paris, Claude Cramoisy, 1669.

Dialogues spirituels où la perfection chrétienne est expliquée pour toutes sortes de personnes, tome I, Nantes, Jacques Mareschal, 1700.

Dialogues spirituels où la perfection chrétienne est expliquée pour toutes sortes de personnes, tome II, Nantes (se vendent à Paris), Edme Couterot, 1704.

Dialogues spirituels où la perfection chrétienne est expliquée pour toutes sortes de personnes, tome III, Paris, Edme Couterot, 1709.

Les Fondements de la vie spirituelles tirés du livre de l'Imitation de Jésus Christ, composé par I. D. S. P., Paris, Claude Cramoisy, 1667.

Lettres spirituelles par ***, tome premier, Nantes, Jacques Mareschal, 1695; *Lettres spirituelles* par M***, tome second, Nantes, Jacques Mareschal, 1698 ; *Lettres spirituelles* sur les mystères et sur les fêtes, Nantes, Jacques Mareschal, 1700.

2. スュランの著作の校訂版

Cantiques spirituels de l'amour divin, éd. Benedetta Papasogli, Florence, Leo S. Olschki, Biblioteca della Rivista di Storia e Letteratura Religiosa, Testi e documenti XVI, 1996.

Correspondance, éd. Michel de Certeau, Préface de Julien Green, Paris, Desclée de Brouwer, 1966.

Écrits autobiographiques: Triomphe de l'amour divin sur les puissances de l'Enfer 1654–1660 et Science expérimentale des choses de l'autre vie 1663, éd. Adrien Paschoud, Grenoble, Jérôme Millon, 2016.

Les Fondements de la vie spirituelles tirés du livre de l'Imitation de Jésus Christ, éd. Ferdinand Cavallera, Paris, Éditions Spes, 1930.

Guide spirituel pour la perfection, éd. Michel de Certeau, Paris, Desclée de Brouwer, 1963.

Lettres spirituelles du P. Jean-Joseph Surin, 2 volumes, éd. Louis Michel et Ferdinand Cavallera, Toulouse, Édition de la Revue d'acétique et de mystique, 1926–1928.

Poésies spirituelles suivies des *Contrats spirituels*, éd. Étienne Catta, Paris, Vrin, 1957.

Triomphe de l'amour divin sur les puissances de l'enfer et Science expérimentale des choses de l'autre vie (1653–1660), suivi de *Les aventures de Jean-Joseph Surin* par Michel de Certeau, Grenoble, Jérôme Millon, 1990.

Questions importantes à la vie spirituelle sur l'amour de Dieu, éd. PP. Aloys Pottier et Louis Mariès, Paris, Téqui, 1930.

Questions sur l'amour de Dieu, éd. Henri Laux, Paris, Desclée de Brouwer, 2008.

3. その他一次文献

AMELOTE, Denis, *La Vie du Père Charles de Condren*, Paris, Henry Sara et au Palais, 1643.

AUGUSTIN, *La Foi chrétienne*, trad. et éd. Joseph Pegon, Paris, Desclée de Brouwer, 1951.

———, *Confessions*, trad. Arnauld d'Andilly, éd. Philippe Sellier, Paris, Gallimard, 1993. アウグスティヌス『告白（上・下）』服部英次郎訳，岩波文庫，一九六七年。

BERNARD DE CLAIRVAUX, *Œuvres mystiques*, éd. Albert Béguin, Paris, Seuil, 1953.

BERNIÈRES, Jean de, *Œuvres mystiques I: L'Intérieur chrétien suivi du Chrétien intérieur et des Pensées*, éd. Dominique Tronc, Toulouse, Édition du Carme, 2011.

BÉRULLE, Pierre de, *Œuvres,* préface de François Bourgoing, Paris, Antoine Estienne et Sébastien Huré, 1644.

———, *Œuvres complètes*, dr. Michel Dupuy, Paris, Oratoire de Jésus, Cerf, t. 8, 1996.

———, *Élévation sur sainte Madeleine*, éd. Joseph Beaude, Paris, Cerf, 1987.

BOSSUET, Jacques Bénigne, *Instruction sur les états d'oraison*, Paris, Jean Anisson, 1697.

———, *Divers écrits ou mémoires sur le livre intitulé Explication des maximes des saints, etc.*, Paris, Jean Anisson, 1698.

———, *Œuvres complètes*, éd. F. Lachat, Paris, Librairie de Louis Vivès, v. 19, 1864.

———, *Correspondance*, éd. Ch. Urbain et E. Levesque, Paris, Hachette, t. 6, 1912.

BOUDON, Henri-Marie, *L'Homme de Dieu en la personne du R. P. Jean-Joseph Surin Religieux de la Compagnie de Jésus*, Chartres, Claude Peigne, 1683.

CAMUS, Jean-Pierre, *L'Acheminement à la dévotion civile*, Tolose, R. Colomiez, 1624.

———, *La Théologie mystique*, éd. Daniel Vidal, Grenoble, Jérôme Millon, 2003.

[———,] *L'Esprit de St François de Sales*, Paris, Jacques Estienne, 1727.

CANFIELD, Benoît de, *Règle de la perfection contenante un abrégé de toute la vie spirituelle réduite à ce seul point de la volonté de Dieu*, Paris, André Pralard, 1696.

———, *La Règle de perfection = The Rule of perfection*, éd. Jean Orcibal, Paris, PUF, 1982.

CAPOUE, Raymond de, *Vie* [*spirituelle*] *de sainte Catherine de Sienne avec ses méditations sur tous les jours de la semaine*, trad. Jean Blancone, Paris, Chaudière, 1604.

CARTIER, Jacques, *Bref récit et succincte narration de la navigation faite en 1535 et 1536 par le capitaine Jacques Cartier aux îles de Canada, Hochelaga, Saguenay et autres, réimpr. figurée de l'éd. originale rarissime de 1545 avec les variantes des ms de la bibliothèque impériale, précédée d'une brève et succincte introd. historique par M. d'Avezac*, Paris, Tross, 1863. ジャック・カルチエ『第二回航海の記録』（『フランスとアメリカ大陸 I』所収）西本晃二訳，岩波書店，1982 年，51–129 頁。

CATHERINE DE GÊNES, *La Vie et les œuvres spirituelles de S. Catherine d'Adorny de Gennes*, reveues et corigeez, Paris, Adrian Taupinart, 1646.

CHÉRON, Jean, *Examen de la théologie mystique: qui fait voir la différence des lumières divines de celles qui ne le sont pas, et du vray, assuré et catholique chemin de la Perfection, de celuy qui est parsemé de dangers, et infecté d'illusions. Et qui montre qu'il n'est pas convenable de donner aux affections, passions, delectations et gousts spirituels, la conduite de l'ame, l'ostant à la raison et à la doctrine*, Paris, Edme Couterot, 1657.

DREXELIUS, Jeremias, *Recta intentio omnium humanarum actionum amussis*, Coloniae Agrippinae, Egmond, 1631.

FÉNELON, François de Salignac de la Mothe, *Œuvres complètes*, Paris, Leroux, Gaume; Lille, Lefort ; Besançon, Outhenin-Chalandre, t. 2, 1852.

———, *Œuvres*, 2 tomes, éd. Jacques Le Brun, Paris, Gallimard, « Bibliothèque de la Pléiade », 1983–1997.

FÉNELON et GUYON, *Madame Guyon et Fénelon: la correspondance secrète, avec un choix de poésies spirituelles*, éd. Benjamin Sahler, Paris, Dervy-Livres, 1982.

FRANÇOIS DE SALES, *Œuvres*, éd. André Ravier, Paris, Gallimard, « Bibliothèque de la Pléiade », 1969.

FURETIÈRE, Antoine, *Dictionnaire universel*, 3 tomes, La Hayer et Rotterdam, Arnout et Reinier Leers, 1690 ; édition de 1727, 4 tomes, revue et augmentée par Henri Basnage de Beauval et Jean-Baptiste Brutel de La Rivière, La Hayer, Pierre Husson et al.

GERSON, Jean, *Sur la théologie mystique*, trad. et éd. Marc Vial, Paris, Vrin, 2008. ジャン・ジェルソン『神秘神学』(『中世思想原典集成 17　中世末期の神秘思想』所収)上野正二・八巻和彦訳，上智大学中世思想研究所，1992 年，403–492 頁。

MADAME GUYON, *La Vie de Mme J. M. B. de la Motte-Guyon, écrite par elle-même*, Cologne, Jean de la Pierre, 1720a.

———, *Les Justifications*, 3 tomes, Cologne, Jean de la Pierre, 1720b.

———, *Les Torrents* et *Commentaire au Cantique des Cantiques de Salomon (1683–1684)*, éd. Claude Morali, Grenoble, Jerôme Millon, 1992. ギュイヨン夫人「奔流」(『キリスト教神秘主義著作集 15　キエティスム』所収)村田真弓訳，1990 年，135–264 頁。

———, *Œuvres mystiques*, éd. Dominique Tronc, étude par le P. Max Huot de Longchamp, Paris, Honoté Champion, 2008.

IGNACIO DE LOYOLA, *Obras completas*, transcipción, introducciones y notas de Ignacio Iparragguirre y Candido de Dalmases, Madrid, Biblioteca de autores cristianos, 1952. イグナティウス・デ・ロヨラ『ある巡礼者の物語』門脇佳吉訳，岩波文庫，2000 年。

———, *Écrits*, trad. et présentés ss. dr. Maurice Giuliani, par un groupe de père jésuites, Jean-Noël Aletti, Adrien Demoustier, Jean-Claude Dhôtel et al., avec la collaboration de Pierre-Antoine Fabre et Luce Giard, Paris, Declée de Brouwer, 1991.

JEAN DE LA CROIX, *Les Œuvres spirituelles pour acheminer les ames à la parfaite union avec Dieu...*, trad. René Gaultier, Paris, Michel Sonnius, 1621.

———, *Nuict obscure de l'ame, et l'exposition des Cantiques qui enserrent le chemin de la parfaicte union d'Amour avec Dieu telle qu'elle peut estre en ceste vie: Et les proprietez de l'ame qui y est arrivée...*, trad. René Gaultier, Paris, Michel Sonnius, 1621.

———, *Les Œuvres spirituelles du B. Pere Jean de la Croix...* trad. Cyprien de la Nativité de la Vierge, Paris, la veuve Pierre Chevalier, 1641.

———, *Les Œuvres spirituelles du B. Père Jean de la Croix*, trad. Cyprien de la Nativité de la Vierge, Paris, Jacques d'Allin, 1665.

———, *Œuvres complètes*, 2 tomes, trad. Cyprien de la Nativité de la Vierge carme déchaussé, éd. Luce-Marie de Saint-Joseph carme déchaussé, Paris, Declée de Brouwer, 2007. 十字架の聖ヨハネ『カルメル山登攀』奥村一郎訳，ドン・ボスコ社，2012 年。

JEANNE DES ANGES, *Autobiographie (1644)*, préface de J.-M. Charcot, éd. Gabriel Legué et Georges Gilles de la Tourette, suivi de *Jeanne des Anges* par Michel de Certeau, Jérôme Millon, 1990.

LALLEMANT, Louis, *Doctrine spirituelle*, éd. Dominique Salin, Paris, Desclée de Brouwer, 2011.

MARIE DE L'INCARNATION, *Lettres de la révérende mère Marie de l'Incarnation*, 2 tomes, éd. Pierre François Richaudeau, Tournai, Vve H. Casterman, 1876. マリー・ド・レンカルナシオン『修道女が見聞した 17 世紀のカナダ』門脇輝夫訳，竹中豊・小林順子解説，東信堂，2006 年。
MORÉRI, Louis, *Le Grand Dictionnaire Historique, ou le mélange curieux de l'histoire sacrée et profane*, [Amsterdam, P. Brunel...], t. 5, 1740.
MOTHER TERESA, *Come be My Light: The Revealing Private Writings of the Nobel Peace Prize Winner*, ed. Brian Kolodiejchuk, London, Rider, 2008. マザーテレサ『来て、わたしの光になりなさい』里見貞代訳，女子パウロ会，2014 年。
NICOLE, Pierre, *Traité de l'oraison*, 3e édition, Paris, Hélie Josset, 1681.
PASCAL, Blaisel, *Œuvres complètes*, éd. Jacques Chevalier, Paris, Gallimard, « Bibliothèque de la Pléiade », 1954.
RENTY, Gaston Jean-Baptiste de, *Correspondance*, éd. Raymond Triboulet, Paris, Desclée de Brouwer, 1978.
RIBADENEYRA, Pedro de, *Les Fleurs des vies des saints*, trad. René Gaultier, Paris, Sébastien Huré, 1646.
SANDÆUS, Maximilien, *Pro theologia mystica clavis*, Coloniae Agrippinae, ex Officina Gualteriana, 1640 ; reproduction anastatique, édition de la bibliothèque S. J., Louvain, Collège philosophique et théologique, 1963.
SIRMOND, Antoine, *La Deffense de la vertu*, Paris, Sébastien Huré, 1641.
TAULER, Jean, *Les institutions divines et salutaires enseignements...*, trad. par les pères Minimes de l'Oratoire Notre-Dame de Vie-Saine, Paris, Thomas Brumen, 1587.
THÉRÈSE D'AVILA, *Œuvres complètes*, 2 tomes, trad. et éd. Marcelle Auclair, Paris, Declée de Brouwer, 2007.
THÉRÈSE DE L'ENFANT JÉSUS, *Manuscrits autobiographiques*, Paris, Cerf, 2006. テレーズ・マルタン『幼いイエスの聖テレーズ自叙伝』伊従信子訳，ドン・ボスコ社，1999 年。
THOMAS AQUINAS, *S. Thomae Aquinatis Opera omnia*, Stuttgart-Bad Cannstatt, Frommann-Holzboog, t. 2, 1980.
TRALAGE, Françoise Nicolas de, *Vie de la vénérable mère Isabelle des Anges*, nouv. éd. par Marcel Bouix, Limoges, Barbou frères, 1876.
『カトリック教会文書資料集（改訂版）』デンツィンガー・シェーンメッツァー編，A・ジンマーマン監修，浜寛五郎訳，東京，エンデルレ書店，2002 年。
『キリスト教神秘主義著作集 15　キエティスム』鶴岡賀雄・村田真弓・岡部雄三訳，教文館，1990 年。
トマス・ア・ケンピス『キリストにならいて』大沢章・呉茂一訳，岩波文庫，1960 年。

4. 二次文献・研究文献

とくに Michel de Certeau の論考について、単行本の各章の基になっている初出の論文・記事等には、煩雑さを回避するため言及していない。

ARMOGATHE, Jean-Robert, *Le Quiétisme*, Paris, PUF, 1973.
BALTHASAR, Hans Urs von et Alois GRILLMEIER, *Mysterium salutis: Le Mystère Pascal*, Paris, Cerf, 1972.
BARTHE, Roland, *Sade, Fourrier, Loyola*, Paris, Seuil, 1971.
BARUZI, Jean, *Saint Jean de la Croix et le problème de l'expérience mystique*, 2e éd., Paris, Alcan, 1931.
BEAUDE, Joseph, *La Mystique*, Paris, Cerf, 1990.
BELIN, Christian, *Le Corps pensant: Essai sur la méditation chrétienne*, Paris, Seuil, 2012.
BERGAMO, Mino, *La Science des saints: Le discours mystique au XVIIe siècle en France*, Grenoble, Jérôme

Millon, 1992.
———, *L'Anatomie de l'âme. De François de Sales à Fénelon*, Grenoble, Jérôme Millon, 1994.
BERGSON, Henri, *Les Deux Sources de la morale et de la religion*, Paris, PUF, ［1932］ 2008. アンリ・ベルクソン『道徳と宗教の二源泉』平山高次訳，岩波文庫，1953 年。
BLANCHOT, Maurice, *L'Attente l'oubli*, Paris, Gallimard, 1962. モーリス・ブランショ『期待　忘却』(『最後の人／期待　忘却』所収）豊崎光一訳，白水社，1971 年。
BORD, André, *Jean de la Croix en France*, Paris, Beauchesne, 1993.
BOUIX, Marcel, *Vie du père Jean-Joseph Surin de la Compagnie de Jésus*, Paris, Gauthier-Villars, 1876.
BOUYER, Louis, « Mystique : Essais sur l'histoire d'un mot », *Supplément de la Vie spirituelle*, n° 9, 1949, p. 3–23 ; "Mysticism: An Essay on the History of the Word", in Richard Woods (ed.), *Understanding Mysticism*, London, The Athlone Press, 1981, p. 42–55.
BREMOND, Henri, *Histoire littéraire du sentiment religieux en France depuis la fin des guerres de religion jusqu'à nos jours,* 13 tomes, Grenoble, Jérôme Millon, 1916–1933; nouv. éd. 4 volumes, Grenoble, Jérôme Millon, 2006.
BRETON, Stanislas, *Deux mystiques de l'excès : J.-J. Surin et Maître Eckhart*, Paris, Cerf, 1985.
———, « L'itinéraire spirituel de Maître Eckhart », *Revue de l'Institut catholique*, n° 28, oct.-déc. 1988, p. 65–81.
BRUNO DE JÉSUS-MARIE, « Du Mont-Carmel aux mystiques français », *Études carmélitaines*, Paris, Desclée de Brouwer, 1947, p. 363–377.
CABASSUT, André, « Blessure d'amour », *Dictionnaire de spiritualité*, Paris, Beauchesne, t. 1, 1937, col. 1724–1729.
CAVALLERA, Ferdinand, « L'Autobiographie du P. Surin », *Revue d'ascétique et de mystique*, t. 6, 1925, p. 143–159, p. 389–411.
———, « Une controverse sur les grâces mystiques (1653–1660) », *Revue d'ascétique et de mystique*, t. 9, 1928, p. 163–196.
CERTEAU, Michel de, "Jean-Joseph Surin", *The Month. New Series*, 24, 1960, p. 340–353.
———, « "Mystique" au XVIIe siècle : Le problème du langage "mystique" », dans *L'Homme devant Dieu. Mélanges offerts au Père Henri de Lubac,* t. 2, Paris, Aubier, 1964, p. 267–291.
———, « Les œuvres de Jean-Joseph Surin, histoire des textes I », *Revue d'ascétique et de mystique*, t. 40, 1964, p. 443–476.
———, « Les œuvres de Jean-Joseph Surin, histoire des textes II », *Revue d'ascétique et de mystique*, t. 41, 1965a, p. 55–78.
———, « Crise sociale et réformisme spirituel au début du XVIIe siècle : une "Nouvelle spiritualité" chez les Jésuites français », *Revue d'ascétique et de mystique*, 1965b, t. 41, p. 339–386.
———, « L'articulation du 'dire' et du 'faire' : La contestation universitaire, indice d'une tâche théologique », *Études théologiques et religieuses*, t. 45, 1970a, p. 25–44.
———, « J.-J. Surin interprète de saint Jean de la Croix », *Revue d'ascétique et de mystique*, t. 46, 1970b, p. 45–70.
———, *La Possession de Loudun,* Paris, Gallimard-Julliard, Folio-Histoire, ［1970］ 2005. ミシェル・ド・セルトー『ルーダンの憑依』矢橋透訳，みすず書房，2008 年。
———, *L'Absent de l'histoire*, Tours, Mame, coll. Repères, 1973a.

———, « Jésuites, III. La Réforme de l'intérieur au temps d'Aquaviva, 1581–1615 ». « IV. Le XVIIe siècle français », *Dictionnaire de spiritualité*, Paris, Beauchesne, t. 8, 1973b, col. 985–1016.

———, *L'Écriture de l'histoire,* Paris, Gallimard, Folio-Histoire, ［1975］ 2002. ミシェル・ド・セルトー『歴史のエクリチュール』佐藤和生訳，法政大学出版局，1996 年。

———, « Mélancolique et/ou mystique : J.-J. Surin. Fable du nom et mystique du sujet : Surin », *Analytiques*, n° 2, 1978, p. 35–48.

———, *La Fable mystique : XVIe –XVIIe siècle,* t. 1, Paris, Gallimard, Tel, ［1982］ 2002 ; *The Mystic Fable: The Sixteenth and Seventeenth Centuries*, trans. by Michael B. Smith, Chicago, University of Chicago Press, 1992.

———, « Voyage et prison : La folie de J. J. Surin », dans *Voyages, récits et imaginaire*, Actes de Montréal édités par Bernard Beugnot, *Biblio 17*, 1984, p. 439–467.

———, *Heterologies : Discours on the Other*, trans. by Brian Massumi, Minneapolis ; London, University of Minnesota Press, 1997.

———, *La Faiblesse de croire,* éd. Luce Giard, Paris, Seuil, Points-Essais, ［1987］ 2003.

———, *Le Lieu de l'autre : Histoire religieuse et mystique*, éd. Luce Giard, Paris, Gallimard-Seuil, Hautes Études, 2005.

———, *La Fable mystique : XVIe –XVIIe siècle,* t. 2, éd. Luce Giard, Paris, Gallimard, 2013.

CHALIER, Catherine, « Emmanuel Levinas « *J'ai ouvert... il avait disparu* » (Cantique des cantiques 5, 6) », dans Philippe Capelle (éd.), *Expérience philosophique et expérience mystique*, Paris, Cerf, 2005, p. 253–268.

CHARTIER, Roger, *Les Origines culturelles de la Révolution française*, Paris, Seuil, 1990. ロジェ・シャルチエ『フランス革命の文化的起源』松浦義弘訳，岩波書店，1999 年。

CHÂTLLIER, Louis, *L'Europe des dévots*, Paris, Flammarion, 1987.

CHRÉTIEN, Jean-Louis, *La Joie spacieuse : Essai sur la dilatation*, Paris, Minuit, 2007.

CLÉMENT, Michèle, *Une Poétique de crise : Poètes baroques et mystiques* (*1570–1660*), Paris, Honoré Champion, 1996.

COGNET, Louis, *Crépuscule des mystiques : Bossuet-Fénelon*, nouv. éd. mise à jour et présentée par J. R. Armogathe, Paris, Desclée (« Bibliothèque de théologie »), ［1958］ 1991.

———, *L'Essor de la spiritualité moderne 1500–1650,* nouv. éd., Paris, Cerf, ［1966］ 2011. ルイ・コニェ『キリスト教神秘思想史 3　近代の霊性』上智大学中世思想研究所翻訳・監修，平凡社，1998 年。

COLETTE, Jacques, « L'expérience religieuse et l'idée philosophique moderne d'expérience vécue », dans Jean-Louis Vieillard-Baron et Francis Kaplan (éd.), *Introduction à la philosophie de la religion*, Paris, Cerf, 1989, p. 37–50.

COMTE-SPONVILLE, André, *L'Esprit de l'athéisme : Introduction à une spiritualité sans Dieu*, Paris, Albin Michel, 2006. アンドレ・コント＝スポンヴィル『精神の自由ということ——神なき時代の哲学』小須田健，カトリーヌ・カンタン訳，紀伊国屋書店，2009 年。

CONAVAGGIO, Jean, « Thérèse d'Avila et Jean de la Croix en France », dans *Thérèse d'Avila, Jean de la Croix. Œuvres*, éd. Jean Conavaggio, Paris, Gallimard, « Bibliothèque de la Pléiade », 2012, p. LXXIV–LXXXIII.

COURCELLES, Dominique de, *Langages mystiques et avènement de la modernité*, Paris, Honoré Champion, 2003.

DAINVILLE, François de, « Une étape de la "déroute des mystiques" : La révision romaine du *Catéchisme spirituel* (1661) », *Revue d'ascétique et de mystique*, t. 33, 1957, p. 62–87.

DANIÉLOU, Jean, « Mystique de la ténébre chez Grégoire de Nysse », *Dictionnaire de spiritualité*, t. 2, Paris, Beauchesne, 1954, art. « Contemplation », col. 1872–1882.

DEAR, Peter, "Totius in Verba: Rhetoric and Authority in the Early Royal Society", *Isis* 79, 1985, p. 145–161.

———, *Discipline and Experience: The Mathematical Way in the Scientific Revolution*, Chicago, University of Chicago Press, 1995.

———, *Revolutionizing the Sciences: European Knowledge and its Ambitions, 1500–1700*, Princeton, New Jersey, Princeton University Press, 2001. ピーター・ディア『知識と経験の革命——科学革命の現場で何が起こったか』高橋憲一訳，みすず書房，2012 年。

DELUMEAU, Jean et Monique COTTRET, *Le Catholicisme entre Luther et Voltaire*, 6e éd. refondue, Paris, PUF, 1996.

DERRIDA, Jacques, *Demeure : Maurice Blanchot*, Paris, Galilée, 1998. ジャック・デリダ『滞留』湯浅博雄監訳，郷原佳以・坂本浩也・西山達也・安原伸一郎共訳，未来社，2000 年。

DOMPNIER, Bernard, *« Thérèse d'Avila dans la dévotion française à saint Joseph au 17e siècle », Les échanges religieux entre la France et l'Espagne du Moyen Âge à nos jours, Bordeaux, 12–14 septembre 2002, Revue d'histoire de l'Église de France*, t. 90, 2004, p. 175–190.

DUPUY, Michel, « Surin », *Dictionnaire de spiritualité*, Paris, Beauchesne, t. 14, 1990, col. 1311–1325.

EASTWOOD, Bruce S., "Medieval empiricism: the case of Grosseteste's optics", *Speculum*, vol. 43, no. 2, 1968, p. 306–321.

Études Carmélitaines : Mystiques et missionnaire, 23e année, v. 2, Paris, Desclée de Brouwer, octobre 1938.

FORTHOMME, Bernard, « Le Pur Amour : de la saignée à la poétique », *Nouvelle Revue Théologique*, t. 130, 2008/3, p. 619–635.

FOUCAULT, Michel, *L'Histoire de la folie à l'âge classique*, Paris, Gallimard, Tel, 1972.

FRISCH, Andrea, *The Invention of the Eyewitness: Witnessing and Testimony in Early Modern France*, North Carolina, University of North Carolina Press, 2004.

GADAMER, Hans-Georg, *Hermeneutik : Wahrheit und Methode*, 2 vols, Tübingen, Mohr, [1960] 1986. ハンス＝ゲオルク・ガダマー『真理と方法——哲学的解釈学の要綱』第 1 巻，轡田収（他）訳，法政大学出版局，1986 年。

———, *Gadamer in Conversation: Reflections and Commentary*, ed. and trans. Richard E. Palmer, New Heaven, Yale University Press, 2001.

GERRISH, B. A., *The Old Protestantism and the New: Essays on the Reformation Heritage*, Chicago, University of Chicago Press, 1982.

GENSAC, Henri de, « Eucharistie et grâces mystiques d'après le P. J.-J. Surin », *Revue d'ascétique et de mystique*, t. 38, 1962, p. 64–82.

GIMARET, Antoinette, *Extraordinaire et ordinaire des croix : Les représentations du corps souffrant 1580–1650*, Paris, Honoré Champion, 2011.

GIULIANI, Maurice, « Prologue », dans Ignace de Loyola, *Journal des motions intérieures*, éd. Pierre-Antoine Fabre, Bruxelles, Lessius, 2007, p. 7–8.

GOUJON, Patrick, « Surin, une mystique communicative : De l'exemple de Thérèse à l'exhortation pour tous », *Rivista di storia e letteratura religiosa*, 2002, n° 3, Florence, p. 333–344.

———, « La mystique selon Surin », *Christus*, n° 202, 2004, p. 123–130.

———, *Prendre part à l'intransmissible : La Communication spirituelle à travers la correspondance de Jean-Jo-*

seph Surin, Grenoble, Jérôme Millon, 2008.

———, « Jean-Joseph Surin : de l'angoisse mortelle à l'inquiétude vive », dans *L'Inquiétude en fin de vie*, Patrick Verspieren et Marie-Sylvie Richard (dr.), Colloque du 22 novembre 2008, Paris, Médiasèvres, 2009, p. 53–65.

GREENBLATT, Stephen, « La souris mangeuse d'hostie : les miettes du repas eucharistique », *Traverses* 5, 1993, p. 42–54.

GREISCH, Jean, « Les multiples sens de l'expérience et l'idée de vérité », dans Philippe Capelle (éd.), *Expérience philosophique et expérience mystique*, Cerf, 2005. p. 53–75.

GUENNOU, Jean, *Missions étrangères de Paris*, Paris, Sarment, Fayard, 1986.

GUIBERT, Joseph de, *La Spiritualité de la Compagnie de Jésus : Esquisse historique*, Roma, Institutum Historicum S.I., 1953.

HADJADJ, Fabrice, *La Foi des démons : ou l'athéisme dépassé*, Paris, Albin Michel, 2011.

HEGEL, G. W. F., *Phänomenologie des Geistes*, Hamburg, Felix Meiner, 1952.

HENNIS, Wilhelm, "The spiritualist foundation of Max Weber's 'Interpretative Sociology': Ernst Troeltsch, Max Weber and William James' Varieties of Religious Experience", *History of the Human Sciences*, vol. 11, no. 2, 1998, p. 83–106.

HEURTEVENT, Raoul, « Bernière-Louvigny », *Dictionnaire de spiritualité*, Paris, Beauchesne, t. 1, 1937, col. 1522–1527.

HOUDARD, Sophie, « *La Donation pure et simple* : la mystique contractuelle chez Jean-Joseph Surin », *Littératures classiques*, n° 40, 2000, p. 295–308.

———, « De la représentation de Dieu à la vue sans image : Hypothèse sur le rôle de l'imagination dans l'écriture mystique du XVIIe siècle », *Littératures classique* 45, 2002, p. 109–126.

———, « Du mot à la chose mystique : L'économie équivoque d'une langue des effets », dans Carlo Ossola (éd.), *Pour un vocabulaire mystique au XVIIe siècle*, textes réunis par François Trémolières, Torino, Nino Aragno, 2004, p. 43–57.

———, *Les Invasions mystiques : Spiritualités, hétérodoxies et censures au début de l'époque moderne*, Paris, Les Belles Lettres, 2008.

ICARD, Simon, *Port-Royal et saint Bernard de Clairvaux (1608–1709) : Saint-Cyran, Jansénius, Arnauld, Pascal, Nicole, Angélique de Saint-Jean*, Paris, Honoré Champion, 2010.

IMBACH, Ruedi, *Dante, la philosophie et les laïcs*, Fribourg, Éditions Universitaires Frinbourg Suisse, 1996.

INGE, William Ralph, *Christian Mysticism: Considered in Eight Lectures Delivered before the University of Oxford*, London, Methuen, 1899. ウィリアム・ラルフ・イング『基督教神秘主義』磯田信夫・中川景輝共訳，イデア書房，1929 年；『キリスト教神秘主義』（復刻版），東京，牧神社，1976 年。

JAMES, William, *The Varieties of Religious Experiences: A Study in Human Nature*, centenary ed., London; New York, Routledge & Kegan Paul, [1902] 2002. ウィリアム・ジェイムズ『宗教的経験の諸相（上・下）』桝田啓三郎訳，岩波文庫，1969–1970 年。

JAY, Martin, *Songs of Experience : Modern American and European Variations on a Universal Theme*, Berkeley; Los Angeles; London, University of California Press, 2006.

JIMÉNEZ, Julio, « Précisions biographiques sur le P. Louis Lallemant », *Archivum Historicum Societatis Iesu*, 33, 1964, p. 269–332.

JONES, Rufas M., *Studies in Mystical Religion*, London, Macmillan, 1909.

JOPPIN, Gabriel, *Fénelon et la mystique du pur amour*, Paris, Beauchesne, 1938.

KATZ, Steven, *Mysticism and Philosophical Analysis*, London, Sheldon Press, 1978.

KOLAKOWSKI, Leszek, *Chrétiens sans Église : La conscience religieuse et le lien confessionnel au XVIIe siècle*, Paris, Gallimard, 1969.

———, *Dieu ne nous doit rien : Brève remarque sur la religion de Pascal et l'esprit du jansénisme*, Paris, Albin Michel, 2007.

KRUMENACKER, Yves, *L'École française de spiritualité : Des mystiques, des fondateurs, des courants et leurs interprètes*, Paris, Cerf, 1998.

LACAN, Jacques, *Le Séminaire, Livre XX, Encore*, éd. Jacques-Alain Miller, Paris, Seuil, 1975.

LACOSTE, Jean-Yves, « Témoignage mystique et expérience philosophique », dans Philippe Capelle (éd.), *Expérience philosophique et expérience mystique*, Paris, Cerf, 2005, p. 301–321.

LAJEUNIE, Etienne-Marie, *Saint François de Sales : L'homme, la pensée, l'action*, Paris, Guy Victor, t. 1, 1966.

LAUX, Henri, « Michel de Certeau lecteur de Surin : les enjeux d'une interprétation », *Revue de théologie et de philosophie*, n° 54, 2004, p. 319–332.

———, « Qu'est-ce que la mystique ? », dans Philippe Capelle (éd.), *Expérience philosophique et expérience mystique*, Paris, Cerf, 2005, p. 77–90.

LAUX, Henri, et Dominique SALIN (éd.), *Dieu au XVIIe siècle : Crise et renouvellements du discours*, Paris, Éditions facultés jésuites de Paris, 2002.

LAVAUD, Laurent, *Mystique et monde*, Paris, Cerf, 2015.

LE BRUN, Jacques, *La Spiritualité de Bossuet*, Paris, Klincksieck, 1972.

———, « Mystiques », *Dictionnaire du Grand Siècle*, François Bluche (dir.), Paris, Fayard, 1990, p. 1075–1076.

———, *Le Pur amour : De Platon à Lacan*, Paris, Seuil, 2002.

———, *La Jouissance et le trouble : Recherches sur la littérature chrétienne de l'âge classique*, Genève, Droz, 2004.

———, « Refus de l'extase et assomption de l'écriture dans la mystique moderne », *Savoirs et clinique*, n° 8, 2007/1, p. 37–45.

LESTRINGANT, Frank, *Une Sainte horreur ou le voyage en Eucharistie : XVIe–XVIIIe siècles*, Paris, Droz, 2011.

LEVINAS, Emmanuel, *Altérité et transcendance*, Saint-Clément-la-Rivière, Fata Morgana, 1995.

———, *Autrement qu'être ou au-delà de l'essence*, Paris, Kluwer Academic, 2011.

LIBERA, Alain de et Frédéric NEF, « Le discours mystique : Histoire et methode », *Littoral*, n° 9, 1983, p. 79–102.

LICOPPE, Christian, *La Formation de la pratique scientifique : Le discours de l'expérience en France et en Angleterre (1630–1820)*, Paris, La Découverte, 1996.

LONGPRÉ, Éphrem, « Eucharistie et expérience mystique », *Dictionnaire de spiritualité*, Paris, Beauchesne, t. 4 (2), 1961, col. 1586–1621.

MCGINN, Bernard, *The Foundations of Mysticism: Origins to the Fifth Century (The Presence of God: A History of Western Christian Mysticism*, v. 1), New York, The Crossroad Publishing Company, 2004.

MICHON, Hélène, *L'Ordre du coeur : Philosophie, théologie et mystique dans les Pensées de Pascal*, Paris, Honoré Champion, 2007.

———, *Saint François de Sales : Une nouvelle mystique*, Paris, Cerf, 2008.

MOINGT, Joseph, « L'ailleurs de la théologie », dans Luce Giard (éd.), *Le Voyage mystique : Michel de Certeau*, Paris, Cerf, 1988, p. 147–162.

———, « L'impensé de l'impossible », dans Pierre-Antoine Fabre, Annie Tardits et François Trémolières (dr.), *L'Impensable qui fait penser : histoire, théologie, psychanalyse : pour Jacques Le Brun*, Paris, Seuil, 2009, p. 51–63.

———, *Dieu qui vient à l'homme*, t. 1, Paris, Cerf, 2002.

MOMMAERS, Paul, *The Riddle of Christian Mystical Experience: The Role of the Humanity of Jesus*, Louvain, Peeters Press, 2003.

MOORE, Peter, "Mysticism (further considerations)", in *Encyclopedia of Religion*, ed. Lindsay Jones, 2nd edition, Detroit, Macmillan Reference USA, t. 10, 2005, p. 6635–6359.

MYLE, Robert, *De la symbolique de l'eau dans l'œuvre du père Surin*, Louvain, Université Catholique de Louvain, 1979.

OLPHIE-GALLIARD, Michel, « Le P. Surin et saint Jean de la Croix », dans *Mélange offert à R. P. Ferdinand Cavallera*, Toulouse, Bibliothèque de l'Institut Catholique, 1948, p. 425–439.

ORCIBAL, Jean, *Études d'histoire et de littérature religieuses : XVIe–XVIIIe siècles*, Paris, Klincksieck, 1997.

ORTEGA Y GASSET, José, *¿Qué es filosofía?* in *Obras completas*, Madrid, Revista de Occidente, t. 7, 1983. ホセ・オルテガ・イ・ガセット『哲学とは何か』(『オルテガ著作集』第 6 巻) 生松敬三・荒井正道訳, 白水社, 1998 年。

OTTO, Rudolf, *Das Heilige: über das Irrationale in der Idee des Göttlichen und sein Verhältnis zum Rationalen*, 29. bis 30. Auflage, München, C. H. Beck, 1936. ルドルフ・オットー『聖なるもの』久松英二訳, 岩波文庫, 2010 年。

PAGDEN, Anthony, *European Encounters with the New World: From Renaissance to Romanticism*, New Heaven; London, Yale University Press, 1993.

PARRINDER, Geoffrey, *Mysticism in the World's Religions*, new edition, Oxford, Oneworld Publications, [1976] 1995. ジェフリー・パリンダー『神秘主義』中川正生訳, 講談社, 2001 年。

PEIGE, Nicolas D., *Being Interior: Autobiography and the Contradictions of Modernity in Seventeenth-Century France*, Pennsylvania, University of Pennsylvania Press, 2000.

POUSSET, Édouard, « Le mouvement de l'expérience », *Christus*, n° 57, 1968, repris dans *Christus*, n° 174 HS, mai 1997, p. 29–43.

PRATT, James Bissett, "The Religious Philosophy of William James", *The Hibbert Journal*, 10 (1), 1911, p. 225–234.

RAHNER, Karl, "Beatific Vision", in *Encyclopedia of Theology: The Concise Sacramentum Mundi.*, New York, Crossroad, 1984, p. 78–80.

RENAULT, Emmanuel, *Ce que Thérèse de Lisieux doit à Jean de la Croix*, Paris, Cerf, 2004.

RIBARD, Dinah, « L'anachronique ou l'éternel : L'abbé Bremond et l'histoire littéraire », *Cahiers du Centre de Recherches Historiques*, n° 28–29, avril 2002, p. 39–54.

RICŒUR, Paul, "Response to Rahner's Lecture: On the Incomprehensibility of God", in *Celebrating the Medieval Heritage: A Colloquy on the Thought of Aquinas and Bonaventure*, ed. by David Tracy, Chicago, University of Chicago Press, 1978, S126–S131.

———, *Lectures 3 : Aux frontières de la philosophie*, Paris, Seuil, 1994.

———, *La Mémoire, l'histoire, l'oubli*, Paris, Seuil, 2000.

ROUSTANG, François (éd.), *Jésuites de la Nouvelle-France*, Paris, Desclée de Brouwer, 1961 ; *Jesuit Missionaries to North America: Spiritual Writings and Biographical Sketches*, trans. by Sister M. Renelle, S.S.N.D., San Francisco, Ignatius Press, 2006.

ROYANNAIS, Patrick, « Michel de Certeau : l'anthropologie du croire et la théologie de la faiblesse de croire », *Recherches de Science Religieuse*, t. 91, 2003/4, 49–533.

RUBIN, Miri, *Corpus Christi: The Eucharist in Late Medieval Culture*, Cambridge (England); New York, Cambridge University Press, 1991.

SALIN, Dominique, « "L'Invasion mystique" en France au XVIIe siècle », dans Henri Laux et Dominique Salin (éds.), *Dieu au XVIIe siècle : Crise et renouvellements du discours*, Éditions facultés jésuites de Paris, 2002, p. 241–264.

SCHMIDT, Leigh Eric, "The Making of Modern "Mysticism", *Journal of American Academy of Religion*, vol. 71, 2003, p. 273–302.

SHAPIN, Steven, *The Scientific Revolution*, Chicago, University of Chicago Press, 1996. スティーヴン・シェイピン『「科学革命」とは何だったのか』川田勝訳，白水社，1998年。

SHARF, Robert, "Experience", in Mark C. Tylor (ed.), *Critical Terms for Religious Studies*, 1998, p. 94–116.

STAAL, Frits, *Exploring Mysticism*, Harmondsworth, Penguin Books, 1975.

STACE, Walter T., *Mysticism and Philosophy*, London, Macmillan, 1960.

TAPIÉ, Alain (dir.), *Baroque, vision jésuite : Du Tintoret à Rubens*, catalogue de l'exposition, musée de Caen, Paris, Somogy, 2003.

TAYLOR, Charles, *Sources of the Self: The Making of the Modern Identity,* Cambridge, Massachusetts, Harvard University Press, 1989.

TERESTCHENKO, Michel, *Amour et désespoir : De François de Sales à Fénelon*, Paris, Seuil, 2000.

TRÉMOLIÈRES, François, « mystique / mysticism », dans *Dictionnaire des faits religieux*, Paris, PUF, 2010, p. 770–779.

THEOBALD, Christoph, « La "théologie spirituelle" : Point critique pour la théologie dogmatique », *Nouvelle Revue Théologique*, 1995, n° 117, p. 178–198.

TRONC, Dominique, *Expériences mystiques en Occident III : Ordres nouveaux et figures singulières*, Paris, Les Deux Océans, 2012.

UNDERHILL, Evelyn, *Mysticism: A Study in the Nature and Development of Man's Spiritual Consciousness*, New York, E.P. Dutton, 1911. イーヴリン・アンダーヒル『神秘主義』門脇由紀子（他）訳，ジャプラン出版，1990年。

VANDENBROUCKE, François, « Le divorce entre théologie et mystique : Ses origines », *La Nouvelle Revue théologique*, t. 72, 1950, p. 372–389.

VERLAGUET, Waltraud, *L'« éloignance » : La Theologie de Mechthild de Magdebourg (XIIIe siècle)*, Bern, Peter Lang Pub Inc, 2005.

———, *Comment suivre Dieu quand Dieu n'est pas là ? L'« éloignance » de Mechthild de Magdebourg (XIIIe siècle)*, Paris, Cerf, 2006.

VIAL, Marc, *Jean Gerson : Théoricien de la théologie mystique*, Paris, Vrin, 2006.

———, « Introduction », dans Jean Gerson, *Sur la théologie mystique*, Paris, Vrin, 2008, p. 7–31.

VIDAL, Daniel, *Jean de Labadie (1610–1674) : Passion mystique et esprit de Réforme*, Grenoble, Jérôme Millon, 2009.

参考文献

赤木昭三『フランス近代の反宗教思想』岩波書店，1993 年。

井筒俊彦『叡知の台座――井筒俊彦対談集』岩波書店，1986 年。

――――『神秘哲学』(『井筒俊彦全集』第 2 巻）慶應義塾大学出版会，［1949］2013 年。

今井晋「ルターにおける「体験」の問題――1 つの覚書 “Sola experientia facit theologum”」『基督教学研究』第 10 号，1988 年，1–14 頁。

上田閑照「神秘主義」『宗教学辞典』小口偉一・堀一郎（監修），東京大学出版会，1973 年，436–444 頁。

金子晴勇『ルターとドイツ神秘主義――ヨーロッパ的霊性の「根底」学説による研究』創文社，2000 年。

神谷美恵子『生きがいについて』(神谷美恵子コレクション）みすず書房，2004 年。

岸本英夫『宗教神秘主義――ヨーガの思想と心理』原書房，［1958］2004 年。

熊野純彦『差異と隔たり――他なるものへの倫理』岩波書店，2003 年。

佐々木中「宗教の享楽とは何か――ラカンによる享楽の「類型学」から」『宗教研究』第 352 号，2007 年，47–68 頁。

塩川徹也『虹と秘蹟――パスカル「見えないもの」の認識』岩波書店，1993 年。

柴田三千雄・樺山紘一・福井憲彦編『フランス史 2　16 世紀–19 世紀なかば』山川出版社，1996 年。

杉村靖彦「宗教哲学へ――「証言」という問題系から（1)」『哲学研究』第 585 号，2008 年 a, 61–85 頁。

――――「宗教哲学へ――「証言」という問題系から（2)」『哲学研究』第 586 号，2008 年 b, 1–23 頁。

岳野慶作『岳野慶作著作集 2　フランス思想の流れ』中央出版社，1972 年。

田村毅・塩川徹也編『フランス文学史』東京大学出版会，1995 年。

鶴岡賀雄「悪魔による救い？――J = J・スュランの悪魔体験が意味するもの」『宗教における罪悪の諸問題』谷口茂編，山本書店，1991 年，151–189 頁。

――――「宗教学者は神秘家のテクストにいかに接近するか」『現代宗教学 2　宗教思想と言葉』東京大学出版会，1992 年，87–113 頁。

――――『十字架のヨハネ研究』創文社，2000 年。

――――「「神秘主義の本質」への問いに向けて」『東京大学宗教学年報』第 18 号，2001 年，1–14 頁。

――――「現前と不在――ミシェル・ド・セルトーの神秘主義研究」『宗教哲学研究』第 19 号，2002 年，13–28 頁。

――――「ミシェル・ド・セルトーの「宗教史」理解」『宗教史とは何か（下巻)』市川裕（他）編，リトン，2009 年，57–80 頁。

――――「「神秘主義」は「西欧キリスト教」的か？――十字架のヨハネの「神秘的」祈りの読解から」『東西宗教研究』第 9 号，2010 年 a, 4–30 頁。

――――「神秘主義」『宗教学事典』丸善，2010 年 b, 298–301 頁。

――――「近世神秘神学の誕生――近世カルメル会学派の「神秘主義」と「スコラ学」」『東京大学宗教学年報』第 28 号，2010 年 c, 1–18 頁。

――――「現代〈宗教〉思想の条件――ミシェル・ド・セルトーの試みに即して」『共生学』第 8 号，2014 年，78–96 頁。

――――「「神秘主義」の再定義の可能性」『世界の宗教といかに向き合うか』月本昭男先生退職記念献呈論文集第1巻，市川裕編，聖公会出版，2014年，84–99頁。

西川宏人「ベリュルの『聖女マグダラのマリア称揚』――回心と愛のテーマ」『フランス文学の中の聖人像』西川宏人編，国書刊行会，1998年，9–30頁。

深澤英隆「敬虔主義と近代宗教経験概念の「起源」――アルノルト『実験神学』における「経験」と「ことば」」『東京大学宗教学年報』第10号，1992年，113–132頁。

――――「「宗教経験からの論証」と概念相対論――R・スウィンバーンの証拠主義的立場をめぐって」『東京大学宗教学年報』第12号，1994年，101–118頁。

――――「宗教経験と宗教の「基礎づけ主義」の問題――W・P・アルストンの宗教経験論の意味するもの」『宗教研究』第305号，69（2），1995年，1–24頁。

――――「「神秘主義論争」における体験・個人・共同体」『一橋大学研究年報　社会学研究』第35号，1996年，139–190頁。

――――『啓蒙と霊性――近代宗教言説の生成と変容』岩波書店，2006年。

藤原聖子「体験的理解の方法の形成と継承――共通感覚としてのヌミノーゼ感情」『宗教研究』第285号，1990年，69–92頁。

宮嶋俊一『祈りの現象学――ハイラーの宗教理論』ナカニシヤ出版，2014年。

宮本久雄『身体を張って生きた愚かしいパウロ――身体（ソーマ）と他者』新世社，2009年。

――――『他者の風来――ルーアッハ・プネウマ・気をめぐる思索』日本キリスト教団出版局，2012年。

村田真弓「解説と解題（スュラン）」『キリスト教神秘主義著作集15　キエティスム』教文館，1990年，524–532頁。

頼住光子「神秘主義とは何か」『人間の文化と神秘主義』北樹出版，2005年，15–51頁。

鷲田清一『「待つ」ということ』角川書店，2006年。

5. 辞事典類

本論で言及していないものも含む。

Dictionnaire de l'Académie française, 2 tomes, Paris, la veuve de Jean Baptiste Coignard, 1694.
Dictionnaire de spiritualité: ascétique et mystique, doctrine et histoire, dr. Marcel Viller, assisté de F. Cavallera, J. de Guibert, avec le concours d'un grand nombre de collaborateurs, Paris, Beauchesne, 1937–1995.
Dictionnaire du Grand Siècle, dr. François Bluche, Paris, Fayard, 1990.
Dictionnaire critique de théologie, 3ᵉ édition, dr. Jean-Yves Lacoste, Paris, PUF, 2013.
France Baroque, France Classique (1589–1715), tome 2, par René Pillorget et Suzanne Pillorget, Paris, Robert Laffont, 1995.
『新カトリック大事典』全4巻，上智学院新カトリック大事典編纂委員会編，研究社，1996–2010年。
『岩波キリスト教辞典』大貫隆・名取四郎・宮本久雄・百瀬文晃編，岩波書店，2002年。